上海公路史

SHANGHAI HIGHWAY HISTORY

第四册

上海市路政局 编

上海人民出版社

2005年12月30日沪渝高速朱枫公路立交至金泽立交段建成通车

2001年12月沈海高速公路嘉浏段竣工通车

2011年6月30日林海公路建设工程竣工

2008年4月浦东罗山路延长线工程

2010年崇明农村公路渔场路畅安洁美

2005年12月东海大桥建成通车

2011年10月31日上海长江隧桥建成通车

2008年3月外环高速公路路面大修沥青混凝土摊铺

2009年10月涂装后的外环高速公路沪青平立交

2008年12月长三角高速公路沪苏ETC开通仪式

2010年4月上海公路路网中心试运行

2007年3月市养征办加大稽查力度

《上海公路史》（第四册）编审委员会

主 任 委 员：张蕴杰
常务副主任委员：张敏毅　徐明德
副 主 任 委 员：严炯浩　朱建纲　罗茂堂
委　　　　员：吴青峰　华　恂　刘钧伟　李清明
　　　　　　　梁　丰　金国兴　徐　军　胡　怀
　　　　　　　胡国强　金　峰　陆胜弟　徐自力
　　　　　　　褚莉莉　鲁栋梁　汪维恒　万益恒
　　　　　　　金永福　田虎南
顾　　　　问：徐　犇

《上海公路史》（第四册）编写办公室

主　　　　编：罗茂堂
副 主 编：吴青峰　汪维恒
编写办公室主任：万益恒　金永福
副 主 任：田虎南

《上海公路史》（第四册）采编人员

于申一　李　冰　周　一　蒋　莉　张　正　蔡凯意　姚　莘　顾爱明　张　玲
杨燕青　许文波　胡桂生　袁惠成　费　碟　范佳妍　吴　清　施小忠　付博峰
李伟妍　寇传辉　戴敦伟　王维凤　林海榕　李志明　吴菊蕙　刘　薇　单智强
栗慧龙　陈颐青　赵韵华　张　毅　周晓青　李哲梁　郝伟伟　杨晓萍　黄慰里
武彦林　李淑珍　黄浩峰　佘燕屏　周景岳　黄　斐　宋一玫　郭庆勋　褚俊龙
周　益　陈　波　张慧琴　徐锦程　俞　京　姜宗芸　王奕威　王春晖　安　琪
任佳杰　刘晓平　毛亚萍　严黎明　熊安华　方东才　朱玉平　顾　建　钱品秀
陈胜强　刘立华　殷　峰　谢　燕　陈　江　潘家林　董　晖　王莉莉　胡旭东
张　亮　徐进晨　郭　超

目　录

绪　论

　　《上海公路史》第三册(1990—2000年)已于2010年年底出版,第四册(2001—2010年),在各方的共同努力下,用了5年时间完成了编写工作。

　　新世纪最初十年,上海以国际经济、金融、贸易、航运"四个中心"为引领,推动了经济、社会事业的迅猛发展。公路交通围绕其继续保持着旺盛的发展势头,高速公路基本完成了"153060"联网目标,国省道、县道经过新、改建,服务能力与水平大幅提升,乡村公路建设更是突飞猛进发展。截至2010年年底,高速公路总里程为775.18公里,比前十年增长691.57%,国省道总里程973.5公里,比前十年增长27.63%,县道总里程2 456.43公里,比前十年增长35.91%,乡村公路总里程为6 829.4公里,比前十年增长124.18%。十年搭建成了"二环"、"十二射"、"一纵"、"一横"、"多联"的公路网,公路密度比前十年提升103.16%,达到188.86公里/百平方公里。

　　建设是发展,养护也是发展。公路设施量大幅增加之时,养护工作适时得到了加强。"建养并举,重在养护"的理念得到了落实;随着养护市场的不断完善,市场监管逐步常态化、精细化、规范化;2010年上海以举办"世博会"为契机,加大了养护投入,大范围的公路整治有力提升了路况水平。2010年全市国省道MQI为93.41,优良路率达到94.54%,全市普通公路MQI为86.74,优良路率达到86.42%,路况水平比2000年时大幅度提高。

　　这十年公路管理体制改革贯穿始终。自20世纪末事权下放、管养分开等改革后,公路管理体制始终处于不断探索与完善中。在计划经济向市场经济过渡中,建设体制逐步由政府主导管理模式逐步向市场转变,投融资方式走向了多元化,政府投资、国企投资、民企投资三足鼎立;随着改革与管理的深化,部分高速公路民企经营权收归国有,确立了国有企业在高速公路经营中的主导地位;建设管理中出现的"代建制"模式,是建设体制适应市场发展之必然;在三级政府、三级管理的框架下,国道、省道、农村公路管理经历了一系列转变。省道下放到区(县)管理后又收归市管,摸索着最佳的管理方式;长期由农民自行管理的农村公路,通过改革,确立了责任主体、管理主体,纳入公路部门行业管理之中。十年发展,突出体现了改革与管理的紧密结合。在确立市场经济体制形势下,公路管理逐步向法制化、规范化努力,管理上向着信息化、精细化方向发展,出现了行业管理和智能交通发展的良好局面。公路规费改革以车购税取代了车购费,继而以燃油税取代了养路费,长期以来在交通行业中以费挤税的局面不复存在。公路管理从长期的自行建设、养护,逐步建立起市场管理的模式,而公路管理部门则转向了市场监管与行业管理,突出了服务理念、突出了依法行政。公路管理逐步建立起新的管理模式。

十年的公路管理,在体制上发生了翻天覆地的变化。当然改革不可能一蹴而就,不完善的方面将在日后深化改革中得到弥补。总结十年发展,实在很有必要,为确立适合自己的公路管理模式与提升管理能力,还需不断地总结经验与不足。

短短十年时间,公路事业有了快速发展与巨大变化。自然有其成功的方面,亦有其不足的方面。按照"史论结合"的观点,编史既着眼于对历史的回顾,真实反映历史面貌,又对其的成败进行梳理分析。对此,本册编写在这方面作了努力,以期持续促进公路事业。

《上海公路史》第四册的编写,上海市公路管理处成立了编审委员会和编写小组,2011年4月委托上海市公路学会具体编写。在上海市市政工程管理局、上海市公路管理处各部门、区(县)公路部门、高速公路项目公司等单位的大力支持配合下,上海市公路学会花费了5年时间完稿。在此,向所有为本书编写作出努力的各界人士表示衷心感谢。2012年4月,上海市公路管理处撤销归并至上海市路政局,编写工作继续开展。由于我们的理论水平与编写能力有限,对十年公路史的总结,难免出现差错,希望同行与读者予以批评指正。

第一章 公路规划

第一节 公路网规划

一、干线公路网规划修编

1999年,上海市公路管理处(以下简称"市公路处")会同同济大学编制了《上海市干线公路网规划(1999—2020年)》。规划范围为市域除中心城外所有区域,即外环线以外的区域。干线公路网规划目标:由环线、射线及部分方格网组成。3条国道主干线(GZ55 上海—成都、GZ60 上海—昆明、GZ10 同江—三亚),4条国道(烟台—上海、上海—新疆霍尔果斯、上海—聂拉木、上海—云南瑞丽),13条对外公路,2条市域环线,31条中心城到郊区的射线公路,9条郊区之间南北向联系的干线公路,12条东西向干线公路。规划期末,上海干线公路总里程将达到2 394公里。其中高速公路650公里,一级公路667公里,二级公路1 078公里。由于长三角一体化进程加快,全市经济保持快速发展,郊区工业化、城市化进程加快,市公路处对原上海市干线公路网规划进行了进一步调整与修编。为此,2007年,市公路处编制完成了规划期至2020年的《上海市干线公路网规划修编》。

(一)干线公路网规划修编目标

干线公路网规划修编目标具体为"1+2",即远期实现1 000公里左右高速干线和2 000公里左右非高速干线的市域干线公路总体规模。

1. 高速干线:高速公路网实现"153060"目标,即重要工业区、重要集镇、交通枢纽、旅客(货物)主要集散地的车辆15分钟可进入高速公路网;中心城与新城(含县城)、中心城至省界经高速公路网30分钟互通;高速公路网上除崇明岛外任意两点之间60分钟可达。同时,高速干线的平均行驶车速不低于设计车速的80%。

2. 普通国省干线公路网到郊环以内区域实现"1 小时"可达性目标,即郊环内任意一点可以在1个小时内达到中心城(外环线)。

3. 9个新城实现每个新城至少有一条高速干线和一条普通国省干线公路通达;郊环以内新城通过高速公路30分钟、通过普通国省干线公路40分钟到达中心城;郊环以外地区新城通过高速公路30分钟、通过普通国省干线公路80分钟到达中心城。

4. 61个新市镇:每一个新市镇有2条以上普通国省干线公路通达,并且由此可在15分钟内上高速公路网。

(二)干线公路网规划修编布局

到2020年,规划干线公路总里程约3 000公里。高速干线形成"两环"、"十一射"以及"一纵"、"一横"、"多联"的布局形式,总规模达到1 075公里;其他干线公路独立成网,形成网格化布局形式,总里程达到2 231公里。

1. 两环:S20(即外环线)为上海中心城与市郊区域的分界道路,也是中心区的保护环,线路总长97.5公里,经过宝山、普陀、嘉定、闵行、徐汇、南汇区、浦东新区;G1501(即郊环线)由江、浙两省进入市区的车辆,可利用郊环转换。《上海市干线公路网规划修编》将使G1501环完整化,在东北角越江处不再与S20共线。规划郊环总长213公里,向北接G1501富锦路,向南与S20平行至S20五洲大道立交与G1501接顺。

2. 十一射:S1(即迎宾大道)全长14.6公里,S2(即沪芦高速公路)全长42.3公里,S3(即连接外环线与S4)全长47.4公里,S4(即莘奉金高速公路)全长56.5公里,G60(即沪杭高速公路)全长47.7公里,G50(即沪青平高速公路)全长48.3公里,S26(即沪苏高速公路)上海段全长18.2公里,G2(即沪宁高速公路)上海段全长24.2公里,S5(即沪嘉高速公路)全长18.4公里,S7全长20公里,G40(即沪陕高速公路),上海段全长30.74公里。

3. 一纵:G15(即嘉金高速公路),北端为原嘉浏高速公路,向南延伸经过徐泾、新桥、车墩、叶榭、亭林、朱行镇后与莘奉金高速公路相接。它是上海西侧外环线与郊环线之间连接所有射线高速公路的切向高速公路,与S32构成一辅助半环,对缓解外环线压力起到一定的作用,总长78.5公里。

4. 一横:S32浦东机场高速公路,东起浦东国际机场南进场路,向西横贯南汇、闵行、松江区,在青浦与金山区交界处与浙江省申嘉湖杭高速公路连接,是浦东机场连接江、浙两省的快速通道,总长83.4公里。

5. 多联:S19新卫高速公路、S36亭枫高速公路、S6外环延伸线、S22规划远期(2020年以后)建设、嘉闵高架路、崧泽高架路、虹北高架路、漕宝(联明)高架路(地道)、龙东大道、机场北通道、两港大道(公路)、东海二桥登陆线。

6. 普通国省干线主要路线布局:金海路、华东公路、南六公路至南芦公路、林海公路、东大—大叶—叶新公路、随塘河路、七莘路—沪闵路—沪杭公路、沪松公路至松卫公路、北青公路、曹安公路、金昌路至嘉松北路、沪太路、蕰川路及其延伸线、陈海公路、新北公路、陈高公路、华夏东路、申江路至奉城大道、浦星公路、沪宜公路、沪青平公路、崧泽大道。

7. 共规划11条高速公路平行干道:外青松公路—千新公路—朱平公路作为同三国道的平行干道;亭枫公路—南奉公路—川南奉公路作为G1501南侧以及东侧的平行干道;塔闵公路—剑川公路—下盐公路作为S32的平行干道;沪青平公路作为G50的平行干道;纪白公路和曹安公路作为G2的平行干道;嘉浏公路作为S7公路的平行干道;沪闵—沪杭公路作为G15南北向的平行干道;申江路延伸段和南芦公路作为S2的平行干道;沪南公路和航塘公路作为S3的平行干道;北沿公路作为G40崇明段的平行干道。

(三)干线公路网规划修编实施预期效果

到2020年,规划期内干线路网平均车速为每小时66公里,高速公路平均车速为每小时84.5公里。上海市干线公路网形成了网络化、多通道的路网布局形态。

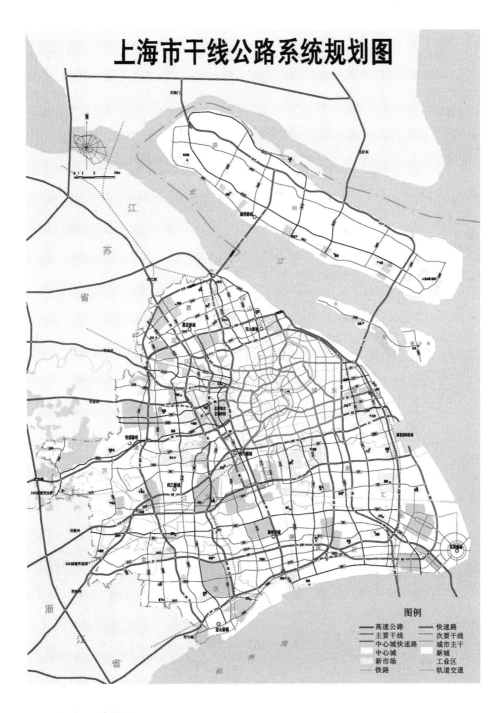

上海市干线公路系统规划图

（四）保障措施

要保证干线公路网规划的顺利实施,2020年前总共需投资1 320亿元,其中用于高速干线建设700亿元,其他干线建设620亿元;保证干线公路网建设土地预算约为10万亩(注:1亩＝0.006 67公顷)。

二、骨干道路网规划深化研究

《上海市城市总体规划(1999—2020)》编制完成十年来,对上海的快速发展提供了有力保障。但是,随着上海虹桥枢纽的建设并由此引发的上海西部区域功能的整合、大浦东战略的构建等,对城乡规划尤其是城市综合交通体系规划的不断深入和优化提出了更高要求。为此,2009 年,由市规划国土资源局和市建设交通委共同组织相关单位完成了《上海市骨干道路网规划深化研究》。

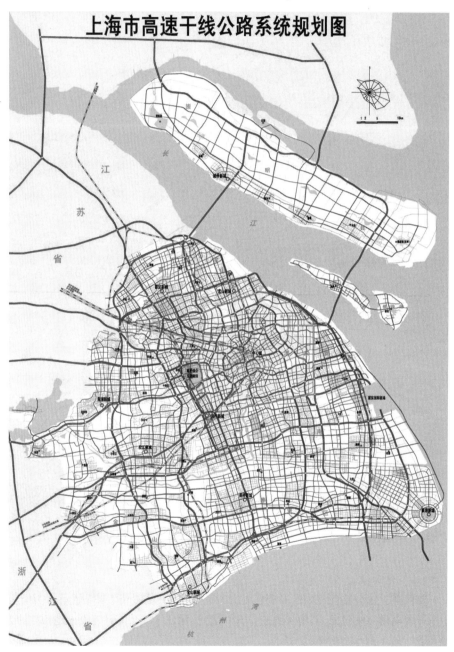

上海市非高速干线公路系统规划图

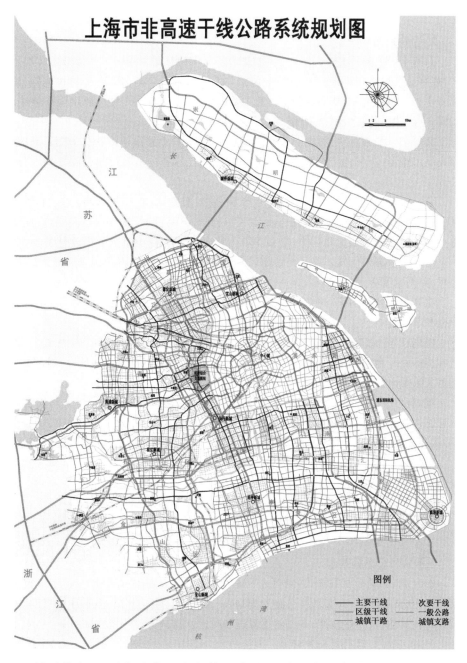

图例

———— 主要干线　　———— 次要干线
———— 区级干线　　———— 一般公路
———— 城镇干路　　———— 城镇支路

　　骨干道路网即城市干道网,包括快速路、主干路和次干路;外环线以外市郊区域,骨干路网可限定为国省干线公路网,包括高速干线公路[包括高速公路和快速路(中心城外)]和其他国省干线公路(包括主要干线公路和次要干线公路)。

　　本册仅对涉及公路部分作简要叙述。

　　(一)骨干道路网具体目标

　　1. 公路里程:郊区形成 1.0—1.3 万公里公路网络,干线公路达到 3 500 公里左右。

2. 公路结构:

高速干线公路形成"一环"、"十二射"以及"一纵"、"一横"、"多联"的布局形态,规划总里程达到 1 061 公里,其中包括 925 公里高速公路和 136 公里快速路,路网密度为 17.8 公里/100 平方公里。其主要内容基本与《上海干线公路网规划修编》相同。以下对不同之处作些介绍。

增加了一条放射线,形成十二射,即北蕰川路—沪太路高速。它起于郊环北段,沿北蕰川路经过宝山罗泾镇接沪太路,出省后与江苏省内沿江高速公路二期连接,长约 17 公里。

路网"多联"方面增加了 2 条:即申江路高架,布宜诺(迪士尼乐园)与中心城联系的专用快速通道,东接布宜诺主要出入口,北与 S20 南段、中环浦东段相连;同济路高架是逸仙路高架的北延伸,与 G1501 公路连接,是市域北部的重要放射线之一。

市域其他国省干线公路呈相对均匀的网络化布局形态,路网规划总规模为 2 462 公里,路网密度为 38.8 公里/100 平方公里。

主要干线公路网呈"14 横 16 纵"布局,以中心城射线道路为主,共 31 条,规划总里程 855 公里。

规划在《上海市干线公路网规划修编》提出的 25 条主要干线公路的基础上,提升虹梅南路—金海公路等 4 条公路为主要干线公路,新增龙东大道辅道、规划 5 号线辅道为主要干线公路。

规划次要干线公路呈网状布局,以新城等功能组团跨区连接、高速公路辅助集散道路为主,共 59 条,规划总里程 1 607 公里。规划在《上海市干线公路网规划修编》提出的 52 条次要干线公路的基础上,新增锦秋路等 7 条公路为次要干线公路。

另外,在其他国省干线中选择了金海公路、华东公路、林海公路等约 1 900 公里公路作为重要干线公路,近、中期将重点推进建设。

(二)公路网规划实施预期效果

公路网平均饱和度力争达到 0.70 以下,平均车速提高到 30~40 公里/小时。

三、农村公路网规划

2001 年,市公路处在全市各区(县)城乡公路发展规划编制基础上,汇编形成规划期至 2020 年的《上海市城乡公路网规划》。城乡公路包括县道、乡道和村道,县道规划将在其他节、目中叙述,本目叙述乡道和村道,即农村公路网规划。

(一)农村公路网规划目标

上海市农村公路网分两个层面叙述:一是与国省道衔接层面。在新建农村公路、优化路网结构、扩大公路通达深度的同时,着重提升现有公路的技术等级,保证中心镇及行政村与干线公路网的可达性,保证干线公路"153060"连通目标的实现,确保新建农村公路技术达标、规模适度、布局成网、区域协调的局面,以保障国省道干线公路骨架作用的发挥,保证公路网均衡、协调发展。二是农村区域结点之间互通层面,达到"131"联通目标,即各区(县)重要结点到干线公路网 10 分钟可达,区

（县）内部重要结点之间 30 分钟互通,行政村到其所在镇 10 分钟可达。

（二）农村公路网规划布局

"十五"期间,上海共规划 3 660 公里乡道和 597 公里村道,占全部路网规模的 53%,其中乡道平均技术等级 2.9,村道平均技术等级 3.5。"十一五"期间,上海新建乡道 432 公里。至 2020 年,上海乡道将达到 4 234.1 公里,平均等级 3 级。至 2020 年,上海公路总里程达 8 042.4 公里,其中乡道 3 660 公里,村道 597 公里,占全部路网规模的 53%;其中乡道平均技术等级 2.9,村道平均技术等级 3.5。全市公路总面积密度达 126.8 公里/百平方公里,公路网密度达 141 公里/百平方公里,综合密度为 25.8,乡镇连通度 3.3,行政村连通度 1.6,均处于国内领先水平并达到目前中等发达国家水平。由于各区(县)经济发展水平和区位不同,公路网密度呈梯度分布。浦东新区非集中城市化地区公路网密度为 230 公里/百平方公里,宝山、闵行、嘉定区等邻中心城区域公路网密度为 160~180 公里/百平方公里,而远郊松江、青浦、南汇、奉贤、金山五区公路网密度在 150 公里/百平方公里左右,崇明县由于基础和地域的原因,网密度仅为 80 公里/百平方公里,与上海总体规划的城市发展相符合。

（三）农村公路网规划实施预期效果

《农村公路网规划》的实施,将使各镇有至少三条公路通过,从而保证各个区(县)中心镇与新城、中心镇之间以及行政村与其所在镇之间可达性,保证了与外环线以内区域城市道路和与国省道的良好衔接。与此同时,它贯通了区(县)之间的县乡公路,大部分在行政等级和技术等级上保持一致,即在区(县)交接处不存在断头路,从而保证了县乡道路网连通、延伸和衔接。规划的实施,将改善广大农民出行条件,有利于农业产业结构调整、农民增收与地方经济发展。

第二节　公路区域性规划

一、虹桥综合交通枢纽外围配套道路工程规划

2005 年 5 月 14 日,铁道部与上海市召开部市会议,同意原七宝铁路客站选址调整为虹桥站选址,以建设虹桥综合交通枢纽。虹桥综合交通枢纽具有四个特征:一是规模巨大,日旅客吞吐量 110 万人次;二是集成度高,体现为集"轨、路、空"三位一体的交通综合体(轨——高铁、城际铁、磁悬浮、地铁,路——公交、长途汽车、出租车、私家车,空——虹桥国际机场);三是换乘频率繁,不同交通方式之间有 56 种换乘模式,为人们出行提供更为完善的服务和多样化的选择;四是世界上独一无二集高铁、磁悬浮、机场、地铁于一体的最大的综合交通枢纽。虹桥综合交通枢纽成为连接浦东空港和虹桥空港的航空枢纽,这对于满足我国华东地区以及长三角地区社会经济发展需要具有积极作用。同时,虹桥综合交通枢纽将为上海建设国际航运中心提供强有力保障。

2006 年,市规划局组织市规划院完成《虹桥综合交通枢纽外围配套道路工程规划》。

（一）虹桥综合交通枢纽外围配套道路工程规划目标

《虹桥综合交通枢纽外围配套道路工程规划》是该枢纽重要的专项规划。该规划提出了虹桥综合交通枢纽内交通的两大目标：快速、均匀地集散虹桥枢纽交通；原有干线尤其是西部地区路网有所改善，至少不加重其交通压力。因此，虹桥综合交通枢纽外围配套道路成为有效疏解虹桥综合交通枢纽交通的关键设施。该规划重点考虑枢纽内外交通的组成，并对部分道路节点进行了优化。

（二）虹桥综合交通枢纽外围配套道路工程规划布局

新增以下几条快速路：

一纵：辅助快速路即嘉闵高架，北至沪亭高速公路，南至S32申嘉湖高速公路（上海段）。辅助快速路既满足枢纽向郊区（主要是南、北向）集散交通的需求，实现枢纽交通的快速转换，又可部分分流S20外环高速公路西段流量，兼顾近郊发展需求，同时增加了枢纽与浦东机场的联系通道。

三横：北翟路高架、青虹公路高架、漕宝路高架。北翟路（辅助快速路至中环线）是虹桥综合交通枢纽北侧边界道路，红线宽50米至60米，适宜提升为快速路，作为虹桥综合交通枢纽集散道路。将原规划主干路（S20外环高速公路至中环线）提升

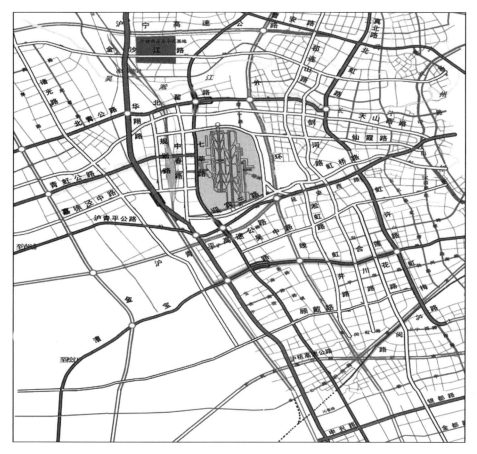

虹桥综合交通枢纽配套路网实施规划外围干路网布局图

为快速路,与原规划辅助快速路至 S20 外环高速公路的一段北翟快速道路连通,服务于中心城北部与虹桥综合交通枢纽之间的交通需求。

青虹公路提升为快速路,东连虹桥综合交通枢纽内部道路,西至 G15 沈海高速公路(上海段),形成进出枢纽的主进场路。

漕宝路(辅助快速路至中环线),将原规划主干路提升为快速路,服务于中心城南部与虹桥综合交通枢纽之间的交通需求。

建设沪常高速公路(上海段)东延伸、嘉闵高架南段和北段、崧泽大道、华江路等。

调整 S20 外环高速公路功能,弱化货运功能,强化客运转换功能。

(三)虹桥综合交通枢纽外围配套道路工程规划实施评价

虹桥综合交通枢纽外围配套道路工程的实施,提高了对虹桥综合交通枢纽交通的保障度,适度加密了地区路网,强化了西部城市化地区南北向沟通。沪常高速公路(上海段)东延伸段不仅均衡沪蓉高速公路(上海段)的入城交通,同时分担部分沪渝高速公路(上海段)入城交通压力;外环高速公路功能调整,增强了上海向西辐射能力。具体功能为南向的客流由中春路与七莘路共同承担,北向的客流集散通道为七莘路,东北向由仙霞路、天山西路、北翟路集散,东南向则由吴中路、漕宝路集散,西向由青虹公路、徐泾中路集散。通过路网结构优化与道路功能细分并举,提高了道路空间的交通绩效。

二、区与区对接道路规划

2005年底,上海郊区各区间共有连接道路98条,道路平均间距3.35公里;各郊区(浦东新区除外)与中心区的连接道路共有77条,道路平均间距1.01公里。由于相邻两区土地开发缺乏统筹规划,各行政区道路建设规划不同,形成了相邻区间连通道路等级或建设规模偏低、断头、堵头等现象。为此,2007年,市公路处会同上海市市政规划设计研究院编制完成了"十一五"期间《区与区对接道路规划》。

(一)《区与区对接道路规划》主要策略措施

《区与区对接道路规划》将上海市18个行政区(崇明县除外)划分为5个大区,即市中心区、中区(闵行区)、东南区(浦东新区、南汇区、奉贤区)、西区(青浦区、松江区、金山区)、北区(宝山区、嘉定区)。

规划内容包括新建连通道路,加密路网;改建连通道路,提升道路等级或建设规模;局部拓宽,消除路段瓶颈;改善节点,打通断头路;撤除相关人为设障。

中区应对策略:加密路网和提升道路功能等级或建设规模。东南区应对策略:改建道路或提升道路等级以及打通断头道路,并适当加密路网。西区应对策略:加密路网,同时改造道路堵头瓶颈并撤除人为设障。北区应对策略:宝山区和嘉定区提升道路等级以及打通和扩建道路瓶颈路段;嘉定区和普陀区限制需求,加强管理;宝山区与市中心加紧地面配套路网建设;宝山区与浦东新区增加越江通道。

《区与区对接道路规划》共规划区间连通道路120条,近期建设52项,其中26项为"十一五"规划重点建设项目,另26项为新增近期建设项目,新增项目建设里程186.9公里,总投资为98.8亿元。

本书主要介绍郊区各区间的道路对接规划。

(二)《区与区对接道路规划》布局

1. 中区与相邻区连通道路规划

松江区:新建项目为S32、九亭大街东延伸段、黎安路西延伸段、明中路地道、闵申路东延伸段、松闵路东延伸段、江川路;改建项目为G60拓宽、沪松公路、剑川路、姚北路、曙光路;对接项目为联明路西延伸段、顾戴路西延伸段。

青浦区:新建项目为崧泽高架、金光路南延伸段、天山西路西延伸段、华志路东延伸段、凤星路东延伸段、民兴路东延伸段;改建项目为徐泾中路东延伸段、纪鹤公路;新改建项目为崧泽大道、诸光路—莱亭路。

奉贤区:新建项目为闵浦二桥、闵浦三桥、浦泉路、虹梅南路越江工程;扩建项目为奉浦大桥。

南汇区:新建项目为虹梅南路越江工程、林海公路、S26、秀浦路西延伸段、下盐公路、盐铁路—航三公路、永南路—丰新公路;改建项目为闸航公路;新改建项目为陈行公路—周邓路周祝公路西延伸、联航路—沈梅路。

浦东新区:新建项目为浦泉路,改建项目为芦恒路。

嘉定区:新建项目为西郊高架,改建项目为纪鹤公路、新翔黄—纪翟路、华江路—七莘路,新改建项目为星华路—华翔。

2. 东南区与相关区连通道路规划

南汇区—浦东新区:新建项目为林海公路、凌空路南延伸段、规划5号线;改建项目为华东公路、申江路、周祝公路东延伸段、锦绣路南延伸段、川南奉公路、金科南路南延伸段、川沙路南延伸段。

南汇区—奉贤区:新建项目为两港大道、东大公路、团南公路东延伸段、林海公路、申江路—瓦洪公路;改建项目为川南奉公路、航塘公路、新奉公路。

3. 西区与相关区连通道路规划

奉贤区—金山区:新改建项目为胡阮路西延伸段,新建项目为新桥公路、平庄—奉朱公路,改建项目为浦卫公路。

奉贤区—松江区:新建项目为团南公路—新艳公路、北横公路西延伸段。

金山区—松江区:新建项目为朱平公路北延伸段,改建项目为叶新公路、松卫公路、金廊公路、松金公路。

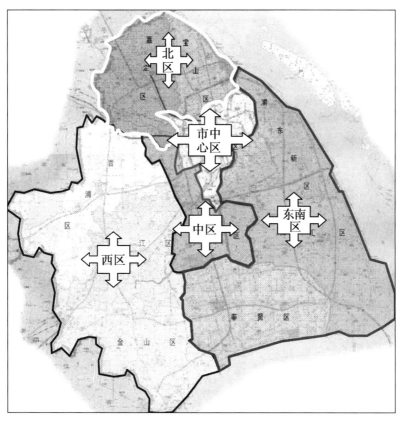

市区与区之间道路连通分区图

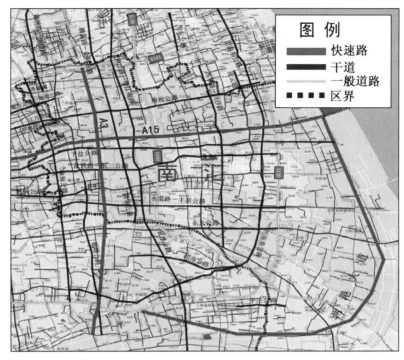

东南区相邻区连通道路规划图

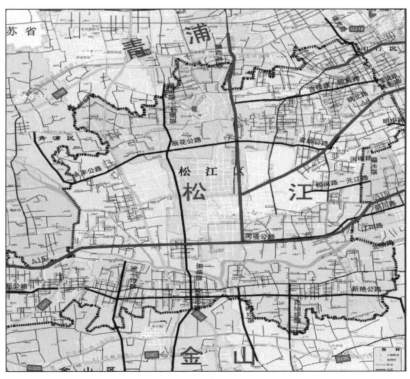

青浦与相邻区连通道路规划图

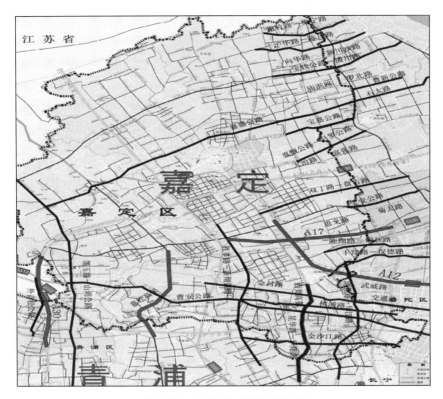

嘉定区与相邻区连通道路规划图

松江区—青浦区:新建项目为S32、嘉松高架、沈太公路—永丰路;改建项目为诸光路—莱亭路、墨玉路—三周公路、外青松公路。

4.北区与相关区连通道路规划

嘉定区—青浦区:新改建项目为墨玉公路,改建项目为嘉松高架、G1501公路拓宽、外青松公路。

嘉定区—普陀区:改建项目为曹安路、S5公路,对接项目为众仁路—武威路,辟通项目为浏翔路—金迎路,新建项目为金昌路—交通路,新改建项目为桃浦路西延伸段。

嘉定区—宝山区:新改建项目为宝钱公路—潘川路、新川沙路—向华路;改建项目为宝安公路、霜竹路—集宁路、曹新公路东延伸段、嘉盛公路、丰翔路、陈翔公路—锦秋路、沪华路—陈川路;新建项目为宝嘉公路、S6公路、罗北路—庙浜路、富张路—大治路、菊太路—思义路、月罗公路西延伸段、双丁路—盘古路。

宝山区—普陀区:新建项目为真陈路南延伸段、桃浦西路北延伸段;改建项目为南大路改造、真华路。

宝山区—浦东新区:新建项目为长江路越江、郊环越江。

(三)《区与区对接道路规划》实施预期效果

规划实施后,各区连通道路均得到不同程度加密,且基本保持在3公里以内,连通道路路网布局基本合理;不少道路等级偏低或建设规模不到位的问题均得到改善和提升。

三、省界连接道路规划

上海市对外联系通道中高速公路共 10 条,计 60 条车道,普通公路共 18 条,计 80 条车道。但部分道路等级低,局部地区通道间距过大。江苏、浙江、上海两省一市在规划建设的道路等级及线位上由于时间先后、地形条件、社会经济发展等原因不能形成良好对接。为使两省一市干线公路形成有效对接,促进长三角"3 小时都市圈"形成,2008 年,市公路处会同市市政规划设计研究院编制完成《上海市省界连接道路规划》。该规划期限与《上海市干线公路网规划修编》保持一致,即近期至 2012 年,中期至 2020 年。

(一)省界连接道路规划布局

1. 江苏方向

江苏方向高速公路对接有 5 条,共 38 条车道。其中 S7 为 6 条车道,G15 沈海高速公路嘉浏段 6 条车道,嘉金段 6 条车道;G42 沪蓉高速公路 8 条车道,S26 沪苏高速公路 6 条车道,G50 沪青平高速公路 6 条车道。

江苏方向普通公路对接有 14 条,共 62 条车道。沪太公路,双向 6 车道;浏翔公路,双向 4 车道;沪宜公路,双向 4 车道;宝钱公路,双向 4 车道;曹安公路,双向 6 车道;纪白公路,双向 4 车道;北青公路,双向 4 车道;沪青平公路(G318),双向 6 车道;金商公路,双向 4 车道;商周公路,双向 4 车道;外青松公路,双向 4 车道;墨玉路,新增出省干线公路;双向 4 车道,外钱公路;新增出省干线公路,双向 4 车道;崧泽大道,新增出省干线公路,双向 4 车道。

江苏方向县乡道路对接有 9 条,共 32 条车道。娄陆公路,双向 4 车道;霜竹公路,双向 4 车道;北和公路,双向 4 车道;外钱公路 N,双向 2 车道;和静支路,双向 2 车道;昌吉路—次干道,双向 4 车道;东青赵路,双向 4 车道;西青赵路,双向 4 车道;向华公路,双向 4 车道。

2. 浙江方向

浙江方向高速公路对接有 4 条,共 22 条车道。其中 G15 莘奉金高速公路 6 条车道,S36 亭枫高速公路 4 条车道,G60 沪杭高速公路 6 条车道,S32 浦东机场高速公路 6 条车道。

浙江方向普通公路对接有 8 条,共 32 条车道。浦卫公路(金山大道),双向 4 车道;廊平公路,双向 4 车道;朱平公路,双向 4 车道;朱吕公路,双向 4 车道;兴新公路,双向 4 车道;G320 亭枫公路,双向 4 车道;叶新公路,规划新增,双向 4 车道;太浦河北路,规划新增,双向 4 车道。

浙江方向县乡道路对接有 6 条,共 18 条车道。沪杭公路,双向 2 车道;潮枫公路,双向 4 车道;明星公路,双向 2 车道;浙江姚庄镇至上海枫泾服装机械城公路,双向 2 车道;蒸俞公路,双向 4 车道;钱新公路,双向 4 车道。

"十一五"省界连接道路建设实施计划:(1)浙江方向:S32 机场高速公路上海段

全线开通,全长83.2公里,投资123亿元。新建省界连接干线公路朱平公路(漕廊公路至320国道段),全长12公里,投资3.35亿元;大叶叶新公路拓宽改建。新建县乡道路泾纳路:浙江省嘉兴市姚庄镇的一条乡道延伸至泾纳路。(2)江苏方向:高速公路G42全线拓宽,江桥收费站至安亭,全长21.34公里,投资20亿元;S26沪苏高速公路上海段全线通车,A5至省界,全长18.2公里,总投资26.5亿元。省界连接干线公路沪太路改建拓宽;曹安公路改建拓宽;金商公路(沪青平公路至商周公路段)拓宽;外青松公路(墨玉路至青浦区界段)拓宽。新建崧泽大道(A20至市界)并向西延伸。新建县乡道路霜竹公路(蕰川路至省界段);新建东青赵路,弥补青浦北部地区与昆山市之间的道路缺失。

(二)省界连接道路规划实施预期效果

1. 浙江方向:规划上海市与浙江省的省界连接道路高速公路4条,共22条车道,适应通行能力20.2万pcu(当量小汽车即以4—5座的小客车为标准车,作为各种型号车辆换算道路交通量的当辆车种)/d(年平均日交通量);其他干线公路8条,车道数32条,适应通行能力24万pcu/d;县乡道路6条,车道数18条,适应通行能力1.5万pcu/d。平均拥挤度0.8,能维持较好的服务水平。

2. 江苏方向:规划上海市与江苏省的省界连接道路高速公路5条,共32条车道,适应通行能力29.3万pcu/d;其他干线公路14条,车道数62条,适应通行能力37万pcu/d;县乡道路9条,车道数32条,适应通行能力4万pcu/d。平均拥挤度0.8,能维持较好的服务水平。

第三节　公路行业发展规划

一、"十一五"公路发展规划

2006年,根据上海市发展和改革委员会(以下简称"市发改委")《关于上海市国民经济和社会发展"十一五"专项规划和区(县)规划的编制要求》、上海市市政工程管理局(以下简称"市市政局")2005年《关于对"十一五"规划编制工作安排的通知》精神,市公路处编制完成《上海公路"十一五"(2006—2010年)发展规划》。该"规划"是进入新世纪在建设社会主义新农村,加快发展服务业,促进区域协调发展新形势下的第二个五年计划,对于上海公路健康持续快速发展具有十分重要的战略意义。上海公路"十一五"发展的总体目标为:

1. 增加对外高速公路出入口数量,布局上对外辐射形态由过去的向西发展为同时向西、向北和向南辐射,以一体化的高速公路体系促进长三角"3小时都市圈"的形成。高速公路建设重点为沪崇苏高速公路(包括越江通道)、机场高速(包括越江通道)、沪金高速公路、沪金高速公路出入口接浙江杭浦高速、外环线西延伸、沪宁高速公路拓宽为6—8车道、莘松段拓宽。

2. 提高干线网技术等级,提高国省干线在全路网中的比例,提高通达性和可靠度指标,尤其是新城及重要结点的可达性和路网可靠度,保证这些结点有1条高速公路和多条干线通道。非高速公路建设重点为:蕰川北路(盛桥至沪太路)、沪南公路(东延伸段)、陈海东路、两港大道(北段)、林海公路、浦卫公路(奉贤段)、川南奉公路、昆阳路、宝钱公路、东新公路、曹安路拓宽、越江工程(包括闵浦三桥(昆阳至浦卫公路)、松浦三桥(松卫公路)、泖港桥(东新线)、闵浦二桥(沪闵路至沪杭公路)。

3. 在郊环内大部分地区实现"1小时"的干线公路网可达性规划目标。

4. 提高县乡路网可达性,促进城乡经济的快速发展和郊区城镇化建设。农村公路网络与包括高速公路在内的干线道路衔接与配套合理;充分发挥农村公路的集散功能,缓解干线的交通压力,将集散道路分担率由目前的16.5%提高到20%以上。

5. 路网规模方面,计划"十一五"期末,路网密度达到163公里/百平方公里,路网规模超过10 000公里(不包括村道)。

6. 供需平衡方面,鉴于"十一五"期间整个社会经济的发展处于一个关键的历史机遇期,"十一五"期间公路供给(包括高速公路,国省干线以及城乡公路各个层面)应达到适当超前并能在一定程度上引导需求。

7. 公路管理方面,到2010年,上海公路养护与管理发展的总体目标为:公路管理体制进一步完善,公路养护技术、服务能力等均有所改善;公路管理法规体系基本健全,依法决策、依法管理、依法行政的能力和水平全面提高;公平竞争、规范有序的公路养护工程市场体系进一步健全;公路管理的信息化程度与发达国家的差距明显缩小,信息化、智能化管理水平处于国内领先地位,体现五个"化":基础数据完整化、信息资源一体化、信息提供多样化、交通决策智能化、业务管理网络化。

至2010年年末,公路建设累计投资约709.67亿元。上海公路网发展基本成熟,路网形态基本完善。建成高速公路208公里,拓宽改建41公里。高速公路总里程达到775.18公里;完成北松公路(除铁路立交外)、浦星公路、蕰川路、曹安公路、沪太路等114公里市管公路拓宽改建工程;完成区管干线公路165公里。虹桥综合交通枢纽外围配套道路核心段段建成,闵浦大桥(S32/放鹤路越江)、松浦二桥(G15越江)、闵浦二桥等建成通车。公路越江通道达到9处58个车道。上海市与江、浙两省的高速公路出口已达到7处42条车道,其他公路达到23处74条车道。改造农村公路危桥947座,新改建乡村公路3 169公里,公路总里程达到11 973.99公里。桥梁总数为9 776座,公路密度为188.86公里/百平方公里,总体上超额完成"十一五"规划目标。

二、区(县)公路五年发展规划

依据交通部《农村公路发展规划编制大纲》各区(县)政府、公路主管部门分别完成了"十五"、"十一五"公路规划。至"十一五"期末,上海县道规模预计达到2 209.6公里。为叙述方便,本"规划"按区(县)逐一分列叙述。

1. 闵行区

"十五"期间,重点建设县道:七莘路、华翔—中春路、虹梅路、银都路、沪闵路南段、滨江路、颛兴—澄江、三鲁—沿浦路。共建县道里程98.9公里,投资为6.93

亿元,形成"八纵六横"的县道主框架,增加县道路网密度,提高通达性,提高技术等级。

"十一五"期间,新、改建漕宝路等世博、虹桥枢纽配套地面干线公路;大力建设区管主次干道,实现镇、建制村之间道路畅通率100%。

2. 浦东新区

"十五"期间,优化区内道路网络体系,改建洲海路(外环线至新园路段)、金海路(金穗路至川沙路段);新建五洲大道地面道路(东塘路至外环线路段)、金科路(祖冲之路至高科中路段、高科中路至李四光路段、李四光路至华夏中路段)、申江路(锦绣路至龙东大道段、龙东大道至高科中路段)等县道,形成合理、通畅、便捷的交通网和发达的公共交通体系。

"十一五"期间,加快建设快速路、主干路、次干路,基本形成以"四环"为核心的快速路网和区域主干道路网系统。主干路建设双江路、申江路、洲海路等;次干路辟通堵头路和瓶颈路。加强世博重点区域路网建设,新建和改造锦绣路、高科东路、锦绣东路等次干路。同时加强道路支路建设,使路网结构更趋平衡。截至2010年底,主干路网、次干路建成率70%左右,管养公路总里程1 936.99公里,比2005年底增加1 096.78公里,人均道路面积达18.1平方米。

3. 南汇区

"十五"期间,规划新建二级以上公路22条,总长250公里,公路密度达1.45公里/平方公里,投资195亿元。

"十一五"期间,在"12横"道路规划中,建成秀浦路(林海公路至沪南公路)、周邓公路(沪南公路至申江路)、周祝公路(沪南公路至申江路)、航三路—人民路—拱极路(南六公路至A30公路)等;在"16纵"道路规划中,建成六奉公路(汇技路至东大公路)等,截至2010年底,南汇高等级公路网络的框架基本构成。

4. 奉贤区

"十五"期间,为建设与国省干线及高速公路相配套的道路,调整南桥新城、奉城中心镇及开发区周边的道路网络,建设和改造金海路、南奉公路、南亭公路、航南公路等县道总长80公里,投资10亿元。

"十一五"期间,为配合"153060"连通目标及完善区域骨干道体系,建设和改造平庄东路、平庄西路、瓦洪公路、浦卫公路、团青公路、南海公路、航塘公路、航南公路西延伸、江海南路、西闸公路、新四平公路海港段、环城西路北延伸段、联业路、南港路、望园南路等,总长132公里,投资30亿元。

5. 金山区

"十五"期间,建设7条县道,总里程62.1公里,其中,新建53.2公里,改建8.9公里,工程投资为3.16亿元。2005年底,形成"二纵五横"的县道主骨架。

"十一五"期间,为解决新卫高速公路东部镇与镇之间的交通需求,完善金山区乡镇公路网建设,实施海虹路新建工程;为完善"153060"目标的配套设施与金山区公路网结构,实施朱平公路新建工程;为完善区域主干线公路网络,实施朱吕公路西延伸段工程。

6. 松江区

"十五"期间,新建县道塔闵公路。改建松金公路、松蒸公路、北松公路。中心镇至少二级公路连通。干线公路网平均车速为每小时 60 公里以上,路网平均饱和度达 22％左右,基本完成"五横四纵"区域交通网络。

"十一五"期间,新建和改建县道每年保持在 15 公里左右,完成松蒸公路、辰塔路、买新公路、北松公路、九新公路、玉树路、青昆港公路、沈砖公路。每年投资 3 亿元,三级以上公路里程不低于 50％。至"十一五"期末,新增县道 52.1 公里。加强跨高速公路和铁路的公路通道以及平行辅道建设,减少高速公路对地区的阻隔效应,增设区道跨黄浦江,沟通浦南与松江新城。GBM 区管公路达 85％,管养公路绿化率 100％,区道养护工程资金每年每公里不低于 1 万元。

7. 青浦区

"十五"期间,主要县道建设工程项目:白石路西段改建工程、漕盈路新建工程、纪鹤路改建工程、胜利路改建工程、赵重公路改建工程等。

"十一五"期末,区管公路 159.18 公里,县级公路中二级及二级以上公路里程 86.87 公里,占县级公路里程的 54.58％。县级桥梁 208 座,其中一、二类桥梁 201 座。

8. 嘉定区

"十五"期间,新建县级公路 55 公里,改建 129.2 公里,投资为 7 亿元。其中增加管养公路 28 条,分别为:娄陆公路、浏翔公路、众仁路、嘉行公路、霜竹路、曹新路、嘉安公路、老沪宜路、外冈路、丰翔路、城北路、胜辛北路、博园路、白银路、伊宁路、安辰路、园国东路、安晓路、墨玉南路、于田南路、安虹路、胜辛路、汇源路、新宝路、世盛路、汇通路、金鹤路、嘉金匝道。

"十一五"期末,县道达 215.98 公里,县道桥梁 294 座,其中一类桥梁 213 座、二类桥梁 66 座。县道 GBM 达到 95％。

9. 宝山区

"十五"期间,为实现宝山区域总体规划提出的"102030"目标,拓宽改建县道江杨北路、场中路;辟通改建县道上大路、月罗公路、祁连山路,以配套形成"二横二纵的快速干道网"。

"十一五"期间,建设县道潘泾路、江杨路、月罗路、石太路,从而配套形成"三线五纵七横"交通格局。改建和新建县道共 61.29 公里;岛屿地区改建和新建县道共 27.81 公里。

"十一五"期末,形成"七纵七横"区域干线网。其中七纵中,新建县道富长路至康宁路,改建县道潘泾路。

10. 崇明县

"十五"、"十一五"期间,结合崇明三岛总体规划,搞好"通达工程"的实现,积极开展主要县道公路的建设,抓好重点为旅游景点服务的县道公路修建工作,即三华公路新建、前卫村湿地道路改建,完成县西部明珠湖周围景观道路建设。抓好主要集镇道路通畅美观,即城桥镇地区的县道利民路新改建工程、新河镇改建工程等。同时对北沿公路中路况较差路段进行改建。抓住迎世博契机,改造县道达 300 公里左右,改造危桥等桥梁600座以上。

三、养护管理发展规划

(一)"十一五"养护管理发展规划

2006年,市公路处编制完成《上海公路"十一五"养护管理发展规划》。该"规划"总体目标为:到2010年,上海公路基本形成安全、畅通、和谐、高效的公路基础设施网络;公路网总体技术水平显著提高,服务水平明显改善,基本建成以人为本、用户至上的公共服务体系;公路管理体制进一步完善,农村公路建立长效管理机制,公路管理法规体系基本健全,依法行政能力和水平全面提高,依法决策、依法管理、依法行政的程序进一步法定化、规范化;高速公路实行统一养护管理,公路养护技术显著进步。公平竞争、规范有序的公路养护工程市场体系进一步健全;公路管理的信息化程度与发达国家的差距明显缩小,信息化、智能化管理水平保持国内领先地位;进一步完善以资金、制度、人才、科技为核心的公路养护管理支持保障系统,增强公路养护管理事业可持续发展能力。

"十一五"养护管理发展规划的主要任务:进一步优化路网结构,提高国省干线公路等级,改善农村公路行车条件,逐步形成干线公路(包括高速公路)、农村公路协调发展的格局。

1. 养护管理

全面加强公路养护,养护质量再上新台阶。国省干线公路实现周期性和预防性养护(预防性养护就是一种周期性的强制保养措施,它并不考虑路面是否已损坏,而是通过采用先进检测技术提前发现道路隐形病害,并施以预防性的最佳成本效益的养护措施),并由单一养护、粗放型养护向全面养护、集约型养护转变。其中,高速公路和国省干线公路实现专业化和机械化养护;农村公路保持设施完好,安全畅通。具体指标是:管养公路(包括国、省、县道)路面质量指数(PQI)≥86,全部公路好路率达到≥80%,干线公路好路率达到≥92%。高速公路MQI保持在90分以上,优等路率达到100%;国道中二级以上公路所占比例100%,国省干线路面铺装率100%,省道中二级以上公路所占比例90%;新建、改建农村公路3 000公里,建设重点公路250公里;管养公路一、二类桥梁比例95%,每年安排国省干线大中修里程不低于国省干线总里程13%,各区(县)管养县道大中修里程一般不低于县道总里程的6%;公路绿化率保持100%;农村公路纳入正常的养护管理范围,逐步实施养护质量考核,推广GBM工程的实施,农村公路桥梁养护管理规范有序,提高农村公路养护管理整体水平;通过实施上海公路"迎世博三年整治行动计划",对高速公路、普通干线公路和主要县道共计158条、2 270公里进行整治。通过"整治计划"范围内的各项新建、改建工程、大中修工程、专项整治工程和小修保养工程,重点解决路面平整度和桥头跳车问题,努力提高路况水平,让公众出行更舒适。

强化桥梁养护监管,确保桥梁动态受控。建立公路桥梁安全控制体系,确保桥梁安全处于动态受控状态。建立并完善桥梁安全运营管理制度,开发运用桥梁安全运行管理系统,提高管养公路桥梁的养护管理水平;加强人员培训,完成管养公路桥梁养护工程师的培训和考核工作;明确公路桥梁加固市场准入条件,建立公路桥梁养护管理从业资格制度。继续坚持桥梁检查制度;管养公路一、二类桥梁比例不小于95%,加强管养公路三、四类桥梁的养护监管,加快五类桥梁的加固改造,完成铁路立交公路桥梁的安全整治工作。

2. 文明样板路创建

大力实施安保工程,推进文明样板路建设。以"畅、安、舒、美"为目标,进一步拓展 GBM 工程和文明样板路内涵。每个区(县)创建1—3 条市级文明样板路,以起样板示范作用。国省干线公路 GBM 工程达标率 100%,区(县)公路 GBM 工程达标率 65%。

3. 文明施工、安全施工

严格执行部颁《公路养护维修作业安全规程》,健全养护施工路段交通组织管理工作制度,加大监管力度,减少养护施工对公路交通的影响。加强环境保护,降低施工噪声、扬尘和废弃物对环境的影响。推动资源综合利用,继续开展旧沥青混合料、水泥混凝土、三渣等路面材料回收再生利用。

4. 依法治路,保护公路设施

进一步加强车辆超限治理工作力度,建立长效治理机制,把超限车辆控制在 5%以下。开展公路用地确权和登记、路产路权维护、建筑红线控制、清理非法占用公路用地等综合治理活动。制定可操作的赔补偿程序。结合公路路政软件升级工作,进一步完善相关的行政许可法律文书,建立管线和非公路标志动态数据库。加强行政审批管理,完善行政审批程序,提高行政审批效率。

5. 体制建设

建立"统一领导、分级管理、区县为主、乡村配合"的农村公路管理体制,农村公路有专门的管理机构,有稳定的资金来源,有专业的养护管理单位,有规范、科学的养护手段,做到"有路必养"。

建立农村公路养护管理长效机制。制定市政府规章《上海市乡(镇)公路管理规定》,从法律上给予保障,从体制上形成市、区(县)和乡(镇)三级管理网络,将农村公路从无序管理状态纳入有序的行业管理轨道。认真按照有关技术标准进行农村公路的规范化、标准化养护管理,加强路况巡视和桥梁检查,通过实施经常性养护和大中修工程,使上海农村公路逐步达到"畅、洁、绿、美"。各区(县)、乡(镇)人民政府积极安排、筹措农村公路建设资金。同时,市加大补贴力度,适当向欠发达地区倾斜。

至"十一五"期末即 2010 年底,全市国省干线公路 MQI 达到 94.08,优良路率达到 97.10%;普通公路(县、乡、村公路)MQI 达到 86.74,优良路率达到 86.42%;公路 GBM 总里程达 3 596.39 公里,占公路总里程的 30.03%,农村公路 GBM 里程为 195.29 公里;文明样板路里程达到 583.664 公里,共 36 条(段);桥梁技术状况持续改善;建成公路网管理中心,服务能力有效加强;九个区(县)完成并出台农村公路管理养护的体制改革方案;实施高速公路区域化管理的试点工作。然而,高速公路多元化投资建设运营导致的管理效率不高、运行发展不平衡,路网结构不完善,服务水平一般,基础管理薄弱,科技创新步子不大等情况亟须改正。

（二）保障措施

1. 体制保障

（1）理顺公路管理体制。完善"权责清晰、协调配合"的工作机制,确保权责一致、责任明确。

（2）积极探索建立高速公路与普通公路统筹发展的新机制,研究探索高速公路多元化投资建设、一元化管理的发展模式。建立严格的收费公路监管机制,加强收费公路监管。

（3）认真贯彻落实《农村公路养护管理体制改革方案》,建立健全农村公路养护管理机制,切实落实农村公路养护责任主体,开辟稳定可靠的农村公路养护资金渠道。

2. 资金保障

（1）结合燃油税费改革,科学合理地分配公路养护经费。加强对养护计划的制定及养护经费使用情况的检查,保证养护经费的投入。

（2）公路养护经费根据公路养护管理设施量、养护定额、道路等级、交通流量、重车荷载、养护质量、绩效考核等综合因素,由市公路处负责测算,并提出初步分配意见,再由上海市城乡建设和交通委员会（以下简称"市建交委"）统筹安排。其中,乡、村公路养护管理经费由市按照测算额的50%补贴。

3. 人才保障

完善教育培训机制,建立和完善管理人员选拔、任用、考核、监督制度体系,有计划、有步骤地改善队伍的文化层次和学历水平,着力培养一支适应新形势的管理、科技人才队伍和新型养护工人队伍。

四、交通信息化发展规划

（一）"十一五"交通信息化发展规划

2006 年,市公路处编制完成《上海公路"十一五"交通信息化发展规划》。该"规划"主要任务为:

1. 围绕公路管理职能,以缩短建设周期、提高公路养护质量、减少对交通影响为目标,开展技术攻关,为改善公路建设、管理手段,保障交通安全与畅通提供强大的技术支撑。

2. 大力推进电子不停车收费 ETC 系统建设,降低 ETC 系统运营成本,提高 ETC 用户比例,逐步将 MTC 车道升级为 ETC 车道。

3. 进一步开发信息资源,完善交通信息采集系统,积极推进交通信息采集完整化。到 2010 年,力争在全路网范围内实现对静态基础数据的全面采集和管理;实现交通调查数据采集覆盖全路网,数据质量显著提高;交通监控数据采集覆盖高速公路网。

4. 加快交通诱导系统的建设,实现交通诱导系统全面覆盖高速公路网,并基本实现诱导设备优化布设和诱导决策智能化。

5. 以上海市公路网交通信息平台为基础,推进交通信息整合利用,在 2010 年实现上海市公路网所有交通应用系统之间的信息共享,并为政府、管理部门、公众提供多样化的信息服务。

(二)保障措施

1. 加强领导,进一步提高对科技创新和公路信息化重要性的认识。

2. 完善制度,建立推进信息化进程的领导机构,建立公路网信息化过程中各岗位职责制度、信息技术推广应用制度以及公路网信息化安全制度等。

3. 加大对技术创新的投入力度。争取从交通税费、交通重大建设项目中安排一定比例的经费用于技术创新活动。

4. 加强公路信息化标准化建设。着重进行网络与信息安全、监控信息定义与编码、图像控制、信息系统可靠性、安全性、有效性的监查等方面的技术标准和管理办法的编制。

5. 加强科技队伍的培养,全面提高公路科技人员的素质。

6. 积极开展国际交流与合作,学习和借鉴发达国家公路管理服务水平、智能交通等方面的先进思想观念和实际操作经验,有针对性地引进外资和技术。

第二章 公 路 建 设

第一节 "153060"高速公路网建设

一、沪青平高速（G50 沪渝高速上海段）

沪渝高速（上海段）曾称沪青平高速，原上海编号 A9，后国家编号为 G50 沪渝高速公路（上海段）。它是国家高速公路路网中一条重要横线，起于上海，途经浙江、安徽、湖北到重庆，全程 1 768 公里。上海段全长 51.7 公里，是市域高速公路网的重要组成部分。它对于改善上海西部地区对外交通环境，解决 318 国道入城段交通拥堵，增强虹桥机场交通集散功能，促进青浦区经济与社会发展具有重要意义。

沪青平高速公路自延安西路高架与外环线交叉口向西途经徐泾、赵巷、青浦、朱家角等主要城镇，在金泽进入江苏省。沪青平高速公路工程建设分东、中、西三段，东段工程（又称：入城段）包括沪青平外环立交，它东起沪青平外环立交西侧，穿越航华小区，跨七莘路等横向道路，至闵行区中春路西侧，全长 4.21 公里，其中立交范围 1.33 公里。中段工程西起朱枫立交，东至中春路高架，主线全长 27.96 公里。西段工程东起朱枫公路立交与沪青平高速公路中段相接，西至位于青浦区金泽镇杨湾村的沪苏省界，全长 16.65 公里。

为迎接 2001 年 10 月在上海召开的亚太经济组织 21 国首脑会议（"APEC"），以及在 2001 年 4 月至 10 月期间为此会议先期举行的部长会议，上海市政府将沪青平高速公路入城段工程列入 2000 年开工的重大工程项目。2000 年 6 月，上海市计划委员会（以下简称"市计委"）根据市市政局《关于上报沪青平高速公路工程项目建议书的请示》，批复同意沪青平高速公路中段工程（中春路至朱枫公路段）立项。同年 11 月，市计委批复同意《上海市沪青平高速公路工程（中春路至朱枫公路段）可行性研究报告》。

2002 年 1 月，市计委批复同意市市政局《关于 A9 公路西段工程立项的函》。2003 年 7 月，市计委批复同意《A9 公路西段（朱枫公路至市界段）工程可行性研究报告》。

沪青平高速公路东段工程设计为双向 6 车道，4 快 2 慢，由位于沪青平高速公路与外环线交汇处长 1.33 公里的 4 层互通式沪青外环立交和 2.84 公里长的入城段高架组成。道路规划红线宽 60 米，两侧各宽 50 米的绿化带，绿化面积约 19 公顷，设计时速每小时 80 公里，路面结构为沥青混凝土。桥梁 4 座，桥梁设计荷载标准为汽车—超 20 级，挂车—100。

沪青平高速公路中段工程路基按 6 车道，路面按 4 车道实施。设计车速为每小时 120 公里。徐泾收费站至上海绕城高速立交段路幅上口 32 米，标准横断面为中央分隔带 0.5 米,两侧路缘带各 0.5 米,硬路肩(含路缘带)各 3 米,土路肩各 1 米。上海绕城高速立交至朱枫公路立交段路幅上口 28.5 米,标准横断面为中央分隔带 3 米,两侧车道各 3.75 米,路缘带各 0.75 米,硬路肩各 3.5 米,土路肩各 1 米。路面结构均为沥青混凝土。全线设大桥、特大桥 7 座,中小桥 24 座,单喇叭互通式立交 3 座,定向互通式立交 1 座,上跨分离式立交 7 座。设置徐泾主线收费站、嘉松、外青松、朱枫收费站。桥梁设计荷载标准为汽车—超 20 级,挂车—120,抗震烈度 7 级,重要性系数 1.3。收费、监控、通信管理中心等配套设施一应俱全。

沪青平高速公路西段工程设计为双向 6 车道,车速为每小时 120 公里。路幅 35 米,标准横断面为中央分隔带 3 米,两侧行车道各 11.75 米,硬路肩各 3 米,土路肩各 1 米,路面结构为沥青混凝土。互通式立交 3 座,其中新建莲西立交、金泽立交、续建朱枫立交。主线跨河桥梁 23 座,其中含栏路港大桥 1 座、中小桥 22 座。桥面双向 6

沪渝高速公路(上海段)中段标准横断面图(单位:米)

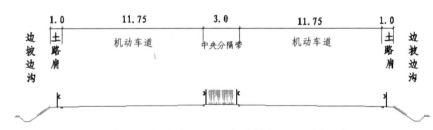

沪渝高速公路(上海段)西段标准横断面图(单位:米)

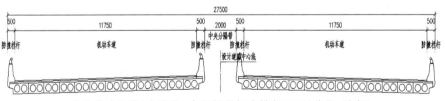

沪渝高速公路(上海段)中段桥梁标准横断面图(单位:厘米)

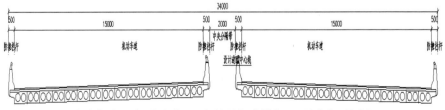

沪渝高速公路(上海段)西段桥梁标准横断面图(单位:厘米)

车道,桥梁断面总宽度34米,单侧桥面15米,中央分隔带2米。桥梁设计荷载标准为汽车—超20级,挂车—120,抗震烈度7级,重要性系数1.3。

全线桥梁上部结构采用空心板梁结构,下部结构桥墩采用多柱式钢筋混凝土结构,桥梁桩基以PHC钢筋混凝土管桩为主。拦路港桥为特大型桥梁,河中主跨上部结构采用预应力钢筋混凝土连续箱梁。设置服务区和莲西、金泽匝道收费站和汾湖主线收费站。

沪青平高速公路东段工程总投资10.98亿元。

沪青平高速公路中、西段工程由上海沪青平高速公路建设发展有限公司建设,中段工程委托上海市市政工程建设处代建,投资为20.39亿元。西段工程委托上海市政建设工程管理有限公司代建,投资15.76亿元。

中、西段工程经公开招投标,中段中标设计单位有上海市城市建设设计研究院、上海市园林设计院,施工单位有上海建工(集团)公司、上海市第二市政工程有限公司、上海隧道工程股份有限公司等21家,监理单位有上海斯美监理咨询有限公司、上海正弘工程造价咨询有限公司、北京双环工程咨询有限公司等6家单位。西段中标设计单位有上海市城市建设设计研究院、上海园林设计院,施工单位有中铁十七局集团第二工程有限公司、上海城建(集团)公司、杭州萧山江南园林工程有限公司等10家,监理单位有上海斯美监理咨询有限公司、上海正弘工程造价咨询有限公司、北京双环工程咨询有限公司等5家。

沪渝高速公路(上海段)沪青平立交施工图

沪青平高速公路东段工程由市公路处于2000年4月开工,2001年4月建成通车。中段工程于2000年11月24日开工,2002年12月18日竣工。西段工程于2003年12月底开工,2005年12月30日朱枫公路立交至金泽立交段建成通车。2007年12月金泽立交至江苏省界与江苏段同步通车。

中段工程地处软土地带,沿线桥梁多。工程采取了适当降低路堤高度及采用粉煤灰等轻质材料,减少路堤荷载和桥台沉降;特殊地段采用 ESP 材料处理;路面动态施工控制标高,采用垫层处理、上工格网的浅层处理与塑料排水板、强夯、井点降水、真空-堆载联合预压的深层处理相结合方案。中段工程桥梁上部结构为简支梁板,以普通钢筋混凝土板梁和先张法预应力空心板梁为主,支座为板式橡胶支座,桥面伸缩缝选用型钢伸缩缝,简支梁桥面 5 跨一联,中间设连续缝,桥头设搭板。软土地基处理技术的应用,达到了道路线型平顺、路面平整度良好的目标。

工程沿线设置声屏障,并采用噪声小的施工机械和设备;设置挡风板、隔离墙,减缓建材在装卸、堆放、拌和过程中的起尘速度,抑制降尘量,同时保持施工现场清洁。污水采用回用方案,即将污水处理后用于浇灌绿化、清洗车辆、冲洗道路及厕所等。

中段工程竣工运营前六个月,发现部分桥头有跳车现象,原因为软土地基处理不够,桥头沉降所致,经过返修,基本正常。

二、嘉浏、嘉金、莘奉金高速(G15 沈海高速上海段)

沈海高速公路由沈阳至海口,全长 3 697.74 公里。上海段起始上海与江苏太仓交界,进入嘉定区后南抵金山区与浙江省交界,全长 91.58 公里。上海原编号为 A5,后国家统一编号为 G15。在国家命名编号前,上海将其分为三段,一段为江苏太仓至上海嘉定,称嘉浏高速公路,全长 12.21 公里;嘉定至金山,全长 67 公里,称之为嘉金高速公路。金山境内山阳立交至沪浙省界,全长 12.371 公里,为莘奉金高速公路。嘉浏高速公路建设工程分两期:一期工程为与上海绕城高速公路并板段,二期为原嘉浏高速公路。

嘉浏高速公路(二期)被列入《上海市高速公路网规划(1999—2010 年)》"一环十射两联"中的"十射"之一。2003 年,江苏省沿江高速公路准备与嘉浏高速相连。江苏省双向 6 车道进沪,要求上海也按 6 车道相接。另上海绕城高速(北环段)、嘉金高速将于 2004 年 8 月相继建成通车,其中嘉浏(一期)段有 4 公里与上海绕城高速(北环段)并道。为了使处于上述三条高速公路连接段的嘉浏高速公路避免造成局部瓶颈,同时也为 F1 赛车场、浦东国际机场二期工程建成后的交通流量增长作准备,市政府决定提前实施嘉浏高速公路拓宽改建工程。

1998 年 7 月,市城市建设设计研究院编制、市市政局完成《嘉浏一级公路(二期)工程可行性研究报告》,1999 年市计委批复。2000 年 6 月,市计委下发《关于嘉浏公路(二期)工程初步设计的批复》,决定该工程按高速公路标准建设。2002 年,市计委批复嘉金高速公路工程可行性研究报告。2003 年 8 月,市市政局向市发改委上报嘉浏高速公路拓宽改建工程可行性研究报告(代项目建议书)。同年 9 月,市发改委批复立项。

嘉浏高速公路(二期)工程南起嘉浏一级公路(一期)的嘉西立交,途经嘉西、朱桥两个乡,北至新浏河大桥,与 204 国道江苏省相接,全长 10.34 公里。嘉金高速公路工程北起上海绕城高速与沪嘉高速相交的沪嘉浏高速立交南侧,南至沪金高速公路,全长 67 公里。其中嘉定区 10.15 公里,青浦区 13 公里,松江区 29 公里,金山区

15 公里。嘉浏高速公路拓宽改建工程南起上海绕城高速(北环段)与嘉浏高速立交,北至市界浏河大桥,全长 12.21 公里。莘奉金高速公路东起山阳立交,西至沪浙省界,全长 12.371 公里。

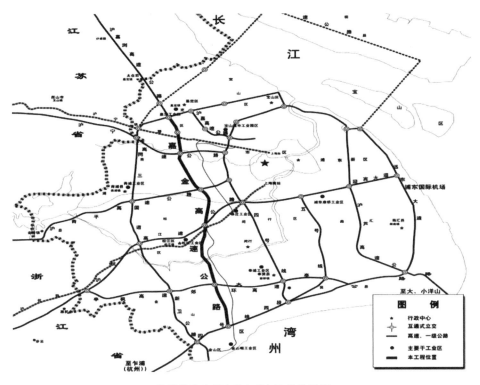

嘉浏高速公路(嘉金段)地理位置图

嘉浏高速公路(二期)工程车道设计为双向 4 车道,设计车速为每小时 100 公里。用地范围宽 50 米,路基宽 33 米,标准横断面为中央分隔带宽 2 米,两侧行车道各宽 7.5 米,路缘带各宽 0.5 米,硬路肩各宽 3 米,土路肩各宽 4.5 米,绿化带各宽 8.5 米。路面结构为沥青混凝土。全线设有新浏河、祁迁河、娄塘河 3 座大桥,中桥 7 座,小桥 10 座,设有朱桥主线收费站、汇源路东、西匝道收费站、嘉西上、下匝道收费站,朱桥服务区;交通监控、通信、收费、照明、供配电、交通标志、标线等配套设施一应俱全。嘉浏高速公路拓宽改建工程将原双向 4 车道拓宽为双向 6 车道,其中,嘉浏(二期)段利用两侧预留的路基,嘉浏(一期)段两侧则重新拓宽路基各 4 米,规划红线 50 米,路基宽 33 米。标准横断面为中央分隔带宽 2 米,两侧行车道各宽 11.25 米,路缘带各宽 0.5 米。硬路肩各宽 3 米,土路肩各宽 0.75 米,路面结构与嘉浏高速公路(二期)工程相同。拓宽改建沿线桥梁 23 座,其中大桥 5 座,中小桥 18 座。改建嘉西立交、朱桥主线收费站及沿线附属设施。桥梁设计荷载为汽车一超 20 级,挂车—120。

嘉金高速公路工程的沪昆高速(上海段)以北路段车道设计为双向 6 车道,以南路段近期实施双向 4 车道,中间预留远期实施双向 6 车道。设计车速为每小时 100 公里,立交和匝道车速为每小时 40 至 60 公里。规划红线 60 米,路面结构为沥青混凝土。沿线设置互通式立交 12 座,分离式立交 21 座,跨线路立交 1 座,桥梁 70 座。设置服务区、收费、监控、交通标志、标线、绿化、照明等配套设施。桥梁设计载荷为汽一超 20 级,挂—120,道路路面结构载荷为 BZZ-100 型标准车,抗震烈度 7 级,重要性系数 1.3。

莘奉金高速公路山阳立交至新卫立交,长 10.419 公里,车道设计为双向 4 车道;新卫立交至沪浙省界,长 1.952 公里,车道设计为双向 6 车道,全长 12.371 公里设计时速为每小时 100 公里,路面结构为沥青混凝土路面。新卫立交为枢纽型互通式立交。

嘉浏高速公路二期工程建设单位为上海嘉浏高速公路建设发展有限公司,工程投资为 4.5 亿元。嘉金高速公路发展有限公司负责工程建设,工程投资为 50.04 亿元,采用代建制实施项目管理。嘉浏高速公路拓宽改建工程建设单位为上海嘉浏高速公路建设发展有限公司,工程投资为 1.3 亿元。莘奉金高速公路建设单位为上海莘奉金高速公路建设发展有限公司,工程投资为 7.38 亿元。

嘉浏高速公路(二期)、嘉金高速公路、嘉浏高速公路拓宽改建和莘奉金高速公路建设工程均采取公开招标的方式选择设计、施工、监理单位。嘉浏高速公路(二期)工程中标设计单位为市城市建设设计研究院,施工单位为上海耿耿市政工程有限公司、上海第二市政工程有限公司、上海隧道股份有限公司等 17 家单位,监理单位为市市政监理技术咨询公司、上海铁道学院建设监理科技公司。嘉金高速公路工程中标施工单位为上海建工(集团)总公司、中铁十二局集团有限公司、上海城建(集团)公司等 7 家单位。嘉浏高速公路拓宽改建工程中标设计单位为市城市建设设计研究院,施工单位为市第一市政工程有限公司、上海金山市政建设股份公司、上海建设机场道路工程有限公司等 8 家单位,监理单位为市市政监理技术咨询公司、上海城建工程建设监理有限公司等 3 家单位。莘奉金高速公路中标设计单位为上海市政工程设计院,施工单位为中铁三局华海工程有限公司,监理单位为上海市政监理有限公司。

嘉浏高速公路(二期)工程于 2000 年 1 月 18 日开工,2001 年 12 月 20 日竣工通车。嘉浏高速公路拓宽改建工程于 2003 年 9 月 25 日开工,2004 年 9 月 26 日竣工通车。嘉金高速公路工程分二期实施,一期工程嘉定至北青公路,全长 12 公里,2003 年 4 月 23 日开工,2004 年 9 月 4 日竣工;二期工程北青公路至金山沪金高速公路,长 53 公里,2003 年 12 月 31 日开工,2007 年 2 月 19 日竣工。

莘奉金高速公路分二期实施,一期工程山阳立交至新卫立交,2004 年 6 月 28 日开工,2006 年 1 月 10 日竣工;二期工程新卫立交至沪浙省界,2005 年 8 月 29 日开工,2008 年 1 月 28 日竣工。

嘉浏高速公路(二期)工程前期动迁工作由嘉定区政府负责。土路基工程 4 个标段的招标工作由市公路处完成。嘉金高速公路工程前期的征地,拆迁费(青苗补偿费)共 6.99 亿元,由各区政府承担费用及组织实施。

沈海高速(嘉浏段)建成通车

嘉浏高速公路(二期)工程为提高工程质量,路面结构材料使用 PS 改性沥青混凝土;软土地基处理采用塑料排水板排水、粉煤灰加土工布加等载预压、粉煤灰加土工布加超载压等方法来加速土基沉降;新浏河大桥主桥面采用国内尚属首次的预制箱梁节段拼装工艺,在不影响通航情况下,用定制的架桥机完成主桥面箱梁架设;监控系统应用多媒体、可变情报板、限速板等技术。嘉浏高速公路拓宽改建工程为减少新老路基之间沉降差异,对嘉黄立交、嘉西立交、祁迁河桥、娄塘河桥的桥头高填土部分,采用振动沉模大直径现浇管桩加固地基工艺;对嘉浏(一期)段重新填筑的土路基采用薄壁管桩加固地基及每两层设置一道土工格栅处理方式。

嘉浏高速公路(二期)工程存在不足之处,主要是由于当时道路设计标准偏低,最初按一级公路标准设计,后变更为高速公路,加上流量的剧增以及严重的超载、超限,导致通车后局部路段桥头接坡出现不均匀沉降,引起桥头跳车;沥青路面出现早期损坏,影响路面平整度和行车舒适性。嘉浏高速公路拓宽改建工程虽然在预留路基和新填筑路基的处理方面采取了一些技术措施,但在新老路基连接上,设计除采用开挖台阶的常规方法外,无其他技术措施,因此在通车运营几年后,新老路基之间出现明显纵向裂缝,造成路表水侵入基层,引起沥青路面早期出现损坏,影响路面平整度和行车舒适性。

沈海高速公路(上海段)的建成通车,充分发挥了沪嘉高速公路、嘉浏高速公路和嘉金高速公路的作用,路网结构更趋合理。由于它处在外环高速与上海绕城高速之间,从而起到了疏散城区车流、快速沟通市区西部东西向高速公路的"辅环"作用。朱桥主线收费站车道由原来 12 条扩建为 18 条,极大地改善了道口通行条件。2005年 1 月,嘉浏高速公路日均车流量为 31 200 辆,至 2010 年 12 月,日均车流量增加到 57 000 辆,使上海又增加一条连接周边省市的快速通道。同时,沈海高速公路(上海段)的建成通车也改善了上海西北部地区的投资环境,加快了沿线产业带的形成和沿途乡(镇)城市化进程,偏远落后的朱桥镇已发展为嘉定工业区的重要组成部分。沈海高速公路(上海段)的建成通车,促进了上海与江苏、浙江的联络与沟通。

三、外环高速(S20)

外环高速曾称A20高速,国家编号为S20外环高速。外环线(一期)工程于1997年8月15日开工建设,1999年9月13日建成通车。工程北起沪嘉高速,向南经沪宁、沪杭铁路与沪宁高速相接,然后经吴淞江,穿越虹桥路及沪青平公路,与沪杭高速、沪闵路相联,随后折向东穿越朱梅路、龙吴路,跨越黄浦江,向东延伸穿过济阳路、上南路,与杨高路延长线联接直至环东二大道,全长47.1公里。外环线(一期)工程建成通车,把沪杭高速(上海段)、沪宁高速(上海段)、沪青平公路、沪嘉高速串联起来,使上海交通繁忙的西南大门又增加了一条大通道,为缓解市中心区的交通压力,加强浦东与浦西的联系和周边地区的交通辐射,改善投资环境,促进城市经济与社会发展起到了十分重要的作用。然而,外环线(一期)工程仅为外环线一部分,整个外环线尚未完成。上海一面临海,特殊的地理位置使其出入境交通以呈东西向射线形式,穿越城市中心城区。外环线(二期)工程建设,将与外环线(一期)形成环线,成为连接城市放射形道路,充分发挥分流疏解出入中心城区交通流量,缓解内环线与中心城区交通压力的功能。同时,工程为浦东外高桥港区、外高桥保税区、金桥出口加工区以及张江高科技园区等提供一条大容量的快速交通干线,有利于深入推进浦东功能开发。因此,建设外环线(二期)工程,是建立与完善上海市道路网结构的需要,是深入开发开放浦东的需要。

外环高速公路地理位置图

外环线是上海市四条环线(内环线、中环线、外环线和郊区环线)中的第三条城市环线,它位于中心城区的最外围,是上海城市道路交通网络中的主要环线,为"三环十射"中重要的一环。环内城区面积约 680 平方公里。外环线全长 97.11 公里,其中浦东段 47.13 公里,浦西段 44.03 公里,外环隧道 1.9 公里,徐浦大桥 4.05 公里。外环线自浦西泰和路向东接南北快速公路,跨越黄浦江,折向南接海徐路,到浦东孙桥、向西跨越黄浦江经莘庄,跨越蕴藻浜,向北过沪太公路至泰和路。途经浦东新区、徐汇区、闵行区、长宁区、嘉定区、普陀区、宝山区。道路沿线连接沪芦高速、沪金高速、沪昆高速(上海段)、沪渝高速(上海段)、京沪高速(上海段)、沪嘉高速等 10 条快速干道,把高速公路有机地衔接起来。工程设置了同济路立交、蕴川路立交、迎宾路立交、莘庄立交、沪青平立交、沪宁立交、沪嘉立交等多座大型全互通立交以及徐浦大桥、外环隧道两座越江工程。

1998 年,市计委下发《关于外环线(吴淞越江工程至迎宾大道段)工程项目建议书的批复》。2000 年,市计委下发《关于外环线(外环隧道至迎宾大道)工程可行性研究报告的批复》。2000 年,国家计委下达《关于上海市外环线(二期)工程项目建议书的批复》批准立项,并于 2001 年批复工程可行性研究报告。同年,市计委下发《关于外环线(五洲大道至迎宾大道段)工程可行性研究报告的批复》。由于外环线(二期)工程规模大、投资高、道路宽、涉及面广,采取一次规划、分期实施的方案。

(一) 外环线(二期)浦西段工程

外环线(二期)浦西段工程属于外环线西北段,从沪嘉高速以北 0.2 公里界河桥起,向北跨越蕴藻浜至西北角,向东跨越沪太公路、顾村镇接泰和路,沿泰和路穿越蕴川路、宝钢铁路、同济路及吴淞镇至外环隧道,全长 18.03 公里。

外环线(二期)浦西段工程按全封闭、全立交城市快速干道标准设计,主线道路车道设计为双向 8 车道,设计车速为每小时 80 公里,匝道设计车速为每小时 40 公里,环形匝道设计车速不小于每小时 25 公里,服务水平不低于 D 级。道路用地宽度 100 米,标准横断面为中央分隔带 6 米,两侧机动车道各宽 6 米,绿化带各 31 米;沪太路立交以东泰和路沿线全长 9.8 公里,主线道路两侧设地面辅道;道路用地 100 米,标准横断面为中央分隔带 6 米、两侧主线机动车道各 16 米。绿化带各 31 米。泰和路沿线标准横断面为中央分隔带 6 米,两侧主线机动车道各 16 米,辅道各 10 米,绿化带各 8—9 米,人行道各宽 4 米。高架段 65 米,第二层高架道路横断面为中央分隔带 5 米,两侧主线机动车道各 17 米。规划红线江杨路以西 100 米,以东为 65 米,主线行车道车道设计为双向 8 车道。标准横断面为中央分隔带 6 米,两侧机动车道各 16 米,绿化带各 31 米。江杨路至同济路高架道路全长 3.8 公里,车道设计为双向 8 车道,地面道路为 4 快 2 慢,高架段横断面为中央分隔带 12 米,两侧机动车道各宽 8 米,非机动车道各宽 4.5 米,人行道各宽 7.5 米,绿化带各 6 米,路面结构为沥青混凝土。全线设置沪太路、蕴川路、同济路 3 座互通式立交,简易立交 4 座,大桥 1 座,中小桥 14 座。工程设有港湾式紧急停车带、防护、照明、交通监控、标志标线、排水管线以及运营管理系统等附属工程。主线桥梁设计荷载为汽车—超 20 级、验算荷载为特—300 级,路桥同宽,全断面分成二座独立桥布置,每桥宽 17 米。桥梁基础采用打入桩,局部基础采用钻孔灌注桩,简易跨线桥及中小桥采用简支桥梁结构,立交匝道采用钢筋混凝土连接箱梁,蕰藻浜桥采用预应力混凝土连续梁。匝道设计荷载汽车—超 20 级、验算荷载为挂—120 级。

蕰川路立交是外环线(二期)工程的配套工程。该立交地处泰和路和蕰川路相汇处,是一个汇集地铁、公交、非机动车等多种交通方式的交通枢纽。蕰川路立交桥东西长 2 公里,南北长 1.8 公里,占地 33.14 公顷。立交设计为三层全互通式立交:第一层为下沉式非机动车和公交通道,并利用立交空地布置公交换乘广场和非机动车停车场;第二层为外环线,上跨公交和非机动车通道;第三层为蕰川路双幅高架和位于中间的地铁高架,地铁一号线穿越蕰川路立交,并在立交以南 300 米设置地铁车站。北向东和南向西左转(主流向)迂回定向匝道均从第三层上跨外环线后下穿蕰川路和地铁高架。东向南和西向北左转(次流向)匝道采用苜蓿叶状环形匝道连接外环线和蕰川路,减少了立交的整体高度和占地面积,降低了造价。整个设计布局紧凑,平面线形流畅,交通功能齐全,主次交通流向分明,充分体现了"以人为本,公交优先"的设计理念。

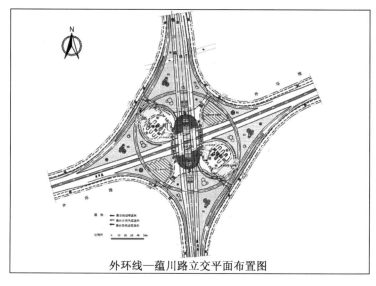

外环线—蕰川路立交平面布置图

外环高速公路蕰川路立交平面图

蕰川路立交设计车速为外环线每小时 80 公里,匝道为每小时 40 公里。桥梁设计荷载为汽—20 级,验算荷载为特—300 级。主线桥桥梁下部构造采用钻孔灌注桩,上部结构为预应力板梁结构。

蕰川路立交工程总造价为 1.8 亿元。工程于 1999 年 5 月 1 日开工,2001 年 9 月 24 日竣工通车。

外环线(二期)工程浦西段前期的征地、拆迁、劳动力安置、土方等费用由沿线区政府承担,其余由市出资。

工程建设由上海市外环线道路建设指挥部实施,工程总投资为 35.88 亿元,其中前期工程费为 1.86 亿元。

工程招投标委托上海中鑫建设咨询有限公司完成。中标设计单位有上海市城市建设设计研究院、上海市市政工程研究院、上海市市政工程设计研究院等 4 家,监理单位有上海市政工程监理咨询有限公司等 15 家,施工单位有上海市第一市政工程有限公司、上海建工(集团)总公司等 34 家。

外环线(二期)工程浦西段被列为 2001 年上海市重大工程,于 1999 年 9 月 1 日开工,2001 年 12 月 20 日竣工通车。经验收评为优良级工程,优良率达 85%。

外环高速公路(二期)浦西段建成通车

(二) 外环线(二期)浦东段工程

外环线(二期)浦东段工程北起吴淞越江隧道,折向东经五洲大道、转向南经龙东大道,穿越华夏路,南至迎宾大道接沪芦高速,全长 31.1 公里。整个工程包括环东一大道、环东二大道两段,按全封闭、全立交城市快速干道标准设计,双向 8 车道,设计车速为每小时 80 公里,连接道路车速为每小时 40 公里。规划红线 100 米(五洲大道至川杨河路段为 75 米),路基 32 米。标准横断面为中央分隔带 16 米,两侧主线机动车道各 16 米,绿化带各 26 米。路面结构为沥青混凝土。全线设有五洲大道、龙东大道和环东二大道全互通式立交 3 座,浦东北路、浦兴路、杨高路等互通式立交 8 座,草高路、高东二路、上川路等分离式立交 5 座,赵家沟、川杨河跨河大桥,中小跨河桥等 30 座,设置照明、交通设施等附属设施,工程投资为 34.2 亿元。

工程于 2001 年 4 月 8 日开工,2002 年 10 月 26 日竣工。外环线(二期)浦东段工程的竣工,为当年全市重大工程全面完成奠定了基础,标志着上海的城市建设进入新的发展阶段,从基础建设逐步转向功能开发,将对浦东乃至全市社会经济和社会发展产生巨大的推动作用。

外环高速公路(二期)浦东段建成通车

（三）外环线隧道工程

外环隧道是集装箱卡车进出外高桥和洋山深水港两大港区的唯一越江隧道。随着上海港的集装箱吞吐量连年攀升，除了一小部分集装箱从外环、郊环南侧疏散至浙江等地外，大部分陆路运输的集装箱卡车，都选择从上海北部经外环隧道，由外环线或郊环线出入上海市域。因此，外环隧道的建成对改善上海投资环境具有重要意义。

1994年，市市政局组织市隧道工程设计研究院和市政工程设计研究院编制《关于上海市外环线黄浦江下游越江隧道工程可行性研究报告》。2000年，市计委报送国家计委《关于上海市外环线黄浦江下游越江隧道工程可行性研究报告》和《关于上海市外环线黄浦江下游越江隧道工程可行性研究报告有关问题补充报告》。2007年，国家计委批复同意建设外环线黄浦江下游越江隧道工程。

外环隧道是上海首次采用沉管法施工的特大型越江隧道，号称"亚洲第一沉"。外环隧道沉管长736米，设双向8车道，是名列世界第二、亚洲第一的水底公路隧道。

外环隧道是外环线北部的越江设施，东起浦东三岔港、西至浦西吴淞公园附近，距吴淞口约2公里，全长2.88公里，其中隧道段长1.68公里。

外环隧道道路等级为全封闭、全立交城市快速路。设计行车速度每小时80公里。其中浦西引道段231.5米，光过渡段51.2米，暗埋段457米，沉管段736米，沉管段横断面宽32.5米。浦东暗埋段177米，光过渡段45.2米，引道段162.1米，接线道路1 022.8米。隧道分为3孔8车道，南孔3车道，北孔3车道，中孔2车道。南孔通行西向东车辆，北孔通行东向西车辆，中孔根据当时双向车流量可进行变换通行方向。每孔之间设有二层管廊，下层作为安全逃生通道，上层为电缆通道。车道宽度3.75米、3.5米，通行净空高度中孔净高为5.5米，南、北孔6车道净高均为4.8米。设计荷载汽—超20级，验算荷载挂—120，特—300。地震设防烈度7度。结构设计水位按历史最高水位5.99米计算，千年一遇水位6.56米验算，管段浮安全系数≥1.2。

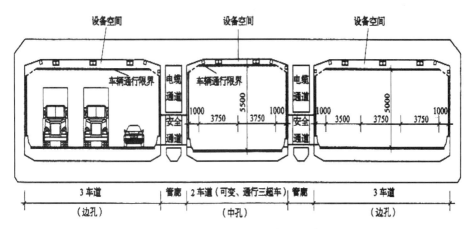

外环隧道标准横断面图(单位:厘米)

工程由市政府公开招标,上海爱建信托投资有限公司中标出资组建上海外环隧道建设发展有限公司,负责该工程建设期的筹融资、建设和运营期的管理、维护保养。工程建设单位为上海外环隧道建设发展有限公司。工程首次采用"四位一体"管理模式,即由城建集团联合香港建设(控投)公司、上海隧道工程公司、上海航道局共同组建了上海外环隧道工程建设公司,成为工程设计、施工总承包方。设计单位为上海市隧道工程轨道交通设计研究院,施工单位为上海隧道股份公司,工程监理单位为地铁监理公司、合流污水监理公司和宝钢监理公司等8家。上海黄浦江大桥建设有限公司受该项目法人委托,对外环隧道工程建设进行建设管理。工程投资为17.55亿元。

外环隧道工程于1999年12月28日开工,2003年6月21日建成通车。

外环隧道工程根据所处的外部环境,针对性地研究和处理好建造过程中陆上段结构、管段预制、江中沉放、锁定施工等三大部分之间的关系。工程获取了宝贵的科研成果,如大型沉管隧道江中深槽部位管段局部高出河床的设计、大型沉管隧道管段浮运沉放技术、大型沉管隧道抗震分析、大型沉管隧道混凝土管段裂缝控制、大型超深基坑工程施工技术、大型沉管隧道岸壁围护保护技术、大型沉管隧道柔性接头及管段防水技术试验研究。工程采用了沉管下放GPS定位、三维测深技术、大型绞吸船吹吸作业法等新技术,确保了我国最大沉管隧道顺利建成,为特大型沉管隧道在复杂条件下施工积累了宝贵经验。同时取得原创性知识专利成果:《管段浮运沉放实时监控软件》、《沉管隧道柔性抗震接头施工方法》、《沉管法隧道基础施工工艺》、《管段制作混凝土裂缝控制方法》、《沉管隧道管段浮运沉放对接施工工艺》等。

工程加强质量管理,将干坞基底、管段对接、浦东、浦西连接井端面开孔、管段基槽开挖、管段制作等作为质量管理重点。严格执行建设程序、招投标制、合同管理制、工程监理制、开、竣工质量监督和竣工验收手续等。

工程加强安全管理,将施工用电、施工脚手架、高处作业、塔吊施工、起重吊装、消防安全及劳务工安全等作为安全控制重点。开展各种"安全无事故"竞赛活动,定期召开安全监理例会,加强对施工现场安全生产检查,督促施工单位落实整改措施,以消除事故隐患。深化文明施工管理,抓好民工文明施工教育,开展与周边街道、警署、企业文明工地共建活动。

外环隧道工程存在不足之处。施工方面,江中段 E3 管段于 2002 年 4 月 7 日沉放结束。由于意外原因 E2—E3 管段错位,4 月 23 日接头处出现漏水险情,进水速度从起初的 600 立方米/小时增至 4 000 立方米/小时。通过实施漏点封堵、积水排除、恢复封墙、起浮 E3 管段和重新进行沉放的处理方案,抢险工作获得成功。该事故还使 E2 管段的顶板和部分侧墙产生结构性渗水裂缝,经专业单位修补获得部门及专家的认可。

设计方面,由于原设计未在隧道口设置违禁车辆疏导口,未考虑给不允许进入隧道的违禁车辆在拦截后留有出路。危险品车辆一旦从浦西郊环误入同济路高架或浦东港城路上匝道误入外环高速公路,外环隧道即成了其必经之路,可能会给隧道和隧道内的车辆和人员带来较大安全隐患。

材料方面,沉管隧道管段与管段之间的联接为柔性联接,其接头由 GINA 橡胶止水带和 Ω 橡胶止水带进行密封,使其与外界的江水隔绝。管接之间的压缩超限会造成 GINA 止水带产生塑性变形而被破坏,拉开过量会使 GINA 止水带失效。2007 年和 2008 年分别测出 4 个管段之间的 GINA 橡胶止水带有压缩量超过极限的情况。有关方增加了钢支撑以防止 GINA 橡胶止水带过度压缩。

2003 年 6 月 21 日,外环隧道竣工通车。随着外环隧道建成通车,历时十年的上海外环线建设画上了圆满的句号,有效地解决了上海北部地区过江难的问题,从吴淞到外高桥码头的时间从原来的 3 小时缩短至 3 分钟。

(四) 外环线(一、二期)降噪工程

外环线(一期)工程浦西段竣工后,由于交通流量大、重载车辆多,导致多个居民区声环境敏感点超标严重。为缓解沿线的噪声污染,2007 年,市发改委批复《关于外环线(一期)噪声治理工程可行性研究报告》,同意立项。同年,市建交委批复《关于外环线(一期)浦西段噪声治理工程初步设计》。

外环线(一期)工程浦西段降噪工程在上海朱行三村、罗阳新村、航华新村等 10 处路段安装大型声屏障,总长约 11 880 米,其中路基段 8 344 米,桥梁段 3 536 米。

降噪工程大型声屏障由混凝土预制方桩基础、承台、钢筋混凝土、连续墙(珍珠岩)、屏体等组成。屏高 3.87 至 7 米,可降噪 6 至 9 分贝,抗风 12 级,风速取 100 年重现期下的基本风速 33.8 米/小时,相应风荷载基本风压为 0.6NK。

降噪工程于 2007 年 3 月 30 日开工,同年 9 月 30 日竣工。

降噪工程由市城市外环线工程建设处负责实施,上海交通设计所有限公司负责设计,施工单位为上海船舶科技研究所、上海金山公路建设有限公司联合体、上海城建公司等 6 家单位,监理单位为上海公路工程监理有限公司。工程投资 1.45 亿元。

通过工程实践,上海船舶运输科学研究所环境评价部对实际降噪效果监测、分析,预测值与实测值基本相符,证明新型声屏障的设计思路及方法正确,采用声屏障是治理城市交通主干线交通噪声比较好的选择。

外环高速公路(一期)降噪工程建成通车

外环线(一期)工程浦东段噪声工程由浦东新区公路署组织实施。外环三林段重点治理区域,东起杨高南路立交,西至上南路跨线桥,覆盖凌霄苑、银杏苑、品翠苑、杉林新月和永泰花园五个小区。主要工程量为在外环线主线北侧绿化带设置1 112米长,5米高的泡沫铝单向吸声屏障,采用桩基础;在杨高南路立交主线和匝道防撞墙处设置800米长,3米高的泡沫铝单向吸声屏障,采用种植法;在外环线中央隔离带绿化内设置1 298米长,3米高的泡沫铝双向吸声屏障,采用条型基础。工程于2007年3月29日开工,同年6月上旬竣工。

外环线(二期)降噪工程亦由浦东新区公路署组织实施,主要是针对外环线及迎宾高速公路其余部分进行治理,包括2处城市段和及18处农村段敏感点治理。主要工程量为3 760米城市段屏体采用泡沫铝材质,4 950米农村段屏体采用PC板材质。基础采用桩基础和条型基础。工程于2007年10月底开工,2008年7月底竣工。

外环线是一条上海首次引进生态概念建设的绿色之路,全线内侧建成500米宽绿化带,为上海划上一道绿色的圆,成为上海城区的"绿肺"和生态走廊。

尽管外环线工程带来了巨大的社会与经济效益,但也存在不足。由于前期规划设计对外环线重载车流量估计不足,全线路基设计强度不够,导致通车运营后道路面层易发横向反射裂缝。长期的超载运行使得外环线道路横向线型变形,积水点排水困难,雨水渗入面层后在车载作用下加速路面病害形成。

根据交通部要求和统一部署,2010年4月,外环线命名编号A20调整为S20外环高速公路。

外环高速公路的全线贯通,进一步完善了上海市城市快速道路网络,加速了上海中心城向周边地区的交通辐射,疏解了出入市中心区的过境交通,大大缓解了市中心区的交通压力。这条环绕城市中心城区的大容量快速通道,串连起了宝钢、金桥、外高桥等一系列上海重要工业区和集镇,加强了浦东、浦西间的交通联系,满足了航空港、国际航运中心等新一轮建设工程对交通的需求,为浦东新区的深度开发开放创造了良好的外部条件。外环高速公路无论从规划、交通功能,还是生态功能上看,均称得上是上海市政基础设施建设的大手笔。

四、上海绕城高速(G1501)

上海绕城高速公路曾称 A30 高速,后国家编号为 G1501。它是上海市境内最外围的一条环线高速公路,东起浦东新区与南汇区交界处,向南经沪芦高速折向西沿奉贤区原大亭一级公路,经沪金高速,向西抵金山区新农立交后,北上经申嘉湖高速、沪杭高速、沪青平高速、沪常高速、沪宁高速安亭立交、嘉金高速后,一路往东经宝山区与同济路高架相接,又与长江隧桥工程相接,沿原远东大道,南至浦东新区与南汇区交界点界河,途经浦东新区、南汇、奉贤、金山、松江、青浦、嘉定、宝山区,全长 189 公里。该工程具体分为东环段、东南环段、南环段、同三国道(上海段)和北环段。

绕城高速是国家东部沿海高速的重要组成部分,具有区域型重要意义,它将浦东、南汇、奉贤、金山、松江、青浦、嘉定、宝山八个区连成一个环,连接上海各条射线高速公路,调节了射线高速公路之间的流量,使全市各高速公路实现了互联互通,并有效地缓解外环高速公路与市中心的交通压力。其中,东环段南连浦东国际机场,北面与长江隧桥相接,为上海东北部地区提供一个快速、大容量的交通和物流通道,对加强浦东国际机场、外高桥港区对外交通联系具有重要战略意义;东南环段是浦东国际机场及洋山港区与外界连接的重要交通枢纽,同时也为临港新城、南桥新城等周边地区的社会经济发展提供有力保障;南环段为洋山港增加一条向西快速出省通道,极大地增强洋山深水港与浦东国际机场的通行能力,同时促进临港新城与奉贤、金山地区的区域发展;同三国道(上海段)是国家高速公路同三国道的重要组成部分,在我国公路交通网中起着举足轻重的作用;北环段连接沈海高速公路,承担着对外省联系的重要交通功能,同时也极大地改善嘉定、宝山地区的交通现状,进一步促进上海北部地区的社会经济发展。上海绕城高速公路西部半个环连接江、浙两省,东部半个环连接东部沿海高速公路,将为上海社会经济可持续发展与长三角高速公路网建成提供有力的基础支撑。

上海绕城高速公路按全封闭、全立交的高速公路标准设计,车道设计为双向 4 至 6 车道,设计车速为每小时 80 至 100 公里。该工程建设实施 BOT 社会融资模式,其中 30%由投资方用自有资金投入,其余 70%由项目公司通过各种融资渠道解决。工程设计、监理、施工单位均经过公开招投标。

1999 年 3 月至 10 月,上海市政工程设计研究院编制了同三国道(上海段)工程由一级公路调整为高速公路的工可补充报告和初设补充报告。1999 年 8 月至 2000 年 1 月,交通部分别批复同意上述报告。2001 年至 2003 年,市计委、市建交委分别批复了东环段、东南环段、南环段和北环段的立项、工程可行性研究报告与初步设计。

（一）上海绕城高速公路东环段

东环段工程南起南汇区界河，北面与长江隧桥工程相接。该工程全长24.6公里，其中改建段（界河至龙东大道）13.3公里，双向6车道，设计车速为每小时100公里。单侧路面保持原状16米不变，平面交叉口按全立交或封闭进行改建。新建段（龙东大道至收费口段）9.3公里，双向六车道，设计车速为每小时100公里。新建段（收费口至外环线段）1.92公里，双向6车道，是高速公路与城市快速路（五洲大道）连接的过渡道路，设计车速为每小时80公里。路面结构均为沥青混凝土，新建互通式立交5座，续建互通式立交1座，改扩建立交2座，新建分离式立交8座。

东环段工程投资为23.24亿元，其中工程费13.14亿元，前期费10.10亿元。工程建设费由项目公司筹资，征地拆迁等费由地方政府财政筹集。该工程建设单位为上海东环高速公路发展有限公司，设计单位为上海市政设计研究院，代建单位为上海浦东工程建设管理有限公司，监理单位为上海同济公路工程监理咨询有限公司、上海市政工程管理咨询有限公司等3家单位，施工单位为上海远东国际桥梁建设有限公司、中铁十五局集团第二工程有限公司、北京市海龙公路工程公司等6家。该工程于2004年6月开工，2009年10月30日竣工通车。

上海绕城高速公路东环段工程竣工

施工技术方面，东环段工程在赵家沟东延伸和北延伸段均为规划的Ⅲ级航道，要求结构物一跨跨越。设计三跨连续梁，主跨为80~95米。采用了满堂支架施工方法，创造了竖向预应力孔道压浆施工方法和设备，并申请了专利。该施工方法压浆密实，不会出现压浆孔被堵现象，节约了施工成本，缩短了工期。为有效控制路基沉降，在沪崇苏高速立交段采用 EPS 路基处理。通过控制不同部位的 EPS 质量，处理好黏结和防水问题。为避免沥青路面由于大交通量、超重超载等引起的路面车辙、早期病害等现象，在新建段采用了具有抗车辙、抗剥落、抗老化、抗高温等特性的岩沥青，从而延长道路使用寿命。

工程质量方面，工程建设单位定期对施工单位进行质检和抽检，如东环高速公路建设发展有限公司在抽查道路工程中，查出土层内含有布块等杂物，责成施工单位立即返工整改，并召开现场会，举一反三进行质量教育。该工程 5 标段荣获"市建筑工程白玉兰奖"和"鲁班奖"。

环境保护方面，工程禁止噪音超标机械进入施工现场，材料堆放采取挡风措施，材料运输采用封闭性较好的自卸车运输或采用覆盖措施；加强对施工队伍生活污水处理，弃石弃土运到合理地点，桥梁施工机械避免油污污染。

东环段工程建设中存在的问题。工程原计划 2005 年底竣工通车，然而，自 2004年以来，受国家宏观调控政策影响、土地政策的变化，在办理土地证以及房屋动拆迁等方面遇到诸多困难，动迁工作进展缓慢，未按原定计划交出场地，导致工期一拖再拖。

（二）上海绕城高速公路东南环段

东南环段工程范围为，西起沪金高速以东 1 公里处，向东后折向北至南汇区与浦东新区交界处的界河，全长 50.71 公里。双向 4 至 6 车道，设计车速为每小时 100 公里，道路红线 60 米。

工程分为三段，其中大亭段长 29.62 公里，路幅 32 米，是在原大亭一级公路基础上改建而成，为双向 4 车道，远期将拓宽为双向 6 车道。中央分隔带绿化 2 米，两侧硬路肩各 3.75 米，路面结构为在原有水泥混凝土路面注浆补强后加罩 10 厘米沥青混凝土。远东段长 11.22 公里，路幅 44 米，是在原有城市快速干道远东大道基础上改建而成，双向 6 车道。中央分隔带绿化 10 米，两侧硬路肩各 3.5 米，路面结构为在原路面铣刨加罩 4 厘米 SMA 沥青混凝土。大团段长 9.87 公里，路幅宽 34.5 米，双向6 车道，中央分隔带绿化 3 米，两侧硬路肩各 3 米。该段由在建一级公路改建成高速公路。全线设横向跨线桥 11 座、主线跨河大桥 2 座、中小桥 46 座。设互通式立交为：南进场立交、拱极路立交、沪南立交、大东立交、沪芦立交、新四平立交、瓦洪立交、奉城立交、林海立交、浦星立交。除南进场立交和沪芦立交外，均设匝道收费设施，共 16 个收费站。

东南环段工程投资为 21.62 亿元，其中工程建设费用 16.16 亿元，征地、动迁等费用 5.46 亿元。工程建设单位为上海东南环高速公路投资发展有限公司。除大团段（南芦公路至沪南公路）由市公路处负责建设外，大亭段（沪金高速至南芦公路）和远东大道段（沪南公路至界河）委托上海中鑫建设咨询有限公司、上海正弘工程造价咨询有限公司代理设计、施工、材料和监理的招标工作。工程共分 7 个标段，分别由上海市政工程设计院等 3 家单位负责设计，上海市政一公司等 7 家单位负责施工，上海市市政工程管理咨询有限公司等 3 家单位负责监理。工程于 2002 年 9 月开工，2004年 12 月主线竣工试运行。2005 年 7 月与沪金高速接通后实现全线通车。因规划调

上海绕城高速公路东南环段地理位置图

整,工程的东大立交和南进场立交分别推迟至 2005 年底和 2008 年 3 月建成通车。

施工技术方面。在原为水泥混凝土路面的大亭段选取试验路段,针对工程中水泥混凝土路面上加罩沥青面层的设计要求,以板块注浆为主,解决混凝土板块的防水问题。后对注浆的板块弯沉进行检测,达到弯沉要求的超过 80%。试验段工程的实施对全线水泥混凝土路面的补强加固起到了指导作用,同时也为其他类似工程提供了可行的方案和依据。

工程质量方面,主体工程、机电工程及附属工程获得"市市政金奖"。主线道路路面加罩(白加黑)工艺经市建委科学技术委员会组织评审鉴定,评价为该研究成果总体达到国内领先水平。

工程环境保护投资 3.16 亿元,安装防噪屏 4 585 米,设二级生化池 2 座,全线采用 SMA 沥青材料,有效降低行驶中轮胎与地面摩擦声及空气挤压产生的爆破声,监测结果表明可降低上述噪声 3—5dB(A)。

东南环段工程取得了一些经验。建设前期,项目公司对工程质量、造价、文明施工、安全等方面编制项目建设管理大纲,建设过程中不断完善优化、规范操作,抓住动态和关键点,分析掌握风险和难点,制定可行措施,逐一解决问题。

由于地方道路规划变动,导致东南环两座在建立交停工及变更设计,造成人力、物力的一些浪费。

(三)上海绕城高速公路南环段

南环段工程西起金山区新农立交,东至郊环高速与莘奉金高速交汇点以东 1 公里处,途经金山、奉贤区,全长 28.12 公里。工程为双向 4 车道,远期拓宽为双向 6 车道,设计车速为每小时 100 公里。规划红线 60 米。工程分为北线、老线两段,北线长 16.84 公里,为新筑路基,路面 26 米;老线长 8.68 公里,为利用亭大公路路基改造成高速公路,路面 32 米,路面结构均为沥青混凝土。工程设置新农立交、亭卫立交、庄胡立交和莘奉金立交 4 座互通式立交。横向跨线桥 11 座,设置亭卫立交和庄胡立交两处收费站、庄良公路西侧一座中型服务区。桥梁设计荷载标准为汽车—超 20 级、挂车—120、BZZ100 标准轴载。抗震标准为基本烈度 6 度。

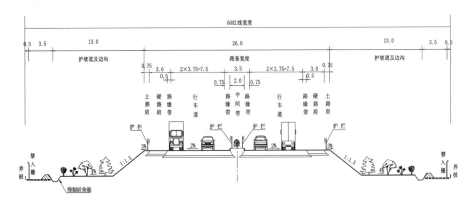

上海绕城高速公路南环段标准横断面图(单位:米)

南环段工程投资为 18.85 亿元。工程建设单位为上海南环高速公路建设发展有限公司,设计单位为上海市城市建设设计研究院,代建单位为上海市政工程建设发展有限公司,监理单位为上海市市政工程管理咨询有限公司,施工单位为上海城建(集团)公司、上海市第五建筑有限公司、上海市第七建筑有限公司等 6 家。工程于 2002 年 12 月 26 日开工,2005 年 12 月竣工通车。

南环段工程对前期动拆迁影响供土不顺利等路段,分别采用了水泥搅拌桩、桥头真空预压、道渣堆载等措施;老路改建段组织实施 500 米试验段,以便指导以后大面积黑色路面施工。由于半封闭交通施工,引起局部原混凝土板损坏。后组织设计等单位再次评定扩大了处理面积,采用了满铺玻纤格栅、全线防滑面层采用改性沥青的措施。

南环段工程在老路改建段衬垫层的种类、厚度对路面平整度带来了一定影响;面层采用 K 级配沥青混凝土,雨后路面水患严重;白改黑路段处理工艺不成熟,影响了路面的使用质量;老桥改造时桥搭板未进行处理,桥搭板下有空洞现象。

(四)上海绕城高速公路同三国道(上海段)

同三国道(上海段)工程范围为,北起嘉定区安亭镇南、沪宁高速安亭立交处,南至金山区新农镇,全长 46.33 公里。工程分北段、港新段,其中北段即沪宁高速至沪杭高速段为双向 4 车道,远期 6 车道,在中央分隔带内预留 2 个车道。设计车速为每小时 100 公里。规划红线 60 米,路基 34.5 米,全长 32.74 公里。港新段即沪杭高速至新农镇段,为双向 4 车道,设计车速为每小时 100 公里。规划红线 50 米,路基 28 米。全长 13.59 公里。全线桥梁 31 座,长 4 232 米,其中特大桥 7 座,大桥 10 座,中小桥 14 座。设 5 个匝道收费站、临时主线收费站和管理服务区、交通监控、收费系统等配套设施。

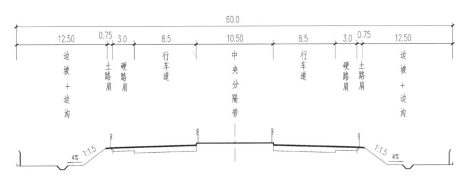

上海绕城高速公路同三国道(上海段)北段标准横断面图(单位:米)

同三国道(上海段)工程投资为 28.8 亿元。工程建设单位为上海同三高速公路有限公司,设计单位为上海市政工程设计研究院,监理单位为上海公路工程监理有限公司,施工单位为上海市政工程二公司、上海市基础有限公司、上海市第一建筑有限公司等 6 家,其中港新段(大港至新农镇)土路基由市公路处实施。工程于 1999年 11 月开工,2002 年 12 月 27 日建成通车。

工程针对软土地基特点,采用了芯板、水泥粉喷桩、砂垫层、土工布等施工工艺,并在路堤填筑完成后进行了为期 4 至 14 个月不等的等载、加载预压。对深度<1 米的河塘先清淤,再用碎石、间隔回填;对深度≥1 米的河塘在清淤的基础上,采用土工布包粉煤灰换填、分层压实、下设碎石滤水层处理方法,以利于施工期间排水。路堤采用材质较轻的粉煤灰或 EPS 填筑,上面采用 8 至 10 米的混凝土台后搭板形式,

以减少桥头沉降。跨横潦泾大桥改造工程应用顶升平移技术,世界纪录协会为其颁发了世界最长、最重的桥梁整体顶升工程两项世界纪录证书,并被评为"国家市政公用与建筑工程科技示范工程"。

同三国道(上海段)工程经验收,单位工程合格率为100%,优良率为85%。

工程在部分高架桥施工中,因靠近村庄或周边学校,基础原设计用打入桩,为减低噪音,改为钻孔灌注桩。建设单位投入5 000万元在道路两侧及中间分隔带种植各类树木、草皮,形成绿色屏障,既美化了道路环境,又阻隔了噪音对周边地区的影响。在服务区建二级生化污水处理系统,确保污水排放达到规定要求。

工程设计在中央分隔带内预留两个车道,造成排水不畅问题。

上海绕城高速公路同三国道(上海段)建成通车

（五）上海绕城高速公路北环段

北环段工程位于嘉定区和宝山区境内,西南面与郊区环线西段相接,东面与宝山区同济路高架相接,全长38.78公里。其中郊区环线西段至澄城路桥段为双向6车道,长17.74公里;澄城路桥至蕰川路桥为双向4车道,长13.99公里;蕰川路桥至月浦主线收费站为双向6车道,长1.62公里;主线收费站至同济路高架为入城段,双向4车道,长7.04公里。设计车速为高速公路段每小时100公里,入城段每小时80公里。路面结构为沥青混凝土。全线设桥梁41座,其中特大桥3座,大桥13座,中小桥24座。设置主线收费站1个、匝道收费站6个、监控管理中心1处、监控管理分中心1处。桥梁设计荷载为汽—超20级,挂—120级。路面结构荷载为BZZ—100型标准荷载。抗震标准为基本烈度7度。

北环段工程投资28.96亿元。工程建设单位为上海北环高速公路建设发展有限公司,设计单位为上海市政工程设计研究院,监理单位为上海市市政工程管理咨询有限公司。工程于2001年12月7日开工,2004年12月31日竣工通车。

上海绕城高速公路北环段建成通车

工程存在一些问题,如规划缺乏前瞻性,导致大部分路段只是普通高速公路标准,设计 0.27,横坡太小,排水不畅,因而造成部分路段由于大规模集输运不堪重负,路面损害严重,养护成本高。

上海绕城高速公路的建成,将进一步促进洋山深水港、国际航空港的功能发挥。同时,拓展了城市发展空间,开辟了城市新的经济增长地带,对上海城市的交通、经济增长、生态环境、城市功能升值具有巨大的推动作用。

五、莘奉金高速(S4 沪金高速)

沪金高速公路途经闵行、奉贤和金山区,是上海市西南部的一条重要交通干道。沪金高速公路原为莘奉金高速公路组成部分。2009 年,莘奉金高速公路被拆分为两段,其中,莘庄立交至山阳立交段被定名为沪金高速公路,山阳立交至沪浙省界段与原嘉浏、嘉金高速公路组成沈海高速公路(上海段)。沪金高速公路开通前,上海市区通往郊区奉贤的主要公路仅有莘奉公路。通往金山区主要靠 320 国道,道路狭窄,集镇密集,车流量大,经常堵车,严重制约了奉贤、金山地区的社会与经济发展。20世纪 90 年代末,市政府编制了高速公路网规划,沪金高速公路是《上海"153060"高速公路网规划》中"一环、十射、两联"中的"十射"之一。为上海通往浙江的第二通道,将上海市区与闵行工业区、上海交通大学闵行校区、奉贤南桥新城、奉浦工业区、海湾大学城、海湾旅游区、漕泾上海化学工业区、金山石化工业区、金山新城、浙江杭浦高速公路连接起来,形成连接上海市区与浙江省,尤其是杭州湾南岸地区的快速通道。

沪金高速公路工程可行性研究报告分四段进行。2000 年 1 月,市计委批复《莘奉金高速公路(西段)工程可行性研究报告》,总投资 11.65 亿元。同年 12 月,市计委批复《莘奉金高速公路(北段、南段)工程可行性研究报告》,总投资 14.12 亿元。

2003 年 12 月,市计委批复《奉浦大桥东半幅工程可行性研究报告》,总投资 2.6 亿元。2004 年 12 月,市计委批复《对市界至新卫高速段工程可行性研究报告》,总投资 2.34 亿元。

沪金高速公路全长 56.43 公里,起点为外环线莘庄立交,经闵行区莘朱路、春申路、银都路、金都路、颛兴路、向阳路、申嘉湖高速、放鹤路、剑川路、过奉浦大桥进入奉贤区,经西闸路、大叶公路、航南公路、绕城高速、海湾路、化工路、庄胡路、奉柘公路、沪杭公路进金山区,途经亭卫公路、杭金公路、新卫高速于市界与浙江杭浦高速相接。

工程车道设计为双向 4 车道,设计车速为每小时 100 公里。规划红线 60 米,路面结构为沥青混凝土。闵行区向阳路设置主线收费站、服务区和管理中心。市界设服务区、与浙江杭浦高速公路共设主线收费站。另设剑川路、西闸路、大叶公路、航南公路、海湾路、目华路(上海化工区)、庄胡公路、亭卫公路、金山新城南、金山新城北 10 个匝道收费站。全线设置交通标志标线、绿化、监控、收费、照明、机电设备等附属设施。申嘉湖高速建成通车后,剑川路收费站出口路段为沪金高速与申嘉湖高速两条高速公路共用。

沪金高速公路工程分为北、南、西三段,北段与南段以奉浦大桥为界,米丈港桥起向西为西段。北段是在一级公路的基础上改平交为立交,在原老路面的基础上补强加铺沥青混凝土面层。奉浦大桥维持老桥不动,重新改铺沥青混凝土面层。南段因只有西侧半幅一级公路,故东侧半幅按高速公路标准新建,西侧在原老路面的基础上补强加铺沥青混凝土面层,同样改平交为立交,西段则按高速公路标准新建。标准横断面为中央分隔带北段 12 米,南段和西段 2 米,北段为三来三去双向 6 车道,南、西段为二来二去双向 4 车道,每根机动车道 3.75 米,路缘带各 0.75 米,硬路肩各 3 米,土路肩 1.5 米,边坡、绿化平台、水沟各 4—7 米不等。桥梁设计荷载为汽车—超 20 级,挂车—120 级。

2000 年 8 月,经招商引资,投资方九州联合体即上海中九投资集团、山东省交通工程总公司和中铁三局华海公司正式取得沪金高速公路建设、收费经营权,组建了上海莘奉金高速公路建设发展有限公司。项目总投资 26.32 亿元,其中工程费 18 亿元,前期费 8.32 亿元。奉浦大桥东半幅工程由市公路处投资。

工程实行了项目法人制、合同制、招投标制和工程监理制。项目委托上海市大桥建设处代理建设管理。设计单位为上海市政工程设计研究院和上海市政工程研究院,施工单位为中铁三局(上海)华海公司、中铁十五局、山东省交通工程总公司等 5 家,监理单位为上海市政工程监理咨询有限公司、宁波交通工程咨询监理有限公司等 4 家。奉浦大桥东半幅工程由市公路处实施。机电收费监控系统由上海电器科学研究所负责建设,绿化由上海林菲园林绿化公司建设。管理中心、服务区、收费站等房建由上海欣科建设工程有限公司承建。市市政局委托市公路处对项目的建设和运营实行政府监督管理。

沪金高速公路工程于 2000 年 11 月开工,2002 年 12 月 27 日竣工通车。

工程采用了国外广泛采用并在实体工程中试验成功的新型结构,具有施工快、

沪金高速公路建成通车

造价省、结构轻巧美观的钢质波纹管涵洞,直径达 6 米。路面面层采用了国产 SBS 改性沥青,路基上路床 80 厘米采用石灰土改善路床含水量和满足重型压实标准。新建底基层使用级配碎石,基层上层 18 厘米采用摊铺机摊石灰、粉煤灰级配碎石,提高了平整度。

沪金高速公路工程建设中存在一些不足,莘庄立交起点至颛桥路主线收费站最初设计为高架道路,后因多方原因,维持原地面道路,增设与主要地方道路相交时高速公路上跨,次要道路上跨高速公路,增设莘朱路、春申路、银都路、金都路四条道路的右进右出匝道,方便附近道路车辆进出高速公路。在运营过程中,这四条匝道进出处长期严重拥堵,直接影响高速公路主线道路的畅通。奉浦大桥对于高速公路而言只有半座桥,建设时东半桥没建;后续建一半后,由于上海交通大学提出要建隧道方案,工程一直停建,使奉浦大桥自开通以来一直成为瓶颈,经常严重拥堵。南段 15 公里一级公路改建时,没将原水泥混凝土路面碎石化作基层,而直接在上面加铺沥青混凝土面层,通车后缩缝反射贯穿路面,反复维修,反复贯穿,影响路面平整度。

沪金高速公路的建成通车,使上海西南地区又有了一条高速公路大动脉。从莘庄立交到金山石化工业区,行程时间从 3 个小时缩短到半个小时。2003 年,沪金高速公路车流量为 896 万辆,2010 年,车流量达 2 594 万辆。随着浙江杭浦高速和杭州湾大桥的开通,使上海到杭州、宁波更为便捷通畅。沪金高速公路的建成通车,改善了上海西南地区连接外省的交通环境,为长三角地区社会与经济快速发展提供了基础支撑。

六、沪芦高速(S2)

沪芦高速曾称 A2 高速,国家编号为 S2 沪芦高速。1999 年,市政府确定将洋山

港区规划成上海国际航运中心集装箱深水枢纽港。随着洋山港开发,芦潮港地区将
建设成为集仓储、转运、工业、外贸、居住、娱乐于一体的临港新城,成为洋山港的后
方陆域基地。由此,迫切需要建设连接上海市中心城区的大容量快速交通干道。原
主要通过沪南公路转至南芦公路到达芦潮港,单程1个半小时。《上海市高速公路网规
划1999—2010》提出,沪芦高速公路作为上海国际航运中心洋山深水港配套的骨干交
通工程,建成后直接通往上海中心城区,将中心城区与芦潮港的时距缩短30分钟。

1999年9月,上海城市建设设计研究院完成了《沪芦高速公路工程预可行性研
究报告》,市市政局和市公路处呈报市计委《关于沪芦高速公路工程项目建议书》。

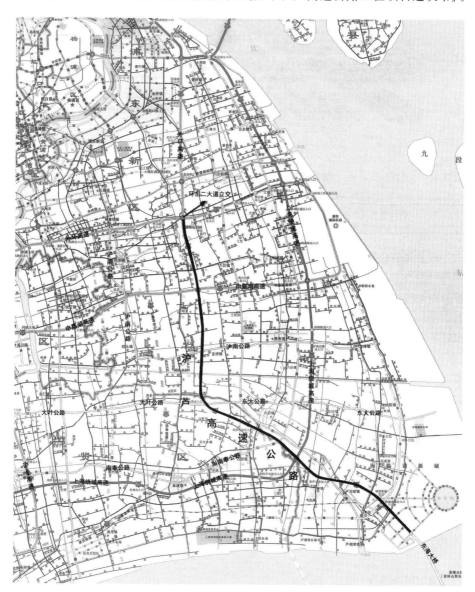

沪芦高速公路地理位置图

2000年5月,市计委批复沪芦高速公路立项。同年12月,完成《沪芦高速公路北段工程可行性研究报告》。2001年1月,市计委批复北段工可。2002年9月,市建委批复北段工程初步设计。同年12月,市计委批复南段工可。2004年8月,市建委批复南段初步设计。

沪芦高速公路全长42.31公里。北起外环线环东二大道立交,经浦东新区、南汇、奉贤区,途经黄楼、瓦屑、坦直、宣桥、新场、头桥、四团、大团、彭镇、泥城、芦潮港11个镇,南至东海大桥陆上段。以南芦立交为界,分为北段和南段工程,北段北起外环线环东二大道立交桥南,经沪南公路、大叶公路、大亭公路、南芦公路至南果公路北,全长34.72公里。南段北起南芦公路沪芦高速公路主线跨线桥,南至东海大桥陆上延伸段,全长7.59公里。

北段工程即大亭公路以北,车道设计为双向4车道,设计车速为每小时100公里,规划红线60米,路基27.5米。南段工程即大亭公路以南,车道设计为双向6车道,设计车速为每小时80公里,用地范围60米,路基34.5米。全线桥梁宽度主线为4车道,路面结构为沥青混凝土。全线设置大型互通式立交1座,单喇叭型立交5座,主线跨线桥2座,收费站5处,即沪南收费站、大叶收费站、新四平收费站、主线收费站康桥收费站和临港收费站、南芦服务区。全线设交通标志标线、安全设施以及收费、监控、供配电、照明、通信、称重等附属设施。主线桥梁设计荷载为汽车—超20级,挂车—120级。抗震标准为基本烈度7度,重要性系数1.3。

沪芦高速公路建设单位为上海沪洋高速公路发展有限公司,代建单位为上海市市政工程建设发展有限公司,工程投资为17.03亿元。其中奉贤区政府投入600万元。设计单位为上海市政工程设计研究院、上海市城市建设设计研究院。施工单位为上海城建(集团)公司、中铁四局集团有限公司、上海市政一公司等28家单位。监理单位为上海公路工程监理有限公司、上海同济建设监理咨询有限公司、上海建通工程建设公司等6家。

沪芦高速公路北段工程于2002年3月开工,2004年12月建成通车。南段工程于2003年5月开工,2005年年底建成通车。

沪芦高速公路工程竣工

为了保证工程质量,工程建设单位紧紧抓住控制路基填土和桥头高填土方区质量重点、难点,严格按照设计要求进行石灰土处理,狠抓密实度达标。全线96个单位工程,均为合格工程,优良工程77个。经市公路工程质量监督站对该工程核验结果,单位工程合格率为100%,单位工程优良率为87%,群体工程质量等级达到优良级。

南芦服务区选址于沪芦高速与上海绕城高速的相汇点,分为三个功能区,西北面为加油区,东面为管理区,西南部为旅客生活公共服务区,设置加油站一座。

工程注重环境保护。道路选线时避免穿越村庄和城镇、水源地、农田,避免对名胜古迹的破坏;工程建设取土尽量利用荒山、荒坡、荒滩及利用工业废料等;处理好服务区污水和道路清洁废水;选用SMA新型沥青路面,降低汽车轮胎的磨擦噪音;周祝公路跨线桥防撞栏安装160米长、2.8米高的声屏障,以减少对沿线居民的噪声污染;建立合理的排水设施、完善边坡和路肩防护以防止水土流失。

根据沪芦高速公路规划方案,规划红线外两侧各50米规划绿化带由当地区政府实施,以解决车辆噪声扰民问题。沪芦高速公路建设用地属于土地租用形式,办理工程前期用地手续遇到困难,办证资料不能够及时到位,导致沪芦高速公路建成通车后,工程竣工档案无法移交。

沪芦高速公路建成通车改善了沿线企事业单位、居民的出行条件,推动了沿线地区经济发展和小城镇建设。通车第一年,洋山深水港集装箱吞吐量达到323万吨,比2005年增长19倍;货物装卸量达2 634.6万吨,比2005年增长8倍。到南汇区观光旅游人数呈现逐年增长态势。据统计,2006年南汇区旅游人数全年突破300万人次。桃花村、鲜花港、野生动物园等重要景点吸引游客260万人次,营业额1.5亿元,比通车当年同期增长63%,接待人次和旅游收入均创历史最好水平。随着洋山深水港建设规模的不断扩展和临港新城建设的日益完善,沪芦高速公路作为上海市连接临港新城区的主动脉,其作用愈加显著。

七、新卫高速(S19)

新卫高速曾称A6高速,国家编号为S19新卫高速。1996年10月,同三国道上海段(新卫段)工程即新卫公路竣工通车。新卫公路起点为金山区新农镇亭枫公路,终点为金山卫镇,全长20.9公里。该工程按一级公路标准实施,设计车速每小时100公里。道路横断面为4快2慢,路面结构为沥青混凝土。工程投资2.16亿元。

进入21世纪,新卫公路北起上海绕城高速新农镇亭枫公路,与绕城高速(同三段)相接,向南延伸至金山卫并与沈海高速相交,成为市域西部南北向贯穿金山区腹地的主要干道。根据上海市高速公路网规划,同三国道上海段与上海市对外联系的多条射线状高速公路贯通,组成市域西部的高速公路网。因此,将新卫公路按照高速公路标准改建,这对于完善上海市公路网结构,提高国道主干线公路技术等级,适应向外省市辐射的交通需求,满足沿线地区经济发展的需要,进一步完善金山新城的交通条件,以及为杭州湾地区产业升级和城市化服务将发挥积极作用。

　　根据《上海市高速公路网规划》规划目标,2000 年 9 月,市市政局向市计委上报
了《上海市新卫高速公路工程可行性研究报告(代项建书)》。同年 12 月,市计委批
复立项。

　　新卫高速公路是同三国道上海段的组成部分,穿越在金山区内,沿线途经新农、
干巷、张堰、金山卫四个镇,全长 21.35 公里。

　　新卫高速公路在原先一级公路的基础上进行改建,按全封闭、全立交的高速公
路标准设计,车道设计为双向 4 车道,设计车速为每小时 100 公里。规划红线 60 米,
路基 32 米,两侧绿化带各 50 米。老路利用段路面结构为对水泥混凝土板块处理后,
采用沥青混凝土加罩。新建路段路面结构为沥青混凝土。全线主线有老桥梁 20 座,

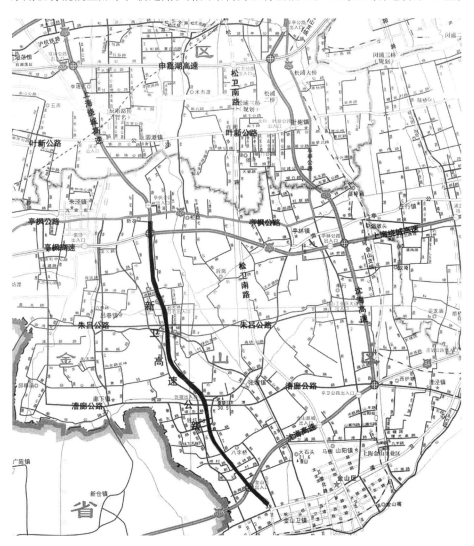

新卫高速公路地理位置图

改建利用 16 座。设置新农北立交、新农立交、干巷立交、钱迁立交、莘奉金立交 5 座互通式立交，主线上跨分离式立交 1 座、横向通道跨线桥 13 座。公路南端终点附近设置主线收费站，分别在新农北立交、干巷立交、钱圩立交设置收费站，并同步配套照明、通信、监控、绿化、交通标志等附属设施。桥梁设计荷载为汽车—超 20 级，挂车—12 级，BZZ—100 标准轴载。抗震标准为基本烈度 6 度。

工程项目为 BOT 模式，市市政局实施招商，由投资主体共同投资成立的上海南环高速公路发展有限公司作为工程投资及建设主体单位。工程投资为 7 亿元。

工程由上海南环高速公路建设发展有限公司委托上海中鑫建设咨询有限公司进行设计、监理、施工公开招标。设计单位为上海市隧道工程轨道交通设计研究院，代建单位为上海市市政工程建设发展有限公司，施工单位为江西有色工程有限公司和中铁十五局集团有限公司，监理单位为上海市市政工程管理咨询有限公司。

新卫高速公路工程于 2002 年 12 月 26 日开工建设，2005 年 12 月竣工通车。

新卫高速公路主线收费站建成通车

新卫高速公路的建成，与亭枫高速公路、郊区环线高速公路、莘奉金高速公路、嘉金高速公路在金山区范围内形成了"两纵两横"的高速公路网格局。建成后的日运营能力可达每小时 35 000 辆至 40 000 辆标准流量，大大改善了区域内交通的便捷性与通达能力，提高了国道主干线"五纵七横"中的重要一纵即同三国道上海段的公路技术等级，为推动金山区以及杭州湾地区的社会与经济发展提供了有力支撑。

八、亭枫高速（S36）

亭枫高速曾称 A7 高速，国家编号为 S36 亭枫高速。亭枫高速公路位于上海西南部金山区境内，为《上海"153060"高速公路网规划》中"一环、十射、两联"中的两联之一。根据"十一五"上海公路建设规划，其发展目标是加强与长三角地区的沟通，计划与江苏、浙江省的高速公路通道由"十五"期末的 3 条增至 9 条。亭枫高速公路建设不仅是上海高速公路网建设的需要,也是与浙江省高速公路网对接的需要,同时更好地带动金山枫泾地区社会经济发展。

2000年6月2日,市市政局向市计委上报了《上海市亭枫高速公路工程项目建议书》。同年8月15日,市计委批复立项,并开始初步设计。2002年4月13日,市发改委批复《亭枫高速公路工程可行性研究报告》。2003年10月,完成亭枫高速公路改线段工程可行性研究评审。

亭枫高速公路位于金山区境内,起点接沪杭高速公路枫泾立交。为完善沪浙高速公路网,2003年6月5日,上海市与浙江省经过协调,重新对亭枫高速公路起始段范围进行了改线设计。改线段西起沪杭高速公路以东约1.5公里(浙江省与上海市分界点),东接兴塔立交,延伸至新农立交与上海绕城高速(同三段)相接。亭枫高速公路是上海环形放射线布局高速公路网的重要组成部分,也是上海重要出省通道。工程线路经过枫泾、兴塔、朱泾、新农4个镇,是上海绕城高速公路的西延伸段。全长19.97公里。

车道设计为双向4车道,设计车速为每小时100公里。规划红线宽60米,路基宽26米,沥青混凝土路面。全线设有特大桥6座,大桥24座,中桥32座,小桥5座。结构以预应力简支空心板梁为主,跨河大桥中跨采用T梁或连续箱梁,最大孔径为70米,其中掘石港桥主跨采用45米+70米+45米预应力混凝土连续箱梁桥,龙泉港桥主孔采用45米预应力混凝土T梁。沿线设置兴塔、朱泾和新农3座互通式立交;兴寒公路立交、双庙村支路立交、百利安立交、新卫辅道立交为分离式立交;设有亭枫主线收费站、兴塔匝道收费站、朱泾匝道3处收费站。设计荷载道路结构为BZZ—100标准轴重,主线桥涵结构为汽车—超20级,挂—120。

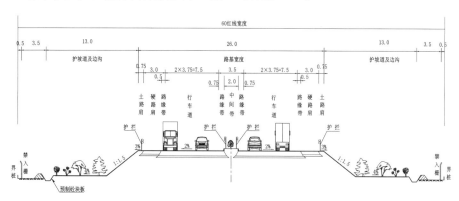

亭枫高速公路标准横断面图(单位:米)

亭枫高速公路工程项目为BOT模式,上海南环高速公路发展有限公司为工程投资及建设管理的主体单位。工程投资为15.23亿元。

工程由上海南环高速公路建设发展有限公司委托上海中鑫建设咨询有限公司进行设计、监理、施工招标。设计单位为上海市隧道工程轨道交通设计研究院,施工单位为中铁十五局、上海市政一公司、上海公路桥梁工程有限公司等6家,监理单位为北京双环工程咨询有限公司。

工程于 2002 年 12 月开工,2005 年 12 月建成通车(改线段除外)。2006 年 7 月 28 日,亭枫高速公路兴塔立交至上海市界段通车,工程长 7.65 公里。

亭枫高速公路建设过程中,为了保证工程质量,新建路段委托上海市政研究所进行主线路堤的沉降观测,分别采用了水泥搅拌桩、桥头真空预压、道渣堆载等措施。针对半封闭交通施工造成原混凝土板的损坏有所扩大的问题,采取了满铺玻纤格栅措施,全线防滑面层采用改性沥青等。

工程存在的不足之处在于:局部路段基层强度、厚度不够,影响路面质量;面层采用 K 级配沥青混凝土,雨后路面水患严重;老路改造白改黑路段处理工艺不成熟,影响了路面使用质量;桥搭板未进行处理,桥搭板下有空洞现象等。

亭枫高速公路的建成,又为上海增添了一条通往浙江的快速通道,同时分流沪昆高速公路从浙江方向进入上海的车流,减少枫泾立交交通压力,形成了上海南部地区重装备物流的"长通道",为浦东机场、洋山深水港提供了交通便捷。同时也使亭枫高速、上海绕城高速(南环段)、新卫高速三条高速公路在上海西南角构筑起四通八达的高速互通路网,通过位于三者"铆合"处的新农立交,向北可经上海绕城高速(同三段)抵达松江、青浦、嘉定区,向南可抵金山石化地区,往东可一路驶抵浦东国际机场、东海大桥、洋山深水港等地区,使上海高速公路网更趋完善。

九、沪宁高速(G2、G42 上海段拓宽改建)

沪宁高速曾称 A11 高速,国家编号为 G2(京沪)高速和 G42(沪蓉)高速的上海段。沪宁高速公路是连接上海与苏州、无锡、常州、南京等城市的重要通道。沪宁高速公路(上海段)于 1993 年 1 月 18 日开工建设,1996 年 9 月 15 日建成通车,全长 24.23 公里。

沪宁高速公路的建成通车,有效改善了上海与江苏的交通条件。随着长三角地区社会经济的快速发展和城市群的加速形成,交通量猛增,远远超过了当初设计流量。2004 年后,虽采取了一系列排堵保畅措施,但仍不能改善高速公路的通行状况,拓宽改建迫在眉睫。2004 年 7 月,市发改委批复同意《沪宁高速公路(上海段)拓宽改建工程项目建议书》。2005 年 1 月,上海市政工程设计研究总院完成《沪宁高速公路(上海段)拓宽改建工程可行性研究报告》。2006 年 1 月,市发改委批复《沪宁高速公路(上海段)拓宽改建工程可行性研究报告》。

沪宁高速公路拓宽改建工程起点为同三国道跨线桥西侧,终点为江桥收费站。由西向东途经江苏省昆山市花桥镇、上海市嘉定区安亭镇、青浦区白鹤镇、华新镇、闵行区华漕镇、嘉定区封浜镇和江桥镇,跨越沪杭铁路、顾浦河、西吴淞江、新通波塘、封浜河、东吴淞江,工程全长 21.5 公里。

沪宁高速公路原双向 4 车道,路基宽 26 米,拓宽为双向 8 车道,集散车道单向 2 车道,立交匝道单向 1 车道。设计车速高速公路段为每小时 120 公里,集散车道为每小时 40 公里,立交匝道为每小时 40 至 50 公里。路基宽 42 米。沿线改建花桥立交、同三安亭立交、安亭国际汽车城立交、嘉松立交、嘉金立交以及花桥主线收费站、江桥主线收费站及相应管理设施。主线桥涵设计荷载为公路—1 级设计。路面为

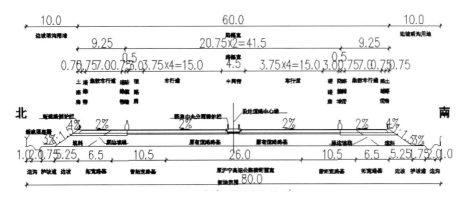

沪宁高速公路花桥段拼接式标准横断面布置图(单位:米)

BZZ—100 型标准车,抗震标准为基本烈度 7 度。

工程采取"两侧拼宽,局部分离,分阶段翻交即其中南幅路面工程分两阶段完成拼接和翻交,北幅一次性完成路面拼接和翻交"的施工原则。

工程分花桥段、安亭至江桥段。花桥段基本路段采用拼接式拓宽,改建主线硬路肩和外侧集散车道,主线 4 车道;集散车道 2 车道,路基宽 60 米,桥梁宽 59.5 米,占地宽 60 至 80 米。

西吴淞江大桥采用分离式拓宽,把原集散车道改为主线,新建集散车道,主线 2 车道;集散车道 2 车道,外侧主线硬路肩宽度仅 1.75 米。桥面总宽 67.5 至 69.5 米。

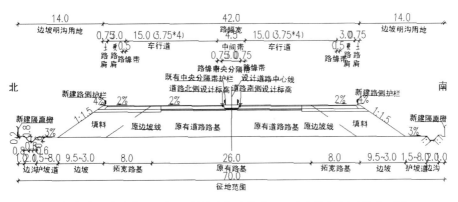

沪宁高速公路安亭至江桥段拼接式标准横断面图(路基部分)(单位:米)

安亭至江桥段基本路段采用拼接式拓宽,原路两侧分别拓宽 2 车道,主线 4 车道,路基宽 42 米,桥梁宽 41.5 米,占地宽 70 米。沪杭铁路桥路段采用分离式拓宽,既有桥梁不变,在两侧各新建 2 车道桥梁。

设计单位为上海市政工程设计研究总院,中标施工单位为上海建工(集团)总公司、中国路桥工程有限责任公司、上海东海电脑股份有限公司等 7 家,监理单位为江苏交通工程咨询监理有限公司和上海华运监理有限公司。

沪宁高速公路(上海段)拓宽改建工程于 2006 年 10 月 28 日正式开工,2008 年

12 月底竣工通车。总投资为 18.64 亿元。

京沪高速公路(上海段)拓宽改建竣工通车

工程完成拓宽改建桥梁 55 座，总长度 5122 米、互通式立交 3 座、分离式立交 2 座、通道 11 座、涵洞 8 道、W 板和禁入栅各 21 810 米、绿化面积 40.6 万平方米、房建总面积 1 530 平方米。

沪宁高速公路(上海段)拓宽改建工程致力于科技创新。针对老路拓宽和交通不中断的实际，工程技术人员对影响拓宽质量的关键技术进行了深入研究，包括高速公路拓宽总体设计指标体系、老路基、路面拼接技术、预应力管桩加固软土地基理论与设计、公路的沥青路面材料再生利用、桥梁新旧结构连接技术等，提出了新路基荷载对老路基的附加沉降计算方法，得出了新老路基的沉降控制指标：原路基中心附加沉降小于 30 毫米，拓宽路基的路拱横坡增加值不超过 0.5%，新路基工后沉降控制在 5 厘米以内。这为全线总体设计和各分项设计提供了技术支撑。工程首次提出了新老路基协同设计的理念；提出了拓宽路基采用 PHC 管桩、高压旋喷桩、提高压实度等技术手段；提出了新老路基间采用"台阶+土工隔栅"的工程技术措施，从而控制路基顶部横向以及纵向不协调变形，达到减少差异沉降的目的；提出了 PHC 管桩应用于地基处理的设计理论；对拓宽改建公路实施分车道交通管理措施。新老结构基础间的沉降差控制标准以及控制新建桥墩沉降的有效方法，填补了上海地区高速公路路基拼接设计技术空白。

工程遵循"资源环保节约"的理念，对沥青旧料的再生利用进行了 14 种方案的室内试验，并拟定了现场 3 种试验具体方案，为保障老路废料 100% 利用奠定了基础。这些科技成果的应用，不但加快了工期，保证了施工质量，而且大大降低了工程造价，减少了环境污染。

拓宽改建中对机电系统实施升级改造，构建监控中心新监控综合功能平台，实现与上海市路网监控平台、长三角交通信息共享系统平台、气象信息统一发布系统信息平台的信息互通，满足了多层次综合管理功能要求。收费系统通过增配车道硬件设备、开发优化软件以适应"一岛双亭"联动收费、"双向可变扩展收费区"等收费模式,增强了车辆通行能力。

拓宽改建后的沪宁高速公路江桥收费站

工程指挥部设立研究课题,对老路面承受力进行检测,获取了沉降曲线,进而研究新老路基的缝隙拼接。投资700万元课题经费,研制"三级台阶交叉拼接"方案,将几十万根30厘米粗的水泥桩,相距两米一根,打透软土层,到达30至40米的深处,再在桩上加盖"桩帽",将所有的土路基全部造在桩帽上。另外待堆土的含水量、酸碱度都降至标准,再使用机械打碎,20厘米一层,反复压实,经测评验收合格,上面再加盖16厘米混凝土。

工程施工选择国家级优质队伍,第一次聘请外省市监理单位。

工程在不中断交通情况下,对安全与文明施工提出了更高要求。开工前期,各标段项目部设置了工程简介墙、结构物标志牌、安全警示牌、横幅等安全文明施工宣传牌;组织职工学习《安全生产法》,并对特种作业人员进行相关知识技能的现场考核;向沿线街道、镇、村发放并张贴"致沿线村民书",以防沿线居民误入施工现场造成安全事故。施工期间,安全负责人严格执行《安全监理交底制度》、《安全生产、文明施工监理管理制度》等规章,实行零缺陷质量管理,进行定期或不定期检查,一旦发现安全隐患,督促承包人及时整改落实,并坚持每周一次安全生产例会,通报安全检查情况,研究解决问题方法。

工程注重质量控制,采取六大措施,即通过宣传教育,增强全员质量忧患意识,瞄准并赶超国内一流和国际领先的高速公路质量水平;指挥部和设计、施工、监理单位建立落实领导责任制和质量责任终身制;建立落实《工程首件认可制实施规定》、《质量预警通知制》,严格执行工程分包制、质量处理反馈制度、工地例会制度;严格各项开工手续报批程序、审核材料、人员、设备、施工方案、施工工艺、施工质量、首件工程;加强质量预控,多次召开软基处理专家咨询会,制定粉喷桩、湿喷桩施工指导意见;软基处理沉降每月观测1至2次;对混凝土T梁等施工技术方案多次召开研讨会,优化施工技术方案;举办路面基层底基层等专题讲座;指挥部联合江苏省交通设计研究院共同组成路面技术服务小组,加强过程指导和检查,及时指出存在问题,改进施工工艺;加强试验管理,各施工单位、监理单位均设立工地现场试验室,分析、解决试验中出现的新情况、新问题;严格三方联检机制,对不合格路基段、结构物,毫不留情坚决返工,直至整改落实,使工程总体质量始终处于受控状态。

工程设置声屏障、低噪声路面,实施沿线规划绿化改进施工工艺,使道路两侧噪声、振动分别达到《城市区域环境噪声标准》和《城市区域振动噪声标准》。全线设立禁鸣、限速、限载等标识,并制定应急预案。接受市环境监察总队、区环保局监督,努力将施工扬尘、噪声、污水等对周边环境、生态造成的影响降至最低程度。

江桥收费站车道进行改造,"一岛双亭"收费车道达到12根,收费道口内外广场设置"复合式收费车道",增设收费道口。根据收费口时段单向流量潮汐特点,将内广场"复合式收费车道"设置为潮汐车道,在出口收费进入高峰时段时变更为出口收费车道,使高峰小时流量提高到2 400辆。

沪宁高速公路(上海段)拓宽改建工程竣工,缓解了交通压力,促进了上海对外交通联系,提高了行车舒适度,道路环境全面改善,为2010年上海世博会增添了光彩。

值得总结的是沪宁高速公路于1996年建成通车,到2004年动议拓宽仅8年时间,说明了当时新建时对社会经济预测和交通需求分析的低估而导致规划设计滞后。这种情况值得在今后公路发展中借鉴。

十、崇启通道（G40 沪陕高速上海段）

沪陕高速(上海段)曾称A14高速,国家编号为G40高速,崇启通道为其中一段。该工程位于上海市崇明岛,是国家高速公路网G40沪陕高速公路即上海至西安高速公路的组成部分,也是长三角高速公路网规划的城际通道。崇启通道(上海段)建设前,虽然启东与浦东直线距离仅53公里,但两地的交通颇为不便。启东地处三面环水的"角落",如果没有高速公路带动,没有大桥衔接,将成为江苏经济发展的死角。1996年前,从启东坐船需要七八个小时才能到达上海吴淞码头。为了拉近启东与上海的距离,1999年,启东开设了直升机场,半小时就可抵达上海,但由于往返机场费时不少,价格也颇高,乘客寥寥,最终停办。崇启通道(上海段)工程建设,将使启东融入上海一小时经济圈,极大地缩短江苏东部至上海的出行时间,为上海市区及浦东地区经济向北辐射提供了便捷通道。

2001年4月3日,韩正率领上海市代表团,赴南京与梁保华率领的江苏省代表团就江苏与上海边界公路接口问题进行协商,决定将沪崇苏大通道接口放在启东与崇明之间。2003年10月15日签订了《关于江苏省与上海市共同同步建设崇启大桥的协议》。2006年10月,国家发改委批准崇启通道(上海段)工程立项。2008年4

月,国家发改委下发《关于崇明至启东长江公路通道工程可行性研究报告的批复》。同年 12 月,交通部批复工程初步设计。

崇启通道(上海段)地理位置图

崇启通道(上海段)工程南接上海长江隧桥,途经崇明县陈家镇、向化镇、港沿镇和竖新镇,经崇启大桥北至江苏省界接崇启通道江苏段,全长 30.74 公里。

崇启通道(上海段)工程车道设计为双向 6 车道,设计车速为每小时 100 公里,路面结构为沥青混凝土。全线设有崇启大桥、向化公路立交桥,主线桥梁 16 座,其中特大桥 1 座,为 2.3 公里长的北支大桥,即崇启大桥(上海段),大桥 6 座,中桥 9 座。北支大桥为预应力混凝土连续梁,单箱单室斜腹板箱型截面,30 米跨梁采用纵横两向预应力,50 米跨梁采用三向预应力,大堤段采用 90 米+150 米+90 米三跨连续箱梁,设计最高通航水位 4.31 米,在上海同类桥梁中为跨度最大。设有主线收费站,监控系统包括车辆检测器、信息板、气象仪、能见度检测器、紧急求助告示牌、超限检测等,与长江隧桥共用监控中心。桥梁设计荷载为公路—Ⅰ级,设计基准期 100 年,抗震标准为基本烈度 7 度。

工程建设单位为上海崇启通道建设发展有限公司。工程投资 45.71 亿元。工程实施公开招投标,设计单位为同济大学建筑设计研究院、上海市政工程设计研究总院,施工单位为上海城建(集团)公司、江苏省交通工程(集团)有限公司、上海园林绿化建设有限公司等 8 家,监理单位为上海公路监理有限公司、上海天佑工程监理有限公司。

2008年8月1日,江苏省和上海市两地政府在江苏启东江岸联合举行了崇启通道(上海段)崇启大桥工程奠基仪式。同年12月26日,崇启大桥(上海段)正式开工建设,2009年2月28日,崇启大桥(江苏段)开工建设。崇启大桥(上海段)1标即陈家镇地面道路工程于2009年6月18日开工,2011年11月23日竣工;2标即向化镇地面道路工程于2009年7月11日开工,2011年12月18日竣工;3标即港沿镇地面道路工程于2009年4月10日开工,2011年10月20日竣工;4标即竖新镇地面道路工程于2009年4月1日开工,2011年12月24日竣工。

工程前期集中力量征地拆迁和林木搬迁,经各方努力,解决了动拆迁遗留问题。

为了保护崇明岛有限的土地资源,上海崇启通道建设发展有限公司委托同济大学、设计院等机构先后开展动荷载作用下采用长江口细砂作为路基与路面稳定性研究、道路养护系统路基施工及运营期自动监测、生态绿色廊道构建研究、绿色两型生态高速公路建设技术研究等实用性、前瞻性课题。试验采用可移动式加速加载设备模拟交通荷载,试验发现路面最终损坏形式为车辙,未出现裂纹;路面铺装模量发生衰变,土基和干刚性基层未出现明显衰变。研究成果指导了设计、施工顺利进行。

根据沿线水系发达,沟浜、鱼塘密布的特点,采用了多种软基处理措施。箱涵及其两侧路段采用钉形与双向水泥搅拌桩处理;桥头路段地基处理采用PTC管桩;沿北横引河部分路段采用低能量强夯工艺进行地基处理;"八五"大堤以外滩涂路段地基采用换填加强夯结合真空井点降水工艺进行处理;大桥分别采用支架现浇法、移动模架、悬臂浇注和节段预制拼装等技术;中桥采用简支变连续小箱梁和桥面连续简支空心板梁;水中基础采用大直径钻孔灌注桩,进入陆地为PHC桩基础。

工程注重质量管理。建设单位编制下发五大类共51个管理文件,包括质量创优管理办法、首件认可制度和质量例会制度等;在人、机、料、法、环等五大要素方面取得试验经验和参数,以指导大规模施工;大力开展各类技术、管理培训,如开设"真空辅助压浆工艺技术讲座"、"世博期间施工控制研讨"等;加强对农民工教育培训、技术比武,推行"样板示范段评选";全线PHC管桩进行100%的低应变检测,超过桩基总量的10%进行了高应变检测;全部钻孔灌注桩100%进行超声波检测,确保了工程质量始终处于受控状态。10 853个分项工程合格率为100%。

工程不断加强安全与文明施工管理。组织施工单位举办《临时用电安全管理知识讲座》、《危险性较大工程认定标准讲座》等培训;对现场设备、管线保护、水上水下安全作业、安全用电与防火、起重吊装、高空作业等加强管理和巡查,发现安全隐患,督促施工单位及时整改落实,保证了工程安全受控;巡查发现穿越居民区的施工带来民众出行不便、农田内涝和通道积水等问题,督促施工单位立即整改落实,得到村民好评。

崇启通道(上海段)工程针对沿线的声、水、生态等方面的环境影响采取了有效的减缓措施,具有多个环保亮点。沥青路面掺加橡胶粒子,降低车辆行驶产生的噪音;设置车辆禁鸣标志,避免惊吓鸟类;设置高约2米的遮光板,避免夜间车辆灯光直射鸟类集中区域;北支大桥路灯杆顶部涂刷成红黄相间的荧光环,警示附近鸟类不飞入高速公路;设置动物通道,缓解公路两侧野生动物的阻隔;路侧设置常绿乔木、灌木相结合的立体密集林带,保护鸟类栖息环境,形成由东滩向北湖和崇中森林区的动物迁移走廊。为使旅行者感受崇明的秀美风光,设计了四类景观带,即城镇密集带、渔乡风情带、田园疏林带、滩涂风光带。城镇密集带两侧采用封闭式防护林带,起着遮光和防尘作用;渔乡风情带、田园疏林带和滩涂风光带采用开敞式景观,突出自然情调、风景层次和视野空间。

2011年12月24日,崇启大桥举行竣工通车仪式,中共中央政治局委员、上海市委书记俞正声,交通部部长李盛霖,江苏省委书记罗志军,省委副书记、省长李学勇,上海市委副书记、市长韩正等领导出席通车仪式,共同按下"崇启大桥建成通车"触摸球。

"桥港连通江海,启东融入上海。"崇启通道(上海段)的建成,缩短了启东与上海的时空距离,与长江隧桥在长江口形成了一条完整的南北向越江通道,将对优化长三角地区交通网络体系,推动长三角经济社会发展发挥重要作用。

十一、沪杭高速(G60、G92 上海段拓宽改建)

沪杭高速公路是国家公路网12条国道主干线之一,曾称为A8高速,也是国家高速公路网编号G60沪昆高速公路之一段。沪杭高速(上海段)于1998年12月建成通车。随着沪、浙两地经济社会发展,交通流量急剧增加。据实测交通流量统计,上海莘庄至松江段日交通流量基本趋于饱和。2004年,松江至枫泾段根据远期的建设规划已在中央分隔带两侧增设宽3.75米车行道,预留道路断面拓宽至双向6车道。2006年1月,浙江省已将沪杭高速公路(浙江段)由双向4车道拓宽为双向8车道。上海莘庄至松江段道路仍为双向4车道,因此,莘庄到松江段拓宽改建势在必行。2010年,沪杭高速公路(上海段)拓宽改建工程被列为上海世博会的重要配套基础设施项目。

2008年9月9日,市发改委下达《关于A8公路(沪杭高速公路)道路改建工程可行性研究调整报告的批复》。同年10月30日,市建交委下达《关于A8公路拓宽改建工程初步设计的批复》。

沪杭高速公路(上海段)东起上海市区西南的莘庄镇,西至沪浙交界处枫泾镇,全长48.8公里。其中松江至莘庄段拓宽改建工程西起沪杭高速公路(上海段)松江立交东侧,向东穿越沪松公路,经松江区新桥镇嘉金公路立交、南新铁路地道,直至外环线莘庄立交西侧的沪杭高速公路(上海段)主线收费口,全长18.07公里。

沪杭高速公路(上海段)拓宽改建工程以新建收费口为界,收费口以西为高速公路段,长约9.39公里。车道设计为双向8车道,设计车速为每小时120公里。规划红线60米,路基宽度40米。其中拼接桥梁及通道20座,拼接宽度3.5米;拼接道路7.88公里,拼接宽度5.75米。收费站以东为高速公路入城段,长约8.13公里。拓宽为双向6车道,地面辅道双向4车道,主线采用高架道路,设计车速为每小时100公里,桥面宽 27 米。地面辅道为城市主干路,为机动车专用道,设计车速为每小时 60 公里,单侧路幅宽 8.5 米,规划红线 45 米。路面结构均为沥青混凝土。新建高架桥及地面辅道桥公路—Ⅰ级,新建九新公路跨线桥公路—Ⅱ级。莘庄收费口西移至嘉金高速公路东侧春申塘桥至砖新河桥间,距离原莘庄收费口约 8 公里,更名为新桥主线收费站。车道设计为 8 进 18 出双向 26 条收费车道,其中进出口各设置 3 根 ETC 收费车道及 1 条 4.5 米的超宽车道。收费广场最大宽度为 142.6 米。维持原桥梁设计荷载汽车—超 20 级,挂车—120 级。标准轴载 BZZ—100 型,抗震标准为基本烈度 7 度。高架桥梁工程重要性系数 1.7,地面桥梁、地道和九新公路跨线桥工程重要性系数 1.3。

沪杭高速公路(上海段)拓宽改建工程建设单位为上海路桥发展有限公司及上海公路建设总公司。两家委托市市政局组建指挥部,负责改建工程管理工作。由市建交委、市公路处、黄浦江大桥有限公司、市重大处技术骨干组成工作班子。工程投资为 21.7 亿元,其中建安工程费 16.4 亿元、其他建设费 2.54 亿元、工程预备费 9 468 万元、征地拆迁费 1.29 亿元、管线搬迁和设施补偿费 5 267 万元。征地、动拆迁等前期工作由工程所在地区负责。

工程采用公开招投标。中标的施工单位为上海建工(集团)总公司、中国路桥工程有限责任公司、上海东海电脑股份有限公司等 18 家,其他相关配套工程单位 30 家,监理单位为江苏交通工程咨询监理有限公司和上海华运监理有限公司。

工程于 2008 年 12 月 25 日开工,2009 年 12 月 31 日主线收费站竣工通车。附属工程于 2010 年 3 月完工。

沪杭高速公路(上海段)新桥主线收费站建成通车

沪杭高速公路(上海段)拓宽改建工程采取了一系列新工艺、新技术、新材料。一是软基处理桩施工。为确保新、老路基的差异沉降在控制范围内,沿用了沪宁高速公路的设计理念,在拓宽路基段采用预应力管桩及边坡钻孔桩进行地基处理,控制路面沉降问题。二是老路改造施工。利用无损检测参数反馈理论,建立了"基于交通渠化提高弯沉标准"的老路评价方法和原则,完成了老路评价利用专项设计,大大减少老路基层翻挖量,并对沥青旧料的再生利用进行了多种方案的室内试验,最终确定了现场大面积施工方案。三是新、老路基、路面拼接、桥梁拼接技术。新、老路基、路面采用台阶、格栅、水稳、沥青搭接等形式进行拼接,桥梁采用 UEA 混凝土进行桥面拼接,确保了道路及桥梁的拼接质量。四是水泥稳定沥青混凝土和半刚性基层旧料的应用。拓宽改建产生大量沥青混凝土和半刚性基层旧料,采用水泥稳定后作为新建路面结构底基层,减少了渣土外运,节约工程投资,加快工程进度,避免对自然环境造成不利影响。五是拓宽软土地基处理技术。设计采用预应力管桩和钻孔灌注桩相结合的软土地基加固技术,具有施工质量易于控制、无需长时间预压、承载力高、工后沉降小的优点。六是沥青混凝土路面新材料应用。在路面结构拼接中,采用聚酯玻纤布,有效地防止新老路面结构衔接处的反射裂缝。路面结构采用沥青玛蹄脂碎石 SMA 上面层和 Superpave 高性能沥青混凝土中、下面层,桥面铺装采用双层 SMA,有效地提高了路面结构使用性能。

工程质量管理方面。各施工单位、监理单位均设立工地现场试验室,市市政公路工程质量监督站对工地试验室进行验收,核发《临时工地试验室使用证》。原材料质量从源头控制、进场检验到现场管理全过程把关。实行首件认可制,对达不到质量要求的首件工程推倒重来。土方填筑施工将沟塘回填、台背回填、石灰含量、土源质量用科学检测方法和三方检测验收,即施工单位自检、监理单位和第三方检测机构抽检,确保了路基填筑工程质量。结构物施工以钢筋、商品混凝土、支模、混凝土浇捣、养生为控制重点。对质量控制的重点、难点和制约点及时下发《质量预警通知》和施工指导意见书,对防止质量通病起到了预警和指导作用,保证了拓宽改建工程的各项质量指标全部合格。

工程加强安全与文明施工管理。针对确保行车畅通与正常施工这一矛盾,制定具体措施。2008 年 12 月至 2009 年 5 月,北侧上海至杭州方向双向两车道通行,南侧封闭交通。2009 年 5 月至工程竣工,北侧双向全封闭交通,南侧双向两车道通行。这一措施将施工对交通运输的影响降到最底程度,确保了工程作业范围内的安全和畅通。

沪杭高速公路(上海段)拓宽改建工程竣工后,由于收费站向西搬迁,相当于道路多出 8 公里的缓冲带,使莘庄立交附近交通拥堵状况得到明显缓解。沪杭高速公路(上海段)的拓宽改建,为上海世博会提供了良好的交通环境,同时完善了地方公路网与整体路网功能,为长三角地区的社会经济发展提供基础支撑发挥了积极作用。

十二、申嘉湖高速(S32 上海段)

申嘉湖高速公路(上海段)是上海市通往浙江省的重要通道,为上海东西走向最长的高速公路。上海曾称之为 A15 高速,国家高速 S32 申嘉湖高速(上海段)。它是连接浙江省与上海浦东国际机场的交通大动脉,同时对于完善高速公路网,集散、疏导上海中南部地区的公路交通将发挥十分重要的作用。申嘉湖高速公路(上海段)又被列为2010年上海世博会配套工程。

2003年11月,由市公路处组织,上海市市政工程设计研究总院和上海市城市建设设计研究院进行东塔高速公路即申嘉湖高速公路的预可行性研究。2005年1月,市发改委批复该工程项目建议书。同年12月,市发改委批复该工程可行性研究报告。2008年9月,国家发改委批复该工程出省段(省界至朱枫公路)项目建议书。

申嘉湖高速公路(上海段)工程东起浦东机场南进场路,西经出省段至浙江省上海市界,接申嘉湖高速公路(浙江段),经南汇、闵行、松江、青浦、金山五区,全长83.5公里。

申嘉湖高速公路地理位置图

工程分为浦东段、越江段和浦西段三段工程。浦东段东起浦东国际机场,西至闵浦大桥浦东引桥,全长32.2公里。先后与上海绕城高速、川南奉公路、南六公路、沪芦高速、林海公路和三鲁公路相交,跨越浦东运河。车道设计为双向8车道,设计车速主线收费站以西为每小时120公里,收费站以东为每小时80公里,路面结构为沥青混凝土。设特大桥1座、互通式立交4座、部分互通式立交2座、分离式立交5座、主线收费站1座、匝道收费站4座、服务区1处。越江段即闵浦大桥(见第二章第五节第一目)。浦西段途经闵行、松江、青浦和金山区,东起闵浦大桥浦西引桥,西至沪浙省界接浙江省申嘉湖(杭)高速公路,全长47.4公里,先后与沪金高速、沈海高速

（上海段）、上海绕城高速、沪昆高速（上海段）相交，跨越油墩港桥、斜塘桥、大蒸港桥及沪昆铁路等。沈海高速（上海段）以西为双向6车道，以东为双向8车道，设计车速为每小时120公里。规划红线60米，6车道路基宽35米，8车道路基宽42.5米。标准横断面均为中央分隔带3米，两侧行车道各3.75米，路缘带各0.75米，硬路肩各3米，土路肩各1米。路面结构为沥青混凝土。全线设特大桥3座、互通式立交5座、部分互通式立交1座、预留互通立交出入口1对、服务区1处。桥梁设计荷载为公路—Ⅰ级，路面荷载为BZZ—100型标准车，抗震标准为基本烈度7度，桥梁结构重要性系数1.3。

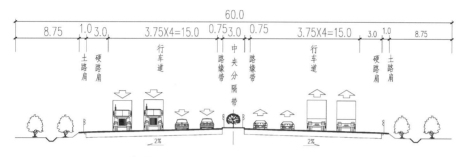

申嘉湖高速公路标准横断面图（单位：米）

工程建设单位为上海沪申高速公路建设发展有限公司。浦东段工程投资62.57亿元，浦西段工程投资107.43亿元。上海沪申高速公路建设发展有限公司启动项目融资工作，组建了以工商银行、国家开发银行、浦东发展银行为牵头行，中国银行、民生银行、建设银行、农业银行为参与行的项目银团，于2009年5月8日正式签署银团融资协议，为申嘉湖高速公路（上海段）工程贷款77.43亿元。

工程实施公开招投标。浦东段工程设计单位为上海市城市建设设计研究院，浦西段工程设计单位为上海市政工程设计研究总院。施工单位为浙江交通工程建设集团有限公司、上海建工（集团）总公司、中铁工程总公司等6家。出省段及南进场段工程由上海市公路建设总公司先行实施。监理单位为上海同济公路工程监理咨询有限公司、中铁武汉大桥工程咨询监理有限公司、江苏交通工程咨询监理有限公司等9家。

工程于2007年9月28日开工，南进场路段和出省段分别于2008年3月26日和2009年3月1日竣工通车，2009年12月31日全线建成通车。

工程采用SMA低噪声路面，安装声屏障12 899延米；在松江区2.9公里范围内穿越黄浦江上游一级饮用水源保护区，设有18座蓄毒沉淀池，通过完善的路面径流收集系统，收集后引出到保护区外排放；严格控制临时用地数量，施工过程中采取有效措施防止污染农田，建设中废弃的旧路尽可能复耕；合理规划施工便道和工程车辆的行驶路线，增加或改移便民利民通道、天桥等，确保公路建设与城镇总体规划相符。工程通过交通部环境保护中心和市环境保护局竣工环保验收。

工程建设过程中，由于有的路段在保证预压期方面存在不足，导致有的路段存

申嘉湖高速公路1标跨河立交施工

申嘉湖高速公路林海公路立交工程竣工

在桥头跳车现象,已采取多种措施予以治理。

2010年4月,根据交通部的要求和统一部署,申嘉湖高速公路(上海段)命名编号调整为S32申嘉湖高速公路(上海段)。

十三、沪常高速(S26上海段)

沪常高速公路,原名苏沪高速公路,起点上海市,终点江苏省常州市。国家命名上海段编号S26,上海曾称A16高速;江苏段编号S58。其起自上海绕城高速,向西至苏州尹山立交与苏州绕城高速公路和苏嘉杭高速公路相接,经无锡市抵达常州市,全长45.3公里,其中江苏段全长37.53公里,已于2005年9月建成通车。上海段全长7.81公里,是上海连接江苏的第四条高速公路。

20世纪90年代建成的沪宁高速,是上海与江苏苏南地区联系最为密切、最便捷的快速干道,承担了上海往江苏方向近一半的交通流量,且呈逐年快速增长之势。随着江苏省苏州市经济快速发展,使其对交通基础设施的依赖程度越来越高,导致沪宁高速(上海段)的交通拥挤程度与日俱增。为了加强苏南地区特别是苏州市与上海市之间的联系,有效地分流沪宁高速(上海段)的交通压力,为苏南地区与上海市提供更加便捷的快速通道,进一步增强辐射长江三角洲的高速公路网功能,沪常高速公路(上海段)建设迫在眉睫。

2003年,上海市城市建设设计研究院完成了沪常高速公路(上海段)省界至同三国道段工程预可行性研究。2004年7月,市发改委批复该工程预可行性研究。2005

沪常高速公路(上海段)地理位置图

年6月,完成该工程可行性研究报告。同年11月,市发改委批复该工程可行性研究报告。

沪常高速公路(上海段)全线位于青浦区境内。东起上海绕城高速(同三段),向西经省境收费站即淀山湖收费站,与沪常高速公路(江苏段)相连。先后与外青松公路、久业路、胜利路、漕盈公路相交,跨越东大盈港桥和西大盈港桥,全长7.81公里。其中地面道路长5.65公里,桥梁长2.16公里。

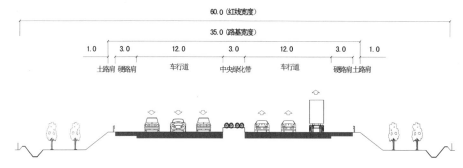

沪常高速公路(上海段)标准横断面图(单位:米)

沪常高速公路(上海段)主线车道设计为双向6车道,主线收费站以西,采用与已建苏沪高速公路江苏段石浦立交主线跨线桥相同的断面,车道设计为双向10车道。设计车速为每小时100公里,规划红线宽60米,路面结构为沥青混凝土。全线设置大桥2座、中小桥10座、横向跨线桥3座、互通式立交2座、漕盈路立交匝道收费站1座。在市境内与江苏省合建主线收费站1座。桥涵设计荷载为公路—Ⅰ级,路面荷载标准为BZZ—100型标准车,抗震标准为基本烈度7度,桥梁结构重要性系数为1.3。

工程建设单位为上海沪申高速公路建设发展有限公司。工程投资11.16亿元。上海沪申高速公路建设发展有限公司启动项目融资工作,组建了以工商银行、国家开发银行、浦东发展银行为牵头行,中国银行、民生银行、建设银行、农业银行为参与行的项目银团,于2009年5月8日正式签署银团融资协议,为该工程贷款5.96亿元。

工程实施公开招投标。工程设计单位为同济大学建筑设计研究院,施工单位为江苏省交通工程集团有限公司、中铁九局集团有限公司、上海电科智能系统股份有限公司,监理单位为上海浦桥工程建设监理有限公司、上海申元工程投资咨询有限公司。

沪常高速公路(上海段)工程于2007年9月28日开工,2010年3月13日建成通车。

沪申高速公路建设发展有限公司针对上海软土地基容易引起沉降、导致高速公路接缝处尤其是桥台接缝不平整的问题,在设计施工中采取了路基预压、复合路基处理、改性沥青路面等新技术措施,提高了工程质量,有效地防止了"车头跳"的情况发生。

工程注重环境保护,采用 SMA 低噪声路面,安装声屏障 4 130 延米。施工过程中采取有效措施防止污染农田、废弃的旧路尽可能复耕;合理规划施工便道和工程车辆的行驶路线,增加或改移便民利民通道、天桥;工程结束前对损坏的地方道路、临时用地进行清理平整、恢复。当公路线位与城镇规划有冲突时,及时与有关部门协商,使公路建设与城镇总体规划相符。工程通过交通部环境保护中心和市环境保护局竣工环保验收。

沪常高速公路(上海段)建成通车

工程建设过程中,个别路段在保证预压期方面存在不足,导致桥头跳车。后采取多种措施予以治理。

沪常高速公路(上海段)的建成通车,有效地分流了与其平行的京沪高速(上海段)和 312 国道的交通流量。这条通道连起了苏州工业园区和苏南地区丰富的江南水乡旅游资源带,从上海可快速直达太湖之滨,上海市民前往千灯、角直、周庄和同里等旅游景点的距离有所缩短,也为参观世博会的国内外人士游览公路沿线的江南水乡提供了便利。

第二节　普通国省干线公路建设

一、沪松公路

沪松公路始建于 1935 年,自松江新东门到泗泾,全长 14 公里。1964 年改建后,从泗泾延伸至上海县,与漕宝路沪松公路段贯通,全长 21.1 公里,为松江第一条沥青路面公路,路面拓宽至 23 米。

2003 年,沪松公路已发展成为上海西南隅的重要干线公路,贯穿于闵行、松江两区,全长 19.49 公里。沪松公路分两段:沪松公路(闵行段)即七莘路至松江区界,与漕宝路对接;沪松公路(松江段)即闵行区界至太平桥,与松卫北路对接。

1. 沪松公路(闵行段)

沪松公路东与漕宝路相接,处于闵行区1.8公里。文中漕宝路工程含沪松公路(闵行段)。"十五"期末至"十一五"期间,上海规划部署建设虹桥综合交通枢纽战略。漕宝路(嘉闵高架至外环线)地面道路是虹桥综合交通枢纽配套路网"十三横九纵"之一,是联系嘉闵高架、中春路、七莘路、外环线至中环线的主要地面通道。为了解决嘉闵高架一期工程南端的交通集散问题,必须设置嘉闵高架主线与沪松公路、漕宝路之间的定向连接匝道,与市区方向沟通,并同步拓宽改建漕宝路地面道路、以增强漕宝路的交通集散功能。因此,漕宝路(嘉闵高架至外环线)地面道路拓宽改建工程是适应上海虹桥枢纽区域交通需求、完善普通国省干线公路网功能布局的需要。

2007年8月,市市政工程设计研究总院编制《漕宝路(嘉闵高架至外环线)地面道路工程预可行性研究报告》。同年11月,市发改委下发《关于漕宝路(嘉闵高架至外环线)改建工程项目建议书的批复》。2008年3月,市市政工程设计研究总院编制《漕宝路(嘉闵高架至外环线)地面道路改建工程可行性研究报告》。同年12月,市发改委下发《关于漕宝路(嘉闵高架至外环线)地面道路改建工程可行性研究报告的批复》。

漕宝路(嘉闵高架至外环线段)地面道路拓宽改建工程西起涞亭路,与嘉闵高架路相接,东至外环线,全长3.7公里,其中沪松公路闵行段长1.8公里。

漕宝路(嘉闵高架至外环线段)地面道路曾于20世纪90年代拓宽改建,道路断面为三幅路型式,路幅宽度为28至32米,车道设计为双向4车道,两侧设机非分隔的非机动车道和人行道,路面结构以水泥混凝土为主。

工程按城市主干路标准设计,车道设计为双向8车道,具体分为6快2慢,设计车速为每小时50公里。标准横断面为中央分隔带2米,两侧机动车道各12米,非机动车道各3.5米,人行道各3.5米,沥青混凝土路面。新建、改建小涞港桥、华新港桥、横沥港桥和蒲汇塘桥及立交桥,沿线设置4对港湾式公交车站。桥梁设计荷载为城-A级。

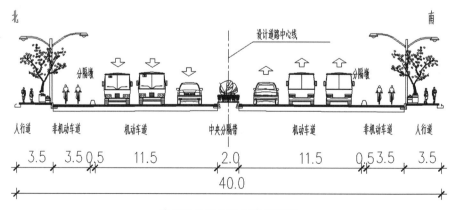

漕宝路地面道路标准横断面

工程建设单位为闵行城市建设投资开发有限公司,工程投资为 7.43 亿元。经招投标,设计单位为上海市政工程设计研究总院,施工单位为中铁二十四局集团有限公司、上海闵欣公路工程建设有限公司、上海敦煌市政工程建设有限公司,监理单位为上海斯美科汇建设工程咨询有限公司。前期动迁费 3.76 亿元和中春路以东范围地面道路改建及配套工程等资金由闵行区承担。

工程于 2009 年 5 月 8 日开工,2010 年 3 月 16 日竣工通车。

工程运用"四新"技术,为保护公用管线的安全,在路面结构中实施 20 厘米 C20+20 厘米 C25 商品混凝土两层浇筑的路面复合基层的试验,并开展防滑降噪沥青路面结构和材料研究,面层采用改性沥青玛蹄碎石混合料(SMA-13),起到了高性能、长寿命、环保节能的效果。

漕宝路(嘉闵高架至外环线)地面道路拓宽工程竣工通车后,2010 年高峰机动车流量已达每小时小客车通行数为 13 330 辆,比 1995 年改建时增加了 70%,较好地承担了虹桥综合交通枢纽的疏解功能,为九亭、七宝地区的经济社会发展提供了良好的交通条件。

2. 沪松公路(松江段)

沪松公路(松江段)北起闵行区界,与闵行区主干路漕宝路相接,向南途径松江区九亭、泗泾镇、洞泾镇、中山街道,并跨越沈海高速(上海段)至太平桥,全长 15.79 公里。自 20 世纪 90 年代松江建成沪杭高速(莘松段)和上海郊区第一个市级工业区后,2001 年又建成了松江出口加工区。根据上海市新一轮城市总体规划"大都市、大郊区"发展战略,市委、市政府确定建设松江新城区。沪松公路是松江连接市区、对接虹桥综合交通枢纽的主要通道,是松江境内连接主要乡镇与松江城区的骨干通道。但是,沪松公路到达松江城区仅一条通道,没有形成路网贯通,且公路穿城而

沪松公路(沪杭高速公路跨线桥)转体施工

沪松公路(沪杭高速公路跨线桥)立交桥竣工

过,对新城布局形成了分割,对新城交通秩序造成干扰;特别是洞泾长远泾桥至太平桥的最后 5.1 公里,路面仅宽 10.5 米,已成为松江通往市区的瓶颈;加上重型交通对环境污染,带来交通安全隐患。因此,沪松公路拓宽改建是完善松江区公路路网的需要,是松江新城区与经济转型发展的突破口,也是改善和服务社会民生的现实需要。

2003 年 7 月,松江区政府批准沪松公路(洞泾长远泾桥至太平桥段)拓宽改建工程。该工程按二级公路设计,双向 4 车道,设计车速为每小时 80 公里。路基在原 10.5 米基础上拓宽至 35 米,标准横断面为机动车道 16 米,两侧非机动车道各 3.5 米,机非隔离带各 1.5 米,硬路肩各 1.5 米。路面结构为沥青混凝土。拓宽改造桥梁 7 座,桥梁设计荷载为汽—20、挂—100,沿线桥梁设计荷载为公路 II 级。工程建设单位为松江区公路(市政)建设项目办公室,工程投资为 5 363 万元。设计单位为上海市松江建筑设计院。

二、松卫公路

松卫公路是一条上海西南隅的重要干线公路,松卫公路向北与沪松公路相连,贯穿于松江区、金山区,全长 29.13 公里。松卫公路分松卫北路和松卫南路。松卫北路即松卫公路(松江段),北起太平桥,南至金山区界;松卫南路即松卫公路(金山段),南起金山大道与杭州湾大道相接,北至金山松江区界。因南北交通主干道新卫公路将规划调整为成高速公路,而高速公路的相对封闭性,势必给区域内镇与镇之间的交通以及中西部地区、金山新城区的联系带来影响,形成新的交通"瓶颈",为此,松江、金山区政府要求尽快新、改建松卫北路与松卫南路工程,以承担起南北交通大动脉的作用,衔接金山区内东西干道朱吕公路和漕廊公路,贯通区域东部与西部镇区之间的联系。因此,松卫公路新建、改建工程是完善松江、金山区公路路网结构的需要,是加快松江、金山城市化进程的重要支撑,也是改善和服务社会民生的现实需要。

(一)松卫公路(松江段)即松卫北路

2005年12月14日,市发改委批复《松卫公路(松江段)工程可行性研究报告》。松卫公路(松江段)即松卫北路,北起太平桥,向南跨越沪昆高速(上海段)、沪杭铁路、黄浦江以及俞塘河等大小河流及申嘉湖高速(上海段),途经中山街道、车墩镇和叶榭镇至金山区界,全长16.14公里(含松浦三桥)。松卫北路工程分三段实施:太平桥至北松公路段工程,长3.74公里;北松公路至叶新公路段工程,长6.87公里(含松浦三桥);叶新公路至金山区界段工程,长5.53公里。

太平桥至北松公路段按二级公路标准设计,规划红线宽35米,双向4车道,设计车速为每小时80公里。标准横断面为机动车道16米,两侧设非机动车道各3.5米,机非分隔带各1.5米,硬路肩各1.5米,路面结构为沥青混凝土路面。拓宽改造桥梁7座,桥梁设计荷载为公路Ⅱ级、汽—20、挂—100。

北松公路至叶新公路段按城市主干路标准设计,双向8车道,具体分为6快2慢,设计车速为每小时60公里。标准横断面为中央分隔带2米,两侧设机动车道各12米,机非分隔带各0.5米,非机动车道各3.5米,人行道各3米,路面结构为沥青混凝土。

叶新公路至金山区界段按二级公路设计,设计车速为每小时80公里。规划红线40米,路基28.5米。标准横断面为中央分隔带2米,两侧设机动车道各8.5米,机非分隔带各0.5米,非机动车道各3.5米,土路肩各0.75米。路面结构为沥青混凝土,桥梁设计荷载为公路Ⅱ级。

松卫北路建设单位为松江区公路(市政)建设项目办公室。太平桥至北松公路

松卫北路建成通车

工程投资为5 900万元,北松公路至金山区界工程投资为4.95亿元。设计单位为松江建筑设计院、铁道第一勘察设计院、同济大学建筑设计研究院,施工单位为上海市凯达公路工程公司、上海市开天建设集团有限公司、上海山阳工程建设(集团)公司,监理单位为上海市康舒特监理有限公司、上海市真诚监理有限公司。松卫北路工程前期费为1.26亿元,资金由松江区政府筹措并组织实施,市公路处补贴5 317万元。

太平桥至北松公路段工程于2002年7月26日开工,2004年6月30日竣工。北松公路至叶新公路工程于2009年5月5日开工,2010年6月30日竣工。叶新公路至金山区界工程于2011年3月开工,2013年1月22日竣工。

松卫北路的建成通车,标志着松卫公路(松江段)的线路走向更趋合理。松卫公路(松江段)既是上海市干线公路网的组成部分,又是松江新城的外环路东段,有效地改善了松江公路路网结构,缩短了出行时间,方便了沿线百姓生活,改善了松江工业区交通条件,对建设松江现代服务业集聚区、对接虹桥商务区起到了支撑作用。

(二) 松卫公路(金山段)即松卫南路

松卫公路(金山段)即松卫南路,南起金山大道与杭州湾大道相接,北至亭枫公路(320国道)接金山区界。途经张堰、干巷、松隐、亭林镇,全长18.5公里,是金山区公路网规划"六纵六横"中"一纵"。

2000年1月,市计委下发《关于四号线西段高速公路工程可行性研究报告的批复》,批准松卫南路南段(原名申甬北路)改建、新建为四号线配套工程。同年12月,市建委下发《关于申甬北路道路工程初步设计的批复》。2002、2003年,金山区发改委下发《关于松卫南路北段(原名新松金公路)首期、二期工程可行性研究报告(兼项建书)的批复》,并列入2003年金山区政府实事工程。

松卫南路工程采用"一次规划、分期施工"的办法,分两段施工。其中南段(原名申甬北路)南起金山大道,北至莘奉金高速跨线桥,长4.5公里。松卫南路北段首期工程(原名新松金公路)南起莘奉金高速跨线桥,北至朱吕公路,长7.4公里。北段第二期工程南起朱吕公路,北至亭枫公路(320国道)接金山区界,长6.6公里。

松卫南路南段按城市主干路一级公路标准设计,双向6车道,具体分为4快2慢,设计车速为每小时60公里。规划红线45米,标高控制4.4米,道路两侧设彩板人行道,桥梁人行道宽3.5米,桥梁设计荷载为城—A。北段按二级公路标准设计,双向6车道,具体分为4快2慢,设计车速为每小时80公里。规划红线宽45米,标高控制4.6米,两侧人行道各1.5米,路面结构为沥青混凝土。全线设置桥梁14座,其中大型桥梁2座,桥梁横断面布置与道路同宽。桥梁设计荷载为汽—20,挂—100。

松卫南路南段工程建设单位为金山区建交委。主体工程费9 320万元由市公路处安排。前期征地动拆迁费和人行道、排水及照明等附属工程费5 010万元由金山区承担并组织实施。松卫南路北段(原新松金)首期、二期工程投资为6 425.22万元。松卫南路工程设计单位为上海兰德公路工程咨询设计有限公司,施工单位为上海金山公路建设有限公司、上海山阳工程建设有限公司、上海金山市政工程有限公司等4家,监理单位为市市政工程管理咨询有限公司。

松卫南路南段即申甬北路于 2002 年 4 月开工,同年 12 月竣工。松卫南路北段首期(原新松金公路)于 2002 年 8 月开工,2003 年 3 月竣工。北段第二期(朱吕公路至亭枫公路)于 2003 年 4 月开工,同年 12 月竣工。松卫南路南段与北段连接后,一条南北交通要道就此形成。

松卫公路(金山段)即松卫南路的建成通车,完善了金山区公路路网结构,改善了该区投资环境,促进了沿线地区经济、商业的发展。松卫公路(金山段)成为金山区的南北交通要道,为金山区的社会经济发展和方便百姓出行起到了积极的作用。

三、宝安公路(宝山段)

宝安公路东起宝山区蕰川路,西至嘉定区外青松公路,全长 28.86 公里。宝安公路沿途和宝山北部地区的沪太公路、嘉定的沪嘉高速、沈海高速、沪宜路、嘉松北路相交。其中宝安公路(宝山段)东起蕰川路,西至嘉定区界的广福桥,全长 9.6 公里,是宝山区"四纵四横"道路中"一横"的东西向主要道路,也是宝山地区通往嘉定区的干线公路和市域北部地区主要东西向客货通道之一。作为区区对接道路,在服务区域经济社会发展方面具有重要作用。

1996 年 4 月,为了进一步提高宝安公路通行能力和服务水平,宝山区重大工程建设指挥部组织对全长 5.67 公里的宝安公路(蕰川路至沪太路段)实施改建工程。工程投资为 4 890 万元。工程按二级公路标准实施,规划红线 35 米,实施宽度 28 米,标准横断面为 4 快 2 慢,桥梁 3 座。工程于 1996 年 11 月 31 日竣工通车。

1997 年至 2009 年,宝安公路由宝山区公路所(后为宝山区公路署)负责日常养护管理工作,期间进行了 1 次板块中修和 2 次整治。

2000 年以来,宝安公路路况无法满足交通之需。2003 年,为了进一步提高宝安公路路面的抗压抗折强度,延长公路使用寿命,宝山区公路署对宝安公路(蕰川路至沪太路段)实施了板块中修工程,工程投资为 174.3 万元。工程于同年 5 月 10 日开工,同年 9 月 18 日竣工。

2005 年,随着宝山地区经济社会的快速发展,宝安公路的路况无法满足其交通之需。同年,市发改委下发了宝安公路拓宽改建工程项目的批复。由于资金等种种原因,一直未实施,期间仅维持日常养护。

2006 年 5 月,宝山区公路署对全长 5.67 公里的宝安公路(蕰川路至区界段)实施整治工程,工程投资为 24 万元。工程于同月 1 日开工,同年 6 月 20 日竣工。整治内容为路面修复、沥青灌缝及绿化带整治等。

同年 11 月,为了进一步提高公路质量,宝山区公路署对宝安公路(蕰川路至区界段)进行第二次整治,工程投资为 51 万元。整治工程于同月 7 日开工,同年 11 月 30 日竣工。整治内容为附属设施维修、道口维修及铣刨加罩。

2009 年初,作为区区对接道路的宝安公路(蕰川路至区界段)拓宽改建工程实质性启动。同年 11 月,宝山区发改委批复《宝安公路拓宽改建工程工可调整报告》。拓宽改建工程范围为蕰川路至区界段,全长 9.6 公里,按二级公路标准设计,区界至陈广路段车道设计为双向 4 车道;陈广路至沪太路段车道设计为双向 6 车道;沪太路至蕰川路段近期按双向 4 车道布置,设计车速为每小时 60 公里。规划红线 45 米。路基宽 33 米,路面结构为沥青混凝土。新改建桥梁 7 座,桥梁设计荷载为公路—Ⅰ级。附属工程有路灯、标志标线、信号灯、绿化工程,总投资为 10.51 亿元。宝山区重大工程建设指挥部负责前期工作和工程建设。

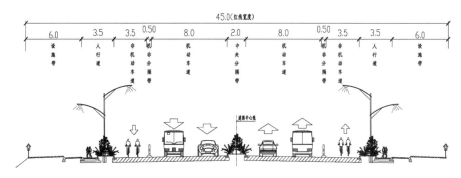

宝安公路(宝山段)标准横断面图

工程于 2010 年 5 月完成施工招标,施工单位为上海宝山公路工程建设有限公司、上海宝建集团有限分公司、上海吴淞市政建设有限公司等 6 家,监理单位为上海富达工程管理咨询有限公司、上海鼎颐建设监理有限公司。工程于 2010 年 9 月开工,于 2012 年 12 月竣工通车。

宝安公路(宝山段)拓宽改建工程的竣工通车,成为上海市北区的区区对接道路的重要交通骨干,使北区的区区对接道路等级偏低与建设规模不到位的问题得到改善和提升,促使连通道路路网布局基本合理,对进一步推动宝山地区与上海北部地区经济社会的可持续发展起到了积极作用。

四、宝钱公路

宝钱公路为嘉定北部地区与江苏省相邻的东西向主要干道。长期以来,公路交通不发达,一定程度上制约了该地区经济社会发展。2001 年时,嘉定区委、区政府为实现区经济建设战略目标转移,全面启动嘉定四大板块之一的先进制造业基地建设,决定新建宝钱公路。

1999 年,嘉定区市政管理局以《关于宝钱公路新建工程初步设计的请示》报送区政府。2000 年 9 月 11 日,嘉定区计委下发《关于辟建宝钱公路可行性研究报告的批复》。2001 年 1 月 5 日,嘉定区建委、计委批复《关于宝钱公路新建工程初步设计》。该工程被区政府列为 2001 年度重点实事工程项目。

宝钱公路新建工程地处嘉定区境内,东起宝山区的沪太公路,西与江苏省昆山市蓬朗镇相连,横穿华亭镇、徐行镇、嘉定工业区北区、外冈镇,全长 23.8 公里。

工程按二级公路标准设计,车道设计为双向 6 车道,具体分为 4 快 2 慢,设计车速为每小时 80 公里,城市式标准设计车速为每小时 60 公里。规划红线 35 米,路幅宽 28 米。标准横断面为中央绿化隔离带 2 米,两侧设机动车道各 8.5 米,非机动车道各 3.5 米,机非隔离带各 0.5 米,路肩各 1.5 米,边坡与边沟及绿化林带各 22.5 米。路面结构机动车道为水泥混凝土,非机动车道为沥青混凝土。新、改建桥梁 28 座。全线设置公交港湾式停车站、标志标线、交通信号等附属设施。桥梁设计荷载为汽—20,挂—100,道路荷载标准 BZZ—100。

工程建设单位为嘉定区市政管理局,其下属宝钱公路工程指挥部具体领导、指挥、监督。工程投资为 4.25 亿元。其中前期费用 1.8 亿元,工程费用 2.22 亿元。

工程设计单位为上海城市建设设计院。全线道路、桥梁分为 16 个施工标段,分别由上海弘城公司等 14 家施工单位承担施工;绿化工程分 13 个绿化施工标段,施工单位为嘉定区苗圃等 13 家单位;防撞护栏由申花钢管企业负责安装。监理单位为嘉蓝监理公司、上海斯美监理公司,检测单位为嘉定建设工程检测中心。

宝钱公路工程于 2001 年 2 月开工,同年 12 月 28 日全线竣工通车。2003 年,该路被调整纳入上海市干线公路网。

宝钱公路破碎混凝土清理

宝钱公路建成通车后,2010 年日平均交通量已达 9 356 辆,比 2003 年建成通车时日平均交通量 4 747 辆翻了一番。便捷的交通为嘉定北部地区经济开发提供了良好条件,嘉定工业区北区沿宝钱公路为东西向发展主轴,为促进嘉定经济和社会发展发挥了积极作用。

建成后的宝钱公路,其水泥混凝土路面面对大交通流量与车载压力,给日后的养护带来了维修工期长、交通影响大的问题。规划设计与日后流量存在差距,服务能力难以满足交通量需求。

五、川南奉公路

川南奉公路(川沙至南汇至奉贤)地处浦东新区、南汇区和奉贤区境内,原为护塘海堤,1962年改为公路,横穿浦东、南汇及奉贤东部地区,是浦东新区和奉贤区域重要干道之一。川南奉公路全长79.4公里,其中川南奉公路(浦东段)东起川沙镇,沿钦公塘起自王家湾,西至奉贤区奉城镇新奉公路,全长22.04公里。改造前全线路基宽9米,路面7米,双车道,桥梁17座。1984年10月实测,全线平均昼夜混合交通量为7007辆,平均车速为每小时38公里。2000年以来,沿线居民对川南奉公路交通拥堵反映强烈。川南奉公路(奉贤段)全长12.54公里,是穿越奉城中心镇的干线公路。该路段道路等级不同、断面类型较多,路基宽度不一,对中心镇发展有较大影

川南奉公路地理位置图

响。随着浦东开发开放和奉贤区南部地区的经济发展,川南奉公路已不能适应交通发展需要。川南奉公路(浦东段)作为一条南北向骨干道路二级公路,主要承担沿线地区的集散交通;其与远东大道即上海绕城高速走向一致,短途地方车辆大部分走川南奉公路,使其成为绕城高速之辅道。因此,浦东新区政府研究决定,实施川南奉公路(浦东段)新、改建工程,以改善浦东新区交通条件与招商引资环境。

2003年,根据上海市"一城九镇"规划,川南奉公路(奉贤段)沿线的奉城、塘外、洪庙镇合并为规划等级较高的奉城中心镇。周边路网需要与之配套,原有的川南奉公路(奉贤段)是穿越奉城中心镇的干线公路。因此,奉贤区政府研究决定,提高川南奉公路(奉贤段)的技术等级和服务水平,分流过境交通,服务地方交通,将改建后的川南奉公路(奉贤段)设定为奉城中心镇路网体系东西骨架的中轴线。

2003年3月,受市公路处委托,林同炎李国豪土木工程咨询有限公司对川南奉公路改建进行了可行性研究。2003年3月至11月,设计人员多次到奉贤区进行实地踏勘,详细了解沿线城镇规划、河道规划、轨道交通规划等情况,并与沿线各镇地方政府协调线路走向。同年12月,正式编制完成《川南奉公路改建工程可行性研究报告》。2005年8月11日,市发改委批复《川南奉公路(浦东段)新、改建工程可行性研究报告》。

川南奉公路(浦东段)新、改建工程范围为拱极路至闻居路,全长8.67公里。公路等级为城市I级次干路,全线按照双向8车道,即6快2慢的四幅路布置,设计车速为每小时50公里。规划红线宽40米,路面结构为沥青混凝土。新建桥梁12座,红线外两侧各设置5米绿化带,人行道铺6厘米彩色人行道板。

川南奉公路(浦东段)新、改建工程分3个标段。1标段工程(惠南镇段),全长2390米。标准横断面为中央绿化带2米,两侧机动车道各8米,非机动车道各3.5米,人行道各3米,绿化带各4米。新建桥梁4座,即环城港南桥、环城港北桥、灶泓港桥、三灶路港桥。工程于2007年4月11日开工,2009年1月19日竣工。

2标段工程,全长1800米。标准横断面为中央分隔带2米,两侧机动车道各8米,非机动车道各3.5米,绿化带各7米;设人行道路段横断面为中央分隔带2米,两侧机动车道各8米,非机动车道各3.5米,人行道各3米,绿化带各4米。新建桥梁3座,即长沟桥、小桥机口引水河桥、北横河桥。该工程于2007年8月5日开工,2009年1月19日竣工。

3标段工程位于南汇东部地区,全长2220米,标准横断面布置同2标段。新建桥梁4座,即红一生产队桥、马家宅河桥、唐家路港桥、张家路港桥。该工程于2007年4月30日开工,2008年12月5日竣工。3标段工程延伸段(祝桥镇段),全长2257米,横断面布置同1标段。新建桥梁1座,即六灶港桥。该工程于2007年12月5日开工,2009年1月15日竣工。

川南奉公路(浦东段)新、改建工程建设单位为上海南汇汇集建设投资有限公司,工程投资为1.9亿元。施工单位为上海弘城实业有限公司、北京金港机场建设有限公司、上海南汇水利市政工程有限公司等4家,监理单位为上海三凯建设监理有限公司、上海天佑工程咨询有限公司。

　　川南奉公路(奉贤段)改建工程在原川南奉公路老路及南奉公路以北修筑。东起洪庙,西至浦星公路,全长 12.54 公里。工程采用二级公路标准,双向 4 车道,设计车速为每小时 60 公里,城镇段设计车速为每小时 40 公里。部分道路红线由原来 35 米调整为 40 米,路面结构为沥青混凝土。

　　川南奉公路(奉贤段)工程建设单位为奉贤区公路管理署,工程投资为 1 984 万元。设计单位为林同炎李国豪土建工程咨询有限公司,施工单位为上海市奉贤区公路发展公司,监理单位为上海精达监理有限公司。工程于 2004 年 6 月开工,同年 12 月竣工。

　　历史上川南奉部分路段为海塘,称之钦公塘。通过这次新改建,将南汇县城以北段东移沿钦公塘新筑为新川南奉公路,使川南奉公路(浦东段)全线沿钦公塘走向,使之继续发挥其公益功能。浦东段新改建工程提高了道路建设标准,更好地发挥了高速公路辅道和地方干道的双重交通功能,缓解了交通压力,大大节约了车辆通行时间,为附近百姓的出行带来方便,同时促进了惠南镇与祝桥镇之间的联系。川南奉公路(奉贤段)的改建,大大增强了道路的通行能力和舒适性,改善了奉贤区域交通环境,满足了奉贤区域经济发展与沿线乡镇城镇化发展的需求。川南奉公路新、改建工程的竣工通车,对于完善上海市干线公路网起到积极的作用。

六、南奉公路

　　南奉公路是奉贤区一条较为重要的东西向道路,东起奉城镇新奉公路,西至南桥镇南桥路,沿线经过奉城、青村、光明及南桥镇,全长 17.9 公里。

　　2002 年,奉贤区计委先后下发文件,同意实施南奉公路(金海公路至光明大桥段)拓宽改建工程、南奉公路(莘奉金高速至金海公路段)拓宽改建工程、光明大桥拓宽工程、南奉公路(光明大桥东侧至浦星公路段)拓宽改建工程、南奉公路(环城东路至南桥路段)拓宽工程和南奉公路(浦星公路至南奉公路改线段)工程。

　　南奉公路拓宽改建为城市式二级公路,4 快 2 慢,设计车速为每小时 50 公里。规划红线 35 米。标准横断面为机动车道 16 米,两侧设机非隔离带各 1.5 米,非机动车道各 3.5 米,预留绿化带各 4.5 米,路面结构为沥青混凝土,沿线共有桥梁 14 座。

　　南奉公路(金海公路至光明大桥段)拓宽改建工程为城市式一级公路,全长 1 350 米。路面结构为沥青混凝土,路面设计荷载为 BZZ—100 型标准车。在工程施工中,为保证车辆通行,采用半幅施工的方法,先北半幅施工,后南半幅施工。

　　南奉公路(莘奉金高速至金海公路段)拓宽改建工程全长 1 400 米,路面结构为沥青混凝土。南奉公路光明大桥拓宽工程全长 120 米,桥长 100 米,桥拓宽至 31.6 米。路面结构为沥青混凝土。南奉公路(光明大桥至浦星公路段)拓宽改建工程全长 1 370 米。路面结构为沥青混凝土。

　　南奉公路(环城东路至南桥路段)拓宽改建工程设计车速为每小时 40 公里。路幅 35 米,全长 1 280 米。标准横断面为车行道 16 米,两侧设机非隔离带各 1.5 米,非机动车道各 3.5 米,人行道各 4.5 米。南桥拓宽至 35 米,长 30.6 米。路面结构为水泥混凝土。

南奉公路(浦星公路至南奉公路改线段)拓宽改建工程全长1 774米,西起浦星公路,东接南奉公路改线段。路面结构为沥青混凝土。

南奉公路(金海公路至光明大桥段)工程建设单位为上海奉贤建设投资有限公司,工程投资为1 259万元,施工单位为上海古越市政建筑有限公司。南奉公路(莘奉金高速至金海公路段)拓宽改建工程建设单位为上海奉贤建设投资有限公司,工程投资为1 443万元。施工单位为上海古越市政建筑有限公司、上海奉贤第四建筑有限公司、上海奉贤建工(集团)有限公司等4家,监理单位为上海精达建设工程监理公司,代建单位为奉贤区公路管理署。南奉公路光明大桥拓宽工程建设单位为上海奉贤建设投资有限公司,工程投资为798万元,施工单位为奉贤公路建设发展有限公司、上海奉贤建工(集团)有限公司。南奉公路(光明大桥至浦星公路段)拓宽改建工程建设单位为上海奉贤建设投资有限公司,工程投资为1 287万元。施工单位为上海古越市政建筑有限公司、上海奉贤第四建筑有限公司、上海奉贤建工(集团)有限公司等4家,监理单位为上海精达建设工程监理公司,代建单位为奉贤区公路管理署。南奉公路(环城东路至南桥路段)拓宽工程建设单位为上海市奉贤区住宅发展局,工程投资为3 860.17万元,施工单位为上海古越市政建筑有限公司,工程代甲方单位为奉贤区公路署。南奉公路(浦星公路至改线段)拓宽改建工程建设单位为上海市奉贤区建交委,工程投资为2 544.86万元,设计单位上海林同炎李国豪咨询有限公司,施工单位为奉贤园林绿化工程有限公司、上海市奉贤电力有限公司、奉贤区交巡警支队,监理单位为上海精达工程建设监理有限公司,工程代甲方单位为奉贤区公路管理署。

南奉公路(金海公路至光明大桥段)于2002年7月23日开工,2003年1月4日竣工。南奉公路(莘奉金高速至金海公路段)于2002年7月3日开工,2003年12月30日竣工。光明大桥拓宽工程于2002年10月6日开工,2003年4月30日竣工。南奉公路(光明大桥至浦星公路段)于2002年10月6日开工,2003年4月15日竣工。南奉公路(环城东路至南桥路段)于2002年9月15日开工,2003年1月30日竣工。南奉公路(浦星公路至改线段)于2004年1月20日开工建设,同年5月30日竣工。

由于南奉公路沿线经过奉城、青村、光明及南桥镇,路线长,施工条件复杂,车流量大,给施工带来较大难度。在施工过程中主要采取了以下措施:一是将在南桥镇区段原有架空管线(涉及供电、自来水、电信、有线、联通、军用光缆、燃气共7家管线单位)统一按照规划位置入地;对于新铺设的管道全部做入地处理。二是对沿线桥梁进行检测,在符合设计要求下,在桥梁改建时利用原有的桥墩及盖梁进行拼桥施工,此举大大加快了施工进度并减少了投资,并且经过长期的运营,拼桥之间未出现明显的不均匀沉降裂缝。三是整段道路采取半幅施工,缓解了沿线交通压力,并有助于沿线居民出行。

南奉公路经历次改建,不断完善了南桥镇区域的市政配套设施,提高了南奉公路南桥镇区段的通行能力,改善了与上海市中心的快捷联系和南桥地区交通、投资及居住环境;沿线外资、外地企业纷纷落户,为促进南桥新城区开发和南桥地区经济社会可持续发展发挥了重要作用。

七、南亭公路

2003 年,奉贤区政府下发 108 号、334 号文件,决定南亭公路(南桥路至沪杭路段)、南亭公路(沪杭公路至庄邬公路段)和南亭公路(庄邬公路至叶庄公路段)实施拓宽改建工程。

南亭公路是连接奉贤区和金山区的一条较为重要的东西向道路,东起奉贤区南桥镇南桥路,西至金山区亭林镇松金公路,沿线经过南桥、庄行、亭林镇,全长 9.7 公里。

南亭公路拓宽改建为二级公路,车道设计为双向 4 车道,设计车速为每小时 40 公里。沿线共有 9 座桥梁。其中南亭公路(南桥路至沪杭路段)拓宽改建工程全长 1.6 公里,为城市式一级公路,路幅 35 米。标准横断面为车行道 16 米,两侧设机非隔离带各 2 米,非机动车道各 3.5 米,人行道各 4 米,路面结构为沥青混凝土。改扩建秀龙桥和竹港桥。桥梁设计荷载为汽车—20 级,挂车—100 级。南亭公路(沪杭公路至庄邬公路段)拓宽改建工程全长 2.32 公里,改造为 4 快 2 慢,路幅 35 米。标准横断面为机动车道 16 米,两侧设机非隔离带各 2 米,非机动车道各 3.5 米,人行道各 4 米,路面结构为沥青混凝土。设置路灯、标志标线、绿化等配套设施。改建沙港桥一座,桥梁设计荷载为汽—20,挂—100。南亭公路(庄邬公路至叶庄路段)拓宽改建工程全长 3.49 公里,路幅 35 至 40 米。其中孙家港桥、冷泾港桥、戴家港桥 3 座桥梁均为老桥拓宽改建,拓宽至 35.5 米。

南亭公路(南桥路至沪杭路段)拓宽改建工程建设单位为上海奉贤区住宅发展局和奉贤区市政工程管理署。工程投资为 3 011.52 万元,资金由住宅配套费中安排。设计单位为林同炎李国豪土建工程咨询有限公司,施工单位为上海古越市政建筑工程有限公司、上海奉贤园林绿化工程有限公司。南亭公路(沪杭公路至庄邬公路段)拓宽改建工程建设单位为奉贤区建设委员会,工程投资为 6 357.01 万元,资金由上海奉贤建设投资公司负责筹集。代建单位为奉贤区公路署,设计单位为林同炎李国豪土建工程咨询有限公司,施工单位为上海古越市政建筑工程有限公司,监理单位为上海精达监理有限公司。南亭公路(庄邬公路至叶庄路段)工程建设单位为奉贤区建设委员会,工程投资为 6 222.27 万元。代建单位为奉贤区公路署,设计单位为林同炎李国豪土建工程咨询有限公司,施工单位为上海古越市政建筑工程有限公司及上海奉贤园林绿化工程有限公司,监理单位为上海精达监理有限公司。

南亭公路(南桥路至沪杭公路段)拓宽改建工程于 2003 年 6 月 10 日开工,2004 年 1 月 20 日竣工。南亭公路(沪杭公路至庄邬公路段)拓宽改建工程于 2003 年 9 月 30 日开工,2004 年 5 月 15 日竣工。南亭公路(庄邬公路至叶庄公路段)拓宽改建工程于 2003 年 11 月 15 日开工,2005 年 3 月 25 日竣工。

由于南亭公路地处南桥镇与庄行镇之间,路线长,车流量大,给施工带来较大难度。施工单位进场时采取积极主动的施工策略与措施,采取分段、分期、分组的施工方法,加强工程进度、质量、安全与文明施工管理,确保了人、机、物、料各环节的紧密结合。一是将原有沿线架空管线按规划位置统一入地,同时考虑以后发展需要管线统一预设到位;二是对沿线所有桥梁进行检测,在符合设计要求下,利用原有桥墩及盖梁,此举大大加快了施工进度并减少了投资;三是在朱家港桥西侧100米商铺范围内,鉴于动迁难度,将原有2米绿化机非隔离带改变成移动式护栏,非机动车道有3.5米调整为3米,同时对该段道路线型进行了调整,以避开商铺,维护社会和谐,确保了工程质量优良和施工进度按期完成。

南亭公路拓宽改建提升了奉贤西部地区公路质量,改善了南桥地区交通、投资及居住环境,沿线亭林、庄行镇周边小区发展迅速,公交线路也随之配套,商家企业纷纷落户。南亭公路拓宽改建,为南桥镇被列入上海市2010年国际大都市中心辅城总体规划中的南上海滨海新城提供了基础支撑。

八、华东路

华东路贯穿浦东新区外高桥保税区、五号沟规划港区、金桥出口加工区、张江高科技园区、孙桥现代农业区、华夏文化旅游区和浦东国际机场区域,是区域范围内加强各个功能区联系的主要骨架道路,也是上海市干线公路网的组成部分。

华东路工程为规划城市主干道一级公路,设计为双向6车道,规划红线50米,全长7公里,路面结构为沥青混凝土。工程共分为三段,即华东路(秦家港路至上川路段)、华东路(龙东大道至秦家港路段)、华东路(龙东大道至滨州路段)。桥梁共7座。

工程建设单位为上海浦东工程建设管理有限公司,总投资为4.7亿元。施工单位为上海浦东新区建设(集团)有限公司、上海浦东路桥建设股份有限公司、上海浦东北蔡市政建筑有限公司,监理单位为浦东新区建设监理有限公司。

华东路(秦家港路至上川路段)工程于2003年8月25日开工,2005年7月21日竣工;华东路(龙东大道至秦家港路)工程于2004年1月5日开工,2005年5月12日竣工;华东路(龙东大道至滨州路)工程于2004年3月16日开工,2005年1月26日竣工。

工程建设中,由于唐镇原有镇级道路共青路在华东路新建工程范围内,必须废除。而唐镇许多企业都为沿路而建,为了保证企业在施工中能够正常生产,工程抢在共青路废除前完成华东路西幅道路施工,并于2004年7月正式改道,接着在横向将东侧沿线企业同华东路西幅道路连接。

工程充分运用四新技术。华东路北接外高桥集装箱港区,该区一、二期工程已竣工运行,三期工程在建,四期工程正在规划;华东路东临上海浦东国际机场,机场规划为亚洲航空货运枢纽。工程全线贯通后,预期交通流量大,车辆轴载重,对路面性能要求高。为了提高沥青路面的使用性能,工程指挥部采用国际上先进的重载沥青混合料superpave,其中上面层采用sup-13,下面层采用sup-19。另外,考虑到上海高温季节周期较长,且华东路车辆以重载车辆为主,指挥部在superpave基础上采用高性能的高分子复合型外掺剂。在龙东大道北侧的华东路上,分别使用德国rub

Belin 公司的 Euroflex 外掺剂和法国 PRI 公司的 PRI 外掺剂铺筑沥青上面层,以提高沥青面层高温抗车辙能力以及水稳定性能。

华东路的建成通车,完善了市域和区域道路网。华东路成为加强浦东各功能区联系的主要骨架道路,对于疏解快速路交通,连接浦东新区以东的各个乡镇,促进沿线区域经济与社会发展具有重要意义。

九、浦卫公路

自从金山县和上海石油化工地区于 1997 年合并成立金山区,政府办公地址转移至南部后,金山新城区不断扩大。金山新城区已成为金山区经济、政治、社会活动中心地区。为了进一步增强新城区的交通功能,改善金山南部地区路网布局,提高路网可达性,以适应建设高速公路辅道系统化工程的需要,金山区政府决定新建浦卫公路。

2003 年 3 月,市市政局上报《关于上报浦卫公路(金山段)项目建议书的请示》,同年,市发改委下发《关于浦卫公路(金山段)工程项目建议书的批复》。2005 年,市公路处上报《关于上报上海市浦卫公路金山段(亭卫公路至庄胡公路)工程可行性研究报告的请示》。同年,市发改委下发《关于浦卫公路(金山段)新建工程可行性研究报告的批复》。该工程被列入金山区人民政府 2006 年重大实事工程。

浦卫公路位于金山区东南部,西起亭卫公路与金山大道交叉口,东至庄胡公路,途经金山新城区漕泾镇南部,山阳镇西部和上海化学工业区西北部,全长10.22 公里,其中桥梁 12 座,大型桥 2 座,通航等级为 300 吨级。浦卫公路是金山区"六横七纵"骨干路网中的"一横",是上海市增加路网密度,改善公路综合运能的需要,也是高速公路出入口的"畅通化工程"及"高速公路辅道系统化工程"的组成部分。

浦卫公路与上海市四大物流基地之一的上海化学工业区物流产业园区、生活污水排放处置项目、浦东铁路金山化学工业区支线项目相交。金山区道路建设指挥部与上海化学工业区发展有限公司通过多次沟通和协调,明确了建设节点处理、投资分担、实施主体等事项。协助漕泾镇、山阳镇动迁农户 138 户、苗圃 169 亩及高低压线路和电信电缆的调整和金闵液化石油气管道和金吴管线的加固。

浦卫公路工程按照二级公路标准设计,双向 4 车道。城镇段规划红线 45 米,设计车速为每小时 80 公里,设置非机动车道和人行道。非城镇段规划红线 40 米,设计车速为每小时 60 公里,路面结构为沥青混凝土。新建跨河桥梁 18 座,其中大型桥 2座即龙泉港桥、新东海港桥,通航等级为 300 吨级。设置交通信号、标志与标线、照明、绿化等配套设施。道路设计荷载为 BZZ—100 标准车,桥梁和下立交设计荷载为公路—11 级,铁路设计荷载为中-活载,抗震标准为基本烈度 7 度。

工程建设单位为金山区建交委,由金山区道路建设指挥部组织实施,工程投资为 4.8 亿元,其中市补贴 6 324 万元,其余资金由金山区和上海化学工业区管委会按有关协调意见分别承担。龙泉港大桥经费由市专项安排 1 800 万元。

工程设计单位为同济大学建筑设计研究院,施工单位为中铁十局集团有限公司、上海远东国际桥梁建设有限公司、上海金山公路建设有限公司等 8 家,监理单位为上海同济建设监理咨询有限公司。

浦卫公路工程于 2005 年 10 月开工,2006 年 12 月竣工。

浦卫公路龙泉港桥工程竣工

工程采用一系列新工艺、新技术。在砂性土路段采用新型材料 HEC 进行固结处理,根据设计按 5%的剂量进行处理。灰剂量采用方格网法进行控制,并计算每个方格内所需的 HEC 用量,均匀撒在方格内,然后用旋铧犁进行翻拌,直到 HEC 固结土拌和均匀,无灰团现象。工程创金山区公路建设多项之最:首次采用市政式道路人行道用大理石、中小桥中央分隔带绿化过桥、12 座桥的桥护栏采用新工艺、龙泉港大桥灯光工程、桥铭牌安装,全线路灯一次安装工程均属金山公路建设史上领先。另外还设置公交线路设施休息亭,为创优质公路景观工程打下良好基础。

浦卫公路建成通车后,成为了金山区东南部连接上海化学工业区和金山新城区一条重要的高等级公路,既发挥了集散绕城高速、沪金高速岔口交通的作用,又为金山新城与市中心城区以及奉贤南桥新城之间建立了便利渠道。浦卫公路竣工通车后第二年,金山区五大招商项目之一的上海国际化工生产性服务业功能区落户该路段沿线,为构筑沿海城镇带和产业带创造了良好的外部条件。

十、东大公路

"十五"期间,东大公路被南汇区政府列为该区"四横六纵"公路规划网中的"一横"。东大公路建成通车前,南汇区路网条件不够理想,区域内高等级公路仅有远东大道、南六公路、南芦公路和沪南公路,高等级公路密度低。其中东西向干道仅有沪南公路和普通的三三公路,大部分东西向交通需依靠远东大道和南芦公路绕行。特别是远东大道改建成上海绕城高速后,南部区域东西向交通更为困难。路网发展滞后严重影响了南汇区域经济发展。因此,东大公路建设是沟通南汇东西向交通、加强与邻区联系的需要,是促进南汇经济与社会发展的需要。

2003 年,市发改委发文批准建设东大公路工程。2004 年 7 月,市发改委批复《东大公路工程可行性研究报告》。

东大公路东起森林公园,西至奉贤区界接大叶公路,全长 19.95 公里,共有桥梁 19 座。工程分二期,一期工程东起森林公园,西至上海绕城高速,全长 12.02 公里,有桥梁 9 座,即渤马河桥、路四港桥、牛路港桥、黄砂港桥、五尺沟桥、白龙港桥、人民塘随塘河桥、军垦塘桥、胜利塘随塘河桥。东大公路二期工程东起上海绕城高速,西至区界与大叶公路相接,全长 7.93 公里。其中上海绕城高速至南芦公路 6.74 公里为新建工程,南芦公路至奉贤区界 1.19 公里即原大叶公路部分段为改建工程。全线有桥梁 8 座,即三团港桥、一灶港桥、王厅河桥、二灶港桥、三灶港桥、浦东运河桥、东家沟桥、丰产港桥。

东大公路一期工程按二级公路标准设计,车道设计为双向 4 车道,设计车速为每小时 80 公里,道路宽 50 米。标准横断面为中央分隔带 3 米,两侧设机动车道各 8.5 米,路肩各 1.5 米,绿化带和边坡各 13.5 米。除五尺沟桥外,其余 8 座桥梁均分为上下行独立桥梁,标准横断面为两侧设机动车道各 8.5 米,人行道各 1.5 米,路面结构为沥青混凝土。上下行两座桥间距 2.35 米,总宽 23.6 米。桥梁设计荷载为汽车—20级,挂车—100,标准轴载 BZZ—100。

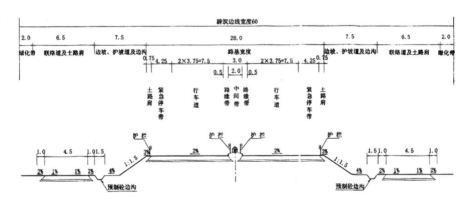

东大公路标准横断面图(单位:米)

东大公路二期工程按一级公路标准设计,双向 4 车道,设计车速为每小时 100 公里,规划红线 60 米,路基 28 米。标准横断面为中央分隔带 2 米,两侧设机动车道各 12.25 米。路肩各 0.75 米,联络道各 6.5 米,绿化带各 2 米,路面结构为沥青混凝土。实施时因道路两侧全线安装路灯,土路肩放宽至 1.2 米,土基实宽 28.9 米。公路设计荷载为 BZZ—100 标准车,桥梁为公路 I 级,联络道桥梁为公路 II 级。

南芦公路至奉贤区界改建工程属于 1997 年 12 月原大叶公路工程建设竣工的部分,路面结构为水泥混凝土。标准横断面为机动车道 15 米,两侧设机非分隔带各 1

米,非机动车道各3.5米,路肩各0.75米,总宽25.5米。该道路在此工程中被改建成宽28米的沥青混凝土路面。

东大公路一期工程建设单位为南汇区重大工程建设指挥部,工程投资3.03亿元。设计单位为市城市设计研究院,施工单位为上海南汇水利工程公司、上海南汇永昌养护工程公司、上海浦建集团公司等5家,监理单位为上海城市建设监理公司、上海建融建设监理事务所、上海市政工程监理公司。二期工程建设单位为南汇区汇集投资有限公司,工程投资4.58亿元。设计单位为市隧道工程轨道交通设计研究院,施工单位为上海金山市政建设公司、上海凯达公路工程公司、奉贤公路建设发展有限公司等5家,监理单位为上海市城建监理公司、上海市富达工程咨询公司。东大公路二期绿化工程施工单位为上海浦林城建工程公司、上海加环园林绿化发展有限公司、上海浦东北蔡绿化工程公司等5家。

东大公路一期工程于2001年3月5日开工,2002年1月10日竣工。二期工程于2005年4月开工,2006年9月底竣工。

东大公路工程竣工

东大公路的建成通车,实现了与大叶公路对接,直通沪杭高速,加强了南汇区与松江、奉贤、金山区20多个镇之间的交通,对完善市级干线公路网和促进南汇经济与社会发展具有重要意义。

十一、浦星公路

浦星公路是上海市公路网"三环十射"以及"153060"交通圈的重要组成部分,是贯通市区与星火开发区的南北向快速通道。浦星公路建成通车前,连接上海市区与星火开发区的南北向道路均为三级公路,通行条件差,通行能力低。连接市区快速通道的缺失,不能适应星火开发区开发速度,制约了上海"东进南下"战略目标的实施进程。1992年11月,时任市委书记吴邦国在视察星火开发区时指示:"市区通往星火开发区的公路一定要搞好。"1993年初,时任市长黄菊指示:"星火开发区当务之急是修市区到开发区的公路,起点和标准要高。"同年9月,市公路处与市星火开发区开发总公司协作,完成了浦星公路工程预可行性研究。同年11月,市计委发文批准立项。2004年12月,市发改委批复《浦星公路(外环线至永南路)改建工程可行性研究报告》。

浦星公路原名沿浦公路,1999年更名为浦星公路。地处上海市浦东、闵行、奉贤三区境内,北起浦东新区济阳路外环线,南至星火开发区星火支路,全长33.28公里,其中浦东段1.28公里、闵行段12.9公里、奉贤段19.1公里。沿途经过浦东新区三林、陈行镇、闵行区杜行镇、奉贤区鲁汇、金汇、光明、钱桥、奉新镇等十个乡镇。公路沿线与外环线、陈行公路、沈杜公路、闸航公路、南航公路、南奉公路、亭大公路、奉拓公路、光钱公路相交。

浦星公路工程分为北段、中段、南段。其中北段即浦东段和闵行段,中段即奉贤段,均采用一次设计,分期实施的方法。工程按一级公路标准设计,车道设计为双向6车道,具体分为4快2慢,设计车速为每小时100公里。规划红线45米,路基29米。标准横断面为中央分隔带2米,两侧设机动车道各8.5米,机非隔离带各1.5米,非机动车道各3.5米,土路肩各1.5米,绿化带各13.5米。路面结构为沥青混凝土。全线设特大桥1座,长526米(与浦东铁路立交);大桥3座即大治河桥、浦东运河桥、中心河桥;中桥21座,互通式立交一座,长398米(与亭大公路相交)。桥梁设计荷载为汽一超20级、挂一120级,抗震标准为基本烈度6度。

浦星公路南段(亭大公路至星火支路)工程按二级公路标准设计,车道设计为双向4车道,设计车速为每小时100公里。规划红线40米,路基20米,标准横断面为两侧设机动车道各8.5米,土路肩各1.5米。路面结构为沥青混凝土。

浦星公路北段、中段、南段工程建设分别由浦东新区、闵行区和奉贤区负责实施。北段工程总投资8.27亿元,施工单位为上海市第二市政工程有限公司、上海三佳工程建设有限公司、铁道部五局二处等7家,监理单位为上海市政工程监理技术咨询有限公司。中段工程总投资8.27亿元,施工单位为上海奉贤公路建设发展有限公司,监理单位为上海市政工程监理技术咨询有限公司。其中大亭公路至光钱公路段工程由市公路处负责建设,投资1.2亿元。光钱公路至人民塘(七五一部队)段由星火开发区投资4000万元,施工单位为奉贤公路建设发展公司和上海建工(集团)总公司,监理单位为市公路质量监督总站。

浦星公路北段即浦东段、闵行段工程于1995年10月开工,1997年12月建成通车。中段即奉贤段工程于2001年3月开工,于2002年9月竣工通车,其中大亭公路至光钱公路段工程于1998年竣工通车。光钱公路至人民塘(七五一部队)工程于2002年1月开工,2002年12月竣工通车。

2004年,为配合奉贤区"碧海金沙"水上乐园建设,区政府规划将浦星公路向南延伸,自浦星公路人民塘经七五一部队到达金汇塘和滨海大道相接,使市区方向的游客可通过浦星公路直接进入"碧海金沙"风景区。市市政局、市公路处组织上海轨

浦星公路(闵行段)建成通车

道交通与隧道工程设计研究院对浦星公路(人民塘至滨海大道段)新建工程进行了工程可行性研究。同年,市发改委发文批准该工程立项。该工程按二级公路标准设计,全长1.5公里。工程总投资6 025万元。工程建设费由市政府承担,前期动拆迁和征地等费用由奉贤区政府承担。该工程于2005年5月开工,2006年5月1日竣工。

由于浦星公路分期分段实施,早期建成通车的闵行段由于路龄较长,设计标准跟不上交通流量迅猛增长的态势,无法有效发挥干线公路功能。为此,浦星公路(外环线至永南路)改建工程被纳入闵行区政府建设规划。2004年,市发改委发文批准浦星公路(外环线至永南路)改建工程立项。2005年,该工程初步设计由上海市隧道工程轨道交通设计研究院编制完成。该工程北起浦星公路闵行与浦东交界,南至浦星公路与老闸航路交叉口。其改建内容包含道路和桥梁两个部分:改建后的闵行与浦东交界至闸航路为六快二慢沥青混凝土路面,闸航路至永南路为四快二慢沥青混凝土路面。该工程建设单位为上海公路建设总公司,工程总投资662万元。施工单位为北京海龙公路工程有限公司,上海东辰工程建设股份有限公司,中铁九局(集团)公司等7家单位,监理单位为上海市政监理公司和上海公路工程监理有限公司。该工程于2005年5月6日开工,2007年3月10日竣工。

浦星公路建成通车,打通了星火开发区、海湾旅游区通往市区与浦东新区的快捷通道,形成衔接外环高速、上海绕城高速、沪金高速等重要通道以及徐浦大桥、卢浦大桥、闵浦大桥等重要越江设施的南北向交通大动脉,带动了沿线地区经济发展,为星火开发区开发和奉贤滨海区旅游产业发展创造了良好的交通环境。浦星公路与成都路高架、共和新路形成的南北纵向干线,把宝钢、星火开发区、金山石化区与上海市区有机地联系在一起,加强了大区之间的物流和人流,为上海形成一个紧密的经济体发挥了积极作用。

浦星公路(奉贤段)三渣、侧平石

浦星公路(奉贤段)沥青封层保护

浦星公路(奉贤段)路面摊铺

浦星公路(奉贤段)石灰土施工

十二、蕰川公路

蕰川公路位于上海市北翼宝山区境内,南起外环高速,北接沪太公路,直通省界洋桥进入江苏省太仓市,是上海市与江苏省的重要通道。蕰川公路建于1978年,为二级公路,双向4车道。随着宝山区城市化进程的加快,交通流量增长迅速,特别是南北高架建成,使上海"申"字型骨架路网的南北向中心轴贯通,通过该轴线的交通流量更是成倍增长。蕰川公路与南北高架的共和新路相接,成为该中心轴的组成部分。由于蕰川公路道路等级不高,无法与巨大的交通需求相匹配,拥堵现象严重。加之蕰川公路大型、特大型货车比例较大,道路难以负荷,路面破损严重,阻碍了宝山地区经济与社会的快速发展。为此,蕰川公路的改扩建迫在眉睫。

1999年,市发改委批准蕰川公路(水产路至石太路段)改建工程立项。2005年3月,市发改委批准蕰川公路(石太路至沪太路段)新改建工程立项。同年7月8日,市发改委批复《蕰川公路(石太路至沪太路段)新改建工程可行性研究报告》。

蕰川公路改建工程共分两段,第一段即蕰川公路(水产路至石太路段)改建工程,南起水产路,北至宝山区盛桥镇,全长10.9公里。第二段即蕰川公路(石太路至沪太路段)新改建工程,南接蕰川公路(外

蕰川公路新改建工程地理位置图

环线至石太路段),北至新川沙路,再向西北方向与沪太公路汇合直通洋桥进入江苏省太仓市,全长10.33公里。其中石太路至新川沙路为改建段,新川沙路至沪太公路段为新建段。

蕰川公路(水产路至石太路段)改建工程按一级公路标准设计,设计车速为每小时80公里,匝道设计车速为每小时30至40公里。规划红线除宝安公路、月罗路立交桥宽55米外,其余路段为50米。水产路至上海绕城高速立交段长3.85公里。其中水产路至宝安公路立交地面车道设计为双向10车道,具体为8快2慢;宝安公路立交地面车道设计为双向6车道,具体为4快2慢,高架为双向6车道;月罗路立交地面为4快2慢,高架为双向4车道。上海绕城高速立交至盛桥镇区段长7.05公里,地面道路为双向6车道,外侧设置联络道。主行车道路面结构为沥青混凝土。非机动车道路面结构为水泥混凝土,人行道以彩色步道砖铺砌。工程沿线拆除、改建主跨河桥10座,利用老桥下部结构、外侧拓宽拼建桥梁2座,新建宝安公路和月罗公路立交桥2座。其中跨河桥长465米,宝安路立交桥长490米,月罗桥立交桥长528米。桥梁设计荷载为汽—超20级,立交桥验算荷载为挂—120级,地面跨河桥验算

蕰川路(石太路至沪太路段)新改建工程施工

荷载为特—300级。

蕴川公路(石太路至沪太路段)新改建工程按一级公路标准设计,车道设计为双向4车道,设计车速为每小时80公里。道路宽度50米,标准横断面为中央分隔带2米,两侧行车道各3.75米,机非分隔绿化带各6.5米,集宁路以南至石太路段两侧非机动车道和人行道各6米,紧急停车带(兼集散车道)各3.5米,人非隔离带各1米。集宁路以北至沪太公路段标准横断面为中央分隔带2米。机动车道两侧铺装路肩作为人非混合道路各2.5米,人非混合车道外侧绿化带各12.5米。主行车道与非机动车道路面结构均为沥青混凝土。新建桥梁11座。

为改善行车环境,在道路中央分隔带、机非分隔绿化带及人非分隔带均实施了绿化工程,石太路至集宁路段绿化率达34%,集宁路以北路段绿化率达40%,为蕴川公路增添了一道亮丽的绿色风景线。

蕴川公路(水产路至石太路段)改建工程建设单位为上海公路建设总公司,工程总投资为2.54亿元,后因建设规模变化,调整为8.74亿元。其中工程建设费4.52亿元,征地动迁费2.06亿元,管线搬迁费1.47亿元。工程代建单位为上海市建设工程管理有限公司。工程由市公路处委托上海中鑫建设咨询有限公司公开招投标,施工单位为中国建筑第五工程局、上海东辰建设股份公司,上海警通路桥建设有限公司等9家,监理单位为上海公路工程监理有限公司。

蕴川公路(石太路至沪太路段)新改建工程建设单位为上海公路建设总公司,工程总投资为9.46亿元,其中前期费4.06亿元。工程代建单位为上海市建设工程管理有限公司。工程实施公开招投标,施工单位为中国铁路工程总公司、上海远东国际桥梁有限公司、上海宝山公路工程建设有限公司等9家,监理单位为上海建通建设有限公司和上海同济公路工程监理咨询有限公司。

蕴川公路(水产路至石太路段)改建工程于2003年11月1日开工,2005年12月25日竣工。蕴川公路(石太路至沪太路段)新改建工程于2006年7月10日开工,2007年12月31日竣工。

蕴川公路(石太路至沪太路段)新改建工程中,重视工程质量,工程于2007年底通过交通部检查。2005年5月20日,蕴川公路(外环线至石太路段)改建工程建设实施过程中发生安全事故。在宝安公路跨线桥9#墩东侧立柱的钢模板拆除过程中,施工人员违规操作,使用挖掘机代替吊车,违章拆除立柱脚手架和钢模板的连接螺栓,造成模板倒塌,压死一名施工人员。事故发生后,市公路处、上海市建设工程管理有限公司紧急召开事故现场会,及时落实各项整改措施。

蕴川公路新、改建工程的完成,确保了上海"申"字型骨架路网的南北向中心轴的畅通,为宝山区规划的宝山城市工业园区(北区)、2010年上海世博会配套动迁基地即浦港基地、罗泾港区和罗泾新镇等开发区建设提供了良好的交通条件,为提高宝山区的综合竞争力发挥了积极作用。

十三、林海公路

林海公路原名杨高南路延伸线,位于沪芦高速和沪金高速之间,在浦星公路东侧,北接杨高南路,南至奉贤滨海,沿线经浦东新区、闵行和奉贤,全长 28 公里,为上海东南地区重要的南北向干道之一。

2006 年 3 月,市发改委批复《林海公路(A20 至 A30)工程可行性研究报告》,同意建设林海公路。

工程按一级公路标准设计,双向 6 车道,车速为每小时 80 公里。规划红线宽 50米,两侧行车道各 3.75 米。路面结构为沥青混凝土。全线设有特大桥 2 座,大桥 9座,中桥 23 座。其中全互通立交 1 座、菱形立交 5 座、支线跨线桥 3 座。设置申嘉湖高速与上海绕城高速收费站 2 处和通信、监控、安全、养护、管理等配套设施。桥梁设计荷载为公路—Ⅰ级,路面荷载为 BZZ—100 型,抗震标准为基本烈度 7 度,桥梁结构重要性系数 1.3(大治河桥为 1.7)。

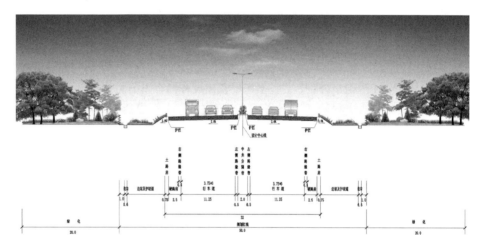

林海公路标准横断面图

工程建设单位为上海公路投资建设发展有限公司,工程总投资 24.36 亿元。工程实施公开招投标。设计单位为上海市城市建设设计研究院,施工单位为上海市第一市政工程有限公司、上海市第二建筑有限公司、中铁十局集团有限公司等 5 家。监理单位为江苏交通工程咨询监理有限公司、英泰克工程顾问(上海)有限公司和上海申元工程投资咨询有限公司。

林海公路工程于 2008 年 12 月 30 日开工,2011 年 6 月 30 日竣工通车。

工程充分运用新技术、新工艺、新材料、新设备及科学管理手段,积极推行标准化施工,取得突出成果。在处理主线跨越垃圾填埋场中,建设单位积极组织市环境科学研究院与市城市建设设计研究总院联合设计,运用"四新技术"对红线内垃圾进行了无害处理,确保了工程耐久性和运行安全,并减少了工程建设成本。在施工中,通道、登高梯、模板等均采用先进的专业化设备和定型化模板与模具,确保了施工安全,节约了材料成本。桥面铺装施工全面创新施工技术,采取全断面一次浇筑,极大地提高了工程质量。

工程建设单位加强质量管理,坚持每周对全线进行一次全方位巡查,重要工期

林海公路工程竣工

做到每天巡检,重点检查监理服务质量和施工质量。坚持质量巡检、抽检,对不合格或缺陷工程,坚决要求施工单位返工。坚持质量检查通知单制度,发现质量问题,随时签发质量检查通知单,一联通知施工单位,限期返工,彻底纠正;一联通知监理单位,认真检查,加强旁站。总监办落实月度巡检报告、现场缺陷报告、质量缺陷罚单、暂时停工令等质量管理制度。坚持"人员材料不准备好不准开工,未经检验认可的材料不准进场,未经批准的施工工艺不得使用,上道工序未经验收,下道工序不得进行"的"四不准"原则。组织两次参观江苏省高速公路。江苏值得借鉴的经验为沥青路面、路基附属的砌体、桥梁泄水管、小型预制构件等施工,与桥梁施工一样进行精细的工艺控制;工序控制合理,如先植树再施工沥青路面,颠覆了以前路面做完再施工绿化的工序,减少了对沥青路面的污染等。组织 12 次施工人员学习、13 次现场观摩会、3 次应急演练、2 次中途表彰等。通过开展"精管杯"擂台赛,树立 1 标为灰土路基典型、7 标为防撞墙典型、4 标为浆砌典型、2 标为绿化典型,通过奖优罚劣,鼓励先进、鞭策落后,相互借鉴,共同提高,使工程质量始终处于受控状态。经检验,林海公路分部工程合格率 100%,单位工程优良率大于 90%;合同段工程质量优良,整体工程项目质量优良;杜绝了重大质量事故,减少了质量通病及隐患,荣获"市优质结构奖"。该工程质量管理值得借鉴的是,在桥面铺装混凝土施工过程中,质量控制人员注重对混凝土标高带、钢筋网片保护层、桥面浇筑全幅进行控制,从而避免混凝土质量通病的发生。

上海公路投资建设发展有限公司在林海公路工程建设中,启动了项目融资工作,组建了以建设银行、交通银行为牵头行,工商银行、上海银行、民生银行、中国银行、招商银行、兴业银行为参与行的项目银团,于 2010 年 8 月 18 日正式签署银团融资协议,项目贷款 17.47 亿元。同时采用第三方资金监管方式,保证了资金安全、合理、有效使用,提高了投资效益。

林海公路的建成通车,有助于提高南郊地区与市中心城区之间人流、物流的运转速度,有力促进了地区经济社会发展,对于完善区域公路网发挥了重要作用。

十四、沪太公路

沪太公路始建于 1921 年，是上海市路龄最老的一条省际公路，也是上海市通往江苏省的一条重要交通纽带，一直被称为出入上海市的十大重要门户之一。新中国成立后，沪太公路虽经多次维修、改建，路况有所改观，但路面仍为宽 7 米的三级公路，且线形不流畅，难以适应经济、社会发展。1992 年 6 月，沪太公路（上海段）再次经历了一次较大规模的改建工程，于 1995 年底竣工。改建后的沪太公路设计车速为每小时 80 公里，路基上口宽 30 米，机动车车道为水泥混凝土路面。该工程的改建，为宝山与市中心城区、外省市的交通沟通创造了良好的条件。

沪太公路是上海北部地区主要客货运集散通道之一，也是宝山区的城镇发展轴。进入 2000 年后，宝山区经济飞速发展，沪太公路沿线地块迅猛开发，交通流量呈几何级数增长，大大超过了道路原有的设计通行能力。鉴于沪太公路在路网中的重要位置，市政府在公路网规划修编中，将其纳入扩容干线公路的范围，列入 2005—2007 年宝山区建设计划。

2005 年 7 月，市发改委签发《关于沪太公路（A20 公路至省界）拓宽改建工程项目选地意见书的批复》。2006 年 3 月，市发改委签发《关于沪太公路（A20 公路至省界）拓宽改建项目工程可行性研究报告的批复》，批准沪太公路（外环高速至省界）拓宽改建工程立项。

沪太公路南起外环线，北至江苏省界（浏阳河界河桥）全长 20.92 公里。

工程按一级公路标准设计，车道设计为双向 6 车道，设计车速为每小时 80 公里。规划红线 56 米（跨线桥段宽 60 米）。具体分为两段：外环高速至月罗公路段，全长 8.1 公里，为城市式道路，两侧设主车道和辅道，其间绿化分隔带各 3 米，辅道宽 7 米，供公交等机动车和非机动车通行，人行道 2.5 米。月罗公路至省界为公路段，全长 11.9 公里，两侧设主车道与非机动车道，其间绿化分隔带各 6 米，非机动车道各 3.5 米，人行道各 1.5 米，路面结构为沥青混凝土。桥梁设计荷载为公路—Ⅰ级，验算荷载为特—300，路面荷载为 BBZ—100 型，抗震标准按地震动峰值加速度系数为 0.1，桥梁结构重要性系数 1.3。

工程建设单位为上海公路建设总公司，总投资 8.03 亿元。工程实行"代建制"管理模式，市建设工程管理有限公司为代建单位，并成立拓宽改建工程建设管理部。设计单位为中交第三航务工程勘察设计院有限公司等 3 家，施工单位为上海市第二市政工程有限公司、上海凯达公路工程有限公司、上海宝山公路工程有限公司等 9 家，监理单位为上海公路工程监理有限公司和市市政工程管理咨询有限公司。工程于 2007 年 1 月 1 日开工，2009 年 11 月竣工。

沪太公路在外环高速至月罗公路城镇段两侧设置辅道，在上海所有一级公路中尚属首次，该设计大大降低了道路两侧进出交通对沪太公路主线交通的冲击，保证了主线交通的行驶车速和通行能力。然而，由于设计初期对沪太公路两侧交通量预估不足，设计结构等级不高，导致改建后的沪太公路辅道路面结构无法负荷巨大的交通流量，迅速出现各类病害。另外，仍有两座桥梁保持原来的宽度，未进行扩建，形成宽路窄桥，上下游路口形成瓶颈。

沪太路拓宽工程竣工通车

沪太公路(A20公路至省界)拓宽改建,有效地缓解了宝山、嘉定区的交通拥堵,大大缩短了从顾村、罗店等居住区到达市中心的时间,一举将罗店新镇纳入城市车行"半小时生活圈",对于形成宝山区"三线五纵七横"交通格局,拓宽北上海城市居住圈,推进边缘城区城市化进程起到了积极作用。

十五、曹安公路

曹安公路始建于1958年。至1993年,曹安公路经多次改扩建后,技术等级提升至二级公路,道路红线宽度为45米,车道设计为4快2慢,路面结构为水泥混凝土。曹安公路即国家道路编号G312国道(上海至新疆伊宁霍尔果斯口岸)上海段,西起江苏交界兆丰路,东至万镇路,沿途经过嘉定区安亭镇、黄渡镇、封浜镇、江桥镇、真新街道,全长22.2公里。曹安公路与南面沪宁高速公路相距约5公里同步穿行,共同构成上海至江苏的公路运输通道主骨架,是上海向内地经济辐射的主要交通干道,被誉为上海"西大门"。

2000年以来,曹安公路沿线经济增长加速,交通流量也随之迅猛增长。2003年,曹安公路日均交通量近40 000 pcu/日(即每天公路断面的汽车流量为40 000车辆),大大超出了原设计通行能力,道路服务水平低下,重车比例较高,机非混行严重,交通拥挤不堪。2004年,312国道(江苏段)拓宽改建工程启动。2005年10月,苏州区段率先竣工通车,拓宽改建车道已达双向6车道。为适应日益增长的地区经济发展需求,曹安公路拓宽改建势在必行。为此,嘉定区政府制定"十一五"公路规划,提出市、区联手完成曹安公路拓宽改建工程。

2004年4月,市发改委签发《关于曹安公路拓宽改建工程项目建议书的批复》,同意曹安公路拓宽改建工程立项。2006年6月,市发改委签发《关于曹安公路拓宽改建工程项目的工程可行性研究报告的批复》。

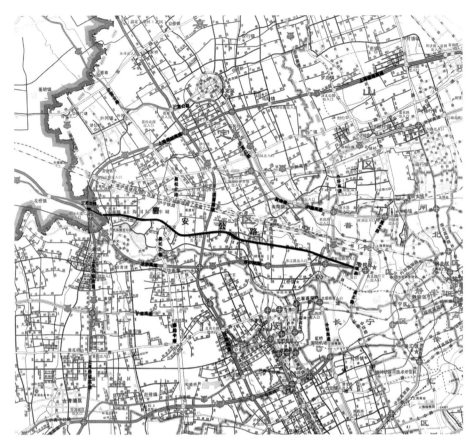

曹安公路地理位置图

　　工程按二级公路标准设计,全线按两种断面形式布置。27 号桥至于田路段、封浜立交至星华公路段、华江支路至万镇路段,共计 8.61 公里。车道设计为双向 8 车道,具体为 6 快 2 慢,设计车速为每小时 60 公里。其余路段车道设计为双向 10 车道,具体为 8 快 2 慢,设计车速为每小时 80 公里。桥梁 25 座,其中拆除、新建桥梁 12 座,拓宽老桥 7 座,废弃桥梁 2 座(因河道淤塞)。路面结构为在原有机动车道的水泥混凝土面层上加罩 SMA 沥青混合料,人行道采用彩色行道砖铺砌。桥梁设计荷载为公路—Ⅰ级,拓宽桥梁设计荷载为汽车—超 20 级,验算荷载为挂—120 级。桥梁工程中投资最大、长度最长的曹安公路 24 号桥,由上海腾达建设集团股份有限公司施工完成。其主桥采用两跨下承式钢管拱肋系杆拱桥,分上下行两座桥梁实施。其中基础为钻孔灌注桩形式,下部结构采用承台、立柱、横系梁结构;上部结构为板梁和连续梁结构,上跨轨道交通 11 号线。

　　曹安路地道是拓宽改建工程中的重点配套实施工程。地道西起曹安公路省界收费站,东至墨玉路以东,自西向东依次下穿墨玉路、新源路及安亭泾,全长 1.01 公里,地道南侧与轨道交通 11 号线高架区段及车站(墨玉路站)相邻,最小间距约 12 米。地道车道设计为双向 8 车道,地道、地面道路分别为双向 4 车道。规划红线 45

曹安公路拓宽改建工程施工

米,下穿地道 20.6 米。标准横断面为两侧设置地面道路机动车道各 8 米,机非分隔护栏各 0.5 米,非机动车道各 2.5 米,人行道各 3 米。

曹安公路拓宽改建工程建设单位为上海公路建设总公司,总投资为 13.32 亿元,其中曹安路地道工程投资额为 1.8 亿元。代建单位为市市政工程管理咨询有限公司,设计单位为上海市城市建设设计研究院,施工单位为中交第三公路工程局等 7 家,监理单位为市市政工程管理咨询有限公司。

工程于 2007 年 9 月全线进入拓宽改建实施。2010 年 12 月竣工。

曹安路 24 号桥竣工通车

曹安公路拓宽改建工程的完成,改善了上海西部地区的交通环境和出行条件,有效缓解了同向沪宁高速公路交通压力。曹安路沿线部分地段增设辅道,使进出附近厂家的车辆集中由辅道驶向曹安路,以提高车流速度,大大改善交通拥堵状况。作为上海"西大门"的一条免费高等级道路的改建,有力地促进了嘉定区安亭国际汽车城建设、开发和沿线地区经济发展。

十六、陈海公路

陈海公路位于崇明岛南部,是横贯崇明东西向交通大动脉,它东起上海长江隧桥崇明登陆点陈家镇,接北沿公路,途经堡镇、新河、南门等车客渡码头及中兴乡、向化乡、五滧乡、港沿乡、堡镇镇、港东镇、竖新乡、新河镇、侯家乡、建设乡、城桥镇、港西乡、庙镇乡、三星乡等乡镇,西至崇明县新海镇镇政府西侧约 4 公里处,全长 70.61 公里,为 20 世纪 90 年代上海里程最长的一条干线公路。

1989 年至 1992 年,陈海公路中段(堡镇北路至三双公路段)进行改建。1997 年至 2000 年,陈海公路西段(三双公路至北沿公路段)进行改建。两度改建后,东段和中段仍然存在弯道多、路幅窄、路面结构单薄、桥梁荷载等级低等诸多问题,尤其作为衔接东西段的关键段中段,路面宽 15 米,道路狭窄、线形较差,严重制约崇明岛经济与社会发展。随着《上海市高速公路网规划》编制完成,崇明越江通道工程东线方案已提到了市政府议事日程。为完善崇明地区骨干道路网络,促进崇明经济快速发展,陈海公路新一轮改扩建工程又提上日程。

陈海公路改扩建工程分两段,即东段改建工程和中段改建工程。

(一)陈海公路东段改建工程

1999 年,市计委签发《关于陈海公路东段及延伸段道路工程项目建议书的批

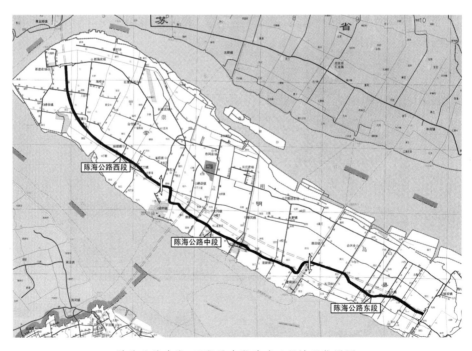

陈海公路中段、西段及东段改建工程地理位置图

复》。2000年,市计委签发《关于陈海公路东段道路工程可行性研究报告的批复》,同意陈海公路东段改建工程正式立项。东段改建工程东起陈草公路（现名北陈公路）,向西至堡镇北路,全长约17.11公里。工程按一级公路标准设计,车道设计为双向6车道,具体分为4快2慢,设计车速为每小时100公里。规划红线60米,道路32米,标准横断面为中央分隔带2米,两侧机动车道各8.5米,机非隔离带各2.5米,非机动道各2.5米,土路肩各1.5米。主线行车道路面结构为沥青混凝土,非机动车道路面结构为水泥混凝土。全线设桥梁7座,按上下行分离二座桥布置,路桥同宽,设计荷载为汽车—超20级,验算荷载为挂车—120级。

工程建设单位为市公路处,总投资为3.69亿元,其中征地、拆迁费1.64亿元,由崇明县政府承担。设计单位为市市政工程研究所,施工单位为上海崇明公路建设公司和上海崇明市政工程有限公司,监理单位为上海公路工程监理有限公司和上海市政监理技术咨询有限公司。

工程于2001年9月15日开工,2002年12月15日竣工。

改建中,为解决沥青混合料配比设计酸性石料粘附性差的问题,在配比设计时首先加热沥青,然后添加沥青抗剥落剂,同时在石料中掺加水泥,改用石灰岩作为细集料。新工艺的采用有效地提高了沥青混合料强度。

陈海公路东段改建工程竣工

（二）陈海公路中段改建工程

2002年,市计委签发《关于陈海公路中段工程项目建议书的批复》,同意陈海公路中段改建工程。2003年,市计委签发《关于陈海公路中段工程可行性研究报告的批复》,批准正式立项。

中段改建工程东起港沿公路,向西南经堡镇、新河镇、南门镇至中双港,全长29.13公里。沿线连接堡镇、新河、南门三个车客渡。中段交通流量居陈海公路三段之首。

该工程按一级公路标准设计,远期机动车道设计双向6车道,近期实施为双向4车道,设计车速为每小时100公里。规划红线宽60米,道路宽28.5米,标准横断面为中央分隔带宽2米,两侧机动车道各宽7.5米,硬路肩各宽3.75米,土路肩各宽1.5米,路缘带各宽0.5米。主线行车道路面结构为沥青混凝土。全线设桥梁13座,其中三沙洪桥为改建桥梁,堡镇港桥为拓宽桥梁,其余11座为新建桥梁。桥梁按上下行分离二座桥布置,路桥同宽,设计荷载为汽车—超20级,验算荷载为挂车—120级。

陈海公路中段标准横断面图(单位:厘米)

工程建设单位为上海市公路建设总公司,工程投资8.09亿元。设计单位为上海市市政工程设计研究所,施工单位为上海崇明市政工程有限公司、上海崇明公路建设有限公司等7家,监理单位为上海建通工程有限公司和上海市市政监理技术咨询公司。工程于2004年9月1日开工,2005年12月竣工。

陈海公路中段改建工程竣工通车

改建中,针对桥梁改建时新旧路堤不均匀沉降问题,采用了新型轻质 EPS 材料填筑路堤,有效地提高了路堤的整体稳定性。

拓宽改建通车后,由于全线口子较多,发生多起交通事故,反映了规划设计低估了当地交通需求,缺乏与交通管理部门间协调问题。

拓宽改建大大提高了崇明县东西向交通通行能力,方便市民出行;尤其是改建后的中段,路线长度比原路线缩短约 5 公里,南门至堡镇通行时间减少了一半,为改善崇明县投资环境,促进经济和社会发展提供了基础支撑。陈海公路拓宽改建,将更好地发挥崇明岛"一环三横十五纵"骨架路网中"一环"的作用,即与位于岛域北部沪崇苏高速公路构成了环型高等级交通大动脉,对于完善我国沿海大通道交通体系具有重要意义。

十七、朱枫公路

朱枫公路北起沪青平公路,经沪渝高速(上海段)立交、东方红大桥、青浦区练塘镇练新路、老松蒸公路、南至亭枫公路。全长 8.17 公里。是一条上海西南地区南北向的重要通道。

"十五"期间,青浦区政府为加强对外交通建设,更好地与周边区道路对接,制定了进一步完善区内公路路网结构与"四横二纵"高速公路体系规划。朱枫公路改建工程属该规划项目之一。工程分两段,即二期、三期改建工程。

(一)二期改建工程

2000 年,青浦区计划委员会批复,同意朱枫公路二期改建工程立项。

朱枫公路二期改建工程位于青浦区练塘镇境内,西起练新路,东至老松蒸公路,全长 3.41 公里。

工程按二级公路标准设计,车道设计为双向 6 车道,具体分为 4 快 2 慢,设计车

朱枫公路拓宽改建工程竣工

速为每小时 80 公里。规划红线 40 米。标准横断面为机动车道 16 米,两侧机非分隔带各 1.5 米,非机动车道各 3.5 米,土路肩各 1.5 米,边坡和边沟各 5.5 米,路面结构为沥青混凝土。全线设有桥梁 3 座,即鱼塘桥、东塘港桥、王家河桥,桩基均为钢筋混凝土预制方桩。

二期改建投资 3 500 万元,建设单位为青浦区公路署,设计单位为同济大学建筑设计研究院,施工单位为上海青浦公路工程有限公司,监理单位为上海富达工程建设监理公司。工程于 2001 年 4 月开工,同年 12 月竣工。

（二）朱枫公路三期改建工程

2000 年,青浦区计划委员会批复,同意朱枫公路东方红大桥改建工程立项。2003 年,青浦区发展计划委员会批复,同意朱枫公路三期拓宽改建工程立项。

三期改建工程位于青浦区朱家角镇,北接沪渝高速（上海段）立交,南连东方红大桥北桥头,全长 3.96 公里。

三期改建工程按二级公路标准设计,车道设计为双向 6 车道,具体分为 4 快 2 慢,设计车速为每小时 80 公里。标准横断面为中央分隔带 1.5 米,两侧机动车道各 8.5 米,机非分隔带各 1.5 米,非机动车道各 3.5 米,土路肩各 1 米,道路上口为 30.5 米,路面结构为沥青混凝土。全线设有桥梁 5 座,即沈巷桥、新开河桥、杨家娄桥、青来港桥、石河桥。桩基均为钻孔灌注桩。

三期改建工程建设单位为青浦区公路署,工程投资为 7 551 万元。设计单位为同济大学建筑设计研究院市政分院,施工单位为上海青浦公路工程有限公司,监理单位为上海康舒特建设工程监理有限公司。

三期改建工程于 2003 年 9 月开工,2004 年 10 月竣工。

第三节　县　道　建　设

一、闵行区

截至 2000 年末,闵行区公路总里程为 530.64 公里,其中县道 158.07 公里。2001—2010 年,闵行区县道建设进入全面拓展时期。闵行区编制完成《上海市闵行区城乡公路发展规划》(2000—2020 年)、《闵行区城市（镇）道路、公路"十一五"规划》,明确了闵行公路发展战略以及路网骨架目标。历经两个五年计划的实施,新、改建县道 80.16 公里,县道总里程达 251.53 公里,比 2000 年增长 59.13%。县道绿地面积 78.09 万平方米。

（一）"十五"期间县道建设发展情况

"十五"期间,闵行区公路新建、改建项目共 17 项。至 2005 年底,公路建设 81.7 公里,总投资 24.81 亿元,其中新建公路 47.8 公里,改建公路 33.9 公里。主要县道建设项目有华宁路工程、双柏路工程、纪鹤路改建工程、元江路东段新建工程等。

华宁路工程。该工程南起剑川路,跨越联工一号河、联工二号河、俞塘河、姚家浜、横沙河、六磊塘河,北至申富路松江区界,长 6.84 公里。其中北松公路至申富路长 5.13 公里为新建工程,剑川路至北松公路 1.71 公里为改建工程。北松公路至申富路段按城市次干道标准设计,车道设计为双向 6 车道,4 快 2 慢,设计车速为每小时 40 公里。路宽 30 至 32 米,机非分隔,沥青混凝土路面。工程由闵行区城市投资开发有限公司建设,总投资为 1.5 亿元。施工单位为上海城建集团公司,监理单位为上海科汇工程技术咨询有限公司。工程于 2001 年 7 月开工,2004 年 6 月竣工,经市公路工程质量监督站检验为优良级。华宁路的建成通车,弥补了莘庄工业区与马桥镇之间南北直达通道不足问题,使国道北松公路更好地发挥北连莘庄工业区、南连江川路街道的辐射作用,同时也为马桥大型居住区百姓出行提供更便捷的交通线路。

双柏路(莲花路至龙吴路段)工程。该工程在梅陇镇境内,西起莲花路,跨越丰盛河、东建河,东至龙吴路,长 3.54 公里,按城市 I 级支路标准设计,设计车速为每小时 30 公里。规划红线 30 米,标准横断面为车行道 16 米,两侧人行道各 3.5 米,绿化设施带各 3.5 米。路面结构为沥青混凝土。双柏路(莲花路至虹梅路段)工程路基宽 26 米,标准横断面为车行道 16 米,两侧人行道各 5 米,路面结构为沥青混凝土,全线桥梁 2 座。工程由闵行区城市投资开发有限公司建设,总投资为 4 525 万元。施工单位为上海达润市政工程有限公司,监理单位为上海市万国建设工程咨询顾问中心。前期动拆迁由梅陇镇实施。工程于 2003 年 12 月开工,2004 年 12 月竣工。其中,梅陇路至龙吴路段工程于 2001 年 8 月开工,2002 年 1 月竣工。工程经市公路工程质量监督站检验为优良级。双柏路建成通车,直接打通了梅陇镇曹行地区、吴泾镇车沟桥地区与颛桥镇的连接通道,并为市级企业上海港龙工贸储运公司和龙吴港务公司拓展了东西向交通要道。

纪鹤路改建工程。该工程跨越西界河、开来港、姚登港,东至纪翟路,长 2.6 公里。按城市次干道标准设计,设计车速为每小时 50 公里,规划红线 40 米。标准横断面为车行道 16 米,沥青混凝土路面,全线桥梁 3 座。工程由闵行区城市投资开发有限公司建设,总投资 3 950 万元。施工单位为上海谱鑫建设工程有限公司,监理单位为上海科汇工程技术咨询有限公司。工程于 2003 年 7 月开工,2005 年 10 月竣工,经市公路质量监督站检验为优良级。纪鹤路的建成通车,有效地拓宽了华漕镇纪王地区与青浦区白鹤镇的连接通道,使两镇之间的社会经济联系得到了进一步加强。

元江路东段新建工程。该工程西起沪闵路,跨域横沥港、莘奉金高速、淡水河、塘春泾河、吴泾铁路、新建设河,东至龙吴路,全长 4.9 公里。按城市次干道 I 级技术标准设计,车道设计为双向 8 车道,具体分为 6 快 2 慢,设计车速为每小时 40 公里。规划红线 54 米,路基 43 米,其中,沪闵路至虹梅南路长 4.02 公里按四块板形式(机非分隔、中央分隔),虹梅南路至景东路长 0.87 公里,按一块板形式(机非混流),路基 26 米。景东路至龙吴路,按原路面 7 米宽加罩修复,人行道翻新铺筑全路。路面结构为沥青混凝土。工程与莘奉金高速相交设上跨立交,与吴泾铁路相交设上跨立交,路桥同宽,为沥青混凝土路面。闵行区城市投资开发有限公司为建设单位,总投资 3.1 亿元。施工单位为上海谱鑫建设工程有限公司,监理单位为上海斯美科汇建设工程咨询有限公司。2005年4月开工,同年10月竣工,经市公路质量监督站检验为优良级。元江路东段的建成,与元江路西段接通后,成为联通闵行南端跨越马桥镇、颛桥镇和吴泾镇的东西向交通主干道,改善了吴泾镇交通与经济发展环境,也为当地百姓出行带来了极大便利。

闵行元江路

"十五"期间县道建设发展的特点为建设全面铺开,里程快速增长。截至2005年底,闵行区管县道为221.76公里,同比2000年的158.07公里增长40.3%。

(二)"十一五"期间县道建设发展情况

"十一五"期间,闵行区新建、改建县道244.6公里,总投资38.36亿元,主要建设项目有剑川路改建工程、万芳路新建工程、景洪路改建工程等。

剑川路改建工程。该工程西起华宁路,跨越北竹港、北横沥港淡水河、樱桃河,至虹梅南路,长6.56公里。按城市次干道设计,设计车速为每小时40公里。规划红线32米,标准横断面为车行道16米,两侧机非分隔带各1.5米,非机动车道各3.5米,人行道各宽3米,路面结构为沥青混凝土,全线桥梁4座。闵行区城市投资开发有限公司为建设单位,总投资1.1亿元。施工单位为上海颛桥建筑工程有限公司,监理单位为市市政工程管理咨询有限公司。工程于2006年2月开工,2007年5月竣工,经市公路质量监督站检验为优良级。剑川路的建成通车,为闵行经济技术开发区、紫竹科技园区和交通大学闵行校区提供了便利的交通环境。

万芳路新建工程。该工程分为四期,先建三期。一期工程南起沈杜路,北至联航路;二期工程南起联航路,北至江月路;三期工程南起立跃路,北至周蒲塘。三期道路总长3.09公里,按城市次干道标准设计,车道设计为双向6车道,具体分为4快

2 慢,设计车速为每小时 40 公里。规划红线 32 米,标准横断面为机动车道 15 米,两侧机非分隔带各 1.5 米,非机动车道各 3.5 米,人行道各 3.5 米,路面结构为沥青混凝土。全线桥梁 3 座,其中周蒲塘桥属大型桥梁。工程由闵行区城市投资开发有限公司建设,总投资为 1.3 亿元。施工单位为上海谱鑫建设工程有限公司,监理单位为上海斯美科汇建设工程咨询有限公司。工程于 2008 年 2 月开工,2009 年 6 月竣工。万芳路的建成通车,为浦江镇东北部辟筑了一条南北向主要干道,改善了浦江镇工业发展和招商引资的交通环境。

景洪路(金都路至澄江路)改建工程。该工程北起金都路,跨越曹家港,向南经过曹建路、双柏路、虹建路,南至澄江路,长 1.34 公里。按城市次干道标准设计,车道设计为双向 6 车道,4 快 2 慢,设计车速为每小时 40 公里。规划红线 40 米,路基 34 米。标准横断面为机动车道 16 米,路面结构为沥青混凝土,全线桥梁 1 座。工程由闵行区城市投资开发有限公司建设,总投资为 9 485 万元。施工单位为上海颛桥建筑工程有限公司,监理单位为市市政工程监理技术咨询公司。工程于 2008 年 8 月开工,2009 年 7 月竣工。景洪路的建成通车,与金都路、港江路接通后,形成了梅陇镇曹行地区东端的南北向交通干道,促进了当地物流企业交通运输的发展。

十年间,闵行区县道建设严格按照相关规定、要求,纳入区招投标平台,公开招标信息,确保了项目招投标制、项目法人制、工程合同制和工程监理制的落实。

闵行区十年县道建设的资金来源主要由三部分组成,即养路费补助、地方政府财政投入以及银行贷款。2001—2010 年,闵行区县道建设总投资为 27.47 亿元,年平均投资 2.75 亿元。

十年来,闵行区县道建设加强工程质量、安全、文明施工管理。如中春路高架桥两跨杆拱桥施工拱肋吊装前严格测量拱脚预埋钢板位置,根据测量结果切割拱肋预留长度,做到精确无误。又如闵行区首次在万芳路土路基施工采用二灰土施工工艺。河道沟槽回填局部采取石灰桩进行软土地基处理,有效地加固软弱地基,减少软土层沉降和整体工程的沉降,提高软土层的承载力和稳定性。

2001—2010 年,闵行区县道建设取得了较大成绩,但也存在一些问题与不足:建设资金存在缺口,区、镇分工建设主体和资金政策不够明确,动拆迁补偿费往往难以到位,部分工程进展缓慢;建设存在多头管理现象,建设管理部门协调力度不够,有的项目未达到规划要求;受高速公路全封闭道路阻隔影响,规划错位实施滞后,区内断头路状况未明显改善;"四新"技术应用力度有待进一步加大。

二、浦东新区

2009 年 4 月,经国务院批准,原南汇区整建制划入浦东新区。浦东新区公路署与原南汇区公路署合并后,至 2010 年底,浦东新区公路署直接管养公路 775.68 公里,其中,县道 553.52 公里;其中一级公路 99.82 公里,二级公路 276 公里,三级公路 177.7 公里,桥梁 422 座,绿地面积 742.51 万平方米。县级公路中二级及二级以上里程 365.66 公里,占县级公路里程 67.56%。

　　《浦东"十五"交通网络规划(2001—2005年)》提出:在重点建设外环线等区内骨干道路的同时,打通断头路,优化区内道路网络体系,加强公共交通设施建设。《浦东"十一五"区域道路网规划(2006—2010年)》又提出,进一步完善区域路网体系,加快建设快速路、主干路、次干路,基本形成以"四环"为核心的快速路网和区域主干道路网系统,辟通堵头路和瓶颈路,提高道路运行能力;加强支路建设,使路网结构更趋合理。

2001—2010年浦东新区县道(主干道)建设情况表

路　名	新建路段	改建路段	开、竣工时间	投资(万元)
港城路	草高路—双江路		1999.12—2000.9	2 938
		双江路—浦东北路	2008.5—2010.11	6 682
航津路		富特北路—外环线	2008.3—2009.12	15 162
		外环线—华东路	2008.12—2010.6	1 470
		华东路—随塘河	2008.12—2010.12	3 366
		杨高北路—富特北路	2006.6—2007.4	1 917
洲海路	新园路—杨高北路		2006.9—2009.12	30 073
	华东路—外高桥船厂		2005.9—2008.12	3 177
	浦东北路—杨高北路		2006.9—2009.8	19 354
		外环线—新园路	2004.6—2004.12	1 796
五洲大道地面道路	东塘路—外环线		2005.4—2006.12	计入五洲大道总投资
金海路		金穗路—川沙路	2003.5—2004.10	3 371
高科西路	浦东南路—杨高南路		2006.9—2010.1	85 460
	锦绣路—沪南路		2003.8—2006.4	8 100
高科东路	唐陆路—华东路		2005.6—2006.6	16 526
	华东路—川南奉公路		2006.12—	39 575
		外环线—随塘河	2006.12—2010.6	10 537
双江路	港城路—外环线		2008.5—2009.12	46 057
沪南路		龙阳路—王家浜	2008.6—2009.9	46 124
杨高北路		金海路—外环线	2006.12—2007.12	23 980
杨高南路		龙阳路—外环线	2007.12—2008.9	31 271
杨高路		成山路—外高桥	2005.7—2006.12	10 897

（续表）

路　名	新建路段	改建路段	开、竣工时间	投资（万元）
金科路	祖冲之路—高科中路		2003.8—2004.5	1 627
	高科中路—李四光路		2003.7—2010.6	13 009
	李四光路—华夏中路		2008.4—2010.6	2 810
申江路	锦绣路—龙东大道		2002.7—2003.7	6 190
	龙东大道—高科中路		2002.7—2003.8	29 233
申江南路	华夏中路—规划三路		2008.9—2010.7	83 021
	上川路—秦家港		2003.8—2004.12	9 249
	秦家港—龙东大道		2004.1—2004.12	29 263
	龙东大道—滨洲路		2004.3—2004.12	7 312
	滨洲路—华夏东路		2004.12—2006.10	9 955
凌空路	东靖路—胜利路		2008.3—2010.6	50 632
	华夏东路—川周公路		2006.6—2007.11	13 288

下面介绍主要项目。

杨高路浦建路立交工程。该工程位于浦东新区陆家嘴花木中心城区的南侧，是通向各重点开发区的便捷通道。由于该路口交通负荷急剧增加，严重影响了周边地块功能开发和中心城区同各开发区的交通联系，成为浦东新区交通"瓶颈"，建设此工程迫在眉睫。杨高路跨线桥按双向6车道设置。立交桥设计形式为单点菱形交叉立交桥，分设杨高路上跨浦建路双向6车道跨线桥。跨线桥下，沿杨高路东西两侧各设8.5米宽双车道，与浦建路平交。跨线桥由三跨混凝土连续梁组合，跨线桥两端引桥由跨径为22米的预应力混凝土空心板梁组成，总长264米，工程投资为8 180万元。该工程于2002年2月开工，2003年7月竣工。

申江路（巨峰路至五洲大道）新建工程。该工程南起高科路交叉口，北至龙东大道，全长2.2公里。工程按城市主干道标准设计，车道设计为双向6车道，设计车速为每小时60公里。规划红线60米，道路50米，标准横断面为中央分隔带3米，两侧机动车道各24米，路面结构为沥青混凝土。设有桥梁2座，即吕家浜桥、创新河桥。桥涵设计荷载为城—A级。工程投资7 088.56万元。工程于2002年4月8日开工，2003年12月23日竣工。

五洲大道（浦东北路至外环线）工程。五洲大道是上海城市干道网"三环十射"之"一射"，是浦东新区第一条环保生态型快速干道。它的建成对进一步完善浦东新区枢纽型、功能性和网络化的现代城市交通体系具有重要战略意义。工程位于浦东新区北部地区，西起黄浦江翔殷路越江隧道浦东出口，东至城市外环线接上海长江桥隧，主要与浦东北路、浦兴路、老杨高路、杨高北路、金京路、日樱南路、申江路、富特东三路、赵高公路、外环线、上海绕城高速等公路相交，全长7公里。工程按城市快速路标准设计,车道设计为双向 6 车道,规划红线 80 米,高架道路标准横断面为中央分隔带 5 米,两侧设机动车道各 16 米。地面道路横断面 1 为中央分隔带 6 米,两侧设机动车道各 16 米,土路肩各 3 米,绿化带各 18 米。地面道路横断面 2 为中央分隔带 32 米,两侧设机动车道各 11.75 米,土路肩各 3 米,绿化带各 9.25 米,路面结构为沥青混凝土。全线设有立交 4 座,其中主线上跨 3 座,主线下穿地道 1 座。新建互通式立交 2 座,即浦东北路立交,杨高北路立交,续建立交 1 座即外环线立交,工程投资为 19.2 亿元。工程于 2005 年 4 月 18 日开工,2006 年 12 月 31 日竣工。

五洲大道申江路组合立交

　　杨高路(金海路至环东一大道)改建工程。杨高路建成于 1992 年,是浦东新区开发、开放以来第一条重要城市道路,其北段(金海路至环东一大道)交通比较拥堵。2006 年年底实施杨高路(金海路至环东一大道)改建工程,由双向 6 车道拓为 8 车道,全长为 10.56 公里。工程分南、北两段实施,南段金海路至洲海路,扣除五洲大道立交施工范围,长 5.94 公里。原非机动车道拓宽为机动车道,原水泥混凝土路面改为沥青混凝土路面。北段洲海路至环东一大道,长 4.62 公里,规划红线 50 米,标准横断面布置为中央分隔带 3.5 米,两侧设机动车道各 15.75 米,机非隔离带各 1.5 米,非机动车道各 3 米,人行道及绿化带各 3 米,合计 50 米,沿线设置公交站。工程投资为 3.25 亿元。2006 年 12 月 28 日开工,2007 年 12 月 18 日竣工。

　　2001—2010 年,浦东新区县道建设总投资为 40.39 亿元。

　　浦东新区公路建设坚持科研和工程建设管理相结合,积极推广运用四新技术,对工程关键技术进行立项研究,取得了一定成绩。

　　五洲大道工程向上海市科委申请了市科技发展基金重点项目"生态环保综合

技术在城市快速干道中的应用研究"课题,课题内容为排水路面降温减噪且提高雨天行车安全;废橡胶轮胎粒子用于沥青路面提高行车舒适性;太阳能雨水回收、净化利用浇灌道路绿化;选择具有防尘、降噪、吸废气的道路绿化种类,营造自然生态系统。该课题获中国公路学会科学技术二等奖和市科学技术进步奖三等奖。

罗山路延长线"考虑环境—荷载因素的沥青路面结构体系研究"课题,对优化道路结构层设计,防治重交通条件下道路质量通病具有重要指导意义,获得中国公路学会科学技术奖三等奖。

三、南汇区

南汇区有县道36条,共195.92公里,其中二级公路96.72公里,三级公路99.2公里。

2005年12月6日,南汇区政府常务会议原则通过了《南汇区"十一五"道路规划》,明确了在建设区"十二横、十六纵"公路规划网中,新建二级以上公路22条,总长250公里,公路密度达到1.45公里/平方公里,估算总投资195亿元。"十一五"期间,建成"十二横"公路中的秀浦路(林海公路至沪南公路)、周邓公路(沪南公路至申江路)、周祝公路(沪南公路至申江路)、航三—人民—拱极(南六公路至上海绕城高速);"十六纵"公路中的沪南路(浦东区界至沪南公路)、六奉公路(汇技路至东大公路)、南六至南芦公路(浦东新区界至临港新城)。

人民西路延伸段新建工程。该工程起讫点为南六公路至听潮路,全长2.61公里,全线按二级公路标准设计,双向4车道,设计车速为每小时50公里。规划红线50米,标准横断面为机动车道16米,两侧设机非分隔带各5米,机非混行道各6米,人行道各6米。路面结构为沥青混凝土。全线设桥梁3座,即灶港桥、横港桥和西乐河桥。工程建设单位为上海南汇汇集建设投资有限公司,工程投资1亿元。设计单位为林同炎李国豪土建工程咨询有限公司,施工单位为上海永昌公路养护工程管理有限公司、南汇水利市政工程有限公司、上海脉通实业投资有限公司等4家,监理单位为上海东港工程监理有限公司。工程于2004年3月开工,同年12月底竣工。质量评为优良级。该工程的建成,分流了沪南公路和南六公路交通量。

宣黄公路新建工程。该工程起讫点为南宣公路至川南奉公路,全长7.18公里。全线按城市次干路I级标准设计,设计车速度为每小时40公里。规划红线为35米,标准横断面为机动车道16米,两侧设机非分隔带各1.5米,非机动车道各4米,人行道各4米,路面结构为沥青混凝土。全线设桥梁3座即六灶港桥、浦东运河桥和杜家宅河桥。工程建设单位为上海南汇汇集投资建设有限公司,工程投资为6600万元。设计单位为上海城市建设设计研究院,施工单位为上海市南汇市政建设有限公司,监理单位是上海东港工程监理有限公司。工程于2005年7月30日开工,2006年7月27日竣工。宣黄公路的建成,较好地改善了周围地区的投资环境、交通状况和市政配套设施。

周祝公路新改建工程。该工程起讫点为沪南公路经周浦镇区及国际医学园区至申江公路,全长6.82公里。其中沪南公路至康沈路为新建路,长1.01公里;康沈路至医学园区规划贸生路为老路拓宽改建,长3.31公里;贸生路至申江路为新建路,长2.5公里。全线按城市次干路Ⅰ级标准设计,设计车速为每小时60公里.路基35米。标准横断面为中央分隔带2米,两侧设机动车道各8.5米,机非分隔带各1.5米,非机动车道各3.5米,人行道各3米,路面结构为沥青混凝土。全线新建桥梁1座即横桥港桥,拓宽改建桥梁5座即咸塘港桥、西横浜桥、葛络港桥、红桥和范新港桥。路面设计荷载为BZZ—100标准车,桥梁设计荷载为汽车—20级,挂车—100级。工程建设单位为上海南汇汇集建设投资有限公司,设计单位为中国华西工程设计建设有限公司上海分公司,施工单位为浦东新区建设(集团)有限公司,监理单位为市市政工程管理咨询有限公司。工程于2006年初开工,同年年底竣工。

南汇周祝公路

康新公路新建工程。该工程起讫点为周邓公路至沪南公路,分别连接周浦镇和新场镇,全长10.43公里。工程按二级公路标准设计,车道设计为双向6车道,具体分为4快2慢。规划红线40米,道路35米,路面结构为沥青混凝土,设有桥梁13座。工程分南北两段,工程投资为8 600万元。

康新公路南段为横新公路,起讫点为沪南公路至申嘉湖高速(上海段),全长6.84公里。道路等级为城市次干路Ⅰ级标准,设计车速度为每小时50公里,规划红线35米,标准横断面为中央分隔带2.5米,两侧机动车道各8.25米,机非分隔带各1.5米,非机动车道各3.5米,人行道各3米,绿化带边线各55米,路面结构为沥青混凝土。道路设计荷载为BZZ—100KN,桥梁设计荷载为城市—B级。该工程建设单位为新场镇人民政府,工程投资为1.43亿元,绿化工程为807.8万元。代建单位为上海沪新城乡建设投资有限公司,施工单位为上海两港市政有限公司,监理单位为上海南建建设工程技术咨询有限公司。工程分二期实施:一期工程南起沪南公路,北至东倪家宅,全长2.5公里,于2006年3月9日开工,2007年12月6日竣工。二期工程南起东倪家宅,北至申嘉胡高速(上海段),全长4.34公里。施工单位为浙江海滨市政工程有限公司,监理单位为上海智达工程顾问有限公司。工程于2005年9月23日开工,2007年5月18日竣工。

康新公路北段为生命大道,起讫点为周邓公路至申嘉湖高速(上海段),长3.65公里,规划红线40米,道路36米,标准横断面为中央分隔带4米,两侧机动车道各8.25米,机非分隔带各1.5米,非机动车道各3.5米,人行道各2.75米,路面结构为沥青混凝土。建设单位为上海国际医学园区有限公司,设计单位为市城市建设设计研究院。工程分三段实施:生命大道南段工程全长1.22公里,施工单位为上海脉通实业投资有限公司,监理单位为上海东港监理有限公司。工程于2005年10月8日开工,2009年6月15日竣工。生命大道中段工程全长1.07公里,施工单位为上海浦川水利市政工程有限公司,监理单位为上海南建建设工程技术咨询有限公司。工程于2005年5月8日开工,2008年6月2日竣工。生命大道北段工程全长1.36公里,施工单位为上海浦东龚路建筑安装有限公司,监理单位为上海建融工程建设监理有限公司。工程于2005年7月26日开工,2008年1月24日竣工。康新公路建成后,北接周浦镇,南至新场镇,接新奉公路可至奉贤区,优化了路网结构,较大程度上缓解了沪南路和南六公路的交通压力,方便了周边群众出行。

南团公路新建工程。该工程起讫点为北起沪南公路摇荡湾桥东堍,接川南奉公路,向南至宣黄公路,全长2.05公里。工程按城市次干路Ⅰ级公路标准设计,设计车速为每小时50公里,规划红线40米。标准横断面为机动车道16米,两侧设机非分隔带各2米,非机动车道各4米,人行道各4米,路面结构为沥青混凝土。绿化带各2米。全线设桥梁3座即小黄浦桥,老港河桥和黄路港桥,桥梁和道路同宽。设置港式停车站2对。桥梁设计荷载为城市B级,标准轴载BZZ—100型,抗震标准为基本烈度7度。工程建设单位为上海南汇汇集投资有限公司,工程投资为4 120.59万元。设计单位为市城市建设设计研究院,施工单位为上海南汇水利市政工程有限公司,监理单位为上海建融工程建设监理事务所。工程于2005年6月1日开工,2006年3月31日竣工。南团公路的建成,有助于惠南镇的城镇综合开发,为改善周围地区投资环境、交通状况和市政基础设施,为惠南新城开发打下了良好基础。

2009年4月,经国务院批准,南汇区整建制划入浦东新区。

四、奉贤区

截至2010年底,奉贤区县道总里程330.70公里,与2001年县道里程244.8公里相比,县道里程增长率为35.1%。其中一级公路4.16公里、二级公路178.27公里、三级公路143.17公里、四级公路5.11公里。县道桥梁277座,比2001年的197座增加了80座,增长率为28.9%。其中特大桥1座、大桥27座、中桥86座、小桥163座,总长度为16 415延米。

"十五"期间,由于上海市实施"153060"高速公路网和南桥新城、奉城中心镇、开发区建设及乡镇合并区划调整,奉贤区公路路网结构打破了在20世纪末区内建成"九纵六横"的道路框架,对县道进行大规模改造,先后建设和改造了金海公路、航南公路、环城东路延伸段、环城西路延伸段等道路,总长80公里,总投资达10亿元。

"十一五"期间,奉贤区基础设施建设进入一个较快的发展阶段,基本形成"十二纵六横"的公路网,新建、改建了平庄东路、平庄西路、瓦洪公路、浦卫公路、团青公路、扶港路、南海公路、航塘公路、江海南路、西闸公路、新四平公路(海港段)等,总里程132公里,投资达30亿元。

平庄东路新建工程。该工程东起新杨公路,西至沿钱公路,全长19.6公里。全线按二级公路标准设计,车道设计为双向6车道,具体分为4快2慢,路基26米,路面结构为沥青混凝土。全线设桥梁14座,其中大桥1座。工程建设单位为奉贤建设和管理委员会,施工单位为上海市奉贤公路建设发展有限公司,监理单位为上海精达工程建设咨询有限公司。工程投资为5.65亿元,2008年1月开工,2009年8月竣工。

奉贤平庄公路施工

平庄西路新建工程。该工程东与平庄东路相接,西至浦卫公路,全长13.47公里。全线按二级公路标准设计,车道设计为双向6车道,具体分为4快2慢(部分6快2慢8车道),规划红线40至50米,路基宽30至44米,路面结构为沥青混凝土。工程建设单位为奉贤建设和管理委员会,施工单位为上海古越市政建筑有限公司、上海奉贤公路建设发展有限公司,监理单位为上海精达工程建设咨询有限公司。工程投资为5.18亿元,2004年10月开工,2010年6月竣工。

平庄东路、平庄西路与上海绕城高速奉贤段平行,这两条道路的建成通车,构成了奉贤区"十二纵六横"公路网中"一横"的重要东西向交通大动脉,向东直接与浦东新区的彭平公路连通,加强了与外区县道的衔接能力,有效地缓解了全区交通网络的压力。

团青公路新建工程。该工程东起川南奉公路,西至于庄,与南奉公路连接,全长18.77公里。全线按二级公路标准设计,车道设计为双向6车道,具体分为4快2慢,规划红线40米,路面结构为沥青混凝土。全线设桥梁22座,共计822.9延米。工程建设单位为奉贤建设和管理委员会,施工单位为上海崇海建设发展有限公司、上海奉贤公路建设发展有限公司、上海奉贤水利建设有限公司,监理单位为上海精达工程建设咨询有限公司。工程投资为5.15亿元,2004年12月开工,2007年6月竣工。团青公路在其建成通车后,成为了奉贤区南桥中心城区与东部城镇联系的重要通道,缓解了川南奉城镇带之间东西向重要干道的交通压力。

扶港路改建工程,原为环城东路北延伸段。该工程起讫点为西闸公路至大叶公路,全长2.7公里。全线按二级公路标准设计,车道设计为双向6车道,4快2慢。规划红线40米,路基25米,路面结构为沥青混凝土。全线设桥梁3座,共计59延米。工程建设单位为奉贤区建设和交通委员会,设计单位为奉贤建筑设计院,施工单位为上海古越市政建筑有限公司,监理单位为上海精达建设咨询有限公司。工程投资为1 481万元,2002年2月开工,同年11月竣工。

南海公路改建工程,原为环城东路南延伸段。该工程北起新林路,南至海思路,全长5.01公里。全线按二级公路标准设计,车道设计为双向6车道,4快2慢。规划红线40米,路基22米,路面结构为沥青混凝土。全线设桥梁5座,共计1 109延米,其中包括一座特大桥,浦东铁路跨线桥。工程建设单位为奉贤建设和管理委员会,施工单位为上海奉贤公路建设发展有限公司、上海奉贤建筑安装有限公司,监理单位为上海联合工程监理造价咨询有限公司。工程投资为2.2亿元,2004年5月开工,2008年12月竣工。扶港路、环城东路、南海公路三条道路构成了奉贤区"十二纵六横"公路网中的一条南北纵向道路,既改善了南桥中心城区与周边镇、社区的交通环境,又缓解了南桥镇区的交通压力。

浦卫公路改建工程。该工程起讫点为南亭公路至平庄西路,道路全长2.21公里。工程位于庄行镇境内,是奉贤区重大工程之一。浦卫公路作为上海绕城高速庄行出入口的主要通行道路,是沟通南亭公路、平庄西路通向南桥镇区的一条南北向主干道路。全线按二级公路标准设计,车道设计为双向6车道,4快2慢,设计车速为每小时60公里。规划红线45米,路面结构为沥青混凝土。全线设桥梁3座。工程建设单位为奉贤区建设和交通委员会,施工单位为上海古越市政建筑有限公司,监理单位为上海精达工程建设咨询有限公司。工程投资为3 600万元,于2007年5月开工,2010年12月竣工。浦卫公路改建后,周边路况路貌得到极大改善,有效地提高了上海绕城高速的周边道路通行效率。

县道建设中存在一些制约因素与不足之处,如市公路规划与区域公路规划反馈互动不够,规划与实施存在偏差;建设资金短缺与日益增长的交通需求之间尚存矛盾;规划协调滞后,导致出现市域干线及跨区域道路实施难度较大等问题。

五、金山区

截至 2010 年底,全区县道 211.92 公里,比 2000 年增长 112.8%。其中二级以上公路 118.79 公里,三级公路 93.13 公里。县道桥梁 257 座,比 2000 年增长 149.51%。其中大桥 21 座,中桥 86 座,小桥 150 座。公路网密度由 2000 年的 1.07 公里/平方公里增长到 2010 年的 1.58 公里/平方公里。

(一)"十五"期间县道发展

金山大道延伸段新建工程。该工程北起新卫公路卫六路,南至卫八路,全长 1.9 公里。全线按二级公路标准设计,车道设计为双向 4 车道,规划红线 45 米,路基 35 米。标准横断面为设有中央隔离带 2 米,两侧设机动车道各 8 米,机非隔离带各 1.5 米,非机动车道各 3.5 米,人行道各 3 米,路面结构为沥青混凝土。该工程建设单位为金山区建设和管理委员会,工程投资为 2 379 万元。施工单位为上海金盛市政工程有限公司,监理单位为上海金山工程建设监理有限公司。工程于 2002 年 6 月开工,同年 12 月竣工。项目的实施,对于完善金山区道路网架,加快金山区社会经济发展具有重要意义。

金石公路新建工程。该工程北起亭枫公路,南至金山大道,全长 20.75 公里,全线按二级公路标准设计,设计车速为每小时 80 公里,亭枫公路至金张公路桥头接坡段为每小时 60 公里,车道设计为双向 4 车道,规划红线 30 米。标准横断面为机动车道 16 米,两侧设绿化带各 1.5 米,土路基各 2.5 米;K2 + 760 - K20 + 575 段标准横断面为机动车道 8 米,两侧设土路基各 1.5 米;K21 + 225 - K21 + 721 段标准横断面为机动车道 16 米,两侧设机非分隔带各 1.5 米,非机动车道各 3.5 米,人行道各 3 米,路面结构为沥青混凝土。工程建设单位为上海市金山区道路建设指挥部,工程投资为 1.26 亿元。设计单位为上海兰德公路工程咨询设计有限公司,施工单位为金山公路建设有限公司、上海弘缘实业有限公司、上海金盛市政工程有限公司等 5 家单位,监理单位为上海浦东新区建设监理有限公司、上海金山工程建设监理有限公司。工程于 2003 年 8 月开工,2004 年 5 月竣工。金石公路的建设,解决了新卫公路改建成高速公路后与其他道路的连接问题,满足了镇与镇之间短途交通的需求。

金廊公路拓宽改建工程。该工程北接亭枫公路,南接漕廊公路,途径新农、吕巷、廊下镇,全长 11.75 公里。全线按二级公路标准设计,K0 + 000 至 K6 + 315 段、K7 + 558 至 K10 + 340 段设计车速为每小时 80 公里,K6 + 315 至 K7 + 558 段、K10 + 340 至 K11 + 742 段为每小时 60 公里。车道设计为双向 4 车道,规划红线 35 米,路面结构为沥青混凝土,全线设桥梁 15 座。工程建设单位为金山区道路建设指挥部,工程投资为 2.1 亿元。设计单位为上海城兴市政工程设计有限公司,施工单位为上海金山公路建设有限公司、上海市建设工程管理有限公司、上海金山市政工程有限公司等 4 家,监理单位为上海金山工程建设监理有限公司、上海市建设工程监理有限公司。工程于 2005 年 7 月开工,2006 年 4 月竣工。金廊公路拓宽改建工程的竣工,成为连接金山区南北方向的主干道,缓解了由于新卫高速公路建成后,致使该区南北方向公路的拥挤状况。

金山金廊公路

（二）"十一五"期间县道发展

海虹路新建工程。该工程南起金山大道，北至刘建路。该工程全长4.7公里，全线按三级公路标准设计，K0＋000至K1＋540段设计车速为每小时30公里，K1＋540至K4＋709段为每小时40公里，车道设计为双向4车道。公路段标准横断面为机动车道10.5米，两侧设土路基各1.5米；城市段标准横断面为机动车道16米，两侧设人行道各4米，路面结构为沥青混凝土。工程建设单位为金山区道路建设指挥部，工程投资为5 888.4万元。设计单位为上海兰德公路工程咨询设计有限公司，施工单位为上海金山水利工程建筑有限公司、上海警通路桥建设有限公司，监理单位为上海上咨建设监理有限责任公司。工程于2005年4月1日开工，2006年4月6日竣工。海虹公路的新建，解决了新卫高速公路东部镇与镇之间的交通需求，完善了金山区乡镇公路网的建设。

朱吕公路西延伸段工程。该工程分两期，一期工程位于金山区吕巷镇金张公路、吕巷镇规划环线之间，起自金张公路交叉口，止于吕巷镇规划环线交叉口，全长1.16公里，路面结构为沥青混凝土。二期工程位于金山区吕巷镇规划环线、规划朱平公路之间，起自吕巷镇规划环线交叉口，止于规划朱平路口交叉口，全长1.55公里，全线按二级公路标准设计，K0＋000至K1＋160段设计车速为每小时60公里，K1＋160至K2＋713段为每小时80公里，车道设计为双向6车道，具体分为4快2慢。路面结构为沥青混凝土。工程建设单位为上海金山区道路建设指挥部，工程投资为1.07亿元。设计单位为上海兰德公路工程咨询设计有限公司，施工单位为上海禾日建设开发有限公司、上海金山市政工程有限公司，监理单位为上海市市政工程管理咨询有限公司。工程于2006年8月1日开工，2007年4月竣工。该项目的实施，完善了金山区区域主干线公路网络，改善了地区经济发展的投资环境。

朱平公路新建工程。该工程位于金山区朱泾镇、吕巷镇、廊下镇的西部、北起亭枫公路(320 国道),南至景邱公路,全长 10.37 公里,是金山区公路"八纵六横"的最后一纵。全线按二级公路标准设计,设计车速为每小时 80 公里,车道设计为双向 4 车道,规划红线 40 米。标准横断面为中央隔离带 2 米,两侧设机动车道各 8.5 米,非机动车道各 3.5 米,土路肩各 1.5 米,边坡边沟各 5.5 米,路面结构为沥青混凝土。工程建设单位为金山区道路建设指挥部,工程投资为 2.89 亿元。设计单位为林同炎李国豪土建工程咨询有限公司,施工单位为中铁十八局集团有限公司,监理单位为上海同济建设监理咨询有限公司。工程于 2006 年 7 月 31 日开工,2008 年 1 月 11 日竣工。朱平公路的建设,完善了"153060"高速公路网的配套设施与金山区公路网结构,改善了上海西南部地区经济发展的投资环境。

十年来,金山区县道的发展,为该区城乡一体化和促进农村经济与社会发展,建设上海大都市菜篮子和副食品供应基地、上海国际化工城以及现代化滨海新城提供了基础支撑。

六、松江区

2000 年,松江区县道 178.59 公里,占公路总里程 31.7%;至 2010 年底,县道总里程达到 176.25 公里,其中二级公路 115.76 公里,三级公路 58.29 公里,二级以上公路占比 65.68%。桥梁共 973 座,比 2000 年时的 568 座增加了 71.3%,其中特大桥 1 座,大桥 40 座,中桥 231 座,小桥 701 座。公路密度由 2000 年的每平方公里 0.94 公里提高到 2.17 公里,是 20 世纪 90 年代末的 2.3 倍,基本完成了"五横四纵"的区域交通网络。

《松江公路"十五"计划纲要》提出,新建沪松公路延伸段、五昆公路、塔冈公路,计划投入资金 17.18 亿元,新建、改建一级公路 21.08 公里,二级公路 62.49 公里,公路技术等级全部为二级以上。至 2005 年,县道 165.41 公里,占公路总里程 17.5%;公路网密度由每平方公里 0.93 公里提高至 1.56 公里,基本形成松江区"五横四纵"交通公路网。2004 年,根据国家计委、交通部《关于印发〈县际及农村公路改造工程管理办法〉的通知》,区政府成立了上海市松江区农村公路管理领导小组。2005 年 2 月,依据《松江区区域规划纲要(2004—2020 年)》,区建交委编制完成《松江公路"十一五"计划纲要》。《松江公路"十一五"计划纲要》提出加强县道建设,注重中部与东部城市化延绵地区的骨干道路建设,弥补并优化区域交通结构。新建辰塔路、龙源路、广富林路、昆港公路南延伸等工程,改建松蒸公路、卖新公路、九新公路、沈砖公路等工程。县道新、改建每年保持在 15 公里左右,区级财政在公路建设上的投资达到年均 5 至 6 亿元。

历经两个五年计划的实施,新改建了泗陈公路、莘砖公路、松蒸公路、同三辅道、辰花路、辰塔路、沈砖公路、闵松路等,基本完成"五横四纵"的区域交通网络,使之成为区域经济发展的纽带。

莘砖公路,东与莘松路对接,西至沪松公路与沈砖公路,全长 6.55 公里。工程按二级公路标准设计,设计车速为每小时 80 公里。车道设计为双向 6 车道,具体分为 4 快 2 慢,路基 34 米,路面 28 米,路面结构为沥青混凝土。全线设桥梁 11 座,其中大

松江区 2001—2010 年公路建设项目一览表

级别	路名（暂）	起讫地点	里程（米）	路宽	路面结构	建造时间	投入资金（万元）
二级	泗陈公路	沪松公路—千步泾桥	11 550	40	沥青	2003	15 627.65
二级	砖莘公路	沪松公路—沪杭跨线桥	6 554	35	沥青	2003	10 749.47
二级	松蒸公路	沪杭高速出口—青浦界	544	40	沥青	2003	256.88
二级	同三辅道	塔闵路—同三高速	1 018	40	沥青	2003	557.939
二级	同三辅道	沈砖公路—佘天昆公路	4 275	40	沥青	2003	
二级	文翔路	老油墩港—昆岗公路	3 460	35	沥青	2003	6 614.3
二级	沪松公路	北松公路—太平桥	2 076	35	沥青	2004	10 972.4
二级	花辰公路	沪松公路—嘉松公路	2 660	40	沥青	2004	6 471.61
二级	沪松公路	长兴路—太平桥	5 080	35	沥青	2004	7 045.1
二级	施贤西路	昆岗公路—老油墩港	3 132	35	沥青	2006	6 604.75
二级	松蒸公路	昆岗公路—姚泾河	2 355	35	沥青	2006	4 164.2
二级	花辰公路	佘天昆公路—嘉松公路	8 500	40	沥青	2007	6 471.61
二级	辰塔公路	塔闵路—施贤路	4 906	40	沥青	2007	19 998.47
二级	龙源路	沈砖公路—花辰公路	1 732	35	沥青	2008	5 173.95
二级	松蒸公路	姚泾河—辰塔路	1 500	35	沥青	2008	3 907.4
二级	沈砖公路	沪松公路—嘉松公路	3 250	35	沥青	2008	4 523.9
二级	闵松公路	高速公路收费站—闵行界	4 200	50	沥青	2010	28 000

桥 3 座,工程投资为 1.07 亿元。2000 年 4 月开工,2004 年竣工。

沈砖公路(沪松公路至嘉松南路段)改建工程全长 3.25 公里。工程按二级公路标准设计,设计车速为每小时 80 公里。车道设计为双向 6 车道,具体分为 4 快 2 慢,规划红线 35 米,路面结构为沥青混凝土。工程投资为 4 523 万元。2008 年 1 月开工,同年 12 月竣工。

莘砖公路和沈砖公路的建成,组成了"五横四纵"区域交通网络中的第二横,成为松江北部地区的东西向交通大动脉,向东可直达闵行区和上海中心城区,向西可通往青浦区以及江浙两省,极大地改善了松江北部五镇的交通环境,推动了佘山旅游发展和地方经济。

辰花路新建工程全长 11.61 公里。工程按二级公路标准设计,设计车速为每小时 80 公里。车道设计为双向 6 车道,具体分为 4 快 2 慢,路面结构为沥青混凝土,工程投资为 2.77 亿元。工程分为二期。一期(沪松公路至嘉松南路段)于 2001 年 3 月开工,2006 年 7 月竣工。二期(嘉松南路至佘天昆公路段),于 2003 年 9 月开工,2008 年 1 月竣工。辰花路的建成,与卖新公路组成了"五横四纵"区域交通网络中的第三横,改善了新桥、佘山和小昆山地区的交通环境,同时也是松江新城外围环线的北环,沟通了松江新城与相邻区域的交通,缓解了松江新城的交通压力。

松蒸公路(沪杭高速石湖荡出口至青浦区界段)全长544米。工程按二级公路标准设计,设计车速为每小时80公里。车道设计为双向6车道,具体分为4快2慢,规划红线40米。工程投资为256.88万元。2002年5月18日开工,同年12月31日竣工。松蒸公路(姚泾河桥至辰塔路段)拓宽工程,全长1.5公里,规划红线35米,路面结构为沥青混凝土,工程投资为3 907万元。2006年初开工,同年年底竣工。松蒸公路(昆港公路至姚泾河桥段)拓宽工程,全长2.36公里,车道设计为双向6车道,具体分为4快2慢,规划红线35米,路面结构为沥青混凝土,工程投资为4 164万元。2008年初开工,同年年底竣工。松蒸公路建成后,和北松公路、松汇路组成了"五横四纵"区域交通网络中的第四横,贯通松江东西的骨干道路,向东直接与闵行区连通并与国道320衔接,可直达上海中心城区,向西与朱枫公路相交,可直达青浦区、金山区以及江、浙两省。

闵塔公路,东起玉树路,西至石湖荡镇广庵路,全长9.21公里。工程按二级公路标准设计,设计车速为每小时80公里。车道设计为双向4车道,具体分为2快2慢。路基30米,路面16米,路面结构为水泥混凝土(其中4.11公里已改建为沥青混凝土路面)。全线设桥梁7座,其中大桥3座。2003年为配合同三国道工程,建设闵塔公路延伸至上海绕城高速(同三段)出口处,全长1.02公里,规划红线40米,路面结构为沥青混凝土,工程投资为1 943万元。2010年世博会前,申嘉湖高速(上海段)建成通车,闵塔公路也同期建成贯通。随着松江南部新城建设,闵塔公路成为东西向主干道路,同时也是松江新城外围环线的南环,有效地缓了解松江新城交通压力,缩短了过境车辆通行时间。

文翔路,东起油墩港桥与市政道路文翔路对接,西至小昆山镇平泾路,全长4.91公里。工程按二级公路标准设计,设计车速为每小时80公里。车道设计为双向6车道,具体分为4快2慢,路基40米,路面31.8米,路面结构为水泥混凝土,全线桥梁7座,工程投资6 614.3万元。于2002年7月20日开工,2003年1月20日竣工通车。

昆港公路,北起沈砖公路,南至松蒸公路,全长9.45公里。工程按二级公路标准设计,设计车速为每小时80公里。车道设计为双向6车道,具体分为4快2慢。路基28.5米,路面23.5米,路面结构为沥青混凝土。全线设有桥梁6座,其中大桥1座。2003年,作为"上海绕城高速(同三段)辅道"项目,昆港公路向北延伸4.28公里,与沈砖公路相交,与上海绕城高速公路平行,水泥混凝土路面,工程投资为3 636万元。昆港公路改建后,和佘北公路、佘天昆公路组成了"五横四纵"区域交通网络中的第四纵,完善了区路网结构,有效地缓解了松江区南北向交通压力,对于松江西部地区的区域经济发展发挥了积极作用。

辰塔路,北起沈砖公路与千新公路对接,南至闵塔公路与贵南路对接,全长11.71公里。工程按二级公路标准设计,设计车速为每小时80公里。路基45米,路面34米,路面结构为沥青混凝土。全线桥梁14座,其中大桥5座。南段(思贤路至闵塔公路段)于2007年建成,全长4.91公里。其中思贤路至松汇西路段(城市道路段)车道设计为双向8车道,6快2慢;松汇西路至闵塔公路段(公路段)车道设计为双向 6 车道,4 快 2 慢。工程投资为 2 亿元。北段(沈砖公路至文翔路段)于 2008 年建成,全长 4.75 公里,工程投资为 1.99 亿元。辰塔路全线建成后,和千新公路、贵南路组成了"五横四纵"区域交通网络中的第三纵,同时也是松江新城外围环线的西环,其有效缓解了松江新城内部交通压力,缩短了过境车辆通行时间,对于佘山工业区、松江工业区(西部)、松江出口加工区等区域经济发展发挥了重要作用。

松江区县公路建设资金来源与资金渠道主要为地方政府财政投入、贷款等。2001—2010 年,松江区县道建设总投资为 7.91 亿元。

松江区县公路建设过程中,积极推广运用四新技术,比较突出的有以下两方面:

第一,转体桥技术。2002 年 10 月,为了减少施工过程中对沪杭高速公路行车的影响,上海首次将顶推转体施工先进工艺应用于中承式拱梁结构公路大桥——莘砖公路沪杭高速公路跨线桥施工,该工程被上海市市政工程协会评为 2002 年度上海市市政工程金奖。随之,莘砖公路、沪松公路延伸段(即松卫北路)、玉树路、辰塔公路四座立交桥,主桥施工均采用了中心转体施工。

第二,白+黑项目共振破碎技术。白+黑施工,即在水泥路面上加罩沥青面层。因加罩很容易产生反射裂缝,所以松江区公路署先后使用了铺设隔离层、铺设玻璃纤维格栅、铺设防裂贴、使用共振破碎等技术。其中共振破碎技术是国外广泛使用的技术。其施工方法为将原水泥混凝土完全破碎成小块状,再用重型压路机压实,然后再在上面摊铺沥青混凝土。它的优点除了防反射裂缝外,还不损坏路基与地下设施,又再生利用旧道路材料。

沈砖公路作为"迎世博三年整治行动"的首个实施项目,对油墩港以西到青浦区交界处的路段进行了改造。工程引进美国 RMI 公司的共振破碎技术,以破碎路面为基层,解决路面裂缝反射,保护路床免受损坏,同时降低地下水位,减少废料污染。

嘉松南路在白+黑中采用共振破碎技术,破碎后立即进行洒水碾压,将表面细粒压入破碎表面层裂缝,提高破碎混凝土的弹性模量,以利铺洒乳化沥青透层油及铺设沥青结构层;在粗粒式沥青混凝土铺设后,满铺玻璃纤维土工格栅,再加铺沥青混凝土。嘉松南路路面平整度 IRI 小于 2.0,提高了道路的使用寿命。

七、青浦区

2000 年青浦区县道 152.86 公里,桥梁 393 座。截至 2010 年底,县道 159.18 公里,比 2000 年增长了 4.1%。

2001 年至 2010 年,青浦区依据区总体规划要求,加强了县道建设。主要项目有白石路西段改建工程、漕盈路新建工程、纪鹤路改建工程、胜利路改建工程、赵重公路改建工程等。

白石路西段改建工程。该工程位于青浦区白鹤镇,全长 2.1 公里。起点为昆山市石浦收费站,终点为赵青公路。工程按二级公路标准设计,设计车速为每小时 80 公里,规划红线 35 米,标准横断面为机动车道 16.5 米,两侧设机非分隔带各 1.5

米,非机动车道各 3.5 米,土路肩各 1 米,道路上口 28.5 米,路面结构为沥青混凝土。工程建设单位为青浦区公路管理署,设计单位为同济大学建筑设计研究院,施工单位为浙江中达建设集团有限公司,监理单位为上海浦东新区建设监理有限公司。白石路西段改建工程沿线共有 3 座桥梁:友谊桥、凌公桥、朝晖桥。桩基形式为钻孔灌注桩,老桥拆除。工程投资为 3 158 万元,于 2005 年 3 月开工,2006 年 1 月竣工。

漕盈路新建工程。漕盈路作为青浦新城区南北向一条交通主干道,南起沪青平公路,北至盈港路,道路全长 4.46 公里,工程按城市式主干道二级公路标准设计,设计车速为每小时 80 公里。规划红线 50 米,路面结构为沥青混凝土。工程建设单位为青浦区市政管理署,设计单位为同济大学建筑设计研究院,勘察单位为同济大学建筑设计研究院,施工单位为西部市政工程有限公司、青浦公路工程有限公司、青浦水利工程有限公司等 4 家,监理单位为上海富达工程建设监理公司。标准横断面为按城市式,中央分隔带 6 米,机动车道各 12 米,机非分隔带各 2.5 米,非机动车道各 4.5 米,两侧设人行道各 3 米,道路上口 50 米,路面结构为沥青混凝土。漕俞路全线共有 5 座桥梁。杨里泾箱涵淀浦河大桥,桩基形式主墩为钻孔灌注桩,主线桥和匝道桥为打入桩;陆湾河桥、卢湾港桥、孟家楼桥桩基形式为打入桩;陆家尖桥桩基形式为钻孔灌注桩。工程投资为 2.93 亿元,于 2003 年 8 月开工,2004 年 12 月竣工。

纪鹤路(同三国道跨线桥至嘉松公路)改建工程。工程西起同三国道跨线桥东侧桥接坡,东至嘉松公路,全长 6.01 公里,工程按二级公路标准设计,设计车速为每小时 80 公里。红线宽 40 米。标准横断面为中央分隔带 6 米,两侧设机动车道各 8 米,机非分隔带各 2 米,非机动车道各 3.5 米,土路肩各 1 米,路面结构为沥青混凝土。全线设桥梁 8 座,其中油墩港桥、嵩塘桥为老桥拆除,桩基形式为打入桩。通波塘桥、金家浜桥、艾祁港桥、杨家台桥、南施家浜桥、华浦港桥均实施半幅,通波塘桥、金家浜桥、华浦港桥桩基形式为打入桩。艾祁港桥、杨家台桥、南施家浜桥桩基形式为钻孔灌注桩。工程建设单位为青浦区公路署,设计单位为上海城市建设设计研究院,施工单位为上海警通路桥建设有限公司、上海申康市政工程有限责任公司,监理单位为上海富达工程管理咨询有限公司、上海同济建设监理咨询有限公司。工程投资为 1.28 亿元,于 2005 年 6 月开工,2 标段于 2006 年 12 月竣工,1 标段于 2007 年 12 月竣工。

胜利路改建工程。该工程北起赵屯白石公路,南至青浦工业园区新桥路,全长 4.85 公里。工程按城市式主干道二级公路标准设计,设计车速为每小时 80 公里。规划红线 32 米。标准横断面为机动车道 16 米,两侧设人行道各 4 米,路面结构为沥青混凝土。全线新建桥梁 8 座:鼓盆港桥、东官田泾桥、胥沟桥、爱心桥、邱家宅桥、红旗河桥、芊楼桥、慈母港桥。慈母港桥桩基形式为钻孔灌注桩。其余桥梁均为打入桩。桥梁设计荷载为汽—20,挂—100。工程建设单位为青浦区公路署,设计单位为上海兰德公路工程咨询设计有限公司,施工单位为上海开天建设(集团)有限公司,监理单位为上海益建建筑工程监理有限公司。工程投资为 5 291 万元,于 2003 年 12

月开工,2004 年 12 月竣工。

赵重公路改建工程。工程南起 318 国道,北至纪白公路,全长 11.17 公里,该工程按二级公路标准设计,设计车速为每小时 80 公里。规划红线 35 米。全线采用三块板形式,城镇段 3.26 公里,路面 30.5 米,其余 7.91 公里为公路段,其中一段路面 28.5 米。标准横断面为机动车道 16.5 米,两侧设机非分隔带各 1.5 米,非机动车道各 3.5 米,人行道各 2 米。另一公路段标准横断面为机动车道 16.5 米,两侧非机动车道各 3.5 米,机非分隔带各 1.5 米,土路肩 1 米。路面结构为沥青混凝土。老路利用改造段:当路面加罩厚度小于 16 厘米时,采用新建道路的路面结构。当路面加罩厚度大于 16 厘米时,机动车道加罩路面结构层。拓宽路面为,新拓宽路段与原路接缝处于粘层沥青上条铺玻纤格栅,宽度 200 厘米,格栅骑缝对称铺设。沿线共有桥梁 11 座,桩基形式均为钻孔灌注桩。全线分两个标段实施。工程建设单位为青浦区公路署,设计单位为同济大学建筑设计研究院,监理单位为上海富达工程管理咨询有限公司,施工单位为上海第四建筑有限公司、上海佳森建设发展有限公司。工程投资为 1.77 亿元。工程于 2005 年 3 月开工,2006 年 12 月竣工。

青浦县道建设充分利用四新技术。如 2007 年 10 月至 2008 年 9 月,朱枫公路、北青公路和蒸俞路大修项目均实施了水泥乳化沥青冷再生半柔性高强混合料冷再生技术应用;2006 年 10 月,青赵公路(城中东路至朱家村桥东桥坡段)应用了废旧橡胶粉铺筑低噪音沥青路面。为实施青浦生态建设,嘉松公路绿化改造投资超亿元。

青浦区县道建设中,加强了干线公路网与农村公路网的衔接,发挥了青浦区公路承东启西、南北联动的作用,为推动青浦城市化进程,为地方产业和城乡统筹发展提供了基础支撑。

八、嘉定区

截至 2010 年底,嘉定区县道为 215.98 公里,同 2000 年相比,增长了 79.27%。其中二级公路 100.26 公里,增长了 16 倍;三级公路 115.72 公里,增长了 11.85%;县道桥梁共 294 座,增长了 75%。其中特大桥 1 座、大桥 8 座、中桥 69 座、小桥 216 座。公路绿化面积增长了 37 倍。

2002 年 3 月,嘉定区市政局编制《2000—2020 年上海市嘉定区城乡公路网发展规划》,规划明确期末城乡公路总里程达到 521 公里,其中县道 174 公里,大多为二、三级公路。2010 年,县道道路面层彻底淘汰了沥青贯入式、沥青表处及渣油路面,以高等级的沥青混凝土路面替代。

(一)“十五”期间县道发展

“十五”期间,县道建设全面铺开,里程快速增长。截至 2005 年,县道总长 201.24 公里,同比 1999 年时的 120.48 公里增长了 67.03%。主要建设项目有嘉安公路、翔江公路、丰翔公路等。

嘉安公路工程。该工程起讫点为沪宜公路至墨玉北路,全长 8.79 公里,全线按二级公路标准设计,车道设计为双向 4 车道,设计车速为每小时 80 公里。标准横断面为中央隔离带宽 2 至 8.5 米,上下行 4 车道,每根车道宽 4 米,非机动车道各 3.5 米,路面结构为水泥混凝土。工程建设单位为上海市嘉定公路建设发展有限公司,设计单位为上海兰德公路工程咨询设计有限公司,施工单位为上海山阳工程建设(集团)公司,监理单位为上海城建工程建设监理有限公司。工程于 2001 年 5 月 10 日开工,2002 年 1 月 10 日竣工。嘉安公路建成通车,弥补了安亭汽车城与嘉定镇之间快速直达通道不足的问题,与国道曹安公路、省道宝安公路、国道沪宜公路、省道嘉松北路组成东西南北贯通的交通网络,对道路沿线及嘉定镇的经济社会发展起到了积极作用。

翔江公路工程。该工程起讫点为沪宜公路至博园路,全长 5.55 公里,全线按二级公路标准设计,车道设计为双向 4 车道,设计车速为每小时 80 公里。标准横断面为中央隔离带 2 米,上下行 4 车道,每根车道宽 4 米,非机动车道各 3.5 米,路面结构为水泥混凝土和沥青混凝土。工程建设单位为上海市嘉定公路建设发展有限公司,设计单位为上海市嘉定建筑设计院,施工单位为上海警通路桥建设有限公司、上海弘城实业有限公司,监理单位为上海市嘉蓝建设工程监理有限公司。工程于 2000 年 6 月 20 日开工,2001 年 1 月 16 日竣工。翔江公路的建成通车,连接了曹安公路与博园路,构成安亭、南翔、江桥诸地区的连通,为大型居住区建设提供了基础设施。

丰翔公路工程。该工程起讫点为沪宜公路至宝山交界,全长 1.78 公里,全线按二级公路标准设计,车道设计为双向 4 车道,设计车速为每小时 80 公里。横断面布置为中央隔离带 2 米,上下行 4 车道,每根车道宽 4 米,非机动车道各 3.5 米,路面结构为沥青混凝土。工程建设单位为上海嘉定公路建设发展有限公司,设计单位为上海市政工程设计研究总院,施工单位为上海嘉城建筑工程发展有限公司,监理单位为上海华佳工程建设监理有限公司。工程于 2002 年 6 月 3 日开工,2003 年 1 月 15 日竣工。丰翔公路建成通车后,将嘉定南翔镇与宝山丁家桥镇连接起来,为沿线企业、居民出行提供了方便。

(二)"十一五"期间县道发展

"十一五"期间,县道建设速度放缓,以结构调整为重,注重"拾遗补缺"。县道建设项目有塔新路工程、胜辛南路工程等。

塔新路工程。该工程起讫点为澄浏中路至浏翔公路,全长 2.07 公里,全线按照二级公路标准设计,车道设计为双向 4 车道,设计车速为每小时 80 公里。标准横断面为两侧车行道各 14 米,非机动车道各 4.5 米,路面结构为沥青混凝土。工程建设单位为嘉定区房地局,设计单位为市城市建设设计研究院,施工单位为上海盈路建设工程有限公司、上海嘉众市政建设工程有限公司,监理单位为上海嘉蓝建设工程监理有限公司。工程于 2006 年 5 月 10 日开工,同年 12 月 20 日竣工。塔新路的建成,打破了嘉定镇"三环"路网无形的限制,与横贯"二、三环"的塔城路连为一体,为嘉定镇进一步发展提供了空间。

胜辛南路建设工程。该工程起讫点为宝安公路至蓝裕路,全长 2.21 公里,全线按二级公路标准设计,车道设计为双向 4 车道,设计车速为每小时 80 公里。标准横断面为两侧设车行道各 14 米,非机动车道各 4.5 米,路面结构为沥青混凝土。工程建设单位为嘉定区市政局,设计单位为市城市建设设计研究院,施工单位为上海盈路建设工程有限公司、上海嘉众市政建设工程有限公司,监理单位为上海城建工程建设监理有限公司。工程投资为 1.65 亿元。工程于 2006 年 7 月 27 日开工,2008 年 1 月 18 日竣工。胜辛南路的建成通车,联通了宝安公路和翔江公路,提高了周边交通的通行能力,为嘉定新城扩展奠定了基础。

根据嘉定区市政管理局于 2002 年 3 月制订的《2000—2020 年上海市嘉定区城乡公路网发展规划》中城乡路网建设资金需求及筹措方案安排,县道建设资金来源由三个部分组成,即养路费补助、地方政府财政投入以及贷款。2001 年至 2010 年,嘉定区县道建设总投资为 18.47 亿元。

嘉定区县道十年发展,形成了区域内主干路网"五纵五横"的形态,县道连接了各乡镇及主要工业经济节点,基本形成了以嘉定新城为中心的方格网状路网。然而,也存在一些问题与不足。建设资金不足,影响部分工程建设进度;工程建设管理人员的配备不足,建设管理水平难以满足众多建设项目需求等。

九、宝山区

《2000—2020 年上海市宝山区城乡公路发展规划》提出,为构建"城乡连通、轨地互通、南北畅通"的一体化交通网络,采用多渠道投融资方式,配合市重大工程,新建、改建罗北路、环镇北路、石太路等一批区重大工程,以及罗北路、江杨北路、泰和路等高等级公路的县道建设、拓宽和延伸,基本构筑"三线八纵九横"的骨架路网。截至 2010 年底,全区公路总里程为 389.91 公里,其中县道 166.49 公里,县道桥梁 172 座。

2001 年至 2010 年,是宝山县道迅速发展时期。县道建设的典型公路有江杨北路拓宽改建工程、潘泾路拓宽改建工程、罗北路新建工程。

江杨北路拓宽改建工程。20 世纪 90 年代,宝山区出资 3.5 亿元,将江杨路分两期完成拓宽改建。进入 21 世纪后,作为宝山南北向重要干道的江杨路,车流量巨大,重型车辆多,造成江杨路维修极其频繁。为此,宝山区政府决定实施江杨北路拓宽改建三、四期工程。江杨北路拓宽改建三期工程,起讫点为宝杨路至富锦路,全长 2.8 公里。工程按二级公路标准设计,设计为双向 6 车道,具体分为 4 快 2 慢,车速为每小时 80 公里。规划红线 40 米,路面结构为沥青混凝土。总投资 1.2 亿元。工程于 2000 年 8 月 18 日开工,2001 年 7 月 28 日竣工。江杨北路拓宽改建四期工程,起讫点为富锦路至蕰川路,全长 3.4 公里,按二级公路标准设计,设计为双向 6 车道,具体分为 4 快 2 慢,车速为每小时 80 公里。规划红线 40 米,路面结构为沥青混凝土。改造马泾桥(半幅)、马路河桥两座桥梁,总投资为 1.47 亿元。施工单位为上海宝山公路工程建设有限公司、上海市政养护管理有限公司等 4 家,监理单位为上海公路工程监理有限公司、上海华谊监理有限公司。工程于 2004 年 6 月开工,2005 年 6 月 13 日竣工。江杨北路全线拓宽改建工程改善了宝山南北交通。

潘泾路拓宽改建工程。潘泾路穿越罗泾、罗店两个乡镇和顾村工业园区,是宝山区南北向主要交通干道。潘泾路拓宽改建工程分三期建设。一期工程起讫点为石太路至新川沙路,长 4.7 公里。由宝山工业园区投资 0.9 亿元,于 2004 年 4 月开工,2006年6月建成。二期分南北两段实施。南段长2.3公里,起讫点为月罗路至石太路。北段长1.87公里,起讫点为新川沙路至集宁路。全线按二级公路标准设计,设计为双向6车道,具体分为4快2慢,(远期6快2慢),车速为每小时80公里。规划红线45米,路面结构为沥青混凝土。两侧绿化带各20米,由宝山区重大工程建设指挥部建设,工程投资为1.76亿元。全线新建桥梁5座,其中练祁河桥为255.84米长的11跨中型桥梁,主跨为35米T梁。工程于2005年6月28日开工,同年8月30日竣工。潘泾路的拓宽改建,分担了沪太路和蕰川路的交通压力,缓解了宝山区南北向交通。

宝山潘泾路

罗北路新建工程。罗北路是宝山北部重要的交通要道。该工程是市政府世博动迁配套市政工程。工程起讫点为沪太路至北蕰川路,全长6.1公里。全线按二级公路标准设计,车道设计为双向6车道,具体分为4快2慢,车速为每小时80公里。规划红线35米,路面结构为沥青混凝土。新建桥梁4座,即荻泾桥、小川沙河桥、潘泾桥、大川沙河桥,总投资为5.2亿元。施工单位为上海宝山公路工程建设有限公司、中铁十八局集团第五工程有限公司、上海吴淞市政建设有限公司等6家。监理单位为上海宝钢建设监理有限公司、上海住远建设工程监理有限公司。工程于2008年12月开工,2010年1月竣工。罗北路的建成,对浦钢基地建设和罗泾港区的交通运输发展起到了重要的推动作用,也大大方便了周边企业和居民的出行。

宝山县道建设积极推广运用四新技术。宝山区公路署组织实施石太路大修工程首次采用了新材料基层贴缝带,代替了传统工艺防水卷材和玻璃格栅,延缓了道路面层反射裂缝的产生,起到了方便施工、降低造价、节能减排的效果。

2001 年至 2010 年的十年间,宝山区县道建设资金渠道主要为地方财政投入、城投贷款以及部分市财政投入。县道建设共投资 26.8 亿元。

宝山区县道建成后,由于航运、重工业区集中,大型集卡车辆超载现象突出,公路损坏严重,维修频率高,三四年必大修,养护成本高。

十、崇明县

2000 年崇明县县道总里程为 285.42 公里。其中二级公路 45.06 公里,三级公路 126.76 公里,四级公路 113.6 公里,桥梁 118 座,绿化 15.84 万株。2010 年底,县道总里程 428.537 公里,其中二级公路 115.159 公里,三级公路 311.244 公里,四级公路 2.134 公里,桥梁 177 座,绿化 74.2 万株。

2004 年 4 月,崇明县规划提出,"十五"期间主要投资县道新建、改建和沪崇苏高速公路配套道路。"十一五"期间,崇明县抓住上海世博会和长江隧桥开通以及长兴、横沙两岛归并崇明契机,为三岛的大发展积极做好公路配套建设,重点做好旅游度假区、风景区和城镇地区等交通流量相对大的公路建设,建立起以国、省道为骨架,县道是动脉、乡村公路为支脉的通畅便捷的公路网络。2001 年至 2010 年,崇明共投入县道发展资金 7.55 亿元。

十年完成县道新、改建项目共 5 个,总投资为 1.37 亿元。其中新建项目 2 个,即利民路延伸段工程和三华公路新建工程;改建项目 3 个,即新河公路改建工程、前卫村湿地道路改建工程和北沿公路改建工程。

利民路延伸段工程。该工程位于崇明县城桥镇西北角,东起利民路、三双公路交叉口,向西北连至陈海公路,全长 2.36 公里。工程按二级公路标准设计,双向 4 车道,设计车速为每小时 80 公里,路基宽 32 米,车行道 16 米,两侧设隔离带各 1.5 米,绿化带各 6.5 米,边坡及边沟各 4 米,沥青混凝土路面。2003 年 6 月 15 日开工,同年 12 月竣工。利民路延伸段南横引河桥工程,由崇明公路建设公司承建。桥梁设计荷载为汽—20 级,挂—100 级,跨径组合为中跨宽 25 米,两侧两跨 16 米。车行道各 16 米。桥墩采用承台加立柱加盖梁形式,桥台采用重力式 U 型桥台。工程投资为 2 854 万元,施工单位为崇明市政工程有限公司、崇明公路建设公司,监理单位为上海科汇工程技术咨询有限公司。工程于 2003 年 6 月 6 日开工,同年 11 月 20 日竣工。

三华公路新建工程。该工程西起绿华镇南侧新建公路,东至仓房港东侧陈海公路,全长 4.99 公里,为县政府重点实事工程。工程按二级公路标准设计,双向 4 车道,设计车速为每小时 80 公里。规划红线 40 米。标准横断面为中央隔离带 8 米,两侧机动车道各 8.5 米,硬路肩各 1.5 米,土路肩各 3 米,边坡及边沟各 3 米,沥青混凝土面。工程投资为 8 974 万元。工程分近、远两期实施,近期实施 9 米车行道,两侧土路肩(绿化带)各 4 米,边沟及边坡各 3 米,实施宽度为 23 米,剩余宽度 17 米暂作为公路绿化。新建桥梁 2 座分别为南新港桥、仓房港桥。工程分 2 个标段,施工单位 1 标为崇明市政工程公司,2 标为崇明公路建设公司,监理单位为上海天翔工程建设监理有限公司,工程投资为 8 974 万元。工程于 2005 年 9 月开工,2006 年 9 月竣工通车。三华公路建成后,完善了崇明西部公路网。

崇明文明样板路三华公路

新河公路改建工程位于崇明县新河镇镇区,西起新伸路交叉口,东至新河大桥西端西沿河路,中间与新中路、新江路、新影路、新贸路相交,全长 1.08 公里,工程按为城市式道路二级公路标准设计,双向 4 车道,设计车速为每小时 80 公里。规划红线宽 30 米,标准横断面为车行道 15 米,改建工程将原有路面 10.5 米全部挖除,向北拓宽,两侧彩色人行道各 2.5 米,沥青混凝土路面。工程投资为 699 万元。施工单位为崇明公路建设有限公司,工程于 2003 年 8 月 8 日开工,同年 12 月 26 日竣工。

前卫村湿地道路改建工程,全长 484.57 米,车行道 7 米,路面结构为沥青混凝土。工程建设单位为竖新镇人民政府,工程投资为 240 万元。崇明县公路署参与该项目招标及施工全过程。工程于 2005 年 5 月 17 日开工,7 月 30 日竣工。前卫村湿地道路改建工程的竣工,使林风公路直接延伸至旅游景点前卫村大门口,从而结束泥路阻隔、车辆颠簸的历史。

北沿公路改建(三双公路至解放河桥)工程,位于崇明北部贯穿东西,起点与三双公路中心线处标高接顺,终点与解放河桥接坡接顺,全长 4.08 公里。工程按三级公路标准设计,双向 4 车道,设计车速为每小时 40 公里。标准横断面为车行道 7 米,两侧土路肩各 1.5 米,路面结构为沥青混凝土。该工程投资为 900 万元,施工单位为崇明公路建设有限公司,工程于 2006 年 5 月 8 日开工,同年 9 月 20 日竣工。

2009 年,上海长江隧桥的开通为崇明创造了良好的发展空间。随着长兴岛、陈家镇地区开发建设以及崇启高速公路、横沙大道建设步伐的加快,交通流量急剧增加,重载交通日趋繁忙,致使原有公路不堪重负,造成合五公路、北沿公路、合富公路、港沿公路等公路大面积严重损坏,这给崇明县公路发展提出了新课题。

第四节 农村公路建设

农村公路在上海市主要是指乡(镇)道和村道,是农村最重要的交通基础设施之一,也是公路网的重要组成部分。党的十六届五中全会提出了建设社会主义新农村的重大历史任务。2003 年 5 月交通部提出"修好农村路,服务城镇化,让农民兄弟走上油路和水泥路"的奋斗目标。市委、市政府提出了"上海基础设施建设的重心要继续向郊区转移,向郊区延伸"的设想。在此期间,公路部门把解决农村公路"通达"和"通畅",发展农村公路摆在前所未有的高度,开始成为公路建设的"重头戏"。

2002 年,市公路主管部门成立以主要领导为组长,各区(县)分管领导参加的上海市农村公路改造工程领导小组,负责拍板、协调农村公路改造工程重大问题。领导小组下设办公室,设在市公路处,承担具体事务。各区(县)公路主管部门、公路管理机构也落实了相应的领导小组和管理机构,负责本区(县)农村公路改造工程的领导和组织实施。

2003 年,市发展计划委员会和市市政局制定《关于本市省道和农村公路建设的实施办法》,提出 2003 年至 2005 年,对农村公路的建设采用"市统一规划、区负责实施"的模式,市给予农村公路建设每公里补贴 10 万元,三年来共补贴 2.7 亿元;对 407 座乡道危桥改造每座补贴 10 万元,共补贴 4 070 万元。市补贴资金拉动了一大批配套资金,调动了地方农村公路建设和危桥改造的积极性。各区(县)根据《上海市乡(镇)公路管理暂行规定》的要求,将不低于养路费年收入 8% 的资金用于农村公路建设和养护。各区(县)用于农村公路建设、养护管理和危桥改造的补贴资金达到 2.9 亿元。

2003 年 3 月,国家计委、交通部颁发《关于印发〈县际及农村公路改造工程管理办法〉的通知》。同年 5 月,市市政局召开推进上海农村公路建设动员会,学习贯彻交通部关于加快农村公路建设的电视电话会议精神,部署上海农村公路建设工作。多次召开农村公路建设工作会、推进会、研讨会和现场会。市、区联手,推进了农村公路建设和管理工作的开展。同年 6 月,市计委、市政局发布《关于印发〈本市省道、乡村公路和危桥改造工程建设实施办法〉的通知》,对乡村公路新改建资金补贴作出明确规定,公路建设资金来源与筹措为地方政府财政投入、贷款、养路费补助、利用土地资源等。

2004 年 9 月,市市政局、市公路处开展《建立健全农村公路长效管理机制》的课题研究。通过对上海和其他省市的农村公路发展现状及存在问题的调查分析,探索在农村公路建设不断加快,养护能力和养护需求矛盾突出的形势下,如何建立和健全适应上海农村公路建设和养护的长效管理机制,从管养体制和管养模式等方面提出了建设性意见和措施。

2003 年至 2005 年,交通部对上海农村公路建设和危桥改造项目补贴资金共 8 252 万元,有力地推动了上海农村公路发展。同时,为发挥市、区(县)二级政府积极性,市计委和市政局制定《关于上海市省道和农村公路建设的实施办法》,明确对农村公路建设采用"市统一规划,区负责实施"的模式,市给予区(县)农村公路建设每公里补贴10万元;危桥改造每座补贴10万元。

松江农村公路

2005年,青浦区政府投资1.8亿元,改造366座乡道危桥,一年投资超过了以往四年总和。同年,各区(县)共完成574座农村公路危桥改造任务。上海农村公路桥梁技术状况和承载能力有了较大改善。技术状况好的桥梁(一、二类桥梁)数量占总数的比例由2001年的53.8%上升到2005年的67.62%,上升了13.82个百分点;从荷载等级来看,荷载等级高的桥梁(相当于汽车—15级及以上)数量占总数的比例由2001年的22.2%上升到2005年的47.9%,上升了25.7个百分点。

2001年至2005年,建设农村公路共2 661.28公里,改造农村公路危桥共1 455座(其中计划内407座,计划外1 048座)。截至2005年底,上海106个镇、3个乡、1911个行政村,全部实现了村村通水泥路或沥青路。乡道里程为4 638.35公里,占全市公路总里程的57.2%。其中一级公路为5.34公里,二级公路为973.24公里,三级公路为1 364.98公里,四级公路为2 294.79公里;有铺装或简易铺装路面的里程有4 563.22公里,占乡道总里程的98.4%。乡道桥梁共3 170座,占全部公路桥梁49.9%。其中特大桥1座,大桥66座,中桥779座,小桥2 324座。中小桥梁占乡道桥梁总数97.9%。乡道桥梁设计荷载汽车10级及以下的桥梁有1651座,占乡道桥梁总数的52.1%。

2006年,实施又一轮农村公路建设计划,并加大补贴力度,给予区(县)农村公路建设每公里补贴20万元;危桥改造乡道每座补贴20万元,村道每座补贴10万元。2002年至2008年,市投入农村公路建设补贴资金7.17亿元,危桥改造补贴资金2.05亿元。

2006年2至3月,为贯彻落实中央农村工作会议精神和市委八届八次全会精神的要求,结合上海市"十一五"规划与建设"1966"城镇体系的目标,市市政局、市公路处组成调研组,对全市有关郊区(县)典型乡(镇)的农村公路建设和养护管理情况进行调研,提出了与"1966"城镇体系规划落地相衔接的对策措施及发展战略,为市委、市政府研究解决"三农"问题,推进现代化社会主义新郊区新农村建设提供了决策参考依据。

宝山横沙新窑西路北段农村公路

2006年,宝山区政府制定《宝山区农村公路建设实施办法》,结合市、区两级补贴经费,对农村公路建设项目补贴工程建设费50%,部分农村地区为70%,桥梁改造补贴达到工程造价的三分之一。

为规范农村公路建设管理,不断健全技术标准,市公路行业先后制定《上海市农村公路建设和养护技术规程》、《上海市农村公路及危桥改造实施细则》,从组织机构、建设目标、配套政策、技术标准、组织实施、质量监督、资金管理、养护管理等方面对农村公路建设、养护管理工作提出了要求。修订完成《农村公路建设与养护技术规范》,形成了涵盖建设、养护、管理等全方位的技术标准。制定《上海农村公路新改建工程竣工资料基本要求》,从立项依据、设计文件、施工合同、监理总结、质量验收、竣工报告等方面,规范了农村公路建设管理。

2008年,结合交通部开展为期三年的农村公路质量年活动,市建交委、市市政局制定并印发《上海市农村公路质量年活动实施方案》,提出"五个明显"的目标,即质量意识明显提高、监管力度明显加大、质量水平明显提升、安全状况明显改善、群众满意度明显提高。要求做到五个"抓手",即抓市场、抓源头、抓制度、抓监管、抓廉政,实现上海农村公路由速度规模型向质量效益型转变。2007年至2010年,农村公路建设项目总体合格率分别达到92%、93.2%、94.21%和95.3%,年均增幅超过1个百分点,全面完成了质量年活动目标。

2009年,交通部又补贴农村公路建设资金5 000万元,推进了农村公路建设发展。本市先后出台《上海市乡(镇)村公路管理规定》、《上海市乡(镇)村公路管理办法》。

"十一五"期间,本市共新、改建乡村公路3 289公里,改造危桥1 972座,其中列入市补贴946座,区(县)、乡镇自行投资改造1 026座。截至2010年底,乡道6 829.4公里、村道1 101.77公里,占公路总里程66%。乡道技术状况指数(MQI)88.45,优良路率94.72%,村道(MQI)88.31,优良路率88.26%,农村公路管养能力和服务水平得到全面提升。

十年乡村公路建设中,出现了不少成功典型,积累了许多好的经验。如浦东新区公路署逐年加大农村公路建设管理力度,在2009年税费改革前,新区每年提取当年养路费收入总额的8%作为农村公路建设专项管理资金。2004年管理权移至新区农建署时,从养路费中支出补贴2 000多万元。2006年管理权移至新区公路署时,补贴资金2 466万元。"十一五"期间,该署用于农村公路建设补贴经费总计2.96亿元;2006年,崇明县各级政府成立了由各相关委办局组成的崇明县农村公路建设和危桥改造联席会议办公室。崇明县公路署制定下发了《崇明县农村公路建设和危桥改造实施意见》、《农村公路建设和危桥改造工作机制》,做到制定计划时深入调研,与各乡镇共同商讨,保证计划的合理性和可行性;松江区强化乡村公路建设监管,制定《松江区农村公路建设质量年活动实施方案》,明确质量年活动的责任部门为各村镇建设办,责任人为各村镇办主任。2008年5、6月,分别出版了由区公路署主办的公路市政简报关于质量年活动的专刊,并在新浜镇镇报上进行质量年活动宣传,制作多条横幅在每个镇上悬挂,加强了宣传气氛。2008年建设的新宾路是上海市首条采用美国共振破碎技术进行改造的乡村公路;南汇区乡村公路建设严格执行建设项目"四制",招投标以邀标为主,投资额较大的项目进行公开招投标。监理以监理小组为主,主要由村建办和当地的老党员、信誉较好的村民组成;投资额较大的项目通过招投标由社会监理进行监理。加强桥梁质量管理,在桥梁改建过程中实施中间验收制度。金山区将乡村公路建设同自然村落改造与区经济产业发展以及农业旅游改造相结合。依照各村不同特点,形成各自不同风格和特色。如漕泾镇水库村,东依万担港,东南傍西横塘。村内现有鱼塘、虾塘占总面积的22.6%,耕地占44.5%。其乡村公路和桥梁改造紧密结合村庄自身特色,保持江南水乡生态环境,将水库村打造为水上家园、乡村湿地、水产养殖业基地。宝山区公路署对乡村公路建设项目进行质量监管,每星期对已开工项目监管覆盖率达

100%。对不符合质量要求的单位提出整改意见,并复查整改落实情况与消项。每月定期召开农村公路建设工程例会,督促乡村公路建设工期、质量与安全等工作的落实。

市公路行业不断加大乡村道建设力度,不断改造等外路和碎石路,改造危桥,农村公路通畅能力得到进一步提高。截至 2010 年底,农村公路总里程达 7 931.16 公里,比 2005 年 4 638.35 公里增长 71%。其中铺装或简易铺装(高级或次高级)路面里程由 2002 年的 78.7%,上升到 2010 年的 99.5%。技术状况好的桥梁(一、二类桥梁)数量占总数比例由 2001 年的 53.8%上升到 2010 年的 90%。农村公路桥梁荷载等级高的桥梁(相当于汽车—15 级及以上、包括公路 I 级、II 级)数量占总数比例由 2001 年的 22.2%上升到 2010 年的 87.32%。全市 97 个乡镇、1 463 个行政村全面实现村村通水泥路和沥青路,全部通达等级公路,达到通达和通畅的目标,基本形成以乡村公路为脉络,纵横交错、四通八达的上海农村公路网。农村公路线型顺直、道路平整、绿化整齐、附属设施齐备,建设质量与文明施工与 20 纪末相比有了明显提高。

总结十年农村公路的发展,有以下几个特点:坚持政府主导,发挥积极因素是推动农村公路建设的关键;明确各方职责,完善管理体制是促进农村公路发展的保障;落实各项资金,政府投资为主是推进农村公路发展的前提;实施规范管理,加强监督检查是确保农村公路质量的根本;坚持建养并重,加强养护管理是发挥农村公路效益的保证。

农村公路的建设和发展,改善了广大农民的出行条件,农民出行从原来的"烂泥路上穿套鞋",逐步到现在"水泥路上穿皮鞋",农民增收,地方经济发展,农业产业结构调整,一系列的变化给农民带来了真正实惠。经调查表明,近 70%被调查农民将水泥路、沥青路通到家门口看作是近几年最开心、最满意的事情之一。

上海农村公路建设还存在一定的差距。技术状况方面,还存在"里程长但等级低;桥梁多而状况差"的状况;有的地区农村道建设基建任务重,但管理人员少、技术水平低,管理不到位等。

第五节 公路跨江跨海桥隧和大型立交桥建设

一、闵浦大桥

2009 年 12 月 31 日,黄浦江第八座大桥、世界跨径最大的双塔双索面双层公路斜拉桥——上海闵浦大桥正式通车。该项工程创造了双层斜拉桥主跨长达 708 米的国际造桥业的世界纪录。

闵浦大桥位于奉浦大桥与徐浦大桥之间,距下游徐浦大桥 8.7 公里,距上游奉浦大桥 8.8 公里。东起黄浦江东岸鲁陈路,与申嘉湖高速浦东段相接,西至龙吴路,与申嘉湖高速浦西段相接,全长约 4 公里。地方道路东接鲁陈路,西连放鹤路并设龙吴路匝道。

2004 年 3 月,上海市政工程设计研究总院对工程作预可行性研究;2005 年 8 月,市发改委批复《闵浦大桥工程建设可行性研究报告》。

闵浦大桥地理位置图

工程采用上层8车道高速公路，下层6车道二级公路的技术标准，设计车速上层为每小时120公里，下层为每小时60公里，全长3982.7米。主桥塔座4个，主塔2个。桥梁结构设计基准期采用100年，抗震标准为基本烈度7度，主桥通航净空高度62米，单孔双向通航净宽不小于330米。主桥是双塔双索面双层斜拉桥，主跨708米，跨径布置为4×63+708+4×63米，沥青混凝土桥面。

工程建设单位为上海沪申高速公路建设发展有限公司，工程总投资为29亿元，其中工程费为25亿元，前期动拆迁费为4亿元。建设单位启动了项目融资工作，组建以工商银行、国家开发银行、浦东发展银行为牵头行，中国人民银行、民生银行、建设银行、农业银行为参与行的项目银团，于2009年5月8日正式签署银团融资协议，为闵浦大桥贷款21.6亿元。勘察单位为上海岩土工程勘察设计研究院，设计单位为上海市政工程设计研究院,施工单位为上海建工(集团)总公司、中国路桥工程有限责任公司、广东省长大公路工程有限公司等7家,监理单位为上海华申工程监理咨询公司、上海正弘建设工程顾问有限公司等3家。工程采用代建制模式进行项目管理,代建单位为上海黄浦江大桥建设有限公司。

闵浦大桥架梁施工

上海沪申高速公路建设发展有限公司、市公路处、上海市政工程设计研究总院、上海建工集团共同对大跨度双层公路斜拉桥建设关键技术进行了研究。通过对抗震性能、抗风性能、主跨正交异性板结合钢桁梁、边跨桁架组合梁设计与施工技术、钢桁梁斜拉桥施工过程分析及控制、运营风险分析与防范措施等课题的研究,解决了世界上跨度最大的双层公路斜拉桥建设的关键技术难题,研究成果为:

1. 主跨正交异性板结合钢桁梁。主梁上层结构宽达44米,中跨主梁采用钢桁梁与正交异性板相结合的结构形式。中跨钢桁梁结构采用全焊连接方式,并制定相关的加工制造标准。

2. 边跨桁架组合梁设计与施工技术。边跨主梁采用由外包混凝土型钢弦杆、钢竖腹杆、钢斜腹杆、钢斜撑杆、预应力混凝土横梁与混凝土桥面板构成的复合结构双层桁架体系。

3. 钢桁梁斜拉桥施工过程分析及控制。对桥梁施工全过程进行了仿真计算,在桥梁承台大体积混凝土整体浇捣中,采用普通外加剂、低水泥用量、高掺合料制备了低水化热混凝土。"节段预制、现场拼装、整体提升、高空滑移"的施工工艺,将大量的高空焊接作业转移到地面,解决了特大规模全焊接钢桁架双层桥梁结构施工的技术难题。

4. 运营风险分析与防范措施。分析总结出运营期几大类主要风险:地震、大风、暴雨、降雪与道路结冰及雾等自然灾害,制定相应风险事态下对应构件的管养策略。

研究成果成功应用于闵浦大桥的设计、施工,确保了大桥安全、优质、快速的建成。2010 年 12 月,该研究成果通过了上海市科学技术委员会鉴定,并认为该研究成果具有创新性和实用性,设计施工总体达到国际先进水平。

工程注重环境保护,采用 SMA 低噪声路面。严格按照防噪音、防振措施组织施工,减少施工噪声、振动对周边居民的干扰。施工废弃物、生活垃圾分类集中堆放,及时清运。施工场地及便道经常洒水,以免扬尘污染。材料场外运输做好交通疏解工作。

2005 年 9 月 1 日,工程正式开工,2007 年 9 月 28 日引桥开工。2009 年 7 月 22日主桥结构合龙,上海市副市长沈骏主持合龙仪式。同年 10 月 28 日,上层主桥面完成沥青摊铺。同年 12 月 31 日,闵浦大桥与申嘉湖高速同步建成通车。与其配套的地方道路于 2010 年 4 月 20 日建成通车。

闵浦大桥工程为中国桥梁建设领域留下了许多宝贵经验:一是中跨采用钢桁梁与正交异性板结合的组合结构形式,为国内大跨斜拉桥首次采用;二是边跨加劲梁采用桁式腹杆组合梁体系,在世界同类桥梁中尚属首次;三是全桥钢结构采用全焊连接方式,在世界同类型桥梁中尚属首次;四是在土地资源稀缺的上海,规划跨江大桥高速公路与地方道路共用同一座大桥,采用双层桥梁形式,既解决高速公路和地方道路过江问题,也大大节约了建设用地和造价。

闵浦大桥建成通车

闵浦大桥建成通车不仅满足了闵行区黄浦江两岸日益增长的交通需求,而且与上海郊环、嘉金、莘奉金等高速公路相连接,对完善上海公路网起到了至关重要的作用。大桥的贯通,连接了申嘉湖高速,为上海打造长三角"三小时都市圈"提供了更加便利的交通条件,为上海世博会提供了便捷通道。

二、闵浦二桥

1995 年 10 月建成的奉浦大桥是中心城区直接连接奉贤区的唯一一座公路桥梁。2000 年 5 月 1 日,市政府取消地方过江收费。奉浦大桥纳入建成的莘奉金高速公路,成为该高速公路跨越黄浦江,连接两侧南、北段的交通节点。由于该高速公路为首批招商融资建设项目,在桥两岸设置高速公路收费系统,地方车辆过江也收费,使闵行、奉贤区的地方越江交通留下了空白。闵浦二桥工程建设,对解决地方车辆过桥不收费,方便两岸居民出行问题,进一步完善越江设施布局,推进区域经济发展和城乡一体化起到十分重要的作用。

2004 年 4 月,市公路处组织多家设计单位评审、论证,拟于沪闵路至沪杭公路线位建设越江工程,即闵浦二桥,作为地方客运专用通道。同年 11 月,市发改委批复《闵浦二桥工程项目建议书》。2006 年 8 月 7 日,市发改委批复《闵浦二桥工程可行性研究报告》。

闵浦二桥又名西渡大桥、奉浦二桥。北起闵行区沪闵路东川路以北,南至奉贤区沪杭公路西闸路以南,全长 5.8 公里。闵浦二桥主桥为国内跨度最大的公路、轨道两用独塔双层斜拉桥。该桥采用公路与轨道交通上下叠合的双层式布置,上层为公路双向 4 车道,采用二级公路标准,设计车速为每小时 60 公里。下层为轨道交通 5 号线南延伸段,设计车速为每小时 80 公里。公路桥梁长 4.2 公里,主桥长 436 米,轨道交通与公路叠合段长 3.2 公里。主塔为 H 型,塔高 148 米,斜拉索 14 对 56 根。桥梁结构设计基准期为 100 年,抗震基本烈度按 7 度设防,主通航孔净空为宽 169 米、高 28.5 米,辅通航孔净空为宽 49 米、高 18 米。

工程建设单位为上海公路投资建设发展有限公司。公司融资组建了以建设银行、交通银行为牵头行,工商银行、上海银行、民生银行、中国银行、招商银行、兴业银行为参与银行的项目银团,于 2010 年 8 月 18 日正式签署银团融资协议,为闵浦二桥贷款即总投资为 18.82 亿元。工程采用代建制模式进行项目管理,代建单位为上海黄浦江大桥建设有限公司。工程设计单位为上海市城市建设设计研究院,施工单位为中交第三航务工程局有限公司、中铁大桥局股份有限公司和上海建设机场道路工程有限公司,监理单位为上海建通工程建设有限公司、上海浦桥工程建设监理有限公司和上海文汇工程咨询有限公司。

闵浦二桥工程于 2007 年 7 月开工,上层公路及地面道路于 2010 年 5 月 21 日建成通车。

闵浦二桥工程注重科技创新,上海公路投资建设发展有限公司和上海市城市建设设计研究院、同济大学合作对公路、轻轨两用双层独塔斜拉桥关键技术进行研究。通过对公轨两用双层独塔斜拉桥车桥耦合振动性能、主桥钢桁梁整体焊接节点的设

闵浦二桥建成通车

计、制作、施工关键技术、公轨一体化独柱双层桥墩抗震性能、公轨两用特大桥健康监测系统、主跨斜拉桥抗震性能、抗风性能等课题研究，为工程建设提供了可靠的技术支撑。2011年7月，相关研究通过市城乡建设和交通委科学技术委员会鉴定，并认为，该研究成果达到国际先进水平。该桥桥梁结构设计新颖，主桥为独塔双索面钢板桁组合双层斜拉桥，引桥为公路与轨道一体化双层桥梁。采用全焊结构，并承受二级公路运营荷载和城市轨道交通荷载共同作用，国内尚属首次。中钢桥面应用浇注式沥青混凝土铺装和高弹性改性沥青，抗疲劳开裂性能较好，抵抗车辙能力和抗变形能力较强，具有较好的路用性能。

　　该工程组织建设、设计、施工、监理一体化的主桥施工控制小组，审核通过施工单位测量数据书面报告后方可施工。严格执行"首件制"，在主塔混凝土浇筑、钢结构、斜拉索、沥青摊铺等首件制管理中，从方案审批、过程监管、施工验收、首件总结、后续施工五个方面着手对施工质量严格控制。

　　闵浦二桥工程重视环境保护，建立实施了一系列周全、完备的环境保护措施，如采用SMA低噪声路面，安装普通声屏障8 121延米、全封闭声屏障490延米。闵浦二桥是上海公路史上第一条采用全封闭隔声屏障的公路。

闵浦二桥建成通车后,成为国内首座公路和轨道交通两用双层斜拉桥。这是继奉浦大桥之后,奉贤境内第二座横跨黄浦江大桥,也是黄浦江上第九座越江大桥。

三、松浦三桥

松浦三桥是黄浦江上第十座大桥,又名松卫大桥,是松卫公路的组成部分。松卫公路位于松江、金山两区南北轴线附近,是松江至金山卫的二级公路,是沈海高速(上海段)与上海绕城高速之间唯一一条贯通南北的纵向辅助性道路,对解决松江、金山之间区域性交通起着重要作用。松浦三桥未建造前,从浦南免费过江只能依赖20世纪70年代建造的松浦大桥,由于桥面窄,大桥只设双向两车道,随着人流、车流的日益增多,桥面交通异常拥堵,摆渡过江又受到时间和天气等诸多因素影响。长久以来,过江难题一直困扰着浦南地区经济与社会发展。工程实施对充分发挥松卫公路整体交通功能,完善地区路网以及加强黄浦江中、上游区域两岸交通联系,合理分担过江交通量均具有十分重要的意义。

2003年12月30日,市发改委批复《松浦三桥工程项目建议书》。2006年7月6日,市发改委批复《松浦三桥工程可行性研究报告》。

松浦三桥位于松江区境内,两岸分属车墩镇、叶榭镇,是松卫公路跨越黄浦江的越江工程,全长1.65公里,其中桥梁工程923米,道路工程727米。

松浦三桥主线为二级公路,设计车速为每小时80公里。主桥为四跨预应力变截面连续箱梁,跨径80米+140米+140米+80米。引桥为简支预应力混凝土板梁桥,北侧引桥计11跨,南侧引桥计12跨。路面结构设计荷载为BZZ—100型标准车,桥梁结构设计荷载为公路-I级,抗震基本烈度按7度设防。最高通航水位按3.97米控制,设两个主通航孔,每孔通行净宽不小于105米,净高不小于10米。桥面结构为沥青混凝土。

工程建设单位为上海公路投资建设发展有限公司。公司组建了以建设银行、交通银行为牵头行,工商银行、上海银行、民生银行、中国银行、招商银行、兴业银行为参与行的项目银团,于2010年8月18日正式签署银团融资协议,为松浦三桥贷款即

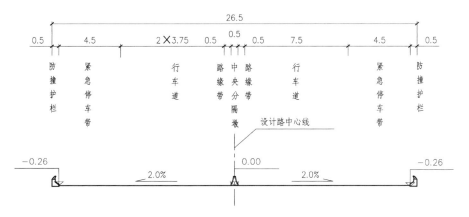

松浦三桥桥梁标准横断面图 (单位:米)

总投资为 2.15 亿元。工程采用代建制模式进行项目管理,代建单位为上海黄浦江大桥建设有限公司。

工程实施公开招投标。工程设计单位为上海市政工程设计研究总院、上海市城市建设设计研究院,施工单位为中交第二航务工程局有限公司,监理单位为上海浦桥工程建设监理有限公司、上海正弘建设工程顾问有限公司。

2008 年 9 月 2 日工程正式开工,2010 年 6 月 30 日建成通车。

松浦三桥工程竣工

工程积极应用四新技术。一是水下泵管施工工艺。该工程地处黄浦江水源保护地,不具备水上搅拌混凝土的施工条件,黄浦江松江段通航流量大,日通行船只达 5 000 多艘。为了保护水源与不影响通航,施工单位大胆尝试采用了"水下泵管输送混凝土工艺",即在水下铺设管道输送混凝土,不影响水上通航。这一工艺在全国尚属首创,与传统水上输装混凝土相比,节约建设成本 350 多万元。水下泵管输送 QC 小组获得 2009 年度"全国工程建设优秀质量管理小组二等奖"。二是挂篮悬浇施工工艺。松浦三桥上部结构采用单箱双室三向预应力变截面箱梁,由于边腹板采用斜腹板构造设计,主桁后锚无法直接利用斜腹板自有的竖向预应力筋。施工过程中采用了武汉港湾设计研究院设计的装换装置,很好地解决了挂篮后锚问题。

工程重视环境保护。施工便道、临时房屋、搅拌站的修建,尽量利用荒地、少占农田;施工结束及时将生产和生活临时设施、施工便道、便桥等拆除,将原地面回填、整平,使之达到复耕要求。路基施工后的取土坑、弃土堆及路堤边坡尽快做好防护,设置必要的永久性挡护工程,环向设置排水沟,顶部回填耕植土,种树或植草绿化。施工废弃物、生活垃圾分类集中堆放,及时清运。生活污水设污水池,经沉淀且符合排放标准后排放,防止水土流失。施工场地及便道经常洒水,以免扬尘污染,影响居民日常生活、工作及农作物生长。对居民区附近的沉入桩采取静压沉入工艺,以减少施工噪声、振动对周边居民的干扰。

四、东海大桥

东海大桥是我国第一座外海跨海大桥。根据国务院要求,1996 年 1 月成立的上海国际航运中心上海地区领导小组办公室组织开展了上海国际航运中心新港址论证工作。经过长达 6 年的科学论证,上海市提出将浙江省舟山市嵊泗县崎岖列岛的大、小洋山规划建成为上海国际航运中心的集装箱深水枢纽港,以满足上海港近期、中期及远期的集装箱远洋运输的需求。由于洋山深水港区所在的大、小洋山岛均为外海孤岛,没有直接的陆路交通连接,且岛上缺水、电。若使洋山深水港区真正成为上海国际航运中心的深水枢纽港,必须建设跨海大桥,以形成港区连接大陆的快速交通集疏运通道,为港区集装箱陆路集疏运和供水、供电、通信等提供服务。因此,东海大桥工程(原称芦洋跨海大桥工程)建设提上了议事日程。

1999 年 8 月,上海方面完成了洋山深水港区(一期)工程和芦洋跨海大桥工程预可行性研究工作。2001 年 3 月,国家计委上报国务院批准《上海国际航运中心洋山深水港区(一期)工程项目建议书》。2002 年 4 月,国家计委上报国务院批准《上海国际航运中心洋山深水港区(一期)工程可行性研究报告》。同年 6 月,市政府批准《上海国际航运中心洋山深水港区(一期)工程初步设计》,并被列为市政府"一号工程"。

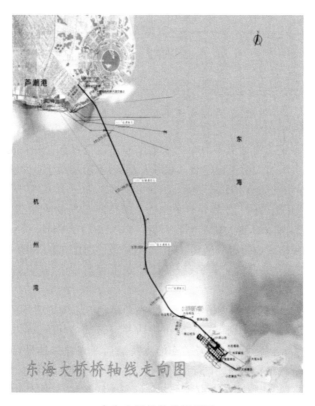

东海大桥桥轴线平面图

东海大桥工程起于沪芦高速公路终点,经南汇芦潮港防汛大堤至小洋山岛洋山深水港(一期)的交接点,全长32.5公里。其中沪芦高速公路终点至芦潮港地区的老防汛大堤长1.5公里;芦潮港新老大堤之间的陆上段长2.2公里;芦潮港新大堤至嵊泗崎岖列岛的大乌龟岛之间的海上段长25.6公里;大乌龟岛至小洋山岛洋山深水港(一期)交接点之间的港桥连接段长3.2公里。

工程按高速公路标准设计,双向6车道,桥面宽31.5米,设计车速为每小时80公里。全桥共设4个通航孔,其中5 000吨级主通航孔净空高40米,主跨跨度420米,采用单孔双向通航;1 000吨级副通航孔净空高25米,采用双孔单向通航,主跨跨度140米;500吨级和300吨级副通航孔净空高25米,采用双孔单向通航,主跨跨度140米。大桥工程标准段为两座分离式上、下行独立桥,净间距1米,总宽31.5米。综合管线布置在两片主梁之间的管线桥上。大桥每隔2公里设一个紧急掉头区,将两座分离式上、下独立桥之间横向连接起来,供管理养护车辆及紧急状态下救援车辆调头使用。另设两个紧急救援停车带,一处在60米跨上行侧,另一处在70米跨下行侧。

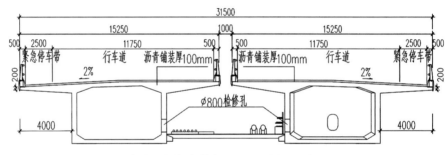

东海大桥标准横断面图 (单位:厘米)

2001年,市政府批准成立上海市深水港工程建设指挥部,同时批准成立大桥分指挥部,具体负责组织大桥工程建设。东海大桥工程建设单位为上海同盛大桥建设有限公司。工程总投资为105.42亿元。

工程实施公开招投标。工程设计单位为上海市政工程设计院、中交第三航务工程勘察设计院联合体、中铁大桥勘测设计院。施工单位为中铁大桥局集团有限公司、路桥集团国际建设股份有限公司、中国港湾建设(集团)总公司等6家,监理单位为武汉市大桥工程建设监理公司、武汉桥梁建筑工程监理公司、上海市市政工程管理咨询有限公司等4家。

2002年4月8日,"东海大桥试桩典礼"在芦潮港施工现场召开。时任市建委主任的张惠民主持仪式,时任副市长的韩正讲话并宣布试桩开始,标志着东海大桥工程正式开工。2005年5月25日,随着东海大桥最后8米缺口处最后一块箱梁吊装到位,东海大桥全线结构贯通。同年12月10日,上海国际航运中心洋山深水港区开港暨洋山保税港区启用仪式在洋山深水港一期码头隆重举行,时任中共中央政治局常委、国务院副总理黄菊出席仪式并宣布开港。同时,东海大桥正式建成通车。时任中共中央政治局委员、上海市委书记陈良宇和时任浙江省委书记、省人大常委会主任习近平共同为洋山保税港区揭牌。

工程征用土地 382.82 亩,其中主体工程用地 351.74 亩,管理基地用地 31.08 亩,征地费用为 3 100 万元。经国家海洋局批准,东海大桥拥有 173.5 公顷的海域使用权,使用期限为 50 年,每年使用费约 26 万元。

东海大桥工程通过科技创新,解决了工程施工中大量的关键技术问题。其中,2003 年列入上海市科学技术委员会科研计划项目的《上海深水港与临港新城建设科技支撑研究总课题》内容包括五个子课题,即大桥水动力预研究、东海大桥健康监测系统预研究、东海大桥关键技术工艺预研究、外海桥梁耐久性预研究和东海大桥主通航孔桥墩防撞研究。研究工作通过市科委组织验收。2004 年,建设单位设立了 3 个科研课题,其中具有国内领先和先进水平的核心技术和关键技术有,大桥主、辅通航孔承台基础施工的海上蜂窝型自浮钢套箱和导管架相结合技术,完成了海上大体积混凝土一次浇筑,加快了工程建设进度;大直径超长桩底压浆技术,确保混凝土钻孔贯注桩承载力的均匀性与可靠性,节约了投资成本;钢-混凝土结合梁技术解决了世界上荷载最重的桥梁结构使用要求,保证了集装箱的安全运输,满足了大桥抗风性能要求;超长超大混凝土箱梁施工技术解决了箱梁整体预制技术。在其他科研方面,建设单位委托上海交通大学和大连理工大学分别对 70 米承台和 60 米承台进行了模拟试验,确定了群桩系数,为工程设计提供了依据。为了建立东海大桥结构防腐体系,请上海建筑科学研究院开展科学研究,提出了使用高性能混凝土和加大保护层厚度的方案,通过降低海水中氯离子渗透速度和延长其渗透距离的方法延缓氯离子到达结构钢筋表面的时间,确保结构使用寿命。同时,在高性能混凝土的配制上又进行了大量试验,联合上海宝田建材公司研制出复合型高性能混凝土专用掺合料,创立了利用常规设备拌制高性能混凝土的工艺,不仅节约了投资,而且简化了工

东海大桥建成通车

艺,提高了工效。还研制了桩基设计参数和施工期间桩基抗波浪力的措施、桥梁抗风措施、抗震构造和斜拉桥阻尼器开发应用、跨海大桥一体化施工工艺、桥墩防撞系统设计与施工工艺、刚柔并济的防撞护栏、桥面致密防水铺装设计和桥梁健康监测识别系统。

东海大桥工程科技十大创新:一为海上施工的测量定位技术,利用 GPS-RTK 定位技术实现海上打桩全自动定位,解决了海上打桩快速测量定位问题,并使测量结果达到较高精度。二为利用导管架建造海上施工平台的技术,不仅节省了工期而且结构更安全。三为混凝土套箱承台施工技术,达到了保证结构安全和确保施工快捷的目的。四为桥墩墩身一体化施工技术,保证墩身安全稳定。五为大型混凝土箱梁场内运输技术及海上安装施工技术,采用了滑移运输方案,场地加固范围小,运输安全可靠。六为跨海大桥的防腐和提高结构耐久性的成套技术,使混凝土耐久性能远远高于普通混凝土,采用水下湿法焊接,加快了焊接速度且效果较好。七为深海软基条件下海堤施工,地基加固采用塑料排水板的方法,加强观测,通过控制抛石厚度和每次抛石时间间隔来控制海堤的稳定和沉降。八为重交通、高腐蚀条件下的高等级沥青桥面技术,采用了双层式组合结构,即下层为浇注式沥青混凝土、上层为SMA,达到抗水损、阻止水渗透、高耐久性、高承载能力的作用。九为防止集装箱卡车落海的柔性防撞护栏技术,采用了混合式防撞护栏,即护栏下部采用刚性混凝土护墙,以防止小车钻出护栏或被反弹;上部采用柱-管结构,有效防止集卡翻出桥面。十为跨海大桥的交通和警示照明技术,创造性地运用了先进的 LED 技术以满足大桥的警示和景观要求,即除了桥面交通照明外,还用 LED 勾勒出大桥的整体轮廓,在晚上漆黑一片的茫茫大海中以一条蓝色光带,为过往船舶指明前方的构筑物。全桥照明工程简洁大气,色彩典雅和谐,形成一道宏伟壮观、气势非凡的独特景观,大桥侧面的蓝色光带映衬出海洋的雄壮之美。东海大桥工程的科技创新,为大桥建设提供了强有力的技术支撑和保证。同时获得了海上运架梁专用起重船、海上抗腐蚀技术、高性能海工混凝土专用掺合料及其生产方法、海上导管架施工平台技术等 24 项专利,为建设跨海大桥提供了成功范例。

东海大桥工程先后荣获 2005 年度国家科学技术进步奖二等奖、2006 年度全国十大建设科技成就奖和中国建筑工程鲁班奖、2007 年度国家科学技术进步奖一等奖、2008 年度国家优质工程金质奖、新中国成立 60 周年"百项经典暨精品工程"。"主通航孔索塔基础工程综合施工技术研究和应用"、"超大型跨海桥梁设计综合关键技术研究"、"外海超长桥梁关键技术研究综合应用"、"外海高速公路海堤关键技术"分别荣获上海市 2004 年度、2005 年度、2006 年度、2007 年度科学技术进步奖一等奖。

该工程为我国第一座跨海大桥,质量控制没有类似经验可供借鉴,同时现行的施工规范和评定标准也不能涵盖工程施工的内容。建设单位始终坚持"百年大计,质量第一"的方针,一是加强前期工程质量管理。投标文件将工程困难和质量要求作了详细说明,各投标单位中标后迅速配置合适的质量管理人员,建立质量保证体系,汇编《东海大桥工程质量检验评定专项标准》和《质量管理办法》。发布专项技术要求等。二是创新监理质量管理工作。选择一家监理单位实施监理，分两级即总监理工程师办公室作为监理公司派出机构，全面负责工程监理的技术、行政管理，现场监理工作由各监理组承担，负责各工序质量控制。各工序质量标准以及监理和检测等均由总监办统一控制，各施工单位执行统一标准。三是加强质量保证体系建设。专门成立质量管理部，加强对日常施工中的质量控制。四是充分发挥政府监督作用。邀请市公路质量监督站，强化施工单位质量保证体系的进一步完善和现场质量管理的落实。五是加强质量检查和评比。每月组织工程质量检查，召开工程质量讲评会，对施工中出现的问题进行通报，两次对施工单位进行了经济处罚和通报批评。工程质量始终处于受控状态。分项工程合格率100%，无重大质量事故发生。东海大桥工程设计合理、管理科学、工程质量优良，为我国跨海大桥在工程设计、工程管理、施工规范及质量评定等方面提供了经验。

该工程加强安全管理。一是成立以项目经理为组长的安全领导小组；设立安全部门，专职管理人员具备注册安全主任资格。二是建立健全制度，建立《安全生产检查制度》、《安全学习培训教育制度》、《冬季海上施工安全作业预案》、《海上施工油品、泥浆泄漏应急预案》和《施工现场安全奖罚制度》等。三是加强教育培训，多次组织工人进行现场安全教育和各种性质的安全教育。四是强化现场管理，坚持每月两次综合检查和两次专项检查、各个班组班前安全讲话和班后安全总结制度，每个工区配备一名专职安全员，发现问题立即整改，将隐患消灭在萌芽状态。特殊施工项目安全部负责人现场进行指挥和监督。

该工程通过严格管理，有效地控制了施工期间的环境污染，没有发生环境污染事故。2005年11月，市环境保护局组织检查东海大桥、港外配套项目，认为符合环保要求。2006年2月，国家环境保护总局组织对项目的最后验收，认为上海国际航运中心洋山深水港区（一期）工程环境保护手续齐全，环境保护设施、措施落实，各种污染物排放均达到相应标准。

东海大桥的建成和按期投入使用，成为洋山深水港的陆路集疏运通道，为参与东北亚地区的国际竞争，加快上海国际航运中心建设奠定了扎实基础。工程核心技术与综合应用技术的研发，开创了我国跨海大桥理论和实践的先河，为跨海大桥建设积累了实践经验和理论依据。

五、上海长江隧桥

中国第三大岛崇明岛自有人居住以来一千多年间，水路是唯一通向大陆的交通方式，"看天行路"一直制约着区域经济发展。1993年5月，国家科委主持召开了"长江口越江工程重大技术经济问题前期软课题工作会议"。2002年12月，国家计划委员会下达经国务院批准的《长江隧桥工程项目建议书》，工程正式立项。2004年11月，国家发改委批复《长江隧桥工程可行性研究报告》。2005年5月，交通部批复工程初步设计。同年7月，上海市城市规划管理局核发上海长江隧道、上海长江大桥主体工程建设用地规划许可证。同年9月，交通部批准控制性工程开工许可证。国家发改委将上海长江隧桥列为国家"十一五"重大建设项目。

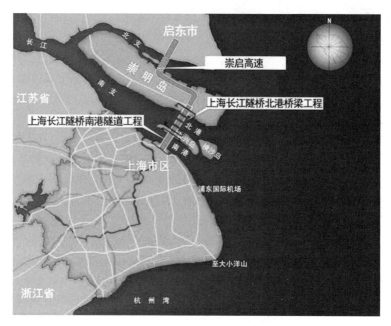

上海长江隧桥地理位置图

上海长江隧桥工程起于上海市浦东新区五号沟,以隧道形式穿越长江口南港水域,到达长兴岛,以桥梁形式跨越长江口北港水域后到达崇明县陈家镇,全长 25.5 公里,是沪陕高速公路的重要组成部分。

上海长江隧桥工程采用"南隧北桥"的建设方案。隧道全长 8.95 公里,其中一次穿越水域部分达 7.5 公里。隧道整体断面设计为上下双管隧道,两单管间净距为 16 米,沿其纵向每隔 830 米设一条横向人行联络通道。单管外径为 15 米,横断面内分三层,顶部为排烟道,中部为高速公路层,内设三条 3.75 米宽的车道,可通行 5 米高的车辆,设计车速为每小时 80 公里。下部中间为预留轨道交通空间,行车方向右侧为 35 千伏高压电缆管廊,左侧为疏散通道。抗震设防烈度为 7 度,隧道结构设计使

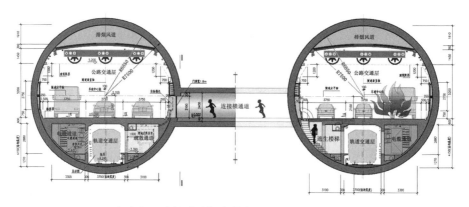

上海长江隧桥隧道标准横断面图　(单位:厘米)

用年限 100 年。长江大桥全长 16.65 公里,其中接线道路 6.68 公里,跨江桥梁 9.97 公里,设计车速为每小时 100 公里。跨江桥梁共 154 跨,其间设有满足远期 3 万吨级集装箱及 5 万吨级散货船的主通航孔及满足 3 000 吨级船舶通行的辅通航孔。主通航孔桥型采用为主跨 730 米双塔双索面分离钢箱梁斜拉桥,主塔为人字形;辅通航孔为 80 米 + 140 米 + 140 米 + 80 米预应力钢筋混凝土连续箱梁,其余桥跨分别为 30 米、50 米、60 米、70 米预应力钢筋混凝土连续箱梁及 105 米钢混凝土组合箱梁。

工程建设单位为上海长江隧桥建设发展有限公司。工程总投资为 126.16 亿元。经市委批准,成立上海长江隧桥工程建设指挥部,下设办公室,与组建的上海长江隧桥建设发展有限公司合署办公,负责工程建设。工程设计单位为上海市隧道工程轨道交通设计研究院、上海市政工程设计研究总院,施工单位为上海城建(集团)公司、中铁二十四局集团有限公司、江苏省交通工程集团有限公司、上海隧道工程股份有限公司等 12 家。

上海长江隧桥工程于 2004 年 12 月 28 日正式开工。2009 年 10 月 31 日建成通车。时任中共中央政治局委员、上海市委书记俞正声出席仪式宣布上海长江隧桥建成通车。时任上海市市长韩正、交通部副部长冯正霖致辞,8 位建设者代表共同为长江隧桥建成通车剪彩。

上海长江隧桥隧道工程竣工

上海长江隧桥工程总体方案设计贯彻了"经济效益、社会效益与环境效益统一"的方针,采用合理的选线和线形设计技术标准,隧道两端设高风塔,确保洞口环境空气质量。节能措施有射流风机诱导型纵向通风加重点排烟通风方式;利用细水雾进行降温,充分利用水的气化吸热作用,比传统电制冷方式大大节约能耗;设备选型选用高效、节能产品,降低运营能耗;隧道内各类废水及敞开部分的雨水分段集中,通过泵房分段提升后纳入市政雨、污水系统,减少不必要的提升能耗;基本照明采用节能的 LED 光源;在隧道暗埋段洞口设置自然光过渡。针对隧道直径世界最大、一次掘进距离最长、施工位于复杂高水压土层中,大桥位于河床多变的长江入海口,工程结构形式复杂多样,许多工艺在我国建桥史上首次使用,共完成国家高技术研究发展计划("863 计划")等 60 余项攻关课题。在隧道领域构建了超大直径盾构隧道成套抗浮体系、开挖面稳定技术体系、结构设计计算体系,解决了因隧道直径超大而引起的施工期上浮严重、支护压力难设定与开挖面易坍塌、结构承载力不确定与参数难获得等问题;研发了盾构核心部件检修技术、隧道智能通风与高压细水雾降温技术、三维轴线精确控制技术、纵向沉降控制技术,解决了盾构一次性掘进距离特长而带来的核心部件易损坏而检测与维修困难、隧道轴线难以精确控制、运营期交通堵塞或火灾工况通风、隧道进出口升温、纵向不均匀与长期沉降等问题;创建了盾构隧道七大系统功能联动的防灾减灾体系、基于全寿命周期的盾构隧道数字化管理体系、风险动态评估体系,解决了因隧道长大而带来的灾害发生概率大、防灾减灾与风险综合管理难题、公轨共用桥梁设计标准和风险评估方法、超大跨度斜拉桥新型结构体系、轻轨跨越主航道大跨斜拉桥的技术难题、大跨度整孔预制吊装组合箱梁技术,使我国的整孔吊装跨度首次突破 100 米大关,箱梁悬臂板布置轻轨新技术为城市轻轨建设提供了新的布置模式;预制拼装桥墩建设技术使上海长江大桥预制桥墩高度首次突破 40 米,并成功实现了接缝混凝土无裂缝、填砂路基设计与施工技术成功地将长江口细砂作为接线道路路基的填料,减少了对当地土地资源和环境产生的破坏;首次将具有我国自主知识产权的国产环氧沥青材料应用于超大型公路钢桥面铺装,为推动我国桥梁建设自主创新产生积极作用。

该工程创造了七项国内外领先纪录:一是盾构一次性推进距离长。两台盾构一次连续掘进 7.5 公里,施工中轴线偏差在 ±75 毫米标准以内,世界上绝无仅有。二是盾构直径大。盾构直径达 15.43 米,达到一级防水标准,为世界直径最大盾构。三是隧道埋设深。隧道最深处 55 米,打破日本东京湾公路隧道埋深 50 米的纪录。四是"人"字型单塔。寓意着天人合一的理念。五是最大的分离式全漂浮体系斜拉桥。斜拉桥跨径为 730 米,为世界同类桥梁之最。六是大桥公轨合一。轨道与公路交通"并驾齐驱",这在世界范围内尚属首例。七是隧道空间利用率高。隧道上层为烟道层,用于紧急情况下排烟,中层为单向三车道高速公路车道层,下层是轨道交通空间、22 万伏电缆通道及人员疏散通道,是目前世界上隧道空间利用率最高的大型隧道。工程建设中,共获得授权各类专利 60 余项;获登记计算机软件著作权 8 项;获批国家级工法 3 项、省部级工法 10 项、指南 8 项;发表国际上有影响的论文 200 多篇,出版隧道中英文论文专著各 1 本和大桥论文集 1 本;培养各类人才 100 多人;共计获 20 余项省部级、协会奖项。其中:上海市科技进步奖一等奖 2 项、二等奖 4 项、教育部科技进步奖一等奖 1 项、建设部华夏科技进步奖二等奖 3 项、中国施工企业管理协会一等奖 4 项、二等奖 4 项、中国电力建设科学技术一等奖 1 项、中国公路学会科学技术奖、中国航海学会科学技术奖、中国测绘学会测绘科技进步奖二等奖各 1 项。长江隧桥工程被评为建国 60 周年公路交通勘察设计经典工程、市勘察设计优秀项目、市建设工程优质结构、市建设工程白玉兰奖、市市政工程金奖。

2011 年 11 月,经上海长江隧桥工程国家竣工验收委员会验收,工程合格率达 100%,优良率达 100%。其中,盾构隧道贯通偏差控制在 5 厘米和 2 厘米(上、下行线)、混凝土管片尺寸、抗压强度和抗渗指标合格率为 100%;两塔中心距离误差仅为 12 毫米、两塔身垂直度分别达到 1/9 600 和 1/10 300。成桥荷载试验结果表明,大

上海长江隧桥建成通车

桥工程的设计和施工质量均处于先进水平,隧道达到国家地下工程防水等级一级标准。

上海长江隧桥工程通过了国家环保总局对隧桥工程环境影响的评审,评审结果为:"上海长江隧桥工程从工程选线、初步设计以及施工准备期就注重环境保护的建设理念,针对沿线的声、水、生态等方面的环境影响采取了有效的减缓措施,取得了多个环保亮点。"在大桥的防撞护栏上,每隔30米就会出现一盏雾灯,共有雾灯1 308盏,大雾天气时发出一闪一闪红光,引导车辆安全行驶。大桥主桥的景观灯设置别具匠心,在夜间,全长约10公里大桥在海面上勾勒出一条"江海之界"的光带,大桥桥身下方两侧布置蓝色和黄色的LED光带,东南临大海一侧采用蓝色光源,西北靠长江一侧则采用黄色光源,既能为往来船只和飞机提供警示,又形成了一道独特的风景线。

上海长江隧桥的建成标志着我国隧桥技术取得重要突破,隧桥建设水平跃上了一个新台阶,成为我国公路工程建设史上一个新的里程碑。上海长江隧桥建成通车,拉近了崇明与市区的距离,为改善长江口越江交通状况,优化上海交通网络体系,完善国家及区域公路网,实现我国沿海、沿江大通道发展战略提供了交通保障。

六、大港立交

大港立交是同三国道(上海段)工程中8座互通式立交桥之一,是连接沪杭高速(上海段)与同三国道(上海段)的大型立交桥。它的主要功能是汇集同三国道(上海段)和其他几座立交桥,将沪宁、沪青平、沪杭等高速公路和其他公路在上海外围连接起来,构成上海对外公路交通的第一层高速集散环路,以完善高速公路网的立体骨架,从而增强上海市高速公路网的整体作用。

1998 年,交通部下发《关于国道主干线同江至三亚公路上海段可行性研究报告的批复》,批准大港立交项、工可。2000 年 1 月 4 日,交通部下发《关于国道主干线同江至三亚公路上海段初步设计的补充批复》。

大港立交桥工程位于松江区大港镇的沪杭高速(上海段)附近,占地约 200 亩。其中新建的同三国道(上海段)主线长 2 公里,由北向南上跨沪杭高速(上海段)。沪杭高速(上海段)改建拓宽段东西长 1.5 公里,还有新建的 Z 匝道分别与主线的北端和沪杭高速(上海段)近东端线上跨后形成苜蓿叶型弯道。整个立交平面呈一个曲边三角形,而且该三角形的三条边都有延长线。其中 Z 匝道是曲边外挂二片苜蓿叶形弯道,主线最长是该三角形的底边,沪杭高速(上海段)拓宽段是三角形的另一条边。该工程地面标高 2.6～3.2 米,为泻湖沼泽平原地貌。

大港立交工程由主线桥工程、匝道道路工程和七座桥梁工程三部分组成。大港立交主线桥工程桩基形式为 450×450 毫米预制方桩,共计 279 根,深度为 34 米。承台共计 24 只,强度为 C25;立柱直径为 800 毫米,共计 84 根,强度为 C30;空心板梁总计 345 根,铺装层 7 063 平方米,防撞墙 1 088 米,伸缩缝 8 条,沥青混凝土 7 063 平方米。以上承台、立柱、盖梁均为普通钢筋混凝土结构,为先张法空心板梁。大港立交匝道道路工程由 A、B、C、D、E、F、G、H 及沪杭高速(上海段)拓宽段 I、J、K、L、M、N、O、P、Q 共 17 条匝道组成。Z 匝道为双向机动车道,全长 1 310.62 米,含三个桥梁段,路幅宽 15 米,含两个快车道和一个 1 米宽的中央分隔带,其余匝道均为单向机动车道。路幅宽 7 米,大港立交桥道路通车面积 7 万平方米,硬路肩 2.5 万平方米。在双向机动车道之间设置中央分隔带,主线中央分隔带宽度为 3 米,道路边线之外均设有隔离栅和排水沟。桥梁工程下部结构包括桩基、承台或桥台、立柱、盖梁等,上部结构包括梁、桥面铺装、防撞墙等。匝道桥曲线段采用连续箱梁,上跨沪杭高速(上海段)段采用预应力混凝土简支 T 梁,其余均为预应力混凝土简支空心板梁。板梁采用工厂预制,成品运输到施工现场,起重机吊装到位的施工方法。板梁为先张法预应力混凝土空心板梁,采用工地现场预制,轨道车运输和专用架梁机械吊装到位的施工方法。箱梁采用现浇式钢筋混凝土结构。

大港立交桥工程建设单位为上海同三高速公路有限公司。公司实施"代建制"模式,委托上海市城市外环线工程建设处代表业主负责工程建设管理。设计单位为上海市市政工程设计院,施工单位为上海隧道工程股份有限公司,监理单位为北京双环工程咨询有限公司。

工程于 2001 年 4 月开工,2002 年 12 月 27 日竣工通车。

大港立交桥工程特点为,道路面积大、匝道多、桥梁分布广、工期紧、施工难度大。道路工程长 5 公里,桥梁工程长 1.54 公里。桥梁种类多,有陆上桥、水中桥等。桥梁斜交多,桥梁线路与其上跨、河流、道路有顺时针方向斜交的;也有逆时针方向斜交的,最大的斜交角度为 40 度。针对软土地基情况,该段采用 EPS 轻质材料填筑,以减少新路基的沉降。该工程桥台背侧采用塑料排水板和粉喷桩对地基进行加固,以减少桥头跳车。其余路基部均为土工布加砂垫层,并采取超载压,使路基排水固结,处于中湿或干燥状态,确保通车后路基路面的稳定。施工中采用了芯板、水泥粉喷桩、砂垫层、土工布等多种施工工艺,并在路堤填筑完成后进行为期4至14个月不等的等载、加载预压。对深度<1米的河塘先清淤,再用碎石、土间隔回填;对深度≥1米的河塘在清淤的基础上,采用土工布包粉煤灰换填、分层压实、下设碎石滤水层处理方法,以利于施工期间排水。针对部分结构的台后设计填土较高的情况,对地基采用芯板或水泥粉喷桩进行加固处理,路堤采用材质较轻的粉煤灰或EPS填筑,上面采用8至10米的混凝土台后搭板形式,以减少桥头沉降引起的跳车现象。

大港立交桥工程的竣工通车,充分发挥了同三国道(上海段)的交通干道作用,大大减少沿线铁路、水路运输的压力,为沿线地区提供快速、直达、安全、经济、舒适的客货运输,极大地改善了该地区的公路交通状况,增强了上海高速公路路网的整体功能。

七、沪青平立交

沪青平高速公路立交工程是上海西部最大的立交桥工程。该工程的建成,成为连接上海内环、外环、"申"字型高架桥和同三国道在东部沿海地区的重要交通枢纽。

2000年11月14日,市计委根据市政局《关于报送上海市沪青平高速公路(市界至中春路)可行性研究报告的请示》,下发《关于沪青平高速公路(中春路至朱枫公路段)工程可行性研究报告的批复》,原则同意沪青平高速公路(中春路至市界)工程可行性研究报告。沪青平立交桥工程的批复纳入沪青平高速公路工程项目。

沪青平立交桥工程位于青浦区境内,是一座结合道路等级、交通流量流向、地形地物、收费设施布置等情况及要求综合考虑,在沪青平高速公路与同三高速公路相交处全定向互通式立交。该工程由沪青平高速主线、同三高速高架桥及引道、8根匝道及两条集散车道组成。其中同三高速引道长573.22米,和同三高速立交高架桥共长1 194.78米,分别跨越淀浦河、沪青平公路以及沪青平高速。同三立交高架桥及同三立交引道长度为595.22米。

同三立交

工程主线设计车速为每小时 120 公里,相关公路设计车速同三高速为每小时 100 公里,其余均为每小时 80 公里,集散车道设计车速为每小时 80 公里,同三高速立交匝道设计车速为每小时 60 公里,其余匝道车速均为每小时 40 公里。上部结构直线段采用简支梁式,曲线部分设计为连续箱梁形式。横断面布置为中央分隔带宽 2 米,两侧机动车道各宽 15 米,防撞坪各宽 0.5 米,总幅宽 34 米。其中在匝道出入口处,桥面宽度最大达 52.17 米。同三高速立交设有下穿孔通道 18 座,独立孔通道为钢筋混凝土框架结构。同三高速立交高架设计载荷为汽车-超 20 级,挂车-120。同三高速立交匝道工程荷载标准为汽车-超 20 级,挂车-120,路面 BBZ—100。建筑限界 5.0 米,全线道路规划红线 60 米。抗震标准为基本烈度 7 度,重要性系数 1.3。立交匝道工程共 8 根匝道。

工程建设单位为上海市同三高速公路有限公司,委托上海市沪青平高速公路建设有限公司建设,总投资为 2.37 亿元。工程设计单位为上海城市建设设计院,施工单位为武警交通独立支队上海指挥所,监理单位为北京双环工程咨询有限责任公司。

沪青平立交桥及引道工程于 2001 年 1 月 20 日开工,2002 年 10 月 30 日竣工。同三高速立交匝道工程于 2001 年 1 月 1 日开工,2002 年 11 月 22 日竣工。同年 12 月 27 日,在沪青平立交桥上举行了隆重的通车典礼。时任上海市委书记、市长陈良宇,时任市委副书记、常务副市长韩正出席通车典礼并剪彩。

沪青平立交桥工程的建成通车成为城市内外交通联结的纽带,为上海市高速公路实现互联互通,减轻市中心的交通压力发挥了积极作用。

第六节 虹桥综合交通枢纽外围配套道路工程

2005 年 3 月,市领导提出虹桥机场西侧发展综合交通枢纽的构想。同年 5 月,铁道部、市政府会议确定原规划七宝铁路客站北移,建设虹桥综合交通枢纽,并正式开始启动虹桥综合交通枢纽的规划设计工作。虹桥综合交通枢纽规划范围为,北至北翟路,南至沪渝高速(上海段),西至铁路外环线,东至外环高速,总用地 26.26 平方公里。虹桥综合交通枢纽日均客流可达 110 万人次,汇集航空、高铁、城铁、高速公路、磁浮、地铁、公交、出租车等多种交通方式于一体,对于满足长三角地区社会经济发展需要具有积极作用。同时,虹桥综合交通枢纽是上海加快现代服务业发展新的集聚区——虹桥商务区的核心主体,带动人流、物流、资金流、商贸流快速集聚,成为上海建设国际贸易中心的强有力保障。虹桥枢纽外围配套道路工程建设是虹桥机场扩建、高速铁路、城市轨道交通等工程建设的需要,是有效疏解虹桥综合交通枢纽交通、办好 2010 年上海世博会的需要,是建设上海国际贸易中心、航运中心的需要。

2006 年 1 月,市公路处组织嘉闵高架工程预工可研究工作,向市计委上报了《嘉闵高架工程预可行性研究报告》。同年 7 月,市计委批复项目建议书。2007 年 8 月,市计委批复《嘉闵高架中段工程可行性研究报告》。同年 8 月 25 日,市发改委批复《松泽高架工程可行性研究报告》和《北翟路高架工程可行性研究报告》。

　　虹桥枢纽外围配套道路为"一纵三横"快速路系统,一纵即辅助快速路即嘉闵高架。北至沪翔高速,南至申嘉湖高速(上海段),全长约35.5公里。它既满足枢纽向郊区(主要是南、北向)集散交通的需求,实现枢纽交通的快速转换,又可部分分流外环高速西段流量,兼顾近郊发展需求,同时增加了枢纽与浦东机场联系通道。三横即北翟路高架、青虹公路高架即崧泽高架、漕宝路高架。北翟路(辅助快速路至中环线)是枢纽北侧边界道路,红线宽50米至60米,提升为快速路作为枢纽集散道路。将原规划主干路(外环高速至中环)提升为快速路,与原规划辅快至外环高速的一段北翟快速道路连通,服务于中心城北部与枢纽之间的交通需求。崧泽高架即向西快速路。东连虹桥枢纽内部道路,西至沈海高速(上海段),形成进出枢纽的主进场路。外省市、市郊车辆可通过主进场路直接进入枢纽。漕宝路高架(辅快至中环线):将原规划主干路提升为快速路,服务于中心城南部与枢纽之间的交通需求。枢纽南侧边界沪渝高速(上海段)至延安路是城市东西向交通主轴线。延安路高架与中环线

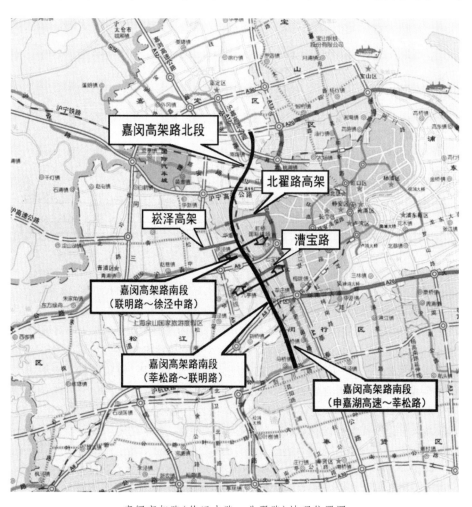

嘉闵高架路(徐泾中路—北翟路)地理位置图

分离,枢纽南侧需补充快速通道,除沪渝高速(上海段)外,吴中路是枢纽南侧最近的主干路,但西侧受万科城花园阻隔,无法与辅快高架衔接,因此选择漕宝路提升为快速路。嘉闵高架中段工程(北翟高架至联明路段)全长9.53公里。崧泽高架工程全长3.9公里。北翟路高架工程西起嘉闵高架,东至外环线以东,全长4.34公里。

嘉闵高架工程分为高架道路和地面道路两部分。高架道路为城市快速路,双向8车道,其中徐泾中路至崧泽高架段的高架道路设置集散车道12根,设计车速为每小时80公里。地面道路为城市主干路,双向6快2慢,设计车速为每小时60公里。高架道路和地面道路均为行车道宽3.75米和3.5米的组合。桥梁荷载等级为城-A级,路面荷载标准为BZZ—100型标准车,抗震标准为基本烈度7度,桥梁结构重要性系数1.3。路面结构为沥青混凝土。

崧泽高架工程按照工程道路等级,分为沈海高速(上海段)立交、崧泽高架和崧泽大道三部分。采用城市快速路标准设计,全线双向6车道,设计车速为每小时80公里,单向行车道宽度取两根小车道3.5米,一根大车道3.75米,桥梁荷载等级为城-B级。

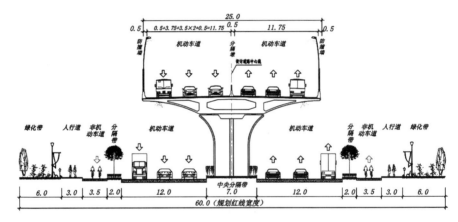

崧泽高架标准横断面图 (单位:米)

北翟路高架工程采用城市快速路标准设计,高架道路为双向6车道,设计车速为每小时80公里,规划红线60米,行车道宽为10.25米。设互通式立交2座,即七莘路立交、外环线立交。桥梁荷载等级为城B级。地面道路为双向4快2慢,设计车速为每小时50公里,行车道为10.75米,中小桥5座。桥梁荷载等级为城A级。路面荷载标准为BZZ—100型标准车,抗震标准为基本烈度7度,桥梁结构重要性系数1.3。全线设置雨污水排水设施。

嘉闵高架、崧泽高架、北翟路工程建设单位为上海公路投资建设发展有限公司。嘉闵高架工程投资为62.8亿元,崧泽高架工程投资为24.14亿元,北翟路工程投资为28.74亿元。

虹桥枢纽外围配套道路工程实施公开招投标。嘉闵高架工程设计单位为上海市政工程设计研究总院和上海市城市建设设计研究院,施工单位为中铁一局集团有限公司、路桥华东工程有限公司和中国核工业华兴建设有限公司。崧泽高架路工程設计单位为同济大学建筑设计研究院,施工单位为腾达建设集团股份有限公司、中铁大桥局股份有限公司、中铁十三局集团有限公司。北翟路工程设计单位为上海市城市建设设计研究院,施工单位为上海建工(集团)总公司、葛洲坝集团股份有限公司和上海城建(集团)公司。

嘉闵高架工程于2008年8月28日开工,2010年3月9日交工。崧泽高架工程于2008年4月28日开工建设,2010年3月15日建成通车。北翟路工程于2008年9月28日开工建设,2010年3月15日建成通车。

虹桥综合交通枢纽嘉闵高架建成通车

2010年9月,虹桥综合交通枢纽北翟路匝道沥青摊铺

虹桥枢纽外围配套道路工程重视科技创新。北翟路改建工程主线高架采用了新型抗震盆式橡胶支座,根据本项目多跨连续桥梁的结构特点,在国内首次把盆式支座与速度锁定器相结合,开发了新型抗震支座。

工程加强安全管理。一是加强危险性较大工程全程监控。施工时做到人员就位、防护设施到位、监控措施到位,安全始终处于受控状态。二是监督施工单位制定火灾、高处坠落、触电、高支模、防台防汛等事故应急预案,组织应急演练。三是抓好安全防范工作,做到事前有控制,事中有落实,事后有总结。四是积极开展"安全生产月"等活动。2009 年,北翟路高架工程 2 个标段被评为"市文明工地"、"市安全质量标准化达标考核优良级工地"。建设单位与周边单位签订共建协议,坚持文明施工,把施工期间给周边居民带来的影响降到最低程度。

虹桥枢纽外围配套道路竣工通车,成为虹桥枢纽规划区域内道路系统的重要组成部分。来自浙江和江苏方向的车辆可通过沪嘉、沪蓉、沪渝、沪昆、沪金、沈海等高速公路以及枢纽外围的崧泽高架和嘉闵高架道路从西侧进出虹桥综合交通枢纽。上海市区车辆可通过中环线转北翟路从枢纽北侧进出,也可通过延安路高架接沪青平高速从枢纽南侧进出,或者通过中环线接漕宝路转嘉闵高架进出枢纽。车辆进入枢纽后通过高架道路系统直接抵达虹桥机场 2 号航站楼出发层和铁路虹桥站出发层的停车带,有效疏解了虹桥综合交通枢纽的交通,为上海世博会的召开提供了良好交通环境。

虹桥综合交通枢纽崧泽高架建成通车

虹桥枢纽外围配套道路工程的建成,为虹桥商务区建设提供了基础支撑。初到上海虹桥枢纽的人,一定会对它龙腾虎跃般的高架道路留下深刻印象。道路如此叠床架屋,是因为这个投资 360 亿打造的超级工程是世界上最复杂的交通枢纽,在相当于三个天安门广场大的面积里,集中了民用航空、高铁、磁悬浮、城际铁路、高速公路、城市轨道、公共交通等 7 种交通模式,使上海把"大虹桥"从一个行政区域提升至功能区域,从单纯的交通枢纽功能创新为多维度高端商务区。虹桥综合交通枢纽外围配套道路工程的建成,为虹桥综合交通枢纽启用,完善上海交通体系,推进上海建成国际贸易中心、航运中心提供了重要支撑。

第三章 公路养护运行管理

第一节 高速公路养护和运营管理

2000年年底,上海高速公路有3条,全长92公里。2005年时,上海高速公路增至9条,总里程560公里。2010年时,已达20条(段),总里程775.18公里。其中18条收费,2条不收费。收费公路中有14条为经营性收费,4条为政府还贷收费。2000年至2010年,高速公路投资主体主要有政府与社会,形成了养护与运营管理上"一路一公司"模式,经营性公路由各项目公司负责养护与运营,政府还贷的则通过招投标外包养护运营,政府部门加强行业监管与指导。

一、养护管理

高速公路养护管理主要从事日常性的道路、桥梁养护、专项整治工程、命名编号等。

(一) 道路养护

2001年至2010年,随着车流量不断增长,养护经费也随之攀升。2005年每公里养护经费50.63万元,2006年每公里养护经费64.23万元,2007年每公里养护经费78.77万元,2010年每公里养护经费88.41万元,十年间共投入养护经费36.96亿元。政府部门反复强调经营性高速公路始终要重视社会效益,各项目公司也将经济效益与社会效益综合考虑,以便路况水平持续保持良好状况。各项目公司与养护作业单位依照交通部《公路养护技术规范》和《公路养护工程管理办法》,开展了以下日常性养护管理:一是加强公路小修保养。其主要是针对路面、路基、桥涵隧道、沿线设施如标志标线、绿化、收费、监控等设施进行日常性、预防性保养,以及轻微损坏的修理,以确保路面平整、路基稳定、排水畅通、绿化美观、构造物完好、沿线设施完善等。二是公路大中修工程。中修工程是指对公路及其沿线设施的一般性损坏部分进行定期的修理加固,以恢复公路原有技术状况的工程。大修是指对公路及其沿线设施的较大损坏进行周期性的综合修理,以全面恢复到原技术标准的工程项目。大中修是养护工作的重要措施。三是专项整治工程。专项整治工程主要针对自然灾害毁坏公路设施、重大交通安全活动、政治活动、经济活动等方面展开。

高速公路各项目公司与养护作业单位较为重视养护管理,贯彻预防性养护与周期性养护原则,除个别高速公路养护质量较差外,大多都处于良好技术状态。2001、2002、2003年,高速公路平均养护综合值均为100。2010年年底,高速公路MQI平均值为 94.08。

2001 年交通部组织的"九五"高速公路养护管理检查时,交通部认为,上海高速公路管理手段先进,运营服务状况良好,养护科技含量较高,绿化富有特色,经济效益显著,高速公路与整体环境相协调。检查排名直辖市第一,全国前十位。

2005 年,交通部组织"十五"期间全国干线公路养护与管理检查,高速公路列于其中。全市对高速公路全面整治,投入资金 8 922 万元。检查排名列于全国中下水平。

交通部对"十一五"(2006 年至 2010 年)全国干线公路养护与管理检查安排在2011 年,高速公路也列于其中。12 个高速公路项目公司完成 14 个路段 455 公里整治任务。交通部检查后指出:上海各高速公路经营公司对养护管理认识不统一、重视程度不一致,服务质量参差不齐。建议加强行业监管,理顺高速公路路政管理体制,规范高速公路收费站点审批工作。这次评定上海高速公路养护与管理排名在全国 15 名以外。

2006 年洋山深水港建成后,上海绕城高速公路实行"弹性收费",即途经绕城高速公路集装箱车辆只要付 10 元可以走完全程 200 公里,比原来节约近 200 元。集卡流量骤增 133%,远远超出原设计标准,路面不堪重负,加之养护维修经费不足,路况水平急剧下降,路面沉陷、破损,基层损坏、翻浆,行车颠簸,过往司机怨声载道。

(二)桥梁养护

市公路行业在桥梁养护管理中首先抓制度建设,使其步入规范化管理中。2002年,市市政局下发《上海市公路桥梁养护管理暂行规定》,确立了公路桥梁管理的原则、部门和职责、养护专职技术人员配备、技术状况分类及危桥定义、桥梁鉴定方法、危桥应急处置、危桥改造经费落实、技术档案管理与地理信息系统运用以及超限运输车辆过桥管理等规定。2007 年 4 月,市公路处印发《〈上海公路桥梁安全运行管理系统〉应用管理规定》,要求高速公路经营管理者负责"系统"在其管辖范围内桥梁上的应用,配备必要检测仪器和设备,对桥梁进行检测评价。市公路处成立由分管领导、有关桥梁专家等组成的桥梁安全运行技术小组,全面负责桥梁安全运行养护技术管理工作。市公路处完成月度安全检查、并运用系统进行分析评价,提出并实施桥梁维修措施。年度检查通过"系统"生成年度报告上报市公路处。同年 6 月,交通部印发《公路桥梁养护管理工作制度》,要求建立桥梁养护工程师制度,规范桥梁养护管理,建立、健全技术档案管理制度,加强应急处置管理。同年 9 月,市公路处制定《上海市公路桥梁养护工程师制度》,进一步明确桥梁养护工程师资格要求、工作职责等。2008 年 9 月,市市政局下发《关于本市建立公路桥梁养护工程师制度的通知》,要求建立全市统一的公路桥梁养护工程师制度,对从事公路桥梁养护管理、检测人员实行持证上岗。高速公路各项目公司积极推广应用"桥梁安全运行管理系统",配备必要的检测仪器和设备,对桥梁进行月度安全检查,并用"系统"进行分析评价,对安全有疑虑的桥梁及时组织技术小组进行现场检查,根据技术小组意见进行相应的特殊检查或及时维修加固。市公路处举办了三期桥梁养护工程师及管理员培训班。高速公路各项目公司设置专职桥梁养护工程师及桥梁养护队伍,将此项工作纳入长效管理机制。

其次,市公路行业高度重视桥梁安全。2009年6月29日,黑龙江省铁力市西大桥桥体垮塌。2010年6月,市公路处印发《上海市公路桥梁安全事故责任追究制度》,明确了桥梁安全事故的定义、责任追究的原则与方式:对主管人员和直接责任人员给予相应的行政处分、管养单位承担相应经济赔偿责任、行业内予以通报,对因违反建设程序、设计、施工规范等原因造成质量安全事故的,追究相应单位及其主要负责人责任等。同年7月15日,天津津晋高速匝道桥坍塌,交通部下发《关于进一步开展桥梁安全隐患排查和治理工作的紧急通知》。市建交委下发通知要求加强上海市桥梁安全运行管理工作。市公路处成立桥梁设施安全隐患排查和安保工作专项行动领导小组和工作小组,高速署抽调精干力量对高速公路网进行了为期一周的桥梁安全隐患排查。排查采用单位内自查、单位间互查、行业抽查相结合的办法,重点对技术状况评定等级为三、四类的桥梁、特大桥梁和特殊结构的桥梁以及交通繁忙特别是超限超载车辆行驶较为集中的桥梁进行了排查。经排查,高速公路桥梁中三类桥21座,无四类桥,并对存在安全隐患的桥梁提出了维修加固方案。市公路处下发《关于尽快对A30北环三类桥梁采取维修措施及应急处置的通知》,要求确保澄城路桥、潘泾河桥和蕰川路E匝道桥三座桥梁结构安全受控。同年8月,市公路处下发《上海市高速公路桥下空间管理暂行规定》,对桥下空间管理的责任划分、桥下空间使用、禁止从事的活动等作了明确规定。

（三）外环隧道养护

外环隧道全长2 882.8米,其中浦西引道段231.5米,光过渡段51.2米,暗埋段457米,沉管段736米,浦东暗埋段177米,由供电系统、消防系统、给排水系统、排风系统、监控系统组成。养护工作突出了该隧道结构的特殊性。外环隧道属于沉管结构,其变动对隧道管段间的连接产生影响。如潮位、气温等变化都将使管段与管段之间压缩或拉开,压缩超限和拉开过量都将导致两管段的GIMA止水带(管段与管段安装连接时的第一道橡胶密封圈)失效。养护单位根据隧道变动特点,测量两管段接头间的距离变化量,以及测量Ω止水带(管段与管段贯通后安装的第二道密封圈)与GINA橡胶止水带压缩量和GINA橡胶止水带密封状况。自2007年以来,养护单位不断测量及对数据跟踪与分析,多次测出管段之间的GINA橡胶止水带有压缩量超过极限以及Ω止水带压力异常数据。养护单位及时采取加装钢支撑措施,以控制第一道密封圈过度压缩。根据压缩量变化,定期对第二道密封圈进行检修或更换,有效确保了隧道安全。其次做好日常性养护维修工作:一是在设施日常养护方面,每天定时对全隧道路面采用机械化清扫一次,每月对全隧道侧墙面采用机械化清洗一次;每月定时对隧道横截沟疏通清淤一次,对隧道照明灯具、变电站、监控设备保洁一次;每两个月对泵房蓄水池清淤一次,清洁隧道风机一次。二是在设施检测与维修方面,每月由专业单位对全隧道进行沉降检测一次,每季度对全隧道结构、管段伸缩缝进行监测、高低压变电、排水与照明系统等隧道辅助设施进行检查及维修。

（四）命名编号

2002年4月—9月,依照《上海市城市交通白皮书》对道路交通标志、标线的总体要求及《道路交通标志和标线》的原则规定,市公路处配合市公安局交巡警总队编制了《上海市高速公路、城市快速路及城市高架路交通标志标线技术总则》。高速公路"A"字头命名是按照该总则规定改造的主要内容之一,规定了高速公路以"A"字头加数字命名。具体规则为高速公路及外环线以"A"作标识,后加数字编号进行命名。其中,射线高速公路及南北向、东西向道路按其与A30(郊环线)的交点,从A30的零桩开始按顺时针方向,分别以1、2……顺序命名,遇"10"的整倍数跳过。如依次为A1迎宾大道、A2沪芦高速公路等。环线高速公路以"10"的倍数顺序命名,包括A20外环线和A30郊区环线。公布后司乘人员不太熟悉编号规则,一段时间引发了社会上诸如"A字头道路走得好辛苦"之类的议论,但经过多次改进和调整,逐渐为市民接受,客观上为理顺本市高速公路指路标志系统打下了基础。

这期间,各地高速公路建设迅猛。路名大多以线路起讫点所在的地名命名,全国亦未形成高速公路统一的命名编号规则,影响了国家高速公路网功能的发挥和服务水平的提高。2007年7月,交通部发布《国家高速公路网命名和编号规则》和《关于开展国家高速公路网路线命名和编号调整工作的通知》,明确全国高速公路网命名和编号调整工作的指导思想、基本原则、实施进度及目标。2010年2月底,上海市完成国家高速公路命名编号调整及标志更换工程。同年3月底,完成省级高速公路中收费高速公路命名编号调整及标志更换工程。同年4月底,完成由市交警部门负责的不收费高速公路命名编号调整及标志更换工程以及城市快速路、普通公路相关标志更换工程。上海辖区内775.18公里高速公路以及城市道路、普通公路命名编号的相关标志改造,共计新增、更换、改正各类标志3万余块,总投资1.56亿元,并印制了三版《上海市高速公路命名编号调整和指路标志更换》宣传折页,在收费站、服务区、加油站等处免费向社会发放。同年11月,市公路处下发《关于印发〈上海公路标志养护管理规定〉的通知》,旨在建立全市公路标志管理的长效机制。

2010年上海市高速公路命名和编号调整新旧对照表

路线性质		新命名简称	新编号	路线起讫地点	原 路 名
国家高速公路	首都放射线	京沪高速	G2	北京—上海	A11沪宁高速
	纵线	沈海高速	G15	沈阳—海口	A5嘉浏、嘉金高速 A4莘奉金高速 (山阳镇—沪浙界)
	横线	沪陕高速	G40	上海—西安	A14
		沪蓉高速	G42	上海—成都	A11沪宁高速
		沪渝高速	G50	上海—重庆	A9沪青平高速
		沪昆高速	G60	上海—昆明	A8沪杭高速
	地区环线	杭州湾环线高速 (与G60共线)	G92		A8沪杭高速
	城市绕城环线	上海绕城高速	G1501		A30郊环高速

（续表）

路线性质		新命名简称	新编号	路线起讫地点	原 路 名
省级高速公路	射线	迎宾高速	S1	上海市区—浦东国际机场	A1 迎宾高速
		沪芦高速	S2	上海市区—芦潮港	A2 沪芦高速
		沪金高速	S4	上海市区—金山	A4 莘奉金高速（莘庄镇—山阳镇）
		沪嘉高速	S5	上海市区—嘉定	A12 沪嘉高速
	纵线	新卫高速	S19	新农—金山卫	A6 新卫高速
	横线	沪常高速	S26	上海—常州	A16
		申嘉湖高速	S32	上海—嘉兴—湖州	A15
		亭枫高速	S36	亭林—枫泾	A7 亭枫高速
	环线	外环高速	S20		A20 外环高速

（五）三年整治与"迎世博"

2005 年交通部组织的养护与管理检查,上海公路路况水平处于全国中等水平,其中高速公路路况处于中下水平,与邻近江、浙两省相比,差距很明显。检查结束后,市公路处开展了"关于上海高速公路路况水平的分析与建议"的课题研究,调查了上海高速公路平整度现状,比较了江、浙两省的路况水平和管理模式,分析了路况水平不佳的原因,提出了"上海高速公路养护管理三年行动计划"的初步设想。2006年 8 月,市政府办公厅转发市市政局《关于市政道路设施迎世博三年整治行动计划实施意见的通知》。其中,高速公路为三年整治行动计划的重点,内容包括改善路面平整度,消除"桥头跳车";目标为全市高速公路路网中除外环高速以外 90% 以上路段的平整度达到并保持每公里·车道 IRI(国际平整度指数) ≤ 2 米 /公里,其中连接江、浙两省的 95% 以上路段的平整度达到并保持每公里·车道 IRI ≤ 2 米 /公里,并不低于江、浙高速公路的平整度水平;整治时间从 2006 年下半年到 2009 年上半年。

2008 年 8 月,开展了"迎世博加强市容环境建设和管理 600 天行动",高速公路三年整治中未完成的 253 公里整治任务被纳入"600 天行动计划"中。期间整治了172 公里路面和 523 公里沿线附属设施、78 个收费道口、8 个服务区、9 个绿化小品,设置了 6 个道口世博安检站,清理非公路标志 634 块,治理了 44 处噪音敏感点。

各项目公司在"三年整治行动"和"迎世博 600 天"行动中都成立领导小组和工作小组,制定整治计划,筹措整治经费,按照进度要求按时完成整治量。嘉浏高速公路路况不佳,项目公司投入资金 2.1 亿元,使路面平整度 IRI 值从整治前的 2.45毫米 /公里下降到 1.47 毫米 /公里,全线路况和路貌得到根本性改变。

2010 年 3 月,高速公路工作重点从"迎世博 600 天整治行动"转入世博期间 184天的运营服务与保障工作中。市公路处编制了《上海公路行业世博会期间设施运行和应急保障工作方案》,明确高速公路养护运行保障工作内容、重点、保障措施等要求。市公路处成立领导小组、专职办公室和两个保障工作小组。各项目公司也相应成立保障工作机构,明确各自保障工作职责和内容。行业内建立每月一次世博运营保障联席会议制度,层层签订世博安全维护稳定责任书,将责任逐级落实。高速署和各项目公司均建立了日常巡查机制,按照《上海公路行业世博会期间设施运行和应急保障工作方案》要求开展巡视工作。其间,市公路处对高速公路路网分类管理进行了有益尝试,根据世博保障任务的轻重划分重点路段和重要节点,设定养护巡查频率、保洁频率、设施损坏处置时限等。分类管理对于合理分配路网资源、突出重点、统筹兼顾起到了重要作用。

二、运营管理

高速公路运营管理是指运行管理与收费管理。运行管理则为行车安全通畅提供设施设备等硬件管理和组织、指挥、控制、协调等软件管理。收费管理包括收费政策、收费方式、窗口服务等。

沪宁高速公路收费员工优质服务

2001年至2010年,上海高速公路快速发展,车流量大幅增长。2003年时上海高速公路形成路网的出口流量为5 536.40万辆,入口流量为5 507.08万辆;2005年时出口流量为9 870.57万辆,入口流量为9 655.49万辆;2010年时出口流量为20 745.7万辆,入口流量为20 793.09万辆。

(一)运行管理

2003年12月,市公路处成立上海高速公路联网收费结算中心、交通监控中心、应急指挥中心(以下简称"三个中心")。各路段下设监控分中心,负责对本路段的设施和交通状况进行监控、应急处置、投诉咨询受理等。"三个中心"实现了"联网收费、即时监控、联动应急"目标。同年,市市政局下发《上海城市快速路、高速公路监控系统运行管理实施意见》,对监控系统的日常运作、应急处置、信息发布、设备维护等职责进行了规范。据此,市公路处于2005年4月细化局颁文件,出台了《上海市高速公路监控系统运行管理实施细则(试行)》,操作性较强。同年10月,市市政局颁发《上海市高速公路联网收费、监控应急和通信系统操作规程(试行)》,对收费系统、监控应急系统、机电系统等方面的操作流程进行了统一和规范。高速公路各项目公司结合路段实际,细化收费、监控应急和通信系统等方面管理制度。

2008年4月,市市政局印发《上海市处置高速公路运行事故应急预案》,对应急处置的组织体系及各自职责、预警预防机制、应急处置流程、后期处置、保障措施、监督管理等进行规定。各高速公路项目公司根据此预案分别制定本路段的应急处置预案,对确保突发事件或灾害性天气快速有效处置起到了重要作用。同年1月,上海遭遇五十年一遇的低温雨雪冰冻灾害,连续性降雪使高速公路路面积雪达到12厘米,路面结冰后被迫封路。市公路处和各高速公路项目公司全力战冰雪保春运,迅速启动应急预案。全路网共投入应急作业人员日均800余人,出动各类应急抢险车辆日均120辆左右,动用各类融雪剂、黄沙等融雪、防滑材料173吨,使用草袋、编织袋2万余只。全天候路况信息发布,确保了高速公路设施安全和道路畅通。

组织高速公路大雾天应急处置演习

2009年下半年,市公路处统一了高速公路路网服务电话12122,为社会公众提供公路出行服务。2010年4月,上海公路路网管理中心成立,以统一管理公路系统的交通监控和应急指挥业务。

随着社会经济的快速发展,高速公路网交通流量逐年增加,其中京沪高速、沈海高速、沪渝高速、沪昆高速等射线高速公路主线道口交通流量大,局部时段出现拥堵。特别在春节、清明、五一、国庆等节假日,拥堵更为严重。拥堵主要发生在与射线高速公路相接的区域和交通枢纽临近的区域。如京沪高速江桥收费站工作日上下班时间的流量相对集中,高峰小时断面出口流量为3 794辆次/小时,入口流量为5 070辆次/小时。清明节当天早上江桥收费站入口高峰时段拥堵2公里左右,下午从嘉金立交附近堵到江桥收费站,长达5公里。

排堵保畅主要采取了四方面措施:

其一,制定预案。2004年市政府第55次常务会议,研究道路排堵保畅工作。市市政局提出"确保高速公路和外环线道路畅通,特别要解决好高速公路收费口拥堵问题"。同年12月,市公路处下发《关于做好高速公路收费道口排堵保畅有关工作的通知》,提出高速公路收费口排堵保畅预案和措施。预案规定,入口排队超过200米时,采用"快速发卡"方式,超过300米时发放"预刷卡";出口排队超过300米时,采用备用手撕票形式收费。同时,还提出了快速处置道口纠纷,养护作业避开高峰等规定。各路段针对实际,研究不同道口不同时段的流量变动规律,制定了各路段排堵保畅预案和国定节假日排堵保畅专案。2010年12月,市建交委下发《上海市收费高速公路运行管理规定(试行)》。该《规定》对收费道口通行保障、设施养护等方面作了新规定,特别是收费口拥堵1 000米须免费放行的规定引起社会广泛关注,市公路处为此制定了免费放行的实施细则。

其二,实施工程性改造。对于拥堵较严重的射线高速公路采取工程性措施。如沪宁高速公路江桥收费站设置"一岛双亭"。2005年3月开始采用串列式收费方式,即在收费车道原有收费亭前再增设一个收费亭,配备同样的收费系统,使得一根车道能有2辆车同时读卡收费操作,提高了单根车道的收费能力,通行能力提高了1.2—1.3倍,达到180—200辆／小时。增加收费车道数,江桥收费广场将原有收费天棚基础进行调整,增加了2根收费车道。开辟阶梯式收费道口,即在收费道口外广场设置"复合式收费车道",以增加通行能力。根据车流潮汐特点设置可变车道,不同时段变换进出口收费车道。经过潮汐可变车道的改造,高峰小时流量提高到2 400辆,有效地缓解了拥堵问题。2007年至2009年,陆续对江桥主线收费口5、6、7、8、9车道进行改造,双亭收费亭达到12根车道。2009年,沪青平、嘉浏高速相继在主线收费站增设了阶梯式收费广场。2010年1月,沪杭高速(莘松段)拓宽改建工程竣工通车,新建的主线新桥收费站在原莘庄收费站基础上西移8公里至新桥,增加了8根收费车道。

其三,采取管理性措施。例如采取加强收费员业务培训,提高业务技能;完善应急预案,加强信息发布,均衡路网流量措施等。2009年沪嘉高速实行客车弹性收费

京沪高速公路(上海段)收费道口实施潮汐式收费亭

后,流量增大。为此,管理单位设置了交通诱导标志牌、对收费车道进行改造、加强对收费员的培训、完善应急预案、加大现场指挥疏导力度,使道路保持畅通。又如2010年3月1日至6月14日,南环高速在金山大桥施工期间,制定了《金山大桥封闭亭枫、朱泾收费站应急预案》,对所有通过亭枫高速朱泾、亭枫收费站车辆实行双向免费通行,同时做好信息发布,增配收费人员,安排人员在道口疏导车辆,确保了施工期间收费道口畅通。

其四,实施高速公路电子不停车收费系统(ETC)建设。2008年9月,嘉浏高速朱桥收费站、沪宁高速江桥收费站、沪青平高速徐泾收费站、沪杭高速枫泾收费站等车流量较大的收费站出口均布设3根ETC车道,大大提高了通行能力。ETC车道流量逐月以10%左右的速度增长,占总流量的10%。

(二)收费管理

2002年12月3日,市物价局颁发《关于制定本市高速公路网通行费收费标准的复函》,明确实行全路网封闭的计算机联网收费,即车辆进出高速公路网时,入口处发通行卡(IC)卡,出口处收通行卡,按行驶里程一次性收取通行费。收费计算公式为,每车公里基价(0.60元)×车型系数×运行公里数。具体为2吨以下(含):系数1,每车单价0.60元/公里;2~5吨(含):系数1.5,每车单价0.90元/公里;5~10吨(含):系数1.7,每车单价1.02元/公里;10~20吨(含):系数2.74,每车单价1.64元/公里;20吨以上:系数3.3,每车单价1.98元/公里;20英尺(注:1英尺=0.304 8米,下同)集装箱:系数1.7,每车单价1.02元/公里;40英尺集装箱(郊环以内):系数2.74,每车单价1.64元/公里;40英尺集装箱(郊环以外):系数1.7,每车单价1.02元/公里。票级实行10元起价,以5元为一个累进单位。

2004年12月28日,市市政局、物价局颁发《关于降低本市高速公路车辆通行费收费标准的通知》。通知明确第四类货车(载重15吨及15吨以下,10吨以上)高速公路车辆通行费标准由每车单价1.64元/公里降低至1.32元/公里;装载20英尺集装箱的收费标准不变。第五类货车(载重15吨以上)高速公路车辆通行费标准由每车单价1.64元/公里降低至1.43元/公里;装载40英尺集装箱车(郊环内)的收费标准由每车单价1.64元/公里降低至1.43元/公里;装载40英尺集装箱车(郊环外)的收费标准维持不变。

2006年,为了形成以上海绕城高速为骨干的集装箱集疏运主通道,配合上海建设国际航运中心战略,市政府推行了以集装箱车辆为对象的高速公路弹性收费政策。同年3月,市物价局和市政局联合下发《关于对A30郊环集装箱车辆实行弹性收费的通知》。通知要求对行驶在上海绕城高速和沪芦高速(进港段)上的集卡由原按里程收取通行费调整为统一按次收取,每次10元。

2008年6月,市发改委下发《关于对整车运输蔬菜、生猪等鲜活农产品的车辆免收车辆通行费的通知》,规定对整车运输蔬菜、生猪等鲜活农产品的车辆和运输抗震救灾物质的车辆,继续免收高速公路通行费。

2009年,市建交委、发改委、财政局联合下发《关于A12公路(沪嘉高速公路)实行客车弹性收费的通知》,同年3月,沪嘉高速实行了客车弹性收费:对第一类(小于

〈含〉7 座)、第二类(8 至 19 座)客车,市区至南翔双向免收高速公路车辆通行费,南翔至嘉定段双向按 5 元／车次收取通行费;对第三类(20 至 39 座)、第四类(大于〈含〉40 座)客车,市区至嘉定双向免收高速公路车辆通行费;货运车辆及进入高速公路收费网途径沪嘉高速的车辆仍按原标准收费。

20 世纪 90 年代,高速公路通行费征收累计 11.47 亿元。2001 年至 2010 年,高速公路通行费征收累计 176.79 亿元。同时,高速公路积极承担社会责任,"5.12"汶川特大地震发生后,严格执行运输抗震救灾物资和鲜活农产品"绿色通道"政策,放行车辆 168.89 万次,为救灾运输车辆减免通行费 6 016 万元。

十年间,高速公路收费管理模式与政策发生数次变化。随着通车里程不断增加,迫切需要改变以前高速公路"一路一价"标准的收费模式。2001 年 1 月,市公路处组织召开上海市高速公路收费结算中心一届一次理事会。市公路处、莘奉金高速公路建设发展有限公司、同三高速公路有限公司、沪青平高速公路有限公司、嘉浏高速公路建设发展有限公司、路桥发展股份有限公司等单位作为理事会成员参加了会议,决定由理事会成员出资建设收费结算中心。2002 年 9 月,上海公路建设总公司、上海路桥发展股份有限公司、上海沪青平高速公路建设发展有限公司等 10 家单位通过协商,同意共同出资成立上海耐特高速公路收费结算有限公司(简称"耐特公司")。该公司为服务于各高速公路项目公司的非营利性公司,承担高速公路联网收费资金结算与清分、IC 卡管理、票据管理、与银行资金结算、与公共交通卡公司资金结算等工作。同年,上海市高速公路实行了"车辆一次入网,一次收费,按路段实际行驶里程清分"的联网收费模式。收费标准按照市物价局批复的标准执行。2003 年年底,市公路处下发《上海市高速公路联网收费结算管理暂行规定》,对现场收费、收费解款、结算中心清分、收益划转等各个环节做了规定,确保联网收费工作统一规范顺利进行。然而,由于耐特公司定位不够准确,路网整体管理与协调职能不明确等原因,2003 年 11 月,耐特公司召开第二次股东会,审议通过《关于上海耐特高速公路收费结算有限公司解散的方案》。2004 年,市市政局将收费结算公司的职能改由市公路处内设的联网收费结算中心承担,有关管理职能纳入政府行业管理体系。

2004 年 8 月,嘉金和北环高速公路建成通车,纳入高速公路网,从此高速公路网从单一性路径转变为二义性路径。为此,2005 年 5 月市公路处完成了《上海市高速公路网多路径收费拆分实施方案》课题研究报告,决定采用节点位势法进行多路径收费的拆分,以建立长效调整机制,最终实现按时清分目标。课题研究报告经市市政局和项目公司有关专家讨论通过。

高速公路电子不停车收费系统(ETC)开发后,迅速推广。截至 2010 年底,建成 ETC 车道总数达 118 根。分布在全市高速公路网的 20 个主线收费站(35 个主线收费断面)和 82 个匝道收费站(195 个匝道收费断面),共发展 ETC 用户 10.5 万户,ETC 车道流量占总流量的 10%左右,有效增强了收费口通行能力,降低了环境污染。

开展逃费、"闯关"专项整顿工作。社会上一些不法分子采用套牌、冒用通行费凭证、非法拦截外地货运车辆强行"闯关"和采用暴力冲卡等,对高速公路的运营造成了危害。公路管理部门采取了各项整顿打击措施。或与路政、交警开展了联合整治行动。加强道口监控,对逃票车辆摄录车牌号,通知交警进行拦截,令其补交并处罚;或会同当地公安、运管等部门组织规费稽查,建立收费口联合执法;在"闯关"频繁时段,安排路政、稽查执法人员维护现场;收费口增设摄像机,记录"闯关"车辆牌号、车辆特征,收集证据,联合司法机关打击冲卡犯罪团伙,维护收费秩序。

三、行业管理

2003 年 12 月,由市公路处派出机构——高速署建立了高速公路行业联席会议制度,并于 12 月 25 日召开了第一次联席会议即高速公路管理理事会成立大会。会议通过了《联席会议议事规则》和《高速公路管理理事会章程》,决定每季度召开一次联席会议,每次会议确定一个主题,采取情况通报、经验交流、课题研讨、现场观摩和对口检查等多种形式在各成员单位间轮流召开。2004 年 3 月,市公路处制定了《上海市高速公路养护运行管理检查实施办法(试行)》,规定了月度不定期检查和季度、半年度、年度定期检查相结合的养护运行管理检查方式,对养护管理、收费运行、监控通信及窗口服务等四部分进行全面检查。月度由高速署组织动态巡视检查,检查中发现问题以整改意见单形式告知被检单位,并以月报形式进行通报;季度为定期检查,由高速公路管理署每季度末组织实施,检查结果在行业管理会议上进行讲评;半年度和年度为定期检查,由市公路处统一组织,对高速公路的管理技术状况和养护运行情况进行全面检查,检查中增加社会满意率调查,检查结果在行业管理会议上讲评,书面通报。该《办法》将检查内容以《评分标准》的形式进行公布,并在每次集中检查前针对当年重点工作对评分标准进行调整。将半年度和年度定期检查结果作为行业考核经营管理单位、养护、运行作业公司的重要依据。为迎接上海世博会,2008 年 8 月签订了上海公路迎世博加强市容环境建设和管理 600 天行动责任书,2009 年 3 月签订了上海市高速公路市容环境整治责任书,2010 年 4 月市公路处建立了上海高速公路世博运营服务与保障工作联席会议制度。市公路处多次与高速公路经营管理单位签订责任书,使高速公路经营管理单位明确了工作任务、目标、考核方法、奖惩办法,增加了行业管理抓手,保障了重大任务顺利完成。

四、经验与教训

高速公路投资多元化缓解了政府财政压力,加快了"十五"期间高速公路建设步伐。多元化投资体制带来了以项目公司为基础的分割式管理模式。部分项目公司存在重经济效益,轻社会效益的现象,路况质量、服务质量、窗口形象等方面只求行业评分及格不求优秀的现象。部分项目公司重收费,轻养护。养护投入少,技术力量不足,管理薄弱,路况水平不高。分割式管理导致全网整体养护作业机械化程度不高,科研投入不足。个别路段路况很差,严重危害行车安全。为此,公路管理部门正在研究"多元化投资、一元化管理"的管理模式,以适应上海经济社会发展需要。

第二节　普通国省干线公路养护管理

　　普通国、省道在本节仅指非高速公路的国道和省道。截至 2010 年,上海普通国、省道总里程 1140.19 公里,为公路网中的主要骨架。国道有沪宜公路(G204)、曹安公路(G312)、沪青平公路(G318)、沪莘枫(G320)四条,总里程 166.69 公里。省道 17 条,里程 973.5 公里。其中 5 条由市直接管理,其余 12 条市委托区(县)管理。市管的省道由公路处下设的派出机构市管公路管理署(简称"市管署",其养护管理的公路简称为"市管公路")管理,区(县)管的省道由区(县)公路管理署(简称"区(县)公路署")管理。2009 年起,区(县)管理的省道收归市管理。

一、市管国、省道养护管理

　　为加强高速公路与市管公路的养护与管理,2000 年 4 月,经市政局批准,公路处设立了两个派出机构:高速公路管理署(简称"高速署")、市管公路管理署(简称"市管署")。高速署管理高速公路,市管署负责市管国、省道的养护与路政。

　　(一)养护市场化

　　20 世纪 90 年代末,市管公路实行管理与养护分开后,养护作业分步进入市场。第一步,各区(县)管养公路实行三年保护政策,由剥离出来的养护公司承包本区(县)范围的公路养护;第二步,拿出 50%的设施量由本区(县)具有养护资质的公司招标竞争;第三步,100%的设施量实行养护招投标,允许外来公司参与招投标。

　　2003 年 2 月,交通部颁发《公路养护工程市场准入暂行规定》和《公路养护工程施工招投标管理暂行规定》,标志着国家层面上公路养护进入了市场。2002 年 5 月,市市政局颁布《上海市市政设施养护维修市场管理规定(试行)》,明确了养护作业市场准入的基本条件,提出在养护市场建立告知承诺制和诚信制,以《告知承诺书》的形式,约定市场规则,即进入养护维修作业市场的企业,必须严格遵守招投标的法规、规章、规范性文件以及招标文件的要求等六项告知;企业对市市政局告知的有关事项作出承诺。规定了养护市场招投标程序、养护合同与合同纠纷处置程序、养护监管等。该"规定"适用于公路养护市场。同年 6 月,"市政设施养护维修网上交易中心"正式挂牌成立。7 月,《上海市市政养护维修企业诚信度评定办法(试行)》出台,对养护企业的作业质量、安全、文明施工、经营活动的诚信度和社会信誉做出了规定。2004 年 7 月,市市政局对《上海市市政设施养护维修招标投标管理规定》进行了修订。规定指出,符合招投标条件的养护维修项目必须通过(网上)交易中心发布招标信息,符合市场准入条件的企业均可参与投标;评标专家从专家库中随机抽取。修改后的"规定"旨在培育和规范"统一、开放、竞争、有序"的养护市场。普通国、省干线公路养护工程招投标采取"三年一招,一年一签"的操作模式,普通国道划分为 6 个标段,市省道划分为 8 个标段。经过招投标选定养护单位,市管署制定了监管考核标准和技术规范,列入养护工程维修合同。平时加强巡查,月度检查和年度检查相结合,检查考核与养护经费直接挂钩,以强化养护单位的责任性。

（二）养护经费

十年间市管国、省道养护资金投入共 39.75 亿元，其中日常养护 6.8 亿元，大中修工程 18.9 亿元。

2001 年至 2008 年，市管公路养护管理经费沿用养路费征收额进行分配，市公路处编制年度计划报市市政局和财政局，经批复后使用。分配额为 23.68 亿元，占养路费征收总额的 27.2%。2008 年 12 月 18 日，国务院颁布《关于实施成品油价格和税费改革的通知》，取消公路养路费等六项收费，逐步取消政府还贷二级公路收费，提高成品油消费税单位税额等。改革后形成的交通资金属性不变、资金用途不变、地方预算程序不变、地方事权不变。新增税收收入的分配按以下顺序分配：首先替代公路养路费等六项收费的支出。具体额度以 2007 年的养路费等六费收入为基础，考虑地方实际情况按一定的增长率来确定。另外补助各地取消政府还贷二级公路收费和对种粮农民增加补贴等。随后，市建交委会同市发改委、财政局围绕市公路养护管理经费分配方式改革进行目标任务的细化和工作落实，确保养护管理经费的"合理分配、有效使用"。2009 年 12 月，市建交委、发改委、财政局正式下发《关于调整本市公路养护管理经费分配机制的实施意见》。根据意见规定，市管公路养护经费按照公路设施量、养护定额、道路等级、交通流量、重车荷载、养护质量、绩效考核等综合因素，市公路处提出初步分配意见，由市建交委统筹安排。市管公路的养护管理经费使用范围包括日常养护费用、小修工程费用、大中修工程费用以及管理费用。公路养护管理经费全部用于养护管理，专款专用，专账核算，不截留、挤占和挪用。日常养护费用的 30% 用于专项养护维修工程项目。专项养护维修项目由养护企业每半年列出维修计划，由市管署审核，项目竣工后验收并编制结算书，按实结算。剩余 70% 的日常养护费用以 2∶3∶3∶2 的比例按季度支付，支付条件和要求以养护维修合同规定为依据，达不到考核目标的将扣除相应养护经费。小修工程项目年度计划由市管署根据养护和管理需求编制，报市公路处复核和建交委审核批复。每年计划安排的小修工程费用比例不低于日常养护经费的 10%。总费用超过 50 万元的小修项目由市管署组织议标，工程费用待项目竣工验收后决算予以支付。大中修工程项目年度计划由市管署根据养护和管理需求编制，报市公路处和建交委审核批复。每年计划安排的大中修工程里程比例不低于国省干线公路总里程的 16%。大中修工程独立进行招标，工程费用待项目竣工验收后按合同规定予以支付。养护和大中修工程等经费均由市财政直接支付到相关养护、施工单位。公路养护管理经费的使用接受市建交委和财政局监管；审计部门定期对公路养护管理资金使用情况进行审计。

（三）养护管理

针对养护作业特点，对养护作业实施事前、事中、事后全过程监管。事先确定针对性、预防性、周期性养护计划。事中重视现场监管，按千分制标准对所有设施全面考核。考核与经费挂钩，并运用社会媒体与公众力量，强化监督机制。

在大中修工程监管方面，市管署由粗放型管理逐步向精细化管理转变。2010 年 5 月开工的沪青平公路大修工程在工地现场安装了远程无线动态视频监控设备，实现现场全景监控,包括现场文明施工、安全生产、施工质量、进度、交通组织等情况。委托专业单位对工程材料进行检测,强化对监理和施工企业的监管。动员社会媒体和公众参与监督,发生工程质量、安全事故等,则将造成媒体曝光、公众投诉。

整治后的沪青平公路

2004年3月,交通部下发《关于印发〈公路安全保障工程实施方案〉的通知》,开展了以"消除隐患,珍视生命"为主题的"安全保障工程"。同年10月,市公路处下发《关于进一步推进本市公路安全保障工程的通知》,市管署对市管公路及附属设施进行了重点排摸,以确定安保工程的具体实施路段。2009年5月,在浦星公路安装了1 500米人行玻璃钢隔离护栏;同年9月,在亭枫公路沿线增设中央分隔带等。

2008年,交通部颁布实施《公路技术状况评定标准》,推广MQI路况评定系统。据此,市管公路建立了数据库,为制定养护维修计划、分配资金提供了更好的依据。2010年,市管公路监控中心建成。该中心对日常养护、大中修作业进行现场视频监管,处理突发事件,管理GPS车辆,接待市民投诉等,它集日常养护、大中修工程、路政管理、应急指挥、牵引排障为一体,运用信息化技术提升管理水平。

2009年,普通国、省干线公路路名牌更换。新更换的路名牌上方为绿底白字,下方为白底黑字,内容包括公路名称及路线代码,道路走向,英文标识等。当年更换了1 502块。2010年农村公路路名牌更换。在公路路名牌的更换方面,松江区走在全市前列。

二、区(县)管省道养护管理

2001年至2008年,除了240.67公里的主要省道由市公路处直接管理外,其余495.59公里省道则由市委托所在地的区(县)公路署管理,2010年时区(县)管理的省道有546.89公里。根据1997年的改革政策,区(县)管的省道养护管理经费一直按照征收额分配,即按照本地的在籍车辆缴纳的养路费额分配,其中浦东、松江、南汇、青浦、金山、奉贤和崇明等区(县)全额返回;宝山、嘉定、闵行3区按70%比例返还,其余30%作为微调资金,由市公路管理部门用于补贴其他区(县)。

各区(县)在管理省道过程中探索了一些经验和做法。如浦东新区推行"三化"养护:一是精细化养护。规范流程、优化机制,完善管理、考核等制度。二是采用"技术化"。如采用JSD养护王、魁道压缝带、下水道吸泥机、热再生、JX-ID混凝土早强剂、沥青路面灌缝料(黑蚂蟥)等多种新材料、新工艺。三是运用信息化。建成养护管理系统、修建管理系统、排水管理系统,建立网格化管理平台等。宝山区自主开发了网格化管理软件,逐步建立了"发现问题及时,处置工作有效,公路作业规范,社会各界参与,监督协调有力"的公路联动管理机制。

浦东新区与相关单位研究声屏障清扫保洁车辆

2009年实施燃油税后,除浦东新区外,其余408.34公里普通国省道收归市里管理。

三、养护行业管理

市公路处对区(县)公路管理署实施行业管理,主要任务为业务指导、检查和推进工作。每年市与区(县)两级公路管理机构签订目标责任书,实施目标考核。对区(县)管的普通省道、县道定期开展养护检查与日常巡视,提出要求,帮助解决问题,对面上普遍存在的问题提出对策,对较为严重的问题发通报、发整改通知等。市公路处对区(县)一年两次养护检查,检查养护管理计划和目标完成情况,交流、总结好的经验和做法,指出存在的问题和差距,提出改进意见建议。2009年前,部分国省道由区(县)公路署安排养护计划和资金,通过招标委托养护公司养护,实行合同管理。个别区(县)聘请监理公司实施养护监理,效果较好。

四、两次"国检"

2005年,交通部组织"十五"全国干线公路养护与管理检查。市管的普通干线公路投入1.2亿元整治。同年10月交通部检查,上海市在直辖市中排名第二,认为"上海干线公路规划布局合理,通行能力较高,服务水平较高,特别是信息技术应用走在全国前列"。同时提出了加强对基层单位的检查,建立长效管理机制,加大超限运输整治等建议。

2011年5月,交通部组织"十一五"全国干线公路养护管理检查。全市普通干线公路投入2.8亿元养护维修。检查结果显示,在干线公路养护管理方面,上海在全国排名第14位。普通公路排名全国第7位,认为上海干线公路养护管理适应改革,养护管理资金的管理和使用有保障,信息技术运用以及应急保畅能力处于较高水平。建议加强对养护管理规范化的行业指导、监督。

第三节 县道养护管理

交通部将县道、乡道、村道划为农村公路范畴。县道定义为具有全县(旗、县级市)政治、经济意义,连接县城和县内主要乡镇、主要商品生产和集散地的公路以及不属于国、省道的县际间的公路,它归当地交通局管理。上海的县道则指郊区(县)内连接乡镇、主要商品生产和集散地的公路以及不属于国、省道的区(县)际间的公路,它归区(县)公路署直接管理。上海农村公路仅指乡道、村道。

2001年年底时上海县道总共1 907.13公里,其中一级公路41公里,二级公路565公里,三级公路1 081公里,四级公路220公里。好路率为75.31%,桥梁1 579座。2010年止县道总共2 456.43公里,其中一级公路120.69,二级公路1 147.18公里,三级公路1 062.77公里,四级公路125.79公里。优良路率93.48%,MQI 90.85。桥梁总数1 955座,危桥2座。

一、县道管养体制

县道的养护管理由区(县)公路管理署负责,市公路处与其为行业指导关系。"十五"期间,市公路处为加强对县道养护管理,每年与其签订目标责任书,内容包括养护管理、养护质量、路政管理、专项工作等,辅之一年两次检查,召开年度和中途两次行业工作会议,通报与布置工作。年度考核对排名前三位的公路署予以奖励。根据实际工作,每年开展专项养护工作,市对区(县)下达任务指标,诸如桥梁管理、专项整治、安保工程、危桥改造、文明样板路建设、GBM工程、迎接国检等,行业指导关系十分紧密。

二、县道养护资金

县道养护资金2009年前来自于养路费,按照各区县养路费征收的多少返回,其中闵行、宝山、嘉定将其征收额度的30%转移支付给其他远郊区县。2009年费税改革后,公路养护经费由燃油税返还取代了原来养路费。2010年下半年,市建交委与公路处根据全市公路设施量及养护定额对全市县道公路养护经费进行了重新测算，并颁布了《上海市公路养护管理经费使用管理办法(试行)的规定》。规定分配原则和方式为，根据公路养护管理设施量、养护定额、道路等级、交通流量、重车荷载、养护质量、绩效考核等综合因素分配公路养护管理经费。县道年度养护管理计划由区(县)公路署编制，区(县)公路行政管理部门审核批准，并送市公路处备案。县道养护管理经费由市在专项资金中全额切块给相关区(县)。公路养护管理经费使用范围包括公路养护工程费(含小修保养工程和大中修工程)、公路养护管理费和路政管理费等。

三、县道养护管理

自 2000 年公路管养分开后，区(县)公路署主要从事县道的养护管理，而养护作业则由养护企业从事。养护主要分两块，一块是日常性的养护，包括清扫、小修小补等；另一块是大中修，工作量与经费都比较大。从公路管理机构剥离出来的养护企业，享有三年不通过招投标取得养护资格的优惠，后各区(县)逐步推行招投标。为此，各区(县)不断探索养护进入市场后的管理模式。浦东新区公路署实行县道养护与大中修工程项目全面招标投标制、合同管理制和工程监理制。青浦区公路署 2007 年引进了投资监理，对养护计划，从申报、审批、实施、核实按各自职责，层层落实把关，形成新的县道养护管理模式。宝山区公路署自 2000 年起，逐步推行县道公路养护、大中修工程招投标制、合同管理制和工程监理制。通过合同管理对县道养护项目进行监督、考核、评比。公路署或季度或半年进行养护检查，以此评比，奖惩。宝山区公路署在市场监管中建立了诚信考评制度，对养护单位诚信考评，记入档案。诚信度高的企业在日后养护招标中享有加分优先考虑；严格考核制度，实行奖惩、清退措施；加强日常巡视；建立网格化管理平台，实行设施管理信息化；将设施缺陷整

沪杭公路畅安洁美

改、排堵保畅、积水点改造、防台防汛等作为重点工作。

2007年,市公路处组织公路行业培训,贯彻实施交通部颁布的《公路技术状况评定标准》;同时,全市县道纳入了公路、桥梁地理信息管理系统,建立了包括路面、桥涵、附属设施等空间数据库和属性数据库。

2009年,按照市公路处安排,各区(县)全面完善了县道和桥梁的公路路名牌、里程牌、桥梁限载牌等有关标志的设置,更换县道路名牌5554块。

县道养护管理存在一些不足方面,主要是县道桥梁养护专业技术力量和信息化建设人才缺乏;有的县道因跨区,各区各自为政,造成同一条县道路面宽度、结构及附属设施不统一,影响县道服务水平。

第四节　农村公路养护管理

上海所称的农村公路(或乡村公路)是指纳入本市规划并符合建设标准的乡道、村道,包括其范围内桥梁、隧道和涵洞。2010年年底,上海共有136个乡镇(含街道、工业园区),1463个行政村,农村公路总里程7931.17公里,占全市公路总量的66%。与2000年年底的3047公里相比,增长了160.29%。

一、农村公路管养体制

根据《上海市公路管理条例》规定,区(县)交通行政管理部门负责本辖区内农村公路的管理;其所属区(县)公路署负责农村公路的监督管理;乡(镇)人民政府与村民委员会各自负责乡道、村道的建设与养护。资金除乡(镇)、村自筹外,地方政府与市公路部门给予一定补贴。

21世纪初,上海农村公路发展迟缓。2004年,市公路处将农村公路建设与养护列为对区(县)公路署的考核内容之一,并以《上海市公路设施综合评价指标》为依据。2005年9月,国务院颁发《国务院办公厅关于印发农村公路管理养护体制改革方案的通知》,提出了改革的指导思想和目标,建立健全以县为主的农村公路管理养护体制,建立稳定的农村公路养护资金渠道,实行管养分开,推进公路养护市场化,完善配套措施等实施要求。2007年7月,市政府办公厅印发《上海市农村(郊区)公路管理养护体制改革实施方案》,这标志着上海农村公路发展起步。同年11月、12月,市建交委、市政局印发了"关于贯彻《上海市农村公路管理养护体制改革实施方案的若干意见的通知》"、"关于发布《上海市乡(镇)村公路管理规定的通知》",对农村公路的管理原则和改革目标,市、区(县)、乡(镇)的职责分工,农村公路管理机构和人员,资金来源,养护与路政管理,监督检查和技术标准体系等作了详细规定。各区(县)按照"总体规划,分步推进"的原则进一步细化。"实施方案"还明确了区(县)政府是本辖区公路管理养护的责任主体,市政局负责全市农村公路养护计划执行情况、养护质量、资金使用情况和养护市场的监督、监管和检查;市公路处具体负责全市农村公路养护计划执行情况和养护质量的监督检查,负责全市农村公路行业管理;区(县)公路行政主管部门负责批准本辖区内农村公路管理养护计划,负责组织、协调乡(镇)政府做好农村公路及其设施的保护工作;区(县)公路管理机构负责本辖区内农村公路的管理和养护工作,对养护质量进行检查验收,负责路政管理和路产路权保护。

2008年下半年,浦东新区和崇明县率先完成农村公路管理养护体制改革。截至2011年6月,全市9个区(县)全面完成体制改革,各区(县)共成立119个乡(镇)农村公路管理站和42个乡(镇)农村公路路政中队,全市农村公路基本实现了"有路必养,有路必管"的目标。

奉贤农村公路管理站挂牌仪式

二、养护管理经费

20世纪90年代,对农村公路养护经费的补贴标准为三级公路每公里1 000元、四级公路每公里600元。这个标准一直维持到2002年。2002年10月市市政局颁布《上海市乡(镇)公路管理暂行规定》,"规定"要求2003年起从养路费中拿出8%用于农村公路的养护补贴。补贴办法迅速调动了各乡(镇)管好路养好路的工作积极性。随着养路费收入的不断提高,对各乡(镇)农村公路养护经费补贴也不断增加。2003年6月,市计委、市市政局颁发《关于印发〈本市省道、乡村公路和危桥改造工程建设的实施办法〉的通知》,其中《通知》对乡村公路和危桥改造项目给予一定经费补贴,数额为乡村公路每公里10万元,危桥改造每座10万元;资金补贴办法暂定为三年(2003年至2005年)。2003年至2009年,农村公路日常养护资金主要由乡(镇)政府自筹自养。浦东新区乡道养护和大中修经费由镇负担,村道养护经费由村委会承担,大中修经费则由镇全贴或补贴。农村公路危桥改造市补贴每座20万元,新、改建乡、村公路每公里补贴20万元。2010年,全市农村公路的养护经费主要来源于费改税(养路费调整为燃油税费),全市燃油费专项拨付农村公路为3 497万元,地方配套经费为 3 497 万元,合计为 6 994 万元。

2010 年下半年,市建交委与公路处根据全市公路设备量及养护定额对全市农村公路养护经费进行了重新测算。经测算,市农村公路养护资金总需求为 5.45 亿元,其中用于日常养护 1.94 亿元,用于道路大中修工程 3.51 亿元。根据 2010 年颁布的《上海市公路养护管理经费使用管理办法(试行)》的规定,上海市农村公路 5.45 亿元养护资金中的 50% 作为市级补贴,由燃油税返还额支出,约为 2.73 亿元,其余 50% 由各区(县)及乡(镇)财政支出。费改税之后的养护经费测算是每两年一次。

三、养护管理

由于管理体制限制,以往农村公路管理处于较为原始的状态,乡(镇)各自管理。经费充裕的乡镇,路况尚可;经费匮乏的,路面坑坑洼洼。普遍缺乏管理力量,平时不坏不修,坏了才修,修也表面处理。普遍缺乏技术力量,危桥大量存在。随着 2005 年后农村公路管理体制改革,其状况发生了较大变化,相关管理开始纳入区(县)公路管理署管理层面。2005 年 9 月,国务院办公厅下发了《关于印发"农村公路管理养护体制改革方案"的通知》后,迎来了农村公路发展势头。

2006 年 2 月和 3 月,根据市委、市政府和市"三农"(农村、农业和农民)办公室关于认真贯彻落实中央农村工作会议精神的要求,结合上海市"十一五"规划以及建设"1966"城镇体系的目标,市市政局、公路处组成调研组,对全市有关郊区(县)典型乡(镇)的农村公路建设和养护管理情况进行了调研,提出与"1966"城镇体系规划落地相衔接的对策措施及发展战略:完善农村公路建设和管理法规;改革农村公路管理体制,建立"区(县)为主、乡(镇)配合"的农村公路管养体制;进一步落实管理职能,形成"三级管理、四级网络"管养体系;改革养路费使用管理机制,建立统一、分级、合理、稳定的农村公路建设和养护资金来源;关注农村公路发展的不平衡现象;维护失地农民利益;合理规划,协调发展;加强建设管理,确保工程质量;加强养护管理,培育养护市场;组建农村公路路政队伍;制定农村公路养护制度、技术规范,加强信息化管理。

农村公路管理大政方针确定和管理组织成立后,一系列的管理制度和管理秩序随之建立。2006 年,市公路处制定颁布《上海市农村公路及危桥改造实施细则》、《乡(镇)公路 GBM 工程实施细则》。市市政局、公路处在原《上海市乡(镇)公路管理暂行规定》和《上海农村公路技术标准》的基础上,制定颁布了《上海农村公路建设和养护技术规程》,初步形成了规划、建设、养护、管理等一系列制度、标准,逐步将农村公路从原来无序管理状态纳入有序的管理轨道上来。同时,市公路处还将农村公路纳入全市公路管理系统,建立了包括路面、桥涵、附属设施等方面的空间数据库和属性数据库,逐步建立地理信息管理系统,以指导农村公路的规划、建设和养护管理等工作。

2008 年,市公路处制定下发《关于贯彻〈公路技术状况评定标准〉的通知》,建立了 MQI 技术状况评定管理系统,部署了农村公路的技术状况评定工作。2008 年年底始,全市农村公路的 MQI 评定工作纳入全市公路技术状况评定系统,成为农村公路管理养护工作的重要决策依据。各区(县)根据实际,制订了一系列的管理制度和技术规范。

市、区(县)两级公路管理机构都设立行业管理抓手,签订年度工作责任书,明确农村公路养护管理的具体要求,并辅以一年两次的检查考核。自 2006 年起开展了文明示范路创建活动,崇明县要求每个镇每年创建一条文明示范路。市公路处组织农村公路管理人员业务培训,内容包括管理知识、路桥专业知识、管理法规和技术规范、管理实务等;各区(县)也开展了业务培训。2008 年,市公路处部署了农村公路技术状况评定工作。同年,上海农村公路 MQI 评定工作纳入全市公路技术状况评定系统,成为农村公路管理养护工作的重要决策依据。各乡(镇)建立了农村公路路政管理队伍,人数大多在 3—4 人;有些区(县)专门配备了农村公路桥梁管理方面的工程师。

道班养护工上岗前学习交底

随着 2005 年以来农村公路管理体制改革的不断深化,农村公路养护管理工作纳入了区(县)公路管理署层面,各区(县)相继树立了预养护、周期性的养护理念,农村公路工作重心也由原来的道路建设转移到道路预防性养护上,重点加强道路的裂缝灌缝、板块修复、桥接坡修复、道路环境整治等日常养护,加强了桥梁养护维修。

四、成效与问题

"十五"期间,全市新、改建农村公路 2 661.28 公里,危桥改造 1 455 座。"十一五"期间,新、改建农村公路 3 289.37 公里,危桥改造 1 972 座,改善了广大农民出行条件。至 2010 年底,上海乡道 6 829.4 公里、村道 1 101.77 公里,乡(镇)、行政村全部通达等级公路,农村公路中有铺装或简易铺装(高级或次高级)路面里程由 2002 年的 78.7%,上升到 2010 年的 99.5%。2009 年底全市乡道 MQI 为 83.28、村道为

85.69；2010 年底乡道 MQI 为 85.52、村道为 85.96。农村公路技术状况好的桥梁（一、二类桥梁）数量占总数的比例由 2001 年的 53.8% 上升到 2010 年的 90%，农村公路桥梁荷载等级高的桥梁（相当于汽车-15 级及以上、包括公路 I 级、II 级）数量占总数的比例由 2001 年的 22.2% 上升到 2010 年的 87.32%，为"村村通公交"创造了良好的先决条件。上海农村公路养护管理取得的成绩，为建设社会主义新农村发挥了重要作用。

改造后的金山朱泾镇万新路

农村公路在发展中存在着不少问题，主要有：一是农村公路规划滞后，与城乡一体化要求和农村经济结构调整未能统筹考虑，形成发展中的重复建设，或难以与整个路网协调发展。二是农村公路养护管理力量与技术力量不足，导致路况水平提升不快。三是养护资金投入不足，区（县）之间发展不平衡。四是养护水平市场化程度不高，养护队伍素质参差不齐。五是"四新技术"在农村公路建设与养护中没有得到推广应用，养护管理仍处于较落后的阶段，"头痛医头、脚痛医脚"的现象比较普遍，农村公路的服务水平不高。

第五节　桥梁养护管理

上海地处江南水乡，江河、湖泊星罗棋布，境内分布着众多桥梁。2000 年，上海公路桥梁总数为 5 143 座，包括特大型桥梁 36 座，大型桥梁 173 座，中型桥梁 2 323 座，小型桥梁 2 611 座。其中危桥 289 座。2010 年，公路桥梁总数增至 9 776 座，包括特大型桥梁 61 座，大型桥梁 526 座，中型桥梁 2 565 座，小型桥梁 6 624 座，其中危桥 102 座。桥梁类型主要为简支梁桥、拱桥、连续梁桥、斜拉桥和钢桁架桥等。

一、桥梁规范化管理

广西柳州壶西大桥、重庆綦江大桥、四川宜宾南门大桥倒塌事故后发生,上海公路部门将桥梁安全管理置于重中之重。市市政局于 2002 年发布《上海市公路桥梁养护管理暂行规定》,明确了公路桥梁养护管理的目的和依据,适用范围、管理原则、管理部门和职责、作业单位、专职技术人员配备、检查、危桥处置、桥梁检测、超限车辆过桥等。2005 年 6 月,市公路处结合管理实际,充实细化了 2004 年交通部颁布《公路桥涵养护技术规范》养护内容,出台《上海市公路桥涵养护规程》。2006 年 7 月,市公路处开发了《上海市公路桥梁安全运行管理系统》,在全行业推广应用。2007 年,市公路处下发"上海市公路桥梁运行事故处置应急预案"。预案设定了预警预防机制、处置组织体系、应急办法、流程、责任、监督管理等。2007 年 12 月,市建交委编制下发《上海公路桥梁限载标准》,对桥梁限载作了更严格的规定。2008 年 9 月,市市政局下发《关于本市建立公路桥梁养护工程师制度的通知》,要求建立全市统一的公路桥梁养护工程师制度,对从事公路桥梁养护管理、检测人员实行持证上岗。2009 年 7 月 15 日,结合天津津晋高速公路匝道桥坍塌事故,市建交委下发通知,要求加强桥梁安全运行管理工作,市公路处成立桥梁设施安全隐患排查和安保工作专项行动领导小组和工作小组,开展桥梁安全隐患排查。同年 8 月,市公路处下发《上海市高速公路桥梁下空间管理暂行规定》,对桥下空间管理的责任划分、桥下空间使用、禁止从事的活动等进行了明确。2010 年 4 月,市公路处制定下发"上海市公路桥梁四、五类桥评定程序"。同时,市公路处印发《上海市公路长大桥梁、隧道养护管理制度》。同年 6 月,印发《上海市公路桥梁安全事故责任追究制度》,明确了桥梁安全事故的定义、责任追究的原则与方式:对主管人员和直接责任人员给予相应的行政处分,管养单位承担相应经济赔偿责任、行业内予以通报;对违反建设程序、设计、施工规范等原因造成质量安全事故的,追究相应单位及其主要负责人责任等。

桥梁养护管理规范性文件的与技术规范标准的确立,为桥涵养护管理和安全运行提供了有力的制度保障。

二、桥梁安全管理运行系统

公路桥梁长期依靠人工巡查、设备检查来检测桥梁结构状况与病害诊断。2005 年,市公路处开发公路桥梁安全运行管理系统,2008 年又按照《公路桥梁技术状况评定标准》进行升级改造。该系统通过对上海公路桥梁病害类型进行详细调研、分析,统计出各类桥梁结构病害数据,每月对每座桥梁给出一份安全评定报告,对安全有疑虑的桥梁给出特殊检查建议;每年提出桥梁定期检查安全报告,使公路桥梁完全处于受控状态。市管署结合日常养护运用这套系统,开展对普通国、省干线公路桥梁关键构件及关键病害诊断评估。2009 年,市管署招标委托四家具有交通部桥梁检测综合甲级资质的专业单位,每年投入 700 多万元养护资金对桥梁进行定期检查和技术状况评定,及时全面地查找桥梁病害。2006 年至 2010 年,以提高桥梁检查的专业化程度和技术状况评定的规范化为突破口,特殊检查桥梁 20 座,加固维修桥梁 21 座。截至 2010 年年底,一、二类桥占桥梁总数的 96.6%,无危桥,桥梁安全始终处于受控状态。

　　各区（县）公路署不断加强桥梁养护管理，合理安排资金，落实专项经费以加大桥梁检测投入，逐步形成了专业机构定期检查机制；委托有资质的专业检测机构，对使用年限较长的桥梁、特殊结构桥梁及技术状况较差的桥梁实施特殊检测，并根据检测结果进行加固或改建；建立由署、养护公司、桥养队组成的桥梁养护管理三级网络和管理制度。

市公路处检查松江泖港大桥

三、桥梁工程师制度和日常桥梁管理

　　2007年，市公路行业完善桥梁工程师制度，聘任专职桥梁养护工程师或桥梁专管人员，全面负责公路桥梁安全管理。各级桥梁养护工程师依照《公路养护技术规范》，加强桥梁检查，随时掌握桥梁状况，负责向上一级专职桥梁养护工程师报告，提出辖区内桥梁（涵、隧道）维修年度计划，参与桥梁养护大、中修，改善工程竣工验收，主持辖区内桥（涵、隧道）养护和抗灾抢险工作，协助上级专职桥梁养护工程师定期检查，并指导和监督桥梁养护公司建立桥梁安全运行管理网络。高速公路各项目公司推广应用"桥梁安全运行管理系统"，配备必要的检测物品和设备，对桥梁进行月度安全检查，并用"系统"分析评价，对安全有疑虑的桥梁及时组织技术小组进行现场检查，根据技术小组意见进行特殊检查或及时维修加固。

　　2008年至2010年，市公路处每年举办全行业桥梁工程师和管理员培训，经考核后持证上岗。

　　2007年12月，市公路处成立桥梁管理科，其职能为加强桥梁养护管理，确保安全。桥梁管理科日常性工作为组织对桥梁检查和评定，检查分经常性检查、定期检查和特殊检查。经常性检查每月一次，以目测为主，配合简单工具量测，结合桥梁的小修保养。定期检查以目测结合仪器检查为主,对桥梁各部分进行详细检查,一般安排在有利于检查的气候条件下进行。新建桥梁竣工接养一年后安排检查;一般桥梁和非永久性桥梁每年检查一次,特大型和特殊结构桥梁 3 至 5 年进行一次特殊检查;病害在三类以上的桥梁,安排定期检查;根据桥梁情况,每年安排部分技术状况较差、建造年代早和重车较为集中的桥梁进行特殊检查和维修。

四、危桥管理

危桥是桥梁安全管理重点,它主要集中在农村公路上。市、区(县)公路管理部门为加强危桥管理,根据实际情况制定了危桥管理制度或细则,涵盖了危桥的认定

修复前的松江吴家桥

修复后的松江吴家桥

及复核程序、保障措施、维修改造、责任追究、突发事件应急处置等,明确管理职责和程序。"十五"期间,全市共改造农村公路危桥1 455座(其中计划内407座,计划外1 048座)。"十一五"期间,共改造农村公路危桥1 972座,其中列入市补贴的有946座,区(县)、乡(镇)自行投资改造的有1 026座。

五、迎接交通部公路桥梁安全隐患检查

2007年9月,为贯彻国务院关于湖南省凤凰县"8·13"堤溪大桥垮塌特别重大事故的重要指示以及交通部公路桥梁安全隐患检查专题电视电话会议要求,全市公路行业组织实施市公路基础设施安全隐患排查治理专项行动。排查表明,全市公路桥梁基本处于安全受控状态,但存在一些问题,如危桥复核、认定等。市公路处下发了《关于"以桥梁为重点的交通基础设施安全隐患排查治理专项行动"检查情况的通报》及《区县管养公路桥梁排查结果与建议表》,要求各管养单位及时处置与整改。同年10月24日至28日,交通部赴浦东、闵行、嘉定、金山、宝山、崇明六个区(县),分别对运行中的16座公路桥梁和在建的3座公路桥梁及隧道进行检查,认为上海公路桥梁管养责任主体明确,养护工程师制度落实;能够按规范进行桥梁经常性检查、定期检查、特殊检查和危桥复核,检查评定程序符合规范要求,结果准确;危桥管理措施得当;技术档案资料完整,归档保存情况良好;实现了桥梁安全信息化管理,制定了应急处置预案;认真开展了治超执法行动。上海桥梁建设、营运管理工作总体较为规范,桥梁安全性基本处于受控状态。对于迎宾大道立交匝道(独柱桥墩)上部结构病害问题,建议尽快会同有关单位、专家对该桥统筹考虑,确定合理的加固方案并组织实施。

交通部省际互查组检查浦东公路桥梁

上海市、区(县)公路桥梁处于安全受控状态,积累了很多经验,但也存在些问题与不足,如公路桥梁技术管理人员不足,特别是农村公路桥梁管理人员严重缺乏,大

多数桥梁养护管理人员技术水平偏低,业务素质不强。农村公路桥梁改造经费缺口大,需要各级政府筹措改造资金。部分位于市级航道上的农村桥梁结构特殊,跨径较大,经费更为短缺。

第六节　公路绿化管理

一、概况

"十五"期间,上海公路绿地面积随着公路里程的增加而大幅提升。从 2000 年的 1 184.72 公顷增长到 2005 年的 4 093.07 公顷,增加了近 3.5 倍。"十一五"期间,上海公路绿化基本形成了多层次、景观化的布局,截至 2010 年年底,公路绿地面积达 7 236.55 公顷,比 2005 年增加了 76.8%,占全市绿地总面积的 14.4%。各类行道树、乔木 60 余种共计 767.2 万余株,占全市林地面积 7% 左右,约为中心城区道路行道树总量的 10 倍。按照一公顷的常绿落叶林每年能吸收二氧化碳 29 吨的算法,上海公路绿化每年能吸收二氧化碳约 186 吨,为上海生态城市建设发挥了积极作用。

外环高速公路平台林带

二、管理方针

公路绿化管理坚持发展与巩固相结合的原则,按照"城市与自然共存"的要求,完成了上海公路绿化发展逐渐由"量"的增加向"量、质"并重转变,布局上注重立面与平面效果相结合,树种选择种类更丰富,因而对养护的要求也就更高,特别是有害生物的防治更是重中之重,直接影响到公路绿化的面貌和生存,以及公路绿化环境的生态质量。

2001 年,绿化养护确立了"预防为主,综合防治"的根本防治对策,切实加强公路绿化病虫害的预测预报工作。根据不同树种、不同病虫害的发生周期、特征,加强日常观测,及时了解病虫害的发生、发展状况,制定防治措施,及时指导公路行业绿化养护综合防治工作。

2003年,绿化植物配置以有利于养护为核心,在设计中十分注重不同树种的相生相克关系,做到植物配置合理,种植疏密得当,以促进植物生长健壮,增强植物抗病虫害能力;日常绿化养护采取整形修剪等养护管理措施,提高植株生长势,增强植株抗病性,以减少有害生物发生;积极推广机械化养护和病虫害生物防治,利用天敌控制病虫害的发展,确保了上海绿色通道畅通与美观。

宝山场中路沪太路花坛

三、做法和成果

"十五"期间,市公路处开发了公路绿化管理系统,对于每月需要注意的绿化病虫害提前在网页上公布防治工作及其注意事项,各区(县)公路署则每季度上报公路绿化病虫害防治工作情况,包括用药记录等。为加强有害生物监控预警,市公路处建立了国省干线公路植保网络,市管署、各养护公司以及道班分别作为一级、二级和三级网络单位,通过加强巡视、整理分析、汇总上报,及时发现有害生物,制定应对措施,防止有害生物大规模爆发。保持与市林业总站、绿化指导站植保网的联通,及时沟通解决"疑难杂症",并根据《森防简报》、《病虫快讯》等技术资料,定期发布有害生物防治预警信息。

2006年,市公路处对从事公路绿化养护企业的绿化养护资质进行严格审查,促进公路绿化养护管理规范化,确保养护质量。

同年,全市各级公路管理部门积极开展各类绿化课题研究。浦东新区公路署先后开展了"公路绿带群落调查分析与调整优化研究"、"公路绿化虫害的综合治理研究"、"绿化林业有害生物预警体系管理研究"等一系列科研课题并获得了相应成果。该署还将危害树种的昆虫进行了搜集、归纳,整理成名录,为绿化病虫害防治工作提供了基础依据。

2008年,根据迎世博600天行动要求,市公路处开展了高速公路绿化整治专项行动,重点整治高速公路收费站附近绿化、中央分隔带绿化、立交投影下绿化、护坡绿化、隔离栅附近林带以及一些管理范围不明确的绿化区域。整治后形成了一道道优美景观。同年9月,上海市绿化部门在对有害生物监测预警巡视过程中,发现全市公路绿化植物中滋生各类有害生物。市公路处即刻要求各区(县)针对当前季节病虫害开展排查,并督促养护公司做好有害生物防治工作。同年10月,市公路处邀请上海市林业总站专家,开展全行业绿化有害生物防治培训。各区(县)公路管理部门将公路绿化培训工作作为绿化管理重点之一,或开展交流,或组织绿化技能比武,或开展现场业务指导,针对性地解决了一些公路绿化日常养护工作中的难点。

公路绿化养护管理积累了不少好的经验与做法。青浦区公路署"十一五"以来开展绿化整治工程,共计投入1.63亿元。浦东新区公路署推进节水型公路生态养护技术,估算每年可节约自来水976.5万吨,受到国家环保总局、水利部专家领导的高度赞扬,市政府办公厅发文加以推广。该署开展了树枝粉碎物利用及土壤修复技术研究,采取企业联合、政府补贴经营模式,新建3 000多平方米枝叶粉碎厂,粉碎堆肥,制成不同类型的肥料和土壤基质还田。2009年3月,该署建成全市行业首家绿化土壤检测室,检测项目包括pH值、EC值、有机质、全氮、有效磷、速效钾六大指标的检测,为浦东公路土壤数据库建立及绿化专项科研和植物群落调整进行了探索,受到市绿化市容局的肯定,被新区总工会命名为"职工创新基地"。

浦东公路绿化枝叶粉碎技术现场

浦东公路雨水管中抽取雨水浇灌绿化

交通部组织的"十一五"期间全国干线公路养护与管理检查,认为上海公路绿化建设与养护体现了高起步规划、高标准建设、高水平养护的工作成果。结合当地的经济条件与公路沿线的自然景观,精心设计,合理配置绿化植物品种,公路用地范围内的绿化与地方政府绿色长廊的建设实现了有机结合,公路绿化美化效果非常明显。

然而,公路绿化在养护管理方面还存在定额偏低,养护设备较为落后的情况,需要在今后进一步完善公路绿化规范、标准及管理办法等。

第七节 "GBM"工程实施和文明样板路建设

一、"GBM"工程实施

"GBM"是公路标准化、美化工程汉语拼音的第一个字母的简称,是指在原优良路(段)的基础上,进一步提高公路养护质量。实施 GBM 工程是提高公路路容路貌和路况水平、改善和提高公路养护管理水平的经济、有效手段。

早在 1991 年 2 月,交通部下发《关于发布〈国省干线"GBM"工程实施标准〉的通知》。1998 年,市公路处制定下发了《上海公路 GBM 工程实施细则》,对路面、路基、桥涵、沿线设施、绿化等方面提出了实施标准,同时从加强管理的角度,对路政管理、养护作业、道班管理也提出了要求,从制度上规范 GBM 工程实施。截至 2010 年底,全市县道以上普通公路 GBM 工程总里程达 2 911.87 公里,占全市县道以上公路总里程的 85.3%;乡村公路创建 GBM 工程里程达 785.34 公里,占全市乡村公路总里程的10%,两者累计 3 697.21 公里,为 2000 年底全市养护公路实施 GBM 工程 1 232.59 公里的 3 倍。

　　2001 年以来,市公路处每年根据实际,制定 GBM 工程实施计划,重视日常推进,并将其纳入年中和年终检查考核范围。各区(县)公路署也将 GBM 工程的实施作为提高公路服务水平和服务质量的重要抓手。2010 年,市公路处与各区(县)以迎上海世博会和迎全国干线公路养护管理大检查为契机,继续加大公路行业管理力度和资金投入,超额完成 GBM 工程实施计划。各区(县)实施情况见下表:

2001 年至 2010 年上海公路 GBM 工程实施情况表(单位:公里)

年度 单位	2001 年	2002 年	2003 年	2004 年	2005 年	2006 年	2007 年	2008 年	2009 年	2010 年
闵行区		6.09	12.8	11	8.37	5.1	28.99	16.37	3.96	9.19
浦东区		7.95	10.11	5.26	2.62	2.29	6.88	6.70	1.71	
南汇区		10.5	11.6	10.91	14.48	11.95		12.44		
奉贤区		23.72	32.1	13.32	13.66	23.46	11.92	13.75	20.50	25.02
金山区		10.37	13.88	7.47	17.05	14.33	6.04	16.45	2.75	8.9
松江区		6.81	5.71	6.92	7.93	3	3	3	3.6	3.6
青浦区		9.66	8.74	11.6	7.9	4.7	8	4	6.29	4.8
嘉定区		18.6	32.89	12.51	10.5	7.45	24.54	29.34	16	13.90
宝山区		13.15	2.3	19.41	15.98	15.81	11	16.51	10.68	1.99
崇明县		16.25	16.02	17.85		14.87	39.55	41.85	36.72	38.67
总　计		123.1	146.15	116.25	98.49	102.96	139.92	160.42	102.24	106.07

浦东农村公路创建 GBM 工程

二、文明样板路建设

20 世纪 90 年代,上海公路行业在贯彻交通部实施国、省干线公路文明样板路的建设中,312 国道曹安公路和 320 国道分别于 1999 年、2000 年建成交通部文明样板路。后因管理原因,部分路段沿线两侧街道化现象突出,运输车辆跑、冒、滴、漏现象较多,重车、超限车辆致使路面破损严重。进入 21 世纪,市公路行业开展新一轮文明样板路建设。2001 年,市市政局和市重点工程实事立功竞赛领导小组办公室下发《关于开展上海公路行业创建文明样板公路立功竞赛活动的通知》和《上海公路行业创建文明样板公路立功竞赛活动实施办法》;市公路处进一步健全了文明样板路建设领导小组和工作小组,提出创建要求,落实目标责任制,设立创建监理组,严把内、外业质量关。市、区两级公路管理机构积极争取各级地方政府和市民支持,将创建文明样板路工作转变为社会共同行为。

市文明样板路南芦公路

截至 2010 年底,市公路行业创建 37 条(段),总长 670.87 公里的部级和市级文明样板路。

2000 年至 2010 年文明样板路建设情况表(单位:公里)

序号	单 位	路 名	里程	验收年月	等级	备 注
1	市公路处	320 国道(沪莘枫公路)	70.8	2001.12.5	国家级	
2	市公路处	204 国道(沪宜公路)	26.5	2002.12.7	国家级	
3	浦东新区公路署	远东大道	13.56	2001.10.29	市级	2006 年 11 月摘牌
4	闵行区公路署	七莘路	8.08	2002.10.30	市级	
5	浦东新区公路署	环南一大道	15.68	2002.12.23	市级	

（续表）

序号	单　位	路　名	里程	验收年月	等级	备　注
6	崇明县公路署	港东公路	6.75	2003.3.27	市级	
7	浦东新区公路署	迎宾大道（A1）	14.57	2003.4.25	市级	
8	闵行区公路署	莲花南路	6.84	2003.11.26	市级	
9	市管公路署	A20环西大道	25.97	2003.12.1	市级	
10	市管公路署	318国道沪青平公路	51.93	2003.12.1	市级	
11	青浦区公路署	304省道北青公路	18.96	2003.12.5	市级	
12	松江区公路署	嘉松南路	10.22	2003.12.9	市级	
13	市管公路署	A20（环西二大道）	18.03	2004.11.11	市级	
14	宝山区公路署	江杨北路	5.6	2004.11.11	市级	
15	嘉定区公路署	嘉安公路	8.55	2004.12.3	市级	
16	浦东新区公路署	A20环东大道	31.08	2004.12.24	市级	
17	金山区公路署	朱吕公路	6.7	2004.12.28	市级	
18	闵行区公路署	金都路	4.11	2004.12.28	市级	
19	宝山区公路署	富锦路	7.012	2005.11.21	市级	
20	浦东新区公路署	锦绣路	7.36	2005.12.7	市级	
21	奉贤区公路署	海湾路	5.14	2005.12.31	市级	
22	南汇区公路署	东大公路（6K—11K）	5	2005.12.31	市级	
23	浦东新区公路署	申江路	8.75	2006.12.6	市级	
24	松江区公路署	沈砖公路（9＋260—14＋820）	5.48	2006.12.15	市级	
25	奉贤区公路署	团南公路（0＋000—6＋530）	6.53	2007.1.26	市级	
26	崇明县公路署	向化公路（北沿公路—陈彷公路）	7.16	2007.10.12	市级	
27	南汇区公路署	南六公路（19K＋120—31K＋650）	12.53	2007.11.14	市级	
28	浦东新区公路署	罗山路（龙东大道—A20公路）	7.066	2007.12.11	市级	
29	市管公路署	陈海公路（0K＋000—67K＋134）	67.134	2008.10.28	市级	
30	浦东新区公路署	杨高路（0K＋000—16K＋407）	16.407	2008.11.12	市级	
31	金山区公路署	金廊公路（0K＋000—11K＋750）	11.75	2008.11.12	市级	
32	市管公路署	沪南公路（32K＋330—57K＋490）	25.16	2009.12.8	市级	
33	浦东新区公路署	五洲大道	6.606	2010.1.7	市级	
34	松江区公路署	沈砖公路（0＋000—9＋193）	9.193	2010.1.12	市级	
35	浦东新区公路署	杨高路（芳甸路—S20）	11.553	2010.12.14	市级	
36	浦东新区公路署	南芦公路（31K＋650—57K＋890）	26.24	2010.12.14	市级	
37	市管公路署	沪太公路（16K＋000—36K＋870）	20.87	2010.12.20	市级	

第八节　公路"迎世博 600 天行动"

2006 年 8 月,市政府办公厅下发了《上海市人民政府办公厅转发市市政局关于本市市政道路设施迎世博三年整治行动计划实施意见的通知》(以下简称"三年整治计划"),即从 2007 年至 2009 年三年开展道路公路整治行动。三年整治计划目标为,通过三年整治行动,确保道路、公路基本达到"道路路面平整,设施设置规范,运营状况良好"。具体目标为:高速公路 90% 以上路段平整度达到每公里·车道 IRI≤2 米/公里,其中连接江、浙两省 95% 以上路段平整度达到每公里·车道 IRI≤2 米/公里,不低于江、浙高速公路的平整度水平。普通干线公路 85% 以上路段平整度达到每公里·车道 IRI≤3.5 米/公里,其中所有国道平整度达到每公里·车道 IRI≤3.5 米/公里。新建高速公路路面平整度达到每公里·车道 IRI≤2 米/公里,普通干线公路中一级公路路面平整度 90% 达到每公里·车道 IRI≤2 米/公里,二级及二级以下公路路面平整度 90% 达到每公里·车道 IRI≤3.5 米/公里。整治范围为高速公路、普通干线公路和主要县级公路,共计 158 条,约 2 270 公里。

2008 年,根据市政府"迎世博 600 天行动"办公室和市市政局的统一安排,将上海公路"三年整治行动计划"的后两年计划纳入"迎世博 600 天行动"中。为此,上海公路行业制定了《"迎世博 600 天行动"纲要》。"纲要"明确 600 天行动须完成三大工程:市容市貌改观工程、市民生活环境改善工程、城市管理水平提升工程,实现路况貌明显改观、公路长效管理初步完善、市民生活环境不断改善。同年 7 月 31 日,公路行业举行了"上海公路'迎世博 600 天行动'计划"签约仪式,标志着公路"迎世博 600 天行动"全面启动。2010 年初,市建交委主任黄融要求举全行业之力,全面按期建成世博配套设施,全面展示迎世博 600 天行动成效,全面做好世博会举办期间的服务保障工作,努力为办成一届成功、精彩、难忘的世博会作出贡献。

一、市容市貌改观工程

一是公路路面整治。公路整治签约数为 1 097.24 公里,其中市管公路整治里程 232.24 公里,区管公路整治里程 865 公里。因上海绕城高速公路北环段和同三段 81.81 公里整治路段经市建交委多次协调未果,故实际可完成的整治里程比原计划有所减少,调整为计划完成 1 015.44 公里,其中高速公路 162.06 公里,市管公路 232.24 公里,区管公路 621.14 公里。至 2009 年 4 月底,完成整治里程 1 023.31 公里,占调整计划的 100.76%。其中高速公路 162.06 公里,占计划的 100%;市管公路 232.24 公里,占计划的 100%;区县公路 629.01 公里,占计划的 101.27%。整治项目主要有路面整修、匝道疏理、安全设施增设改造、工程改扩建、景观维护增设等,加大了桥梁养护经费投入。2008 年共投入桥梁养护经费 1.16 亿元,其中大中修 4 265 万元;2009 年共投入桥梁养护经费 1.38 亿元,其中大中修 3 388 万元;2010 年共投入桥梁养护经费 2.03 亿元,其中大中修 9 359 万,公路路容路貌有了明显改观。

二是标志标线标牌整治。高速公路标志更换 8 252 块,国省县道路名牌更换

8 722块,高速公路世博辅助标志设立64块。

整治后的沪杭高速公路

　　三是清理户外广告和规范店招店牌。清理非公路标志广告牌1 895块,占原计划总数1 354块的140%,其中高炮广告78块,收费站顶棚广告60块,跨线桥广告7块,龙门架广告15块,中央分隔带广告528块,其他广告1 207块。

　　四是整治干线公路沿线环境。市公路处组织干线公路环境整治专项工作。至2010年4月底,完成里程为1 235公里、高速公路收费站出入口共74处。

浦东署领导组织世博期间路况巡查

　　五是优化绿化景观。优化、美化景观和增添绿化小品主要集中在高速公路与国道上，总面积达 25.26 公顷。

二、市民生活环境改善工程

　　公路处负责治理道路交通噪声 97 处，主要分布在外环线与部分高速公路上，于 2008 年底完成。2010 年 4 月前完成了 81 处高速公路隔音窗工程。高速公路新增厕所 16 座。

三、城市管理水平提升工程

　　2008 年，市公路处开始公路网格化管理试点运行，基本完成部件调查等工作，高速公路及市管干线公路的整体网格化管理工作方案经市建交委审批并实施完成。600 天内完成长三角电子不停车收费 ETC 车道数为 107 条，其中专用车道 49 条，混合车道 48 条，备用车道 10 条。完善了公路各类应急预案，建立了较为完善的公路应急管理体系，相关应急预案正式发文发布；全部完成购置包括车载显示屏、应急指挥车、应急发电机、监控中心显示屏等价值 1676 万元的应急设备和清扫车、吸尘车、多功能洒水车、登高作业车等价值 405 万元的保洁设备。

　　"600 天行动"使上海公路整体面貌发生了变化，路面平整有了提高，绿化景观有了改善，周边环境有了新面貌，关注民生有了新举措，服务质量有了新起色，精细管理有了新机制。世博会开幕以来，公路道口秩序、路网流量、标志标识、信息服务等方面情况良好，使公路行业的世博服务保障工作总体上做到了运行平稳、安全有序，为世博交通保障作出了贡献。

奉贤公路署废旧橡胶在世博会上利用

第四章　公路改革与管理

第一节　公路管理体制改革

一、高速公路管理体制

（一）上海高速公路管理体制沿革

从 20 世纪八十年代末至 2010 年上海高速公路管理体制经历了起步、改革、发展三个阶段。第一阶段为政府投资建设与管理高速公路阶段（1988 年至 2000 年）。第二阶段为多元化投融资建设、市场化管理高速公路阶段（2001 年至 2006 年）。第三阶段为政府性投资公司建设与管理高速公路阶段（2007 年至 2010 年）。

1. 政府投资建设与管理阶段（1988—2000 年）

1988 年 10 月 31 日，全长 15.9 公里的沪嘉高速公路建成通车，工程总投资为 2.3 亿元，由市公路养路费支出。1990 年 12 月，全长 20.59 公里的沪杭高速公路（莘庄至松江段）的莘松高速公路建成通车，工程总投资为 3.63 亿元，其中市公路养路费 2.76 亿元，交通部补助 0.87 亿元。1993 年 12 月 28 日，全长 7.5 公里的沪嘉高速公路东延伸段工程竣工通车，工程总投资为 2.11 亿元，由市公路养路费支出。1996 年 9 月 15 日，全长 25.87 公里的沪宁高速公路（上海段）竣工通车，工程总投资为 20.48 亿元，由市公路养路费支出。1998 年 12 月 29 日，首次列为我国部分利用世界银行贷款、交通部补助和地方政府自筹项目、全长 27.6 公里的沪杭高速公路（上海段）竣工通车，工程总投资为 21.44 亿元，其中世界银行贷款 5 986.98 万美元。截至 2000 年底，上海市共建设沪嘉、沪宁、沪杭三条高速公路，共 92 公里，全部由市公路处作为管养主体进行养护和运行管理。下设三个管理所负责具体养护、收费运行管理。

2. 多元化投资建设与管理阶段（2001—2006 年）

2001 年，上海市政府决定，实施高速公路建设投融资体制改革，采用 BOT 建设模式，具体由市市政局通过 BOT 招标或议标选定投资者，中标的社会投资者成立项目公司，由市市政局代表市政府，以《××高速公路建设、运营移交合同》的形式授予项目公司特许经营权，经营期限一般为 25 年。投资者作为项目的发起人，出资不低于总投资的 30% 作为项目公司的资本金，其他投资由项目公司融资解决。项目公司负责项目的融资、建设和运营。特许经营期满，项目设施无偿交还给政府。2001 年 12 月 20 日，市政府实施高速公路试点招商项目的嘉浏高速公路建成通车。2002 年 12 月 27 日，第一批社会招商项目，由上海莘奉金高速公路建设发展有限公司投资建设的莘奉金高速公路、上海同三高速公路有限公司投资建设的同三高速公路、上海沪青平高速公路建设发展有限公司投资建设的沪青平高速公路建成通车。至此,全市高速公路总里程达到194公里。而随着第一批社会招商建设的高速公路的投入运营,"一路一项目公司、一养护公司、一运营公司"的市场化运作的运营与养护管理模式基本形成。由投资方成立各项目公司负责该高速公路的融资、建设、养护和收费运行等管理,具体养护、收费、运行等作业由项目公司通过招投标或委托养护公司负责。莘奉金高速公路建设发展有限公司自行组建运营分公司负责公路养护收费作业。在多元化投资体制下,上海市高速公路管理体制为:市市政局是上海市高速公路的行政主管部门,市公路处成立高速公路管理署作为市公路处的派出机构,对高速公路的养护维修和收费运行进行具体监管。各项目公司负责所管养高速公路的养护、收费和运行等运营管理。2009年3月,上海市人民政府按照"精简、统一、效能"的原则,撤销市市政局,市城乡建设和交通委员会为全市公路行政主管部门。

"十五"期间,上海通过招商方式建设高速公路,引入社会资金约231亿元,至"十五"期末,全市高速公路通车里程增至560公里,基本形成了七条射线(沪嘉浏、沪宁、沪杭、沪青平、莘奉金、嘉金、沪芦)加两环(外环线与郊区环线)的高速公路骨架路网。

3. 政府性投资公司建设与管理阶段(2007—2010年)

"十一五"期间,上海新建高速公路由政府性投资公司即上海市城市建设投资开发总公司成立的公路投资公司统一投资建设,由其成立的沪申高速公路建设发展有限公司负责具体运营管理。高速公路的项目资本金由政府负责筹措,其余资金通过向银行贷款解决。如2009年3月通车的S32申嘉湖高速公路、2010年3月通车的S26沪常高速公路等,都是采用此种运作模式的政府还贷高速公路。

至2010年年底,全市共有高速公路20条(段),通车里程为774.8公里,其中除迎宾高速和外环高速外,其余18条(段)(包括沪芦高速、莘奉金高速、嘉浏高速、嘉金高速、新卫高速、亭枫高速、沪杭高速、沪青平高速、沪宁高速、沪嘉高速、东南环高速、南环高速、同三高速、北环高速、东环高速、申嘉湖高速、沪常高速、上海长江隧桥)659.8公里属于收费高速公路。在收费高速公路中,除沪嘉高速、沈海高速(嘉金段)、申嘉湖高速、沪常高速属于政府还贷高速公路外,其余14条(段)均属经营性高速公路。除上海南环高速公路建设发展有限公司经营管理新卫高速、亭枫高速、上海绕城高速(南段)三条(段)高速公路,上海沪申高速公路建设发展有限公司负责管理上海沈海高速(嘉金段)、申嘉湖高速(上海段)、沪常高速(上海段)三条(段)高速公路外,其他基本上是一路一项目公司。上海高速公路共有管理主体14家,其中项目公司12家。

然而,随着"十五"期间引入的社会建设资金涉嫌违法违规操作的几起重大案件被揭露,政府对几条涉案高速公路进行了回购。2002年3月,福禧投资集团以37.02亿元的价格从上海城市投资建设开发总公司购得了沪杭高速公路(上海段)经营权。2004年1月,福禧集团又投资51亿元取得了嘉金高速公路的建设和经营权。2006年7月,上海"社保案"案发,涉及上海市社保局将巨额资金借贷给福禧集团董事长张荣坤控制的上海沸点投资发展有限公司。张荣坤将违法取得的上海社保基金32

亿元收购沪杭高速公路(上海段)经营权。为保证福禧集团投资的沪杭和嘉金两条高速公路正常运营,2007年1月,上海实业集团接管了沪杭高速(上海段),同年,市市政局接管了嘉金高速公路,其性质也由经营性高速公路转为政府还贷高速公路。

2000年8月,上海茂盛企业发展有限公司与上海城建集团、上海建工集团、上海西部市政工程有限公司、上海市政工程建设发展有限公司等公司组成的联合体获得了沪青平高速公路25年收费经营权,其中茂盛公司拥有控股权。2008年7月,茂盛集团董事长刘根山因涉嫌甬金高速绍兴段项目公司的低价转让及抽逃1.5亿元注册资本金,被判处有期徒刑8年。2008年8月,市市政局作出《关于收回上海沪青平高速公路建设发展有限公司沪青平高速公路收费经营权的决定》。"决定"阐述了收回原因:"长期以来,你公司存在项目资本金不到位、拖欠应付工程款等违约行为,我局曾多次敦促你公司进行整改,但一直未见根本改善。鉴于上述情况,现根据有关法律及2000年10月签订的《沪青平高速公路建设、运营、移交合同》的有关约定,决定收回你公司的沪青平高速公路收费经营权。"由市市政局收回沪青平高速公路。同年10月,市市政局同意由上海建工集团和上海城建集团公司共同出资设立一家新的有限责任公司——上海申渝公路建设发展有限公司(以下简称"申渝公司"),市建交委授予申渝公司沪青平高速公路收费专营权。2009年11月,上海实业集团完成对申渝公司股权收购,并全面负责对沪青平高速公路的运营管理工作。

2001年12月31日,上海金山实业投资发展有限公司、上海国智置业发展有限公司、中机电投资有限公司和中国华星资产经营有限公司(简称"华星资产")四家单位联合投资南环高速公路项目,整个南环高速公路由上海绕城高速公路(莘奉金高速至新农段)、新卫高速公路和亭枫高速公路三个项目组成。华星资产是刘根山出资15亿元的控股公司。2003年10月,上海南环高速公路进入全面施工,然而,在公路尚未建成的情况下,刘根山早早退出。2005年2月16日,上海茂盛企业发展有限公司召开股东大会通过股权变更决议,国资公司上海公路建设总公司被引入,并由该公司董事长担任南环高速公路建设发展有限公司董事长。

至2010年年底,沪杭高速(沪杭高速上海段)、沈海高速(嘉金段)、沪渝高速(沪青平高速)、上海绕城高速(南环段)收回国有,沈海高速(莘奉金高速)、上海绕城高速(北环段)仍为民营企业控股。

(二)上海高速公路管养状况及效果

由于投资主体多元化的管养体制以及区域性经济环境等因素,14条经营性高速公路发展不平衡。射线高速公路养护经费投入较多,路况质量较好,收益情况较好。如沪宁高速(上海段)、沪嘉高速、沪金高速等。政府还贷高速公路和经营性高速公路运营养护管理水平稳定、持续提升,如上海沪申高速公路建设发展有限公司负责政府还贷和经营性高速公路运营、收费、养护管理工作,即申嘉湖高速(上海段)、沪常高速(上海段)、沈海高速(嘉金段)和沪芦高速。该公司着力提升道路服务质量,路况水平保持良好态势,路容、路貌美观,附属设施完善,应急处置迅速有效。各路段分别获得"市世博服务卓越奖"、"市迎世博环境整治贡献奖"、"市工人先锋号"和

"市青年文明号"等荣誉,一定程度上代表了上海高速公路形象。

申嘉湖高速越江段采用代建制模式实施项目管理

然而,高速公路"一路一公司"的管理体制导致资源不集中,力量不聚焦,规模效应无法体现。主要表现在:一是技术力量不聚焦。技术研究投入不足,预防性养护、周期性养护不够,现场作业人员养护技术水平不高,影响养护质量。二是管理力量不聚焦。项目公司养护管理力量薄弱,对养护作业单位的养护工作管理力度不够,存在一包了之现象。三是机械设备资源不聚焦。由于养护机械购置和使用成本较高,部分公司对购置使用现代化养护机械的积极性不高,日常养护还处于人工养护阶段,一定程度上制约了上海高速公路路况水平的提高。多元化管养体制对上海高速公路管养质量造成的不利影响在近两次全国干线公路养护与管理检查中明显的反映出来。在 2005 年全国公路养护与管理大检查中,上海受检高速公路的国际平整度指数 IRI 均值为 1.65,江苏、浙江两省受检高速公路的 IRI 均值分别为 1.13 和 1.46,均小于上海。而经过 2006 年至 2008 年的迎世博三年整治后,上海高速公路路况质量仍然不甚理想。在 2010 年全国干线公路养护与管理检查中,上海高速公路的 IRI 平均值为 2.14,远远低于全国平均值 1.42。

另外,高速公路路政管理体制还存在诸多弊端。2010 年以前,高速公路路政执法实行的是"一路一中队"模式,路政执法人员由项目公司聘用,经费也由项目公司承担,存在执法主体不适格、执法队伍不稳定、行为不规范、执法效率低等突出问题。2010 年,通过高速公路路政区域化改革,逐渐改变路政体制的弊端,逐步解决了执法主体不适格问题。

(三)上海高速公路管理体制的成效与问题

"十五"期间实施的上海高速公路多元化投融资改革,引进了大量社会资金,使得上海高速公路取得了跨越式发展,初步形成了"153060"高速公路骨架路网,使其成为服务上海乃至长三角经济社会发展不可或缺的重要基础设施。

高速公路多元化投资带来的市场化运作、多元化管理的模式也日益凸显出其弊端:一是项目公司专业技术力量不强,养护管理力量薄弱,对养护作业的管理不到位,导致养护水平和质量不高;二是"一路一公司"的分割性管理造成养护机械化程度不高,科研投入不足;三是项目公司片面追求经济利益,养护资金投入有限,对社会职能的履行积极性不高;四是行业监管抓手的缺乏导致难以对项目公司进行有效的约束,行业监管难度较大。为此,上海公路管理部门正在探索高速公路集中统一管理模式,理顺高速公路养护运行管理体制,以不断适应上海经济社会发展需要。

二、普通公路管养体制

这里所指普通公路为国道、省道和县道。至 2010 年年底,上海国道里程 166.68 公里,省道里程 644.53 公里,县道里程 2 456.43 公里。

(一)国道、省道管养体制沿革

1997 年 7 月公路设施事权下放到各区(县),实行"统一管理与分级负责"相结合的原则,确立了市、区(县)两级政府、两级管理体制,"条块结合,以块为主"的模式。市市政局为公路主管部门,市公路处为管理机构。2001 年至 2008 年,主要负责国道和市管省道的养护管理,同时对县道进行行业管理。区(县)建委(局)为所在辖区的公路主管部门,区(县)公路管理署为公路管理机构,主要负责辖区内县道的养护与管理。2008 年以前,负责区管省道养护管理。2003 年,根据《公路法》和《上海市公路管理条例》规定,上海公路管理体制,实行三级政府,三级管理:市、区(县)两级主管部门与管理机构不变,农村公路建设、养护和管理的责任主体是乡(镇)人民政府。

2009 年 1 月 1 日,全国正式实施成品油价格和税费改革,取消公路养路费等六项收费。根据国家发改委《财政部关于印发中央对地方成品油价格和税费改革的通知》、《财政部关于印发中央对地方成品油价格和税费改革转移支付办法的通知》的有关规定,按照"改革后形成的交通资金属性不变、资金用途不变、地方预算程序不变、地方事权不变"的原则,在现有公路建设体制不变的前提下,将公路管养模式调整为国省干线公路由市统一安排养护管理计划和资金。2009 年后,市公路处负责全市国道和省道的养护管理。浦东新区国省干线公路,由市委托浦东新区公路署养护管理。

同年 3 月,市市政局撤销,市建委改组为市建交委。市建交委是公路行业行使政府职能的主管部门,市公路处是市公路行业的具体管理机构,负责市公路行业管理,参与制定行业管理法规、规章、规范性文件等,对市辖区内从事公路规划、设计、建设、养护和管理进行指导、检查、服务和监督。市管公路管理署作为市公路处的派出机构,负责国道和省道的养护管理工作。

2000 年起,国道、省道全面实行养护招投标,具体分三步走:第一步(三年内)先在国道、省道所在各区(县)的范围内,实施 50% 养护招投标,由该区(县)具有养护资质的企业进行招标竞争;第二步(第四年起)国道、省道 100% 实行养护招投标,并允许所在区(县)外具有养护资质的企业参与招标竞争;第三步(条件成熟时)逐步形成全市统一开放的养护作业市场。

(二)县道管养体制

上海县道属于区(县)公路管理部门直接管养。1997 年公路管理事权下放后,区(县)公路署逐步推行了"管养分开"改革,即公路署为管理机构,剥离出施工养护人员组建养护公司,从事公路施工养护。

浦东新区公路署于 1998 年 6 月率先推行公路管理体制改革,由建、管、养并举转向以管养为主。公路建设和公路路政执法职能分别移交浦东新区建设局和新区城管监察大队。2000 年以来,浦东新区公路署推进县道养护市场化改革,养护作业面向社会实行公开招投标。通过养护市场竞争,强化县道养护合同管理,定期养护考核,确保县道养路费资金专款专用,并对县道各养护公司、养护标段评分排名,实行不合格淘汰制,有效地调动了养护企业和广大职工积极性。"十一五"期间,该署实现由粗放型养护向精细化养护、被动养护向主动养护、单一养护向全面养护转化,取得了显著成绩,公路综合考核年年在全市行业名列前茅。

宝山区建委实施"管养分开",培育县道养护市场实行三步走。2001 年,由于各方面的机制和工作关系有待进一步理顺,因此对于县道养护作业和大中修工程,原则上都由分离后的公司承担。该区将区管公路分解成 8 个标段,分批实行内部邀请招投标,对大中修工程 50 万元以上项目也逐步实行内部邀请招投标,将日常养护分成一、二类作业管理。2002 年至 2003 年,县道养护 100% 实行区域内招投标,大中修工程 50% 实行了区域内招投标。2004 年,县道养护大中修工程项目在区域内实行了 100% 招投标。宝山区公路署先后制订了《区管公路日常养护维修管理制度》、《公路日常养护千分考核细则》,管理人员严抓敢管,坚持每周 3 天巡查路况路貌,严格检查、严格考核。在全市率先提出了《公路保洁第一责任人制度》,建立了一系列保障公路的应急预案、信息收集反馈制度、突发事件应急处置工作机制。2005 年,在区管县道主要道路上实行了机械化清扫。

市公路处加强行业管理,与各区(县)公路署党政领导签署责任书,建立养护管理考核办法、规定、标准,包括日常检查、质量考核、应急处置、桥梁管理、绿化养护等各个方面。区(县)公路署一般为每周巡视两次,一周对所有养护里程全覆盖。主要巡视内容包括道路、桥梁、绿化及各类附属设施养护情况,以及在建养护项目的安全、文明施工情况。养护道班每天巡视一次,一般 1 至 2 天可全覆盖养护里程。主要巡视内容包括检查道路、桥梁、绿化、附属设施的完好程度。发现各类病害及可能诱发病害的因素、发现可能妨碍交通的故障等问题,都及时进行分类处理。

(三)普通公路管养体制存在的问题

改革转型中的普通公路管养体制,保障了国道、省道和县道的正常运行。新旧体制转换中也出现许多矛盾和问题,如随着公路设施量不断增加,养护道班严重不足;公路养护定额较低,定额调整时间过长,新材料参考单价不及时;养护企业投入机械设备的积极性不高等,这些均不利于公路养护事业的健康发展。

三、农村公路管养体制

上海农村公路范围仅指乡道和村道。乡道主要指为乡(镇)经济、文化、行政服务的公路,以及不属于县道以上的乡(镇)与乡(镇)之间及乡(镇)与外部联络的公路;村道指主要为村(含自然村)经济、文化、行政服务,不属于乡道以上行政等级的村与村之间及村与外部联络的公路。

(一)体制改革前上海市农村公路建设和养护管理状况

截至 2005 年,上海市农村公路里程达到 4 638.35 公里,农村公路占全市公路里程 57.19%。农村公路桥梁 3 170 座,占全市桥梁的 49.88%。全市共有 109 个乡镇和 1 030 个行政村,全部实现了村村通水泥路或沥青路。

"十五"期间,根据《上海市公路管理条例》规定,上海公路实行三级政府,三级管理:市市政局是市农村公路的行政管理部门,市公路处是市农村公路的行业管理机构;区(县)行政管理部门负责本区(县)农村公路的行政管理,区(县)公路署是区(县)农村公路的行业管理机构;乡(镇)政府是农村公路管理养护的责任主体,负责该乡(镇)农村公路的建设、养护和管理工作。

上海市农村公路建设和管理养护具有以下特点:一是资金大部分来自乡(镇)、村财政,约占公路投入的70%,市补贴5%,区(县)补贴10%,开发区配套、银行贷款、村民集资、其他等方面约占15%。二是各乡(镇)养护管理模式不统一。农村公路建设和管理养护主要管理模式有三种,即专业部门(机构)管理、纳入相关部门管理、委托其他机构管理。其中纳入类似城(村)镇办管理的最多。其中管理农村公路的大多兼职。三是养护方式多样。主要有三种:统一管理,统一养护,即日常养护和大中修均由乡(镇)统一负责;统一管理,分级养护,即由乡(镇)统一管理,其中日常保洁由村民群众负责或承包,大中修等技术性强及工程量大的工程由乡(镇)委托专业队伍承担;分级管理,分级养护,主要公路由乡(镇)人民政府负责,次要道路由行政村负责。四是路政管理逐步覆盖。2005 年 3 月,宝山区公路路政管理中队月浦分队率先成立,采用派驻的管理模式,它标志着全市路政管理三级网络建设正式启动。此后,松江等其他区(县)也已先后建立了路政管理网络。

(二)体制改革前农村公路建设与管理存在的问题

农村公路的法律法规建设不完善,体制不顺。如公路管理部门的责任只能定位于业务或技术指导,未包括对农村公路的管理职能,农村公路管养的具体职责和任务落到了乡(镇)人民政府,致使"缺钱少人"的乡(镇)人民政府管养职责过重。农村公路管理中存在的体制不顺、资金不足、土地确权、管理机构和管理人员的空缺等诸多问题,都需要法规或规章加以规范。

农村公路建设缺乏统一规划,较少考虑其在整个路网中的作用以及与国省道相连互通,存在一定的盲目性和随意性。特别 2003 年加大对农村公路建设补贴后,部分乡(镇)将农村公路建设作为一种资源积极争取,而对项目的可行性与经济性缺乏科学论证,致使出现重复建设、修建断头路等现象,导致土地资源利用效率不高,公路网作用不明显弊端。占全市公路总里程三分之二的农村公路,交通分担率只占全部交通量的16%,农村公路未能承担起为其他干线公路分流作用。

农村公路建设和管理养护资金投入多样化,缺少稳定来源。据统计,市、区(县)公路部门对农村公路养护的补贴占养路费总收入的比例不足2%,各乡(镇)的农村公路建设和养护资金主要来源于乡(镇)财政,一旦地方财政入不敷出,资金缺口则不可避免。据调查,不论地方财政收入如何,或多或少都存在农村公路建设和管理养护资金短缺情况。资金到位不及时,在建设阶段造成了施工单位带资作业或拖欠工程款等现象;在养护阶段造成了农村公路缺养的现状。

建设程序有待完善,建设质量有待提高。部分乡镇的农村公路建设项目没有完全按照国家规定的基本建设程序执行,没有推行招投标制度、合同管理制度、工程监理制度和项目法人责任制。部分单位不是专业的公路施工单位,缺乏公路工程施工经验。部分项目没有进行正规设计,工程质量管理和监督不到位,工程验收不规范,工程质量不容乐观。

农村公路管理养护基本处于养护技术落后、养护设备和专业养护管理人员缺乏、整体养护水平低等状况,临时性、突击性的养护仍是最常用的养护方法,"头痛医头,脚痛医脚",导致道路抗灾能力弱、服务水平差。部分新建农村公路,缺乏正常养护管理,早期损坏现象突出。

(三)上海市农村公路管理养护体制改革

2005年9月,国务院办公厅下发《关于印发〈农村公路管理养护体制改革方案〉的通知》,提出了改革的指导思想和目标:力争用三年左右的时间,基本建立符合我国农村实际和社会主义市场经济要求的农村公路管理养护体制和运行机制,保障农村公路的日常养护和正常使用,实现农村公路管理养护的正常化和规范化。

2007年7月4日,市政府办公厅下发《关于印发〈上海市农村(郊区)公路管理养护体制改革实施方案〉的通知》。同年11月16日和12月14日,市市政局分别印发了《关于贯彻〈上海市农村(郊区)公路管理养护体制改革实施方案〉的若干意见》和《关于发布〈上海市乡(镇)村公路管理规定〉的通知》,进一步明确了各级责任和资金渠道,对贯彻落实工作进行了进一步的部署。

《上海市农村(郊区)公路管理养护体制改革实施方案》提出了"明确职责,保障投入,加强管养,强化监管"的十六字方针。一是明确职责。即把农村公路管养的责任落到了区(县)级人民政府,进一步界定各级政府和公路管理部门职责,概括为"统一领导,分级管理,区(县)为主,乡村配合"的管理体制。"统一领导,分级负责",就是把农村公路的管理作为各级政府的职责,由各级政府统一领导,并根据权责一致的原则,由不同层级的公路主管部门承担相应的管理责任。如市市政局是全市公路行政主管部门。市公路处是市公路管理机构,负有领导、指导农村公路行业管理的职责。"区(县)为主,乡村配合",就是明确各区(县)政府是农村公路管理养护的责任主体,区(县)公路行政主管部门和区(县)公路管理机构负责具体的农村公路管理养护和路政管理工作。所谓责任主体,就是承担法律责任的主体。乡(镇)政府是配

宝山农村公路养护工作培训班

合主体,具体职责由区(县)政府结合实际确定。二是保障投入。首先是市级资金。包括加大对轻便摩托车养路费的征收力度,征收收入全部用于农村公路养护;扩大汽车养路费使用范围,市返还各区(县)的汽车养路费,安排一定比例资金,确保农村公路管理养护;市级养路费对区(县)农村公路养护给予适当补贴。其次是区(县)财政资金。加大区(县)财政资金投入力度。各区(县)政府根据农村公路养护的实际需要,按照"有路必养"的原则,统筹财政预算,安排必要的财政资金,确保农村公路正常养护。同时要根据农村公路里程的增加,逐步增加农村公路养护的财政资金。再次是乡(镇)资金。为切实做到"有路必养",乡(镇)政府应安排一定的资金,用于农村公路的养护。三是加强管养。首先是农村公路的管理养护必须要有人员的保障。区(县)公路管理机构和乡(镇)政府要合理配置农村公路管理养护的技术、人员、设备等;其次是要将农村公路纳入全市公路和桥梁管理系统,实施信息化管理;再次是农村公路养护工程作业应由符合条件的单位承担,要求所有等级公路的大中修等养护工程逐步采取向社会公开招标的方式,择优选择作业单位,同时,允许多种方式并举,对一时难以通过市场化运作进行养护作业的,以及简单的日常养护,可由沿线乡(镇)政府、村民委员会研究采取适当的方式落实养护主体。四是强化监管。首先是加强路政管理。区(县)公路管理部门的路政管理覆盖到所有的农村公路,实行"全覆盖"的路政管理;区(县)、乡(镇)二级政府要共同健全公路路政管理体系。其次是加强资金管理。农村公路管理养护资金实行专款专用,专户存储,同时接受财政、审计部门的监管和审计。再次是加强监管考核。市公路处定期对全市农村公路管理养护工作情况进行检查;区(县)公路主管部门和公路管理机构也要定期对农村公路管理养护工作进行总结,从而建立二级农村公路管理养护工作的监督、监管、考核机制。

市公路处召开各层面会议,开展学习宣传、调研,制订计划。各区(县)从职责分工、机构设置、资金来源、养护机制、检查考核等方面研究制定适合本辖区的农村公路管理养护体制改革实施方案。2008年,浦东新区政府编制完成《浦东新区农村公路管理养护体制改革实施方案》。同年8月,新区确定高行镇、合庆镇为改革试点。2009年7月,崇明县、闵行区和奉贤区先后正式出台了本区(县)的农村公路体制改革方案,成立了乡(镇)农村公路管理站。

(四)推进农村公路管理养护体制改革

2005年6月,浦东新区农建署撤销,更名川沙城管署,整建制划归川沙功能区管辖。2006年2月,新区乡(镇)公路养护管理职能移交给浦东新区公路署,原浦东新区乡(镇)公路建设和管理办公室改称为浦东新区乡(镇)公路养护管理办公室,行使本区农村公路养护管理工作。2009年4月,南汇区行政区域划入浦东新区,涉及乡村公路的共有25个乡(镇)及1个旅游度假区,设施量也由原先的600公里,增加到1 164公里,桥梁总数由401座增加至915座。至2009年年底,新区农村公路行业主管部门是新区环境保护和市容卫生管理局,规划和建设职能属新区建设交通委员会,由浦东新区公路署负责行业管理,责任主体则为所属镇政府。

浦东新区农村公路路政管理站成立

松江区成立新桥镇乡镇公路管理站

　　自 2009 年 1 月 1 日起,燃油税费改革方案的实施对农村公路管理养护体制改革产生了较大的影响。根据国务院的决定,实施成品油税费改革、取消原来的公路养路费,征收燃油附加税。由此,公路养护资金渠道发生较大的变革,从原来养路费改为国家税收分配。税费改革方案中,上海将农村公路的养护纳入燃油税使用范围,养护资金由燃油税返还额与区级财政配套资金组成,各占 50%,确保了农村公路管理养护有了稳定的资金保障。各区(县)合理确定区(县)、乡(镇)两级政府财政资金的投入比例和标准,从制度上保证了地方财政资金在农村公路养护上的投入。同时,还落实机构,建立了农村公路"三级管理,四级网络"管养体系。各区(县)公路署落实了农村公路管理部门,明确了责任人。乡(镇)相继成立了路政中队,将路政管理工作覆盖到农村公路。

　　2010 年《上海市乡(镇)村公路管理办法》政府规章起草完成。它对于理顺乡(镇)村公路管理体制、明确各方管理职责、管理机构和人员等发挥了重大作用。市建交委、市公路处以及各区(县)相继制订了农村公路管理养护制度、技术规范、养护定额、质量评定标准和验收标准等,并做好信息化管理工作,将农村公路纳入全市公路道路和桥梁管理系统,逐步实现农村公路管理的规范化、制度化和信息化。市公路行业还开展探索农村公路绩效评估工作,指导农村公路建设与养护管理。

　　(五) 农村公路管理养护体制改革成效

　　农村公路管理养护体制改革促进了农村公路建设快速发展。到 2010 年底,农村公路总里程达 7 931.16 公里,较 2005 年 4 638.35 公里增幅达 71%。农村公路中有铺装或简易铺装(高级或次高级)路面里程由 2002 年的 78.7%,上升到 2010 年的99.5%。农村公路桥梁的技术状况逐步改善,技术状况好的桥梁(一、二类桥梁)数量占总数的比例由 2001 年的 53.8% 上升到 2010 年的 90%。

改革提升了建设和养护管理水平。各区(县)公路署对农村公路养护管理每半年进行一次检查,检查结果报区(县)建设委员会(或有关局)。市公路处将农村公路纳入对区(县)公路养护管理工作检查和考核的范围,2010年更是将农村公路纳入了对区(县)的养护经费使用管理绩效考核;路政管理覆盖到全市农村公路;推广实施农村公路标准化、美化(GBM)工程,逐步完善农村公路和桥梁的公路路名牌、里程牌、桥梁限载牌等有关标志的设置,农村公路路况与管理水平有了明显提升,实现了"有路必管、有路必养"的目标。

农村公路管理体制改革过程中还存在一些问题与不足,如个别地区农村公路管理机构人员配备、制度制订执行、资金筹措管理、监督检查考核尚未完全到位;农村公路管理养护的规章制度、技术规范与标准体系不够健全等。

四、公路路政管理体制

公路路政管理,是指县级以上人民政府交通主管部门或者其设置的公路管理机构,为维护公路管理者、经营者、使用者的合法权益,根据《公路法》及其他有关法律、法规和规章的规定,实施保护公路、公路用地及公路附属设施(以下统称"路产")的行政管理。

(一)路政管理队伍更名

20世纪90年代末,市公路处成立上海市公路路政管理大队,各区(县)公路管理机构相继成立了公路路政管理中队。随着高速公路和农村公路的不断发展,公路路政队伍进一步扩大。2000年底,全市共有路政执法人员105人。截至2010年12月,全市共有579名路政执法人员取得交通行政执法证,其中事业编制路政执法人员274名,聘用路政执法人员305名,是十年前的5.5倍。

2005年3月,市市政局批复同意将原上海市公路路政管理大队正式更名为上海市公路路政管理总队,各区(县)公路路政管理中队也相应更名为公路路政管理大队。路政总队与公路处、区(县)公路署与区(县)路政大队,仍实行"两块牌子一套班子"管理模式。市管公路路政中队更名为市管公路路政大队,和市管公路署实行"两块牌子一套班子"。

(二)高速公路路政管理体制

2002年,为适应高速公路建设市场化运作模式,市市政工程管理局颁发《关于同意招商高速公路路政管理体制的批复》,同意高速公路路政管理实施二级管理,即各高速公路(包括项目公司招商管辖的高速公路)的路政管理工作,由市公路路政大队派驻中队负责,接受市公路路政大队的直接领导。2003年,市公路处下发了《关于成立路政大队沪宁高速公路路政中队等六个中队的通知》。路政中队人员按照公路里程配备,大队直接委派一名中队长和一名路政员,其余人员由项目公司选派。上岗前组织培训考核。执法则以路政大队名义,路政审批业务仍由大队统一管理。办公用房、有关装备、管理经费均由项目公司承担,大队派驻人员的经费除外。高速公路路政管理形成了"一路一中队"模式。设立了11个高速公路路政中队,配备路政执法人员131人。

沪青平、莘奉金、同三招商高速公路路政中队成立

然而,高速公路"一路一中队"派驻式路政执法模式运作多年来,存在执法主体不适格、执法不规范、执法效率低、协调管理难等弊端和问题。

2008年,市公路处组织研究高速公路路政区域化管理模式,对高速公路路网进行划分,对人员、车辆装备、经费、管理用房等进行测算。2009年年底,上海收费高速公路660公里。根据高速公路的分布现状和"片区管理,规模适度"的原则,将整个高速公路网划分为东片、南片和北片三个片区,实行区域化路政管理模式。其中,东片区包括沪芦高速、长江隧桥、申嘉湖高速、上海绕城高速(东环段)、(东南环段)共5条(段)高速公路,总里程227公里。南片区包括沪金高速、沈海高速(嘉金南段)、新卫高速、亭枫高速、沪昆高速(上海段)、上海绕城高速(同三段)和上海绕城高速

上海市公路路政总队成立高速公路东区路政管理大队

（南环段）共 7 条（段）高速公路，总里程为 243 公里。北片区包括沈海高速（嘉浏段）、沈海高速（嘉金北段）、沪渝高速（上海段）、沪蓉高速（上海段）、沪嘉高速、沪常高速（上海段）、上海绕城高速（同三北段）和上海绕城高速（北环段）共 8 条（段），总里程为 190 公里。2009 年，本着精简、高效的原则，由市人事局组织牵头，组织事业单位招聘考试，向社会公开招聘路政人员。同年，东片区率先招聘路政人员。2010年、2011 年北片区、南片区相继招聘路政人员，至此，三个片区共招录人员 89 人，高速公路路政区域化管理模式基本形成。

（三）区（县）公路路政管理模式

1998 年 12 月，浦东新区公路路政管理归并入浦东新区城市管理监察总队，下设公路专业执法大队，负责实施行政处罚相关职能，行政许可职能仍由浦东新区公路署负责。

2001 年，浦东新区成立城市管理监察大队十六分队即公路路政专业分队。2005年，上海市浦东新区成立城市管理行政执法局。2009 年，浦东新区成立公路路政（渣土）稽查大队，公路路政（渣土）稽查大队隶属于城市管理执法支队。

其他区（县）公路路政管理普遍采用"两块牌子一套班子"的管理模式，即路政大队与公路署"两块牌子一套班子"；下设路政科，具体负责履行路政管理职能；乡（镇）成立路政管理中队，业务上属区（县）公路路政管理大队领导。

（四）乡（镇）公路路政管理体制

2005 年，市市政局下发了《关于同意实施〈上海市乡（镇）公路路政管理方案〉的批复》。同年 3 月，宝山区公路路政管理中队月浦分队率先成立。各区（县）随之逐步建立乡（镇）公路路政管理队伍。至 2010 年年底，全市 74 个乡（镇）成立公路路政管理站。全市十个区（县）路政执法人员 143 名、74 支乡（镇）执法人员242 名。

乡（镇）公路路政管理原则上采用"直管式"的管理模式，即各区（县）公路署组建专职管理乡（镇）公路的路政管理队伍，配备相应的路政执法人员及执法装备进行管理。各乡（镇）政府选派若干协管人员，经路政培训合格后协助进行路政管理。条件尚不成熟的区（县）采取"派驻式"的管理模式，即各区（县）公路署将管辖区域内乡（镇）公路划分成若干片区，每一片区组建一支路政管理队伍，队长由区（县）公路署选派，队员由该署专职执法人员、乡（镇）政府选派人员组成，以区（县）公路署名义统一行使执法职能，业务上归口区（县）公路署。乡（镇）公路路政管理经费由各区（县）公路行政管理部门从公路养路费列支。

第二节　公路路政管理

一、路政许可

（一）路政行政许可依据、职能划分

公路路政行政许可的法律依据主要有《公路法》、《上海市公路管理条例》等。其中，《中华人民共和国公路法》第 44 条规定："任何单位和个人不得擅自占用、挖掘公路。"《上海市公路管理条例》第 30 条规定:"因基础设施和其他重要工程建设确实需要临时占用和挖掘公路及公路用地的,必须向市或者县(区)公路管理机构提出申请,经审批同意后方可临时占用或者挖掘。"第 32 条规定:"跨越、穿越公路修建桥梁或者架设、埋设管线等设施,以及在公路用地范围内架设、埋设管线、电缆等设施的,应当事先经市或者县(区)公路管理机构同意。"政府规章涉及路政行政许可的法规主要有交通部《路政管理规定》、《超限运输车辆行驶管理规定》、《上海市临时占用公路管理规定》、《上海市挖掘公路管理暂行规定》等。

路政行政许可职能划分如下:市市政局是行政主管部门,市公路处负责市管公路临时占用公路及公路用地、挖掘公路及公路用地,跨越、穿越公路及公路用地修建桥梁(涵洞)或者在公路及公路用地范围内架设、埋设各类管线,在公路上增设平面交叉道口,超限运输车辆行驶跨省市、区(县)公路的行政许可工作,负责行业路政行政许可工作的指导、检查、监督、考核等管理工作。区(县)公路行政主管部门负责所辖区(县)管公路上增设平面交叉道口行政许可工作。区(县)公路署负责所辖区(县)管公路的临时占用公路及公路用地、挖掘公路及公路用地,跨越、穿越公路及公路用地修建桥梁(涵洞)或者在公路及公路用地范围内架设、埋设各类管线,超限运输车辆行驶所辖区(县)公路的行政许可工作。

2001 年,为规范行政许可行为,强化对行政许可行为监督,市公路处将行政许可业务和行政检查、处罚等行政执法职能实施分离。市公路处对所有涉及行政审批事项进行"统一受理、集中审批、统一送达"。分离制度的实施,有利于行政许可行为规范化、程序化。

(二) 路政行政许可措施与成效

1. 依法许可,做好服务。2002 年,为积极支持市府实事工程信息网络工程、天然气管道、河流污水网络工程全面推开,市路政行政许可部门积极配合,组织协调,论证方案,提出设计、施工变更方案。2006 年,上海多项重大工程纷纷上马,涉及跨越、穿越多条高速公路、国省道,市公路处在做好行政许可的同时,依法做好维护公路路产路权。

2. 加强公路沿线广告安全管理。2004 年,市公路处对公路沿线大型广告开展调查梳理,召开专题会议,明确公路两侧超过三年的大型广告要进行安全检测,不按规定接受安全检测或安全检测不通过的,则不予续批。安全检测行动确保了台风季节公路通行安全。

3. 做好世博会期间路政许可管理。2010 年,市公路处加强世博期间占路、掘路施工的许可管理,继续配合市府重点工程行政许可工作,确保上海绕城高速(东南环段)声屏障安装等环境改善工程、青草沙原水工程、潘泾公路下穿上海绕城高速(北环段)等工程平稳、有序地推进。

(三) 路政行政许可存在的不足

一是行政审批的环节仍然较多,办事要敲十几个图章,影响办事效率;二是评审评估项目时间花费多,客观上延长项目审批时间。

二、路政执法

(一) 超限运输治理

超限运输是指货运机动车装载超过公路对其的限值。在市场经济运行中,部分道路运输经营者违反国家交通运输法规,超限运输,由此而引发了恶性交通事故,严重损坏公路设施,给国家和人民生命财产造成损失。经国务院同意,自 2004 年起,交通部联合七部委在全国开展货运机动车辆治理超限工作。至 2010 年,全市共检查超限运输车辆 22 012 辆,办理案件 21 397 件,罚款金额 1 315.87 万元。2005—2010 年,每年的超限率一直维持在 5% 以下。

2003 年,市路政总队加强超限运输治理。通过开展集中整治、联合整治、日常检查等方式,该年超限率下降到 37%。

2004 年,上海市发改委、公安局、市政局、质监局、安监局、工商局、法制办等部门联合展开超限整治行动,全年共检查车辆 35 376 辆,处罚 2 666 辆,罚款 141.2 万元。通过集中整治,使超限车辆大幅度减少,超限率从 2003 年的 37% 下降到 8% 左右,2005 年又下降到 4%。

2007 年,根据交通部"8·17"电视电话会议精神,市公路处成立治超工作小组,制定下发《关于联合开展集中治理超限运输车辆擅自行驶公路桥梁专项行动方案》、《关于印发〈关于开展治理超限运输车辆擅自行驶公路工作制度〉的通知》。制作《公路路政治理超限运输罚款清单》及《公路路政治理超限运输罚款汇总单》,完善了治超工作相关制度。

2008 年,根据交通部全国车辆超限、超载治理工作现场会精神,公路处制定《关于开展货运机动车超限专项治理工作的方案》,将沪杭高速枫泾收费站、沪嘉高速朱桥收费站、沪宁高速江桥收费站、徐浦大桥、外环高速外环隧道、宝山洋桥收费站及其他擅自超限运输情况严重的路段列为重点整治区域。

2009 年,市公路处以"迎世博 600 天行动"为契机。在市管公路范围内安装了超限动态检测系统,实时掌握超限动态信息;在徐浦大桥、松浦大桥、拦路港桥、金山大桥、五岳河桥、泖港大桥上安装了超限动态检测系统。通过该系统实时记录超限情况,针对性地开展不定时、不定点的突击整治。

2010 年,市公路处制定了《关于开展货运机动车辆超限超载运输专项治理工作的方案》,同时与交警总队建立治超联动机制,按照"加强配合、各司其职、先易后难、突出重点"的原则,开展联合治超。

同年,市公路处制定了上海市公路超限监测站点建设规划。规划全市省界道口设置用于监控全国性路网重要路段的Ⅰ类超限检测站 6 个、用于监控区域性路网重要路段的Ⅱ类超限检测站 13 个、采取位置预留用于流动监测的Ⅲ类超限检测点 8 个。已在部分省界道口先行试点建设Ⅰ类超限检测站 5 个,分别为 320 国道枫泾(朱枫)超限检测站、318 国道西岑超限检测站、204 国道葛隆超限检测站、沪太公路洋桥超限检测站和徐浦大桥超限检测站。

上海公路系统治超方面存在的主要问题:治超力量单薄,高速公路没有专门治超队伍,部门间联动不力,与交警配合不够紧密,治超工作相对落后于各地。

公路路政治理双超

（二）非公路标志整治

《上海市公路管理条例》规定："在公路及公路用地范围内设置标牌、广告牌等非公路标志的，应当经市公路管理机构或者区（县）公路行政管理部门同意，并按照设置标牌、广告牌的有关规定办理审批手续。"2001年以前，市公路管理机构和区（县）公路行政管理部门依法实施设置标牌、广告牌等非公路标志行政许可业务。2002年，市政府实施行政审批改革，市公路管理机构和区（县）公路行政管理部门非公路标志行政许可事项被内部取消，非公路标志设施占路行为归并到临时占路行政许可。由于后续规范性文件或指导性意见滞后，非公路标志管理界面模糊，公路上擅自设置标牌、广告牌等非公路标志现象呈蔓延趋势。2003年，为确保公路交通安全，路政人员上路执法拆除擅自设置非公路标志（含依附于电杆等设施上的小型广告）共11 216块，2004年共拆除13 498块，2005年共拆除13 854块。然而，尽管路政部门疲于送达整改单，轮番出击整治，擅自设置非公路标志现象仍呈逐年上升趋势。

2006年，市公路处开展"强化路面执法，加强非公路标志整治"行动。制定了非公路标志统计、梳理和一期整治工作方案。市、区（县）两级公路管理机构加强了路政宣传力度，共清理公路及公路用地范围内擅自设置的非公路标志10 244块。

2007年，市公路处对将到期而未续办许可的非公路标志设置单位发函续办催办。市公路处编制了《非公路标志管理若干意见（草案）》。同年，共清理非公路标志9 054块。虽然公路上擅自设置非公路标志现象有所趋缓，但仍未得到有效治理。

2008年，市政府颁布《上海市迎世博加强市容环境建设"600天行动计划"纲要》，将清理户外广告、规范标牌管理列入市容市貌改观工程。同年6月，市公路处编制《上海市迎世博加强市容环境建设"600天行动计划"公路整治标准》。明确清理广告整治范围包括高速公路用地范围内的不符合规划要求的高立柱广告、收费天棚广告、中央分隔带广告、跨线桥广告、龙门架广告、广场看牌广告等非公路标志；高速公路之外的国省干线公路用地范围内的"非公路标志"(含贷款道路车辆通行费征稽站顶棚广告)。"600天行动计划"动员了社会各方面力量,市公路处分六个阶段,经过不懈努力,全市高速公路、市管公路和国省干线公路用地范围以内拆除非公路标志数量共计1 914块(座),其中,高炮广告82座,收费站顶棚广告74座,依附跨线桥设置广告7座,龙门架广告16座,机非隔离带、中央分隔带广告528座,其他(含指示牌、路牌广告)公路用地范围以内1 207座。

路政总队拆除沪宁高速公路非公路标志

(三) 桥孔管理

1999年市市政局《关于加强对利用高架道路(高速公路)投影部分和桥梁桥孔管理的通知》规定,在一定条件下,桥孔下可以设置停车场;2001年市市政局依据《上海市临时占用公路管理规定》精神,除人民政府另有规定外,桥孔下设置停车场属不予批准。两个"规定"存在分歧,造成桥孔管理紊乱。2009年以前,高速公路路政管理模式为"一路一中队"模式。桥孔整治牵涉企业利益,项目公司路政执法人员偏向于各自公司利益,造成高速公路桥孔管理不到位。2002年,路政队伍拆除市管公路用地范围内(主要是立交桥孔下)违章建筑2万平方米;2003年,路政队伍配合真新街道拆除4万余平方米违章建筑;2003年与2004年分两次共拆除耿耿市政工程有限公司在沪嘉浏高速公路桥下违法建筑10万平方米。2008年,结合世博保障及反恐工作开展桥孔集中整治工作。按照交通部以桥梁为重点的安全隐患检查的要求,将大型桥梁、隧道以及设有限载标志降级使用的桥梁作为工作重点。通过集中整治,消除了一批违法占用桥孔现象,但由于地方政府干预、历史遗留问题,最终整治效果不明显。对暂时不能清理整治的,通过规范管理、建立安全防范措施等方式,确保了桥孔的安全可控、有序管理。

2001—2010 年拆除违章占路设施情况统计表

年份	清除堆物		清除建筑物/构建物		清理设摊	清理擅自置非公路标志
	数量（单位:吨）	面积（单位:平方米）	数量（单位:处）	面积（单位:平方米）	数量（单位:处）	数量（单位:件）
2001						
2002				20 000		
2003	27 991	187 294	315	7 045	8 788	11 216
2004	31 755	215 566	276	8 639	13 299	13 498
2005	26 920	191 122	243	2 794	9 431	3 854
2006	19 887	88 614	221	6 022	4 857	10 244
2007	14 424	57 191	136	1 441.2	3 476	9 054
2008	23 544	78 953	85	2 284	4 786	9 801
2009	329 828	121 661.5	831	44 189.5	5 548	17 437
2010	31 748	134 021	1 231	32 145	6 572	10 155

松江公路路政桥孔整治

（四）公路赔偿和补偿

随着高速公路车流量增多,车辆事故导致路产设施损坏现象随之增加;路产设施种类较多,价格也因实际情况而不断调整,相应修复路产设施费用也在变化;又因上海高速公路大多由企业承担经营管理,赔补偿工作由各经营管理者实施,造成全市赔补偿标准不统一,极易引起路产赔补偿纠纷。2003 年,为解决全市赔补偿标准不统一问题,市公路处起草公路设施赔补偿标准制订,于 2004 年出台了《上海市公路路产损坏赔补偿标准(暂行)》。经过一年试行,发现该标准在具体执行中存在一些不尽合理问题。2005 年,市公路处经多次研究和修改,报市市政局、财政局和物价局审核批准,《上海市公路路产损坏赔补偿标准》于同年 8 月正式实施。

2007 年,为完善路产赔补偿费收支工作制度,制订了路政执法行政强制措施流程等相关制度及文书格式标准,起草了《公路路产赔补偿管理实施细则》,使赔补偿工作更具有操作性。

2001—2010 年公路路产赔(补)偿费统计表

年份	公路路产赔偿			公路路产补偿		总　计	
	数量 (单位:件)	其中立案 (单位:件)	赔偿金额 (单位:万元)	数量 (单位:件)	补偿金额 (单位:万元)	案件总数 (单位:件)	赔(补)偿总额 (单位:万元)
2001	732	0	0	0	0	732	485.5
2002	1 208	0	0	0	0	1 208	808
2003	2 525	0	841.49	0	501.18	2 525	1 342.67
2004	3 072	0	904.13	0	842.83	3 072	1 746.96
2005	3 488	0	1 024	0	7 372.34	3 488	8 396.33
2006	4 020	0	1 182.22	0	3 340.2	4 020	4 522.42
2007	4 533	0	1 450.97	5	4 281.72	4 558	5 732.69
2008	0	0	0	20	175	20	175
2009	3 823	96	1 361.83	400	5 091.34	4 223	6 453.17
2010	5 303	20 920	1 735.42	341	3 064.38	5 646	4 799.8
总　计						29 492	34 462.54

（五）牵引排障

2002 年,市公路处会同相关部门制订了高速公路网排障牵引方案,实行高速公路网片区化管理。经公开招标,沪宁、振通、拯救三家牵引排障公司中标,并与各高速经营管理企业签订了合同。市公路处要求牵引公司统一牵引排障车辆标识,统一收费标准,统一操作规范,统一承诺,统一服装等。2008 年,市公路处经调研,出台了《上海市高速公路(含外环线)牵引排障服务规范》,明确牵引单位必须做到"接报后15 分钟内到达现场;统一标识、挂牌上岗、规范作业、依法收费,公开接受社会监督",进一步规范了牵引流程。

第三节　法　规　建　设

一、政府规章、规范性文件制定和修订

（一）修订《上海市公路管理条例》

2001 年 2 月,市政府发布《上海市人民政府关于本市行政审批制度改革的通知》,要求政府各部门和相关事业单位对本单位所涉行政审批事项进行清理。同年 3

月 13 日,市公路处成立行政审批事项登记领导小组,清理出 24 项属于公路行政审批事项,同年 3 月底上报市市政局。同年 6 月,经市市政局审查确定,由市公路处实施的行政审批项目为 10 项。经报市核准,保留 5 项,取消 5 项。保留的 5 项为临时占用公路、挖掘公路、超限运输车辆行驶公路、跨越或穿越公路修建桥梁或者管线施工,增设平面交叉道口。取消的 5 项为公路上公交、客运车辆站点设置或者位移;设置标牌、广告牌等非公路标志;因养护维修封闭高速公路车道;应急封闭收费高速公路;高速公路招商项目重大设计变更初审。其中设置标牌、广告牌等非公路标志涉及占路事项的按照占路审批处理。

同年 10 月,市人大常委会审议通过了《关于中止执行部分以地方性法规为依据的行政审批事项的决定》,决定中止执行《上海市公路管理条例》规定的"公路工程项目竣工验收;新建、改建、扩建的公路竣工后五年内或者大修的公路竣工后三年内挖掘的审批;公路上公交客运车辆站点设置或者移位的审批;收费公路车辆通行费收费标准审核"几项行政审批,期限截至 2003 年 12 月底。以上几项中止执行的行政审批事项需要在中止执行期限届满前予以取消。因此,必须修正《上海市公路管理条例》的相关条款。

2003 年 10 月 10 日,市第十二届人大常委第七次会议公布了《关于修改〈上海市公路管理条例〉的决定》。《条例》修改内容如下:第 17 条第 1 款修改为:"公路工程建设项目竣工验收后,建设单位应当向市或者区(县)公路行政管理部门办理备案手续。经验收合格的,方可交付使用。"第 31 条第 1 款修改为:"新建、扩建、改建的公路竣工后五年内或者大修的公路竣工后三年内,不得挖掘。因特殊情况需要挖掘的,应当按照规定向市或者区(县)公路管理机构缴纳掘路修复费一至五倍的费用;影响交通安全的,还应当经公安交通管理部门批准。"第 37 条第 1 款修改为:"公交车辆和其他固定线路客运车辆的站点设置或者移位,除征得公安交通管理部门的同意外,还应当符合国家有关公路管理的规定。"第 42 条修改为:"收费公路的车辆通行费收费标准,由公路收费单位提出方案,并由市财政、物价部门征求市公路行政管理部门的意见后予以确定。"删去第 52 条第 2 款。

(二) 制定和修订政府规章及局(委)规范性文件

2001 年 6 月 27 日,市政府以第 102 号令修正《上海市贷款道路建设车辆通行费征收管理办法》,修改了通行费征收标准、免征范围以及行政处罚条款。

2002 年 4 月 1 日,根据市政府对我国加入 WTO 后有关法规需要清理的要求,市政府以第 119 号令第二次修正《上海市公路养路费征收管理办法》,修改了养路费征收标准并删掉原《办法》第 15 条第 1 款第 5 项"对外国籍和台、港、澳地区的车辆以及外国办事机构及其个人在沪使用的车辆,经市人民政府批准,征稽机构可收取可兑换的外币或外汇兑换券"的内容。

2004 年 11 月 3 日,市政府发布了《关于〈上海市贷款道路建设车辆通行费征收管理办法〉第二十二条和第二十三条适用问题的解释》,以加强外省市车辆进入上海市缴纳贷款道路车辆通行费的管理。该解释规定,外省市车辆进入上海市道口时,发生不按规定缴纳贷款道路车辆通行费的,可以适用《办法》第 23 条的规定进行处理;外省市车辆驻上海市满一个自然月以上的,《办法》已明确规定应按照上海市车辆的标准缴纳贷款道路建设车辆通行费;若发生漏缴、拒缴或者抗缴等行为的,可以适用《办法》第 22 条的规定进行处理。

2009 年 1 月 12 日,市政府办公厅颁布《上海市人民政府办公厅转发市建设交通委关于加强本市高速公路管理意见的通知》。该"通知"规定了高速公路的路况质量标准和路容环境所要达到的要求、管理部门职责和监管机制,以及高速公路经营管理者不履行养护义务的责任。"通知"规定市公路行政管理部门发现高速公路的路况质量或路容环境不符合规范标准的,应当责令该路段的高速公路经营管理者限期整改;未按期整改的,则可以停止清分其所收取的高速公路车辆通行费,指定其他单位代为养护或者整治,费用由其承担。"通知"适用至 2010 年 12 月 31 日。

市建交委、市政局制订或修订的主要规范性文件有:

1. 2001 年 10 月 15 日,市市政局修订《上海市临时占用公路管理暂行规定》,并更名为《上海市临时占用公路管理规定》。该"规定"明确规定了临时占用公路许可的内容、申请条件、申请程序以及许可期限,调整和补充了临时占用公路许可的程序规范,并细化了《上海市公路管理条例》中未经许可擅自占用公路行为的处罚条款。该"规定"于 2001 年 12 月 1 日起实施,《上海市临时占用公路管理暂行规定》同时废止。

2. 2002 年 10 月 15 日,市市政局颁布并实施了《上海市乡(镇)公路管理暂行规定》。该"暂行规定"明确了乡(镇)公路管理职责划分、规划和计划编制、建设规范、养护要求、路政管理以及资金筹措。2007 年 11 月 16 日,市市政局对《上海市乡(镇)公路管理暂行规定》进行修订,颁布了《上海市乡(镇)村公路管理规定》。该"规定"在《上海市乡(镇)公路管理暂行规定》基础上增加了村道管理的内容,使上海市村道纳入依法管理的轨道。该"规定"于 2007 年 12 月 1 日起施行,《上海市乡(镇)公路

市人大法工委调研农村公路

管理暂行规定》同时废止。

3. 2002年12月31日，市市政局颁布《上海市公路桥梁养护管理暂行规定》。"暂行规定"明确公路桥梁管理的部门与职责、养护作业单位责任、技术状况分类及危桥定义、桥梁检查方式和要求、鉴定方法、应急处置、经费落实以及地理信息系统运用等。

4. 2002年10月21日，市市政局颁布《上海市贷款道路建设车辆通行费征收管理行政检查和行政处罚实施细则》，同年12月1日正式实施。"细则"规定贷款道路建设车辆通行费征收管理中的行政检查、行政处罚以及等价担保和拍卖程序等方面的具体操作规范。

5.《中华人民共和国公路法》《上海市公路管理条例》以及交通部《路政管理规定》等法律法规，对路产损坏赔（补）偿作了原则性规定，但操作中遇到路产赔（补）偿标准不统一的问题。2003年9月17日，市公路处编制《上海市公路路产损坏赔（补）偿标准（暂行）》上报市市政局批准，并报送市物价局和财政局。同年12月8日，市市政局颁布《上海市公路路产损坏赔（补）偿管理暂行规定》。该"暂行规定"详细规定了赔（补）偿费收取和解缴程序。2004年5月8日，市物价局和财政局批准《上海市公路路产损坏赔（补）偿标准（暂行）》。

6. 1998年市市政局颁发的《上海市挖掘公路管理暂行规定》，由于其中部分内容不符合《上海市公路管理条例》的相关规定以及市人大常委会《关于中止执行部分以地方性法规为依据的行政审批事项的决定》，据此着手修订《上海市挖掘公路管理暂行规定》。2004年8月25日，市市政局颁布了《上海市挖掘公路管理规定》。该"规定"明确了挖掘公路审批、跨越或穿越公路修建桥梁或管线施工、增设平面交叉道口3项行政审批事项的审批流程、工程施工要求、收费标准、修复要求，细化了《上海市公路管理条例》中未经许可擅自行为的处罚条款。"规定"于同年9月1日起施行，《上海市挖掘公路管理暂行规定》同时废止。

7. 2005年3月1日，市市政局颁布《上海市公路规费稽查管理细则》，对公路规费征稽的行政检查、行政强制、简易处罚程序、一般处罚程序、行政文书制定以及执法人员资格都作了明确规定。

8. 2005年6月16日，市物价局发布《关于高速公路项目公司收取本市公路路产损坏赔（补）偿有关事项的通知》。该"通知"明确"各高速公路项目公司在特许经营期内收取的公路路产损坏赔（补）偿费为经营性收费"。同年，市市政局修订《上海市公路路产损坏赔（补）偿标准（暂行）》并报市财政局及物价局。同年7月8日，市物价局和财政局发布《关于调整本市公路路产赔（补）偿收费项目及标准的通知》。同年8月24日，市市政局修订《上海市公路路产损坏赔（补）偿管理暂行规定》，并更名为《上海市公路路产损坏赔（补）偿管理规定》。该"规定"增加了经营性高速公路项目公司收取赔（补）偿费的内容。

9. 2008年1月24日，市市政局颁布《上海市高速公路服务区运营管理暂行规定》，同年2月1日起实施。"暂行规定"明确了管理部门管理职责、监督考核机制、经营者责任、服务区基本设施、服务项目及其管理要求，设置了违反暂行规定的处理办法。

10. 2009 年 1 月 8 日,市建交委颁布实施了《上海市高速公路电子不停车收费管理试行意见》。"试行意见"明确规定了电子不停车收费运行的行政管理部门、高速公路经营管理者以及其他经营者的权利、义务。

市人大法工委调研高速公路 ETC

11. 2009 年 5 月 11 日,市建交委颁布实施了《关于贯彻落实〈上海市人民政府办公厅转发市建设交通委关于加强本市高速公路管理意见的通知〉的通知》。"通知"细化了市府办公厅规定的操作规范。

12. 2010 年 8 月 19 日,市建交委颁布了《上海市高速公路电子不停车收费管理规定》。该"规定"规定了电子不停车收费规划、建设、运行和管理等相关事宜,该"规定"于 2010 年 10 月 1 日起实施,《上海市高速公路电子不停车收费管理试行意见》同时废止。

13. 2010 年 12 月 1 日,市建交委颁布了《上海市收费高速公路运行管理规定(试行)》。该"规定"全面规范了收费高速公路养护、收费、监控、服务、使用及相关监督管理活动。该"规定"于 2011 年 1 月 1 日起实施。

(三)公路立法的不足

立法工作存在一些问题与不足,如部门立法痕迹比较重,偏重于管理部门管理,而对于服务相对人、服务社会公众的条款相对较少。

二、行政执法监督管理

公路行政执法包括公路路政和公路规费征稽两个方面。

(一)加强行政执法证件管理

根据交通部《交通行政执法证件管理规定》和市市政局要求,公路路政和规费征稽执法人员必须参加市基本法和公路专业法培训,考核合格后取得主管部门颁发的"交通行政执法证"。市市政局每年对持证执法人员进行年度审验,作出年审决定。十年期间,市市政局共向全市公路路政和规费征稽执法人员颁发"交通行政执法证"898 张,注销 196 张。

2008 年 12 月 31 日,市公路处颁布实施《上海市公路路政、征稽行政执法证件管理规定》,对全市公路行业"交通行政执法证"的发证管理、使用要求、年审管理、注销以及信息管理等各方面做了进一步规范。

截至 2010 年 12 月 31 日,全市共有公路路政和规费征稽执法人员 792 名,其中公路路政执法人员 579 名,公路规费征稽执法人员 213 名。

（二）不断完善行政执法监督制度

1. 完善行政执法行为规范制度

2002 年 11 月 15 日,市市政局颁布《上海市公路路政管理行政执法人员行为准则》,要求路政执法人员在开展行政执法时,应当按照有关文件要求穿着执法服装,随身携带并出示执法证件;规范执法用语;准确、清晰地制作执法文书并加强思想、业务、法律知识的学习;坚持廉洁自律、实事求是的原则,严格依法办事,认真履行职责,以树立路政队伍的良好形象。

2003 年 1 月 10 日,市公路处颁发《关于加强公路路政车辆管理的通知》,提出开展不定期路政车辆专项督查,以规范路政车辆管理。

2003 年 12 月 1 日,市市政局颁布《上海市贷款道路建设车辆通行费征收管理行政检查和行政处罚实施细则》。该"实施细则"对贷款道路建设车辆通行费征收管理中的行政检查行为和行政处罚行为进行细化,并对执法人员行政处罚自由裁量权进行了规范。

2004 年 9 月 30 日,市市政局颁布《上海市公路路政管理行政许可工作若干意见（试行）》,规范了路政许可程序以及文书制作。

2005 年 3 月 1 日,市市政局颁布《上海市公路规费稽查管理细则》,对公路规费征稽的行政检查行为、行政强制行为、简易处罚程序、一般处罚程序、行政文书的制定以及执法人员的资格作出了规定。

2005 年 4 月 1 日,市市政局颁布《上海市公路路政管理巡查制度》,规定了路政巡查的方式、巡查频率以及路政执法人员的巡查职责。

2010 年 11 月 5 日,市公路处颁发《关于进一步规范治超执法行为的通知》,规定治超行政处罚简易程序、一般程序及从重处罚中不同违法程度的处罚裁量基准。

2010 年 12 月 27 日,市公路处颁发《上海市公路路政人员着装管理制度》,提出路政执法人员的执法着装要求。

2. 健全行政执法监督机制

2005 年 5 月 13 日,市市政局颁布《上海市公路路政管理过错追究办法》,规定了路政执法过错责任的认定、追究方式以及被追究责任人员的权利等内容。该"办法"旨在强化公路行政执法责任制。

2007 年 9 月,市公路处颁布《关于完善行政执法监督实施细则》。该"实施细则"对公路行政执法裁量权的划定和监督、重大行政处罚案件的批准以及重大行政执法过错责任追究等各项行政执法监督制度进行全面规定。"实施细则"还规定每年开展一次行政执法检查,并建立行政许可内部统计制度。

3. 推行行政执法检查制度

2001 年始,市公路处每年开展一次全市行政执法监督检查。通过执法检查,交流经验,提出问题,改进工作。有关公路行政执法的法律法规出台后,组织培训,适时开展新法律法规执行情况专项执法检查。2003 年 5 月 14 日,市政府办公厅颁布《上海市人民政府办公厅关于今年对本市各级行政机关和有关单位实施罚缴分离、没缴分离制度的情况进行执法检查的通知》。同年 8 月 14 日、15 日,市市政局对市公路处执法文书的制作、设施损坏赔(补)偿费的收取及使用、罚缴分离制度情况进行了执法检查。检查表明,市公路处罚缴分离制度执行和法律文书制作较好,指出存在部分路政巡查汇总记录不完善、行政处罚以及设施损坏赔(补)案件文书制作不规范等问题。2003 年后,市市政局每年对市公路处的行政执法工作进行检查监督。

2010 年 4 月 8 日,交通部下发《关于印发 2010 年全国交通运输行政执法监督检查工作方案的通知》,"通知"决定开展一次全国范围内交通运输行业的行政执法检查。8 月 9 日,交通部到沪执法检查。检查方式主要为综合考核评估、案卷评查、问卷调查、组织执法人员考试以及交流座谈等方式。这次执法检查反映出本市公路行政执法工作存在的问题与不足,主要是执法人员素质参差不齐,需要加强执法人员培训,严把执法人员准入关。

第五章 公 路 科 技

第一节 标准规范体系建设

2006年,市市政局发布了《上海市公路行业技术标准体系》,并以此为依据,有序地开展标准化工作。技术标准体系内容涵盖了公路规划、工程设计、施工、养护管理、验收评定等。十年间,市公路处主编和参加了交通部、上海市、市公路行业共计30个技术标准的编制。

在公路规划方面,编制了《上海市公路规划技术导则》(SZ-G-B07-2008),为优化公路网布局,提高公路网运行效能提供了科学依据。

在工程设计方面,先后完成了《纤维增强复合材料加固混凝土结构技术规程》(DG/TJ08-12-2002)、《公路路基与基层、地聚合物注浆加固技术规程》(SZ-G-B04-2007)、在高速公路信息技术方面,完成了《高速公路专用通信网语音互通技术规定》(SZ-32-2003)、《上海市高速公路联网收费系统技术要求》(SZ-16-2004)、《上海市高速公路网电子不停车收费(ETC)车道布设技术要求》(SZ-35-2004)、《上海市高速公路路网视频系统暂行技术条件》(SZ-26-2002)、《上海市高速公路交通监控系统联网技术规范》(SZ-G-B01-2007)、《上海市政道路视频信息系统间联网技术规程》(SZ-G-B08-2008)等技术规范。

在养护管理方面,先后制定出台了《高速公路监控、通信、收费、供电和照明系统维护规程》(SZ-18-2001)、《公路沥青路面养护技术规程》(SZ-21-2002)、《公路水泥混凝土路面养护技术规程》(SZ-30-2002)、《上海公路绿化养护技术规程》(SZ-36-2004)、《上海市公路桥涵养护规程》(SZ-40-2005)、《上海市乡村公路建设与养护技术规程》(SZ-49-2006)、《公路沥青路面预养护技术规程》(SZ-G-D01-2007)、《上海公路桥梁限载标准》(SZ-G-B05-2007)、《农村公路建设与养护技术规范》(DGJ08-2067-2010)、《公路路面养护技术规范》(DB31/T489-2010)等一系列技术规范,基本形成了较为完善的公路养护管理标准体系。

在验收评定方面,研究制定了《上海市公路工程质量检验评定标准》(SZ-15-2001)、《高速公路监控、通讯、收费、供电、照明工程质量检验评定标准》(DB31/T257-2001)、《公路工程施工质量验收规范》(DGJ08-119-2005)、《公路大中修工程质量检验评定标准》(SZ-24-2006)。

在公路管理方面,制定了《上海市高速公路联网收费、监控应急和通信系统操作规程(试行)》(SZ-46-2005)。

十年来,市公路处根据交通部统一安排部署,结合上海公路的技术优势,主编或参编了《公路沥青路面养护技术规范》(JTJ073.2-2001)、《公路养护安全作业规程》(JTG H30-2004)、《公路桥涵养护规范》(JTG H11-2004)、《公路机电系统维护技术指南》、《公路技术状况评定标准》(JTG H20-2007)、《公路养护技术规范》(JTG H10-2009)等6个国家行业标准。

市公路部门积极组织公路行业技术标准宣贯和培训。每颁发一个标准,就根据标准的适用范围在全行业进行宣贯和培训。其中,通过对《公路技术状况评定标准》分层次进行专项集中培训,使全市300多名管理和养护人员及时掌握了交通部新的公路技术状况评定标准的内容和操作方法,实现了公路评定由已使用近30年的好路率和综合值体系向新标准(即公路技术状况指数MQI)的平稳过渡,此次培训被评为"2008年上海市科协继续教育优秀项目"。

第二节 科 技 研 发

一、公路建设科技研发

外环线(浦东段)二期工程中,上海浦东工程建设管理有限公司申报的上海市科技攻关项目《重交通快速干道综合技术研究》,其中路桥一体化设计理论与技术的研究突破传统设计思想,将着眼点从常规性的通过增大路堤的刚性来减小路堤沉降,转到综合考虑路堤与桥梁沉降协调上来,相对增大桥梁桩基的沉降量,以实现路、桥沉降量的趋同,达到消除或减缓桥头跳车之目的。该工程被评为"中国市政金杯示范工程"。

闵浦大桥工程坚持科技自主创新。国内外大跨度双层桥面斜拉桥工程为数不多,因此,对闵浦大桥大跨度双层公路大桥在设计、施工、运营等方面进行系统性的关键技术研究具有重要意义。上海沪申高速公路建设发展有限公司、市公路处、市市政工程设计研究总院、上海建工集团组成研究团队,通过对抗震性能、抗风性能、主跨正交异性板结合钢桁梁、边跨桁架组合梁设计与施工技术、钢桁梁斜拉桥施工过程分析及控制、运营风险分析与防范措施等课题的研究,解决了世界上跨度最大的双层公路斜拉桥建设的关键技术难题,其研究成果成功应用于闵浦大桥设计、施工,确保了大桥安全、优质、快速地建成。2010年12月,该研究成果通过上海市科学技术委员会鉴定。该工程获2010年度"上海市市政金奖"。

在上海长江隧桥建设工程中开展的"863国家科技攻关"项目"超大特长越江盾构隧道关键技术研究",首次采用泥水盾构相似模型试验,模拟高水压浅覆土条件下泥水盾构的推进过程,进行超大断面泥水盾构开挖面温度、施工参数匹配的研究。原创性地研发高重度高稠度抗剪切浆液,创新了控制隧道稳定的同步浆材料和同步单液注浆施工方法,确保了超大直径隧道成环稳定和工程质量。首创的预制和现浇"即时同步施工"工艺解决了隧道结构在脱出盾尾之后整体上浮的难题。首创的富水软土地层的泥水处理方式解决了黏土颗粒回收利用的技术难题,泥水循环利用率达到了80%。首创的常压下刀具更换技术和隧道盾尾环冻结盾尾刷更换等施工应急新技术确保了重大工程的工程质量和工期。该工程经上海长江隧桥工程国家竣工验收委员会验收，盾构隧道贯通偏差控制在5厘米和2厘米(上、下行线)；两塔中心距离误差仅为12毫米、两塔身其垂直度分别达到1/9 600和1/10 300。该技术填补了国内空白，该工程被评为"中国建国60周年公路交通勘察设计经典工程"。

上海长江隧道工程长江一号盾构机施工

浦东五洲大道工程向上海市科委申请了市科技发展基金重点项目"生态环保综合技术在城市快速干道中的应用研究"课题。该"课题"旨在探索解决城市道路建设中的环境保护、节能减排、循环经济等诸多问题。如采用了掺入废橡胶轮胎微粒的沥青路面，发挥降噪、抗滑、降温排水等功能；在道路旁设置了初期雨水处置系统，防止路面初期雨水污染路旁水体；设置了特殊收集系统，利用太阳能光伏发电，把路面雨水导向道侧绿地，用天然水涵养绿化带；道路绿化进行生态优化设计，大量选用降噪、遮荫、吸附扬尘废气的植物，以建设环保型公路；在道路侧旁因地制宜地开挖河流和水塘，并大量种植本土水生植物、营造亲自然湿地环境，修复受影响的水生态系统；首次同步实施防噪隔音屏障，降低噪声发散。建立工地实时监控管理系统，在施工现场安装IP摄像机，将信息传送到装有平台软件的服务器内，通过服务器转发到视频查看请求的客户终端，显示实时画面并控制，及时反映施工状况，发现安全隐患并及时进行监督和整改。五洲大道工程竣工验收当年就顺利通过了环保竣工验收审批，该项目获得"中国公路学会科学技术二等奖"。

在重大工程建设中，还开展了"公路改造路基路面关键技术研究"、"EPS轻质路堤工程应用"、"钢纤维混凝土在公路工程中的应用研究"、"超轻质材料SLM应用研究"等课题的研究，提高了上海公路建设质量和技术水平。其中"公路改造路基路面关键技术研究"获上海市科技进步二等奖。

五洲大道太阳能雨水回用试验段

五洲大道综合排水系统研究试验段

二、公路养护管理科技研发

市公路部门组织开展了"上海干线公路性能状况与技术对策研究",形成了覆盖干线公路网的性能分析和技术对策研究体系。通过对"公路可持续发展的决策和研究"、"废旧橡胶人行道铺面技术研究与应用"、"绿化及防噪声屏障降低公路交通噪声级的研究"、"高速公路跨线桥与环境协调等课题的研究",突出了上海公路走可持续发展之路的战略。如2005年至2006年,浦东新区公路署推进节水型公路生态养护技术,积极利用河道水网资源,在80%有条件的公路绿化带埋设300多公里PVC管,采用小型机动柴油机抽水泵从河道取水浇灌绿化、冲洗路面,每年可以节约自来水约976.5万吨,该技术受到水利部、国家环保总局专家领导的高度赞扬,市政府发文加以推广。青浦公路署在青赵公路(城中东路至朱家村桥东桥坡)应用废旧橡胶粉铺筑低噪声沥青路面。市公路处通过对"高等级道路桥头引道沉降处理辅助决策"等课题的研究,提高了上海公路养护管理水平。

浦东公路雨水管中抽取雨水浇灌绿化

三、公路信息化科技研发

市公路部门结合业务,积极开展信息技术应用系统的研究和开发。开发、应用公路基础数据库,使设施管理走上数字化道路;自行开发的公路技术状况评定系统、桥梁安全动态管理系统为公路设施科学评价、动态监管提供了不可或缺的手段;路政管理系统实现了路政审批流程无纸化、规范化,并向公众提供网上审批服务;高速公路联网收费系统开通电子不停车收费,实现了长三角高速公路联网收费。

上海公路部门以信息化、智能化实现运行管理流程再造,建成覆盖上海公路网的公路路网管理中心,整合路网动态管理资源,提高路网运行管理能力;实现主要高速公路视频监控全覆盖,实施全网统一诱导,提高交通出行效率;实现全路网应急指挥、应急资源调度,有效提高应急响应能力;建成对口交通部的省级交通调查数据中心,开展多项宏观、微观交通分析,为路网规划建设、运行管理提供辅助决策。

围绕公路设施管理,公路行业开展了一系列课题研究,如"上海公路信息技术标准体系框架研究"、"上海公路设施管理地理信息系统"、"高速公路网运行管理系统"、"城市出入口与高速公路交通信息化和应用"、"公路交通调查数据采集分析与应用"等。同时,完成了"上海市公路网交通信息化与智能化发展规划及关键技术研

建成覆盖上海公路网的公路路网管理中心

究"、"上海市高速公路路网收费系统规划",为后续上海公路信息化发展提供了路径。

"十一五"期间,"电子不停车收费标准体系及成套检测技术"获中国公路学会科技进步特等奖,"公路技术状况评定标准"、"高速公路运营服务质量指标体系"及"长三角高速公路运行信息互通技术研究和工程示范"等项目分别获得中国公路学会科技进步二、三等奖。

第三节 "四新"技术推广应用

一、路面病害治理

2002 年至 2006 年,浦东公路署在环南路组织进行了"高等级、重交通沥青路面的半刚性基层快速维修技术研究",在罗山路、申江路实施了"小粒径沥青混合料薄层铺装技术的研究与应用"。2007 年至 2008 年,蒸俞公路大修项目和朱枫公路大修项目、北青公路项目应用了水泥乳化沥青冷再生半柔性高强混合料冷再生技术。高速公路结合大中修项目,开展了"高速公路路基路面整治关键技术研究"。主要开展了开槽灌缝、路面加强剂涂覆、修路王热补等技术的推广运用。沪昆高速(上海段)、沪渝高速(上海段)、沪嘉高速在水泥混凝土道路地基加固方面,采取地聚混合物注浆技术对部分路基进行加固处理,采用这种新工艺不必重新翻挖道路,给路基注入一针"强心剂"后,经过 1 至 2 个小时的养护即可开放交通,与传统的路基加固技术相比,可节约大量投资。

为保持管养公路表面良好的构造,保障沥青路面早期使用安全和周期性养护,公路行业推广应用了病害处治新技术 LTC 技术。LTC 沥青再生养护剂材料能使老旧沥青路面具有良好的封水效能,同时还原了路面沥青性能。2010年4月,松江区公路署在联阳路沪杭铁路下穿孔处路面进行了快凝快硬干混砂浆修复水泥混凝土路面损坏的尝试实践,在不影响交通的情况下,取得很好的效果。2007年,嘉定区公路署在宝安公路、嘉新公路、澄浏公路、外青松公路、北城路、胜幸北路路面实行楷模KM4-40热补板修复沥青路面损坏的尝试研究,其成果不仅美化了公路,同时提高了车辆的行驶安全。

2008年,松江区公路署在县乡公路建设中,加强了对"四新"技术的推广与应用,

松江公路养护应用"修复王"新工艺

嘉松公路共振破碎施工

如新宾路是上海市首条采用美国共振破碎技术进行改造的乡村公路,莘砖公路、沈砖公路"白改黑"中也采用了共振破碎技术;沪松公路延伸段(即松卫北路)、玉树路、辰塔公路四座立交桥的主桥施工均采用了中心转体施工技术。

二、预防性养护

十年来,市公路行业组织开展了《公路沥青路面预防性养护技术》课题研究并形成相关技术规程。"预养护"是指在不增加路面结构承载力的前提下,对结构完好的路面或附属设施有计划地采取某种具有费用效益的养护措施,以达到延缓损坏、保持或改进路面功能状况的目的。通过课题研究,提出了以效益费用比作为评判指标来确定最佳预养护的时间。经过室内实验和在叶新支线、外环线、沪宁高速、浦星公路4段试验路的修筑和验证,形成了8种常用预养护措施(包括稀浆封层、微表处、碎石封层、复合封层、HMA、填缝和封缝、雾状封层和沥青再生剂)的适用条件、配合比设计方法、原材料要求、施工工艺和质量控制技术,形成了《上海市公路沥青混凝土路面常用预养护措施设计与施工指南》,明确在道路损坏初期即对病害进行修复,保证了道路平整,延长了使用寿命,降低了养护维修成本。"公路沥青路面预防性养护技术"获上海市科技进步三等奖。

上海南环高速公路发展有限公司积极开展沥青路面现场再生应用、TL2000、微表处、雾封层等路面预防性养护技术研究。2010年对南环高速浦卫立交匝道桥梁进行维修与加固,全面推广了SBS改性沥青、SMA抗滑表层、TL2000、ERAC等一系列新材料、新工艺,对全线道路进行了预防性养护,取得了良好的效果。

沪芦高速在沥青混凝土路面上改进坑槽修补养护方法,采用贴缝带解决接缝封水,克服了传统做法中封水效果不好的毛病。京沪高速(上海段)、沪嘉高速、沪昆高速(上海段)等路段水泥混凝土路面修复采用日本电化超级早强水泥的新材料进行桥梁铰缝、伸缩缝维修工程,修复效果良好。

2004年4月,市公路处联合同济大学成立公路沥青路面预防性养护技术研究课题组,先后选择外环线和浦星公路为试验路,对其进行了跟踪观测和分析,有效缩短了公路养护施工工期,延长了公路使用寿命,降低了养护维修成本。2005年4月,微表处技术应用于浦星公路,有效防止路面渗水问题。同年,外环线沪嘉下穿孔路面整治工程中设置了透水混凝土路肩,保障下穿孔箱体混凝土顶部排水顺畅。2009年12月,西尔玛沥青还原剂封层技术应用于沪南公路,在不降低路面结构深度和抗滑性能的前提下延缓沥青老化,封闭细微裂缝,减少病害发生,抵抗污染物的侵蚀;蕰川公路立交桥摊铺TL-2000聚合路面强化剂,隔绝空气、紫外线、油污及酸碱盐对路面的损害,杜绝对主梁及铺装层的水损害,有效地控制了裂缝、松散等病害的扩散。2010年1月,杭州湾大道使用改性稀浆封层预养护措施,修复路面。同年11月,浦星公路实施沥再生预养护措施,密封沥青路面以抵抗燃油、水、紫外线和化学剂等侵蚀,延长了路面使用寿命。2008年,宝山区公路署对月罗路(蕰川路至富乐支路)段进行大修,采用了加铺"水泥乳化沥青"技术进行黑色面层补强,形成了强基薄面的结构,较传统方法更有效地克服反射裂缝的产生,节约了养护成本,提高了养护

三、提高路面平整度

提高路面平整度始终是养护工作的主要目标,公路部门大力推广相关应用新技术,如稀浆封层:将适当级配的乳化沥青、粗细集料、水、填料如水泥、石灰、粉煤灰、石粉等和添加剂按照设计配比拌和成稀浆混合料,摊铺到原路面上形成薄层,通过这种处治路面的预防性养护施工方法,使沥青混凝土路面得到养护,恢复路面功能;微表处,即用具有一定级配的石屑或砂、填料如水泥、石灰、粉煤灰、石粉等与聚合物改性乳化沥青、外掺剂和水,按一定比例拌制成流动型混合料,再均匀洒布于路面封层的预防性养护技术,以提高路面平整度,防滑、防水、耐磨,防止路面的老化与松散。沥青还原处置:即用沥青还原剂修复那些遭受破坏,但结构良好的路面;低级聚合物加固:即用聚合物砂浆等新型建筑材料,由胶凝材料、骨料和可以分散在水中的有机聚合物搅拌而成,从而使砂浆性能得到很大改善;桥梁碳纤维加固:不仅具有碳材料的固有特性,又兼具纺织纤维的柔软可加工性,在有机溶剂、酸、碱中不溶不胀,具有耐蚀性。

四、机械化养护

十年来,市公路部门积极配备养护机械,如养护作业车、稀浆封层车、胶轮压路机、灌缝机、清扫车等,减轻了养护一线职工的劳动强度,降低沥青路面的养护成本,延长道路使用寿命,效果显著。浦东新区重点推广使用了小型热再生设备、护栏清洗车、小型灌缝设备、清扫车、下水道疏通设备和窨井清捞等设备;每年举办"四新"技术推广展示、演示和培训会,促进各养护作业单位之间的技术交流,至2010年,基

浦东新型护栏清洗车

本实现一、二级公路机械清扫。青浦区干线公路全面实现机械清扫。

至 2010 年年底,全市省道 MQI 为 94.08,优良路率达到 97.10%;普通公路 MQI 为 86.74,优良路率达到 86.42%。

"十一五"期间,市公路行业进一步修订完善了公路养护技术规范并用以指导推进养护管理工作。先后组织行业基层公路养护管理人员开展了 15 批次各类技术培训、技术交流和技术竞赛活动,主要内容包括 MQI 技术状况评定、路面裂缝快速修补技术现场推广演示、公路绿化病虫害防治、桥梁工程师(专管员)培训等。通过培训,进一步树立"以人为本、服务社会"的养护理念,扭转轻养护、重维修的传统养护观念,树立"早预防、早发现、早处治"的预防性养护理念,进一步提高了公路养护管理水平和操作人员工作技能。

市公路处检查浦东公路养护四新技术

"四新"技术推广应用,改进了公路养护手段,提高了公路养护技术水平,公路路况路貌达到路面平整,横坡适度,行车舒适;路肩整洁,边坡稳定,排水畅通;构造物完好;沿线设施完善;绿化协调美观,构成畅、洁、绿、美的公路交通环境。

五、"四新"技术推广和应用存在问题与不足

市公路行业"四新"技术推广应用过程中,存在信息渠道不畅通,行业指导推进力度不够等问题。

第六章　公 路 信 息 化

第一节　信息化基础设施建设

交通部在其"十五"规划中明确提出了公路信息化建设总目标为大力建设公路信息化基础设施,特别是信息资源基础设施建设;充分发挥公路运输方式的优势,以信息化、网络化为基础,加快智能型交通发展;引导和鼓励公路运输企业利用现代信息技术改造、提升传统的交通运输业,促进产业结构调整,构筑公路信息服务产业化框架,努力实现公路行业的跨越式发展。

上海公路信息化建设起步较早,20世纪90年代已走在全国同行业前列。进入21世纪,通过不断加强信息化基础建设和管理,使公路信息化水平得到进一步提高,为社会服务水平显著增强。

一、公路基础数据库系统

2004年,市公路处根据公路统计数据库、公路普查数据库和IS数据库并存实际情况,组织开发整合上述各数据库统一的"公路基础数据库系统"。该"系统"的开发实现了各数据库整合,有效地避免由于基础数据出自于不同的数据库,造成数据互相矛盾问题,为其他系统提供可靠的基础数据奠定了良好基础。

市第四次综合交通调查——曹安征稽站车辆OD调查

2007年,交通部组织了全国农村公路通达情况专项调查,对全国县道以下的公路基础数据进行全面普查,并采用GPS测量等手段,建立公路基础属性数据和GPS测量的电子地图数据的匹配关系。上海公路各级管理部门配备专门普查人员和GPS专用采集设备,对县道以下公路基础数据逐条进行了GPS采集,并将采集的公路基础数据,根据交通部要求整合到公路基础数据库系统中,进一步完善了系统功能。

二、上海市高速公路信息化网络

2002年年底,同三国道(上海段)、沪青平高速公路、莘奉金高速公路建成通车,和已有的沪嘉浏高速公路、沪宁高速公路(上海段)、沪杭高速公路(上海段)形成了上海市西部区域高速公路网络。根据"上海市高速公路收费、监控、通信系统技术框架",上海市高速公路联网收费结算中心、交通监控中心和应急指挥中心(以下简称"三个中心")同步建成,实现了6条高速公路联网收费运行和交通监控。随之,上海市高速公路网早期网络框架也基本成型。全路网网络采用622兆带宽的DPT(SRP)通信技术组建了冗余双环网结构,核心节点设在市公路处高速公路管理署即"三个中心",为一台Cisco GSR 12008核心路由器,相应的各路段节点都配置了Cisco7500系列路由器。同时,为了将现有资源上传至上级主管部门,充分发挥公路行业资源共享优势,在市市政局的组织协调下,"三个中心"作为一个节点接入了市政环网。

高速公路DPT骨干通信网从2002年设备上线至2010年,稳定运行近十年时间。多年运行情况表明,622兆的DPT环网运行稳定,具有一定的前瞻性和技术先进性,属于当时高性能、高稳定性网络的典范,为高速公路的各项业务开展提供了一个稳定的基础平台,支撑了路网进入新世纪快速发展的需求。

2008年,随着网络需求的增长和新建成高速公路的陆续接入,原DPT环网的技术服务停止,且原骨干网络在带宽和结构上也无法满足新的需求,市公路处经过严密论证和反复讨论,制订了全网络升级改造方案,出台了《上海市高速公路通信专网建设的若干意见》,并投资400余万元,实施了上海市高速公路主干网络的全面升级改造。上海市高速公路网络采用了以太网技术组成万兆双环网结构。升级改造后的骨干网络设备容量能满足5至8年的业务增长需求,网络设备具有良好的通用性,能够按要求进行局部或整体升级。

2010年,除个别路段外,上海又投资4 000万元完成了高速公路网主干路由器升级改造工作,上海高速公路新骨干网框架基本形成。

三、上海公路行业信息技术设施建设

2004年8月,上海长江隧桥建设发展公司研发项目管理信息系统,建成了特大型工程项目信息化管理基本应用模式。三年多应用表明:该系统提供了对"四控两管一协调"(即投资控制、质量控制、进度控制、安全控制,合同管理、信息管理,组织协调)的全面支持,显著提高了工程项目管理工作效率与质量。

2006年,上海南环高速公路发展有限公司通过与同济大学、上海建科院、河南省

高速公路养护技术有限公司等专业单位合作,建立完善了南环高速道路桥梁数据库,使高速公路路况及养护工作随时处于有效监管之中,能在最短时间内掌握道路使用情况,为养护提供了支持。

2009年,浦东新区公路署建成公路信息综合管理平台、综合交通信息管理系统环保局子平台工程、外环线浦东段智能化交通管理系统。完成了主要软件系统(养护、乡村公路养护、修建、桥梁、OA系统等)工作登录界面,建成浦东公路监控指挥中心,路面实时监控视频点增至3 000多个,开发视频自动巡检系统和视频搜索功能,紧急突发事件能精确迅速定位。建立公路机扫GPS定位管控、雨水泵站远程控制和工程现场实时监控系统。并对署内外网实行升级,先后实现了署与异地办公的科所以及合并后的原南汇区公路署远程视频会议网络联通。

四、上海公路行业信息安全规划和设计

2006年,市公路处对上海公路行业的信息安全工作进行了规划,编写了《上海公路信息安全总体策略》和《上海公路行业信息安全实施指南》。市公路处在技术层面和管理层面上对下属单位、区(县)公路署的信息安全状况进行了风险评估,具体评估内容包括:信息资产评估、网络架构评估、威胁评估和脆弱性评估等。根据风险评估结果,市公路处编制下发了《风险评估和安全建议报告》《上海公路信息安全总体策略》。同时还编写了《上海公路行业信息安全实施指南》,指导上海公路行业相关单位对信息系统进行安全建设、安全管理和安全维护,保障信息安全。在制定上海公路行业信息安全规划和策略过程中,市公路处制定下发了《信息系统开发安全管理制度》《信息系统资产管理制度》《信息系统病毒防护管理制度》《信息系统网络安全管理制度》《信息系统互联网使用制度》等一系列安全管理制度。

五、办公自动化OA管理系统

2000年,市公路处全面推广使用办公自动化系统,实现了无纸化和数字化办公。2004年,市公路处决定对原有办公自动化系统的软硬件进行全面的升级再构,升级硬件设备,增加软件功能,新系统称为上海市公路管理处综合办公系统。新系统具备以下特点:第一,组织复杂、管理严格、流程众多并强调基于流程的过程管理;第二,系统操作一体化、简单化和高效率;第三,系统质量要求高,采用稳定、成熟、灵活和先进的技术;第四,强调以学习性组织为目标的知识分享与传播;第五,充分考虑系统未来扩展,面向变化;第六,首次对系统的信息安全提出要求。

六、信息化基础设施建设的成效与存在问题

全市公路行业信息化设施基础建设的不断发展,有效地提升了公路行业管理水平和为社会服务能力。2011年,交通部全国干线公路养护与管理大检查这样评价上海公路行业信息化基础建设:"实现了信息资源整合,全面提升了上海公路网的动态运行管理水平。"

但在发展中也带来了新问题:一是随着信息化建设步伐的加快,相应的信息化

建设规划略显滞后;二是信息化设施技术发展周期短,产品更新换代快,信息化技术标准需要及时跟上;三是信息技术设备量的剧增,管理与维护工作有待加强。

第二节　设施管理信息化

一、公路技术状况评定系统

2007年,交通部颁发实施《公路技术状况评定标准》(JTG H20-2007),对原有的公路技术状况评定标准作了重大调整,由MQI代替沿用多年的好路率。为此,自2008年,市公路处着手开发"公路技术状况评定系统",并于2010年完成。该系统整合了原有"公路路面管理系统"功能,依托"公路基础数据库系统"的基础数据,导入定期或实时更新的公路设施状况动态数据,通过系统分析评价,实现辅助决策功能。其中,评定功能既可按部颁标准《公路技术状况评定标准》(JTG H20-2007)进行评定,也可按本市标准《公路技术状况评定规程》(DGJ08-2010)评定,为公路养护大中修辅助决策提供了评定依据。

自2002年开始,市公路处组织力量开展了全市公路路况检测工作,通过"公路路面管理系统"和"公路桥梁管理系统"进行数据统计分析和辅助决策,编制路况分

公路路面检测车

公路路面雷达

公路路面综合测试磨阻车

公路路面综合测试弯沉检测车

析报告,为各级公路管理部门提供维修养护依据。同时,市、区两级财政部门将路况分析报告作为对养护维修计划审批的依据。2008 年,将"公路路面管理系统"与"公路桥梁管理系统"升级为"公路技术状况评定系统"。该系统经过多年运作,成为公路路况检测和分析标准规范。

二、公路绿化管理系统

2004 年 7 月 20 日,市公路处启动"公路绿化管理系统研究"项目,其主要内容一是通过课题研究,建立了公路绿化评价决策模型,便于管理部门掌握公路绿化现状,合理安排公路绿化养护经费;二是开发公路绿化管理系统,采集路段信息、行道树信息、绿地信息和绿化种类信息等,做好数据的维护与更新;在此基础上对公路绿化的现状进行统计和分析、决策分析、辅助养护计划制定、提示养护重点以及预防措施、预警病虫害防治等,为做好绿化养护提供技术支撑。

三、高速公路机电管理系统

2006 年 5 月 20 日,市公路处启动了"上海市高速公路网机电设施管理系统"项目。一是编制了上海市高速公路网机电设施管理的设施编码规则,建立了高速公路网机电设施管理系统的技术构架、管理系统,建立了机电设施管理系统的数据字典,开发了机电设施在 GIS 上的可视化管理。同时建立了高速公路机电设施静态数据库,可快捷了解到外场设备、通信管道、光、电缆、收费广场、收费站、收费中心和路网结算中心、通信站、通信中心的分布和属性等内容。二是开发了基于 GIS 的上海市高速公路网机电设施管理系统,该系统具备路网机电设施管理数据库、机电设施信息查询、汇总生成所需报表和计划、机电设施故障与维护警示等功能。该系统降低了日常管理维护成本和劳动强度,延长使用寿命,实现了高速公路网机电设施管理的规范化和自动化。

四、公路桥梁安全运行管理系统

2007 年 8 月 10 日,市公路处开发完成了"公路桥梁安全运行管理系统"。该"系统"主要内容有:一是充分利用现有公路基础数据系统,以保证基础数据来源及数据的一致性。二是对相关检查进行细化,包括桥面及构造检查、钢筋混凝土和预应力混凝土桥梁检查、拱桥检查、钢桥检查、跨线桥与高架桥检查、斜拉桥检查、支座检查、墩台与基础检查等。三是确立桥梁动态数据采集方法及建立桥梁动态数据库,针对不同类型的桥梁(简支梁、连续梁、斜拉桥等)、不同种类的桥梁(特大、大、中、小桥)、不同部分(桥面系、上部结构、下部结构)的每一个部件建立单元细目静态数据库和各类病害动态数据库;同时按桥梁使用年限和其所在公路交通量大小,特别是重型交通繁忙的公路桥梁,按轻重缓急对各类桥梁实行深度动态监测,并建立相应的桥梁动态信息数据库。四是针对不同结构型式和材料形式的桥梁,建立详细的桥梁结构安全性能评估方法,包括月度、年度评价,以及评价工作流程、评价标准和专家预处理对策。评估结果分为安全、安全略有疑虑和不安全。五是建立桥梁安全决策系统,根据桥梁结构安全状态评价理论和方法,提出桥梁养护维修方案。六是做好桥梁安全性能预测工作,根据桥梁使用变化规律,在积累历史数据的基础上,对桥梁未来状况进行预测,做好防患工作。

为了确保该系统在公路行业应用,市公路处颁布了《上海市公路桥梁安全运行管理工作制度》,制订了桥梁经常性检查、定期检查和特殊检查的规定,完善了单元细目,形成了考核制度。"公路桥梁安全运行管理系统"的运行,成为公路桥梁安全管理的有效手段。

公路桥梁检测车

此外,市公路处还研发了"贷款道路通行费征收系统"和"公路导航和数据采集记录系统"等项目,为公路管理提供了技术储备与技术支撑。

第三节 业务管理信息化

一、公路养护管理系统

2008年,市公路处开发了"公路养护管理系统"。该系统主要内容:一是通过整合数据资源,充分利用公路基础属性数据库的数据,搭建养护信息资源库,实现养护信息共享。二是实现对小修保养的流程化和精细化闭环管理,如日常养护巡查、检查、考核,病害发现、通知、小修、验收、计量等流程形成闭合。三是实现对中修工程全面管理,包括工程计划、进度和质量管理。四是实现突发事件从发现、处理到事后跟踪全过程管理。五是建立养护质量考核,强化行业监管。六是开发基于多维地理信息技术,建立综合查询分析系统,面向不同层级管理者,实现道路路产设施、技术状况、动态病害、突发事件、养护工程、巡视轨迹、小修保养和外场实时监控视频、检测信息的综合查询、统计分析,并实现形象直观的数据展示和空间分析。该系统于同年年底开发完成并投入使用。

二、公路路政许可管理系统

2001年,市公路处着手建立公路路政管理信息平台,把非公路标志、广告及增设平面交叉道口信息输入计算机,为网上审批打好基础。

2003 年,市公路处开发了"公路路政许可管理系统"。该"系统"内容包括超限运输车辆行驶许可路线、占路、掘路、路政管理政务公开等,在公路网站以及市政局政务网上发布,供市民查阅。

2006 年,"公路路政许可管理系统"网络版正式投入使用,实现了"路政许可申请表"网上下载和办事流程网上告知。

2007 年,完成了"路政管理系统"开发。该系统主要包含:第一,基础数据管理。通过基础数据录入,实现对道口、管线、掘路、占路(包括非公路标志)等项目以及公路用地范围内设施进行动态管理。第二,路政许可管理升级。实现路政许可网上流转,针对审批流程中每一个节点,生成对应文书;对到期的许可项目及即将超过期限的许可项目实现报警提示;对事前和事后管理设计了接口,为各部门分工和衔接建立了操作平台。第三,人员、装备管理。第四,数据上报。许可信息、路政执法(包括治超)信息的及时上报、公布。第五,通过与"上海公路门户网"对接,实现网上受理、网上查阅、下载表式、文件、公示许可信息、提供超限运输许可路线等。同年 11 月,在各区(县)推广应用。

公路路政网上审批

三、上海公路网站

2003 年,市公路处正式以"上海公路"网站形式对外发布信息,发布和服务社会的内容主要限于新闻和路政许可审批等,点击率每天 100 次左右。

2005 年,网站进行了改版,增加了电子地图等公路出行服务信息,包括上海市的全部公路现状 GIS 地图,公路交通阻断信息和路径规划等功能,点击率每天在 500 次上下。

2007年,网站再次改版,并硬件升级,提高了安全性,同时达到了2 000次同时点击的并发能力;软件方面使用了Oralce数据、Weblogic中间和JAVA编程技术,使"上海公路"网站功能得到很大提升。内容方面增加了浙江、江苏和安徽地图,实时路况、长三角气象预报及实时气象、高速公路通行费查询、公路交通阻断信息、收费站通行信息、城市快速路、高速公路视频和可变信息,点击率每天在2 500次上下。

2010年,根据世博交通的特殊需要,"上海公路"网站增设"世博交通"专栏,为世博出行提供交通信息。

第四节 路网运行信息化

一、高速公路交通监控和联网收费结算中心系统工程

按照上海市2005年建成650公里高速公路网,实现"15分钟上网、30分钟互通、60分钟到达"的"153060"目标,市市政局要求,在全市市政和公路范围内建立应急指挥系统,以提高处置突发事件和灾难事件的能力。

2001年8月,市公路处投入4 000万元,实施上海高速公路交通监控和联网收费结算中心系统工程建设。该工程由收费结算中心、交通监控及应急指挥中心、通信中心子系统构成。

（一）联网收费结算中心

根据上海高速公路网建设和管理模式,联网收费系统中的收费结算中心具备双重职能,一是体现高速公路收费的行政管理职能,行使国家法律授予的收费管理权限;另一方面体现服务功能,为各高速公路运营公司的收费结算和清分服务,执行通行费的清分、与清算银行的结算资金划拨、与发卡公司的清算、路网收费整体管理功能,组织联网收费系统正常运行等职能。市公路处与各高速公路运营公司成立收费结算中心,负责收费日常业务管理。其服务费用由各运营公司分摊。

2002年12月,高速公路联网收费结算中心为沪宁、沪杭、沪嘉浏、莘奉金、同三、沪青平高速公路共6家运营公司提供收费服务。截至2010年,发展到为16家高速公路运营公司提供收费服务,平均日通行费交易量达60万笔,日通行费收入额达1 100万元。

（二）交通监控中心

上海市公路交通监控中心是对全市公路履行交通管理职能的中心,主要负责高速公路网内和外环线的交通管理。交通监控中心和监控分中心（各路段监控中心）的功能不同,监控分中心完成对所属路段具体的、实时的日常各种交通事件的数据采集、处理、检测和控制,向具体外场情报板、清障或牵引车作业站等发出指令;交通监控中心则是高一层的管理和控制机构,履行协调管理职能,并发挥综合公路交通监控和信息管理等功能,履行交通管理和突发事件处理;监控中心代行交通管理职能,发布带有强制性的各种指令。

（三）应急指挥中心

应急指挥中心,实施对各监控分中心、市管公路各应急指挥作业点、各区、（县）

公路署和市管公路各收费站的应急指挥和协调,并接受来自上级应急指挥中心的具体应急指挥指令。其具体功能为:一是接收和采集所辖范围内的各种突发事件信息,并由计算机系统对这些信息进行预处理;二是建立统一高效的快速反应机制,根据各种突发事件信息,分析事件类型和事故等级,自动生成处理预案,发布处理意见和指挥具体救援作业,并及时向各有关职能部门通报事故信息,协调处理各类突发事件;三是分级负责,正确及时地处置突发交通事件,减少突发事故的处理时间,提高应急指挥的管理水平和管理效率;四是自动存储有关事故信息、所采取的救援措施、作业过程及处理结果,形成事故记录;五是提供历史资料的查询、分析统计和输出汇总报表等;六是负责在恶劣气候条件下或发生重、特大突发事件时统一发布路网交通运行信息,并制订预案;七是在突发事件情况下,统一组织、调度整个路网的清障设备,统一协调与交警、公安等相关部门的关系。

2002年12月19日,上海市高速公路交通监控中心、联网收费结算中心和应急指挥中心同时建成开通。三个中心的建成开通,规范了联网收费、监控和通信系统的运行和管理,从而达到在路网范围内统一运行、统一管理、统一组织收费的目的。同时,面对突发事件拥有全面部署、整体协调和统一指挥的功能,确保了高速公路网有效运行。

高速公路监控中心

二、高速公路与城市快速路联动诱导系统工程

高速公路网交通监控系统和中心城快速路交通监控系统为两个独立系统,分别对所辖范围内的公路、道路实施交通监控。但两个相对独立的系统与上海整体性交通监控要求不符,需要两个系统在一定程度上互联互控,信息共享和协调一致。2006年2月,在市市政局及相关部门的支持协调下,启动了上海高速公路、上海市中心城快速路交通监控系统之间的互联及诱导研究工作。市公路处投资550万元,启动了"外环线、沪青平高速公路、延安高架西段联动诱导试点工程",地点选择在延安高架路与外环立交交汇区域,发布外环线南北方向、延安路高架、沪青平高速公路的出城、入城路段交通信息。2006年年底,该工程建成投入运行,有效改善了交通环

境,使上海高速公路与中心城快速路的交通诱导系统形成一个"系统互联、资源共享、协调控制"的整体。

外环高速公路信息诱导系统

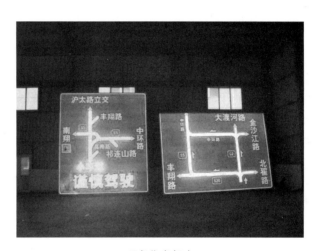

可变信息标志

三、道路交通信息采集与发布系统(二期)工程

上海市中心区道路交通信息采集和发布系统(一期)工程于2004年年底完成,其交通信息、诱导系统涵盖了高架道路及部分地面主、次干道。2005年和2006年又分别扩充到中环线和三桥一隧,初步实现交通流、道路通行状态、交通事件等实时信息的提供与发布,使出行者随时通过可变交通信息标志获取实时道路交通信息,大大改善了交通环境。2009年,根据《上海市道路交通信息采集与发布实施规划》的部署,同时作为一期工程的延续和提升,上海市交通信息中心牵头,市公路处投资3.43亿元,组织实施了上海市道路交通信息采集和发布系统(二期)工程(简称"采集二期")。二期工程主要包括城市快速路网(浦西区域)、中心城地面主要路网(浦西区

域)和郊区干线公路网。郊区干线公路网包括高速公路和国省干线公路。2010年第二季度,"采集二期"工程建设基本完成,并于6月起陆续投入试用。

交通信息服务应用平台与市交通综合信息平台建立实时互联关系,形成一个面向社会公众提供交通信息服务的平台。

至此,高速公路视频监控系统扩展工作全部完成,实现了射线高速公路视频监控全覆盖,并提供市交通信息中心等用户共享,为保障世博,提高交通监控、信息服务水平提供了重要的手段;高速公路网实现手机生成交通状态信息全覆盖;除个别新建路段外,高速公路网实现交通信息统一发布,为高速公路网交通监控、服务水平整体提高提供了重要条件;公路网交通调查数据采集全部完成,上海市公路网交通调查数据中心的基本框架已经建立,为进一步提高路网交通分析、辅助决策水平奠定了基础。"采集二期"工程的实施,意味着上海市道路信息化的发展开始了一个新的里程碑,充分体现了上海公路高科技水平和先进交通管理理念,保持了上海智能交通在全国的领先地位。

公路综合采集车

公路综合采集车内设施

四、公路路网管理中心建设工程

2006年,交通部在全国公路养护管理工作会议上提出了建设"公路管理和应急处置中心"的要求,随后又明确提出了"1个中心、2个支撑、3个平台"的"十一五"期间公路管理信息化建设的总体思路。其中"1个中心",就是指"公路管理和应急处置中心",该"中心"是公路交通部门对公路网络实施运行调度、监管、公共服务和应急处置的重要支撑。

据此,2009年市公路处建成了公路路网管理中心(以下简称"路网中心"),它位于京沪高速公路江桥收费站北侧,建筑面积2 000平方米,总投资为2 500万元。路网中心为市公路处下设职能部门,具体职能为通过加强监控巡视力度,完善信息报告制度,采用监控巡视主动发现、分中心上报、呼叫中心接警等多种手段,第一时间获取全路网突发事件信息,为赢得应急决策、处置时间,提高应急效率提供了保障;对路网突发事件的处置进行全程跟踪、监督,收集事件处置信息,必要时调整应急处置方案。同时根据事件造成的交通影响,利用交通诱导系统,有效组织实施相关诱导信息的发布,减少突发事件对交通造成的影响;加强路况信息报送工作,开发应用

"公路交通阻断信息报送系统",依托该"系统"实现公路施工等计划性事件、交通事故、恶劣天气等突发事件及其交通影响的信息化报送,简化工作人员操作流程,提高信息报送的实时性和准确性,最大限度地减少各类事件对交通以及公众出行的影响;发挥路网应急处置资源统一调度功能,在处置单位应急资源不足的情况下,进行资源调配与支援;路网中心汇集所有突发事件及其处置信息,并对应急处置进行事后分析评估,及时发现薄弱环节,进行优化改进。

上海市公路路网管理中心

　　路网中心系统主要包括通信网络子系统、主机及存储备份子系统、数据库子系统、GIS 子系统、应用软件子系统、视频管理子系统及终端操作子系统等七大部分。

　　路网中心在保障交通畅通和设施安全中发挥了重要作用。例如,2009 年 4 月 27 日,上海长江隧桥由于发生货车翻车特大事故,引起沪陕高速公路(上海段)长时间交通阻断。中心接报后及时指令该路与上海绕城高速公路(东环段)等相关路段发布事故提示信息,减小了事故对交通造成的影响;又如,上海世博会期间南北高架交通拥堵严重,应交警部门要求,路网中心在沪嘉高速公路可变信息标志上发布交通信息,诱导车辆提前避开南北高架拥堵路段。此外,路网中心还加强行业监管,对高速公路道口各项排堵保畅措施予以督促检查,保障了清明扫墓、F1 赛事和"五一"、"十一"黄金周期间高速公路交通的畅通有序。

　　路网中心承担省级交通调查数据中心功能,统一对口交通部实现实时和历史数据的上报。同时也为世博运行保障提供了预警和辅助决策服务。例如,路网中心定期不定期地编制路网运行日报、周报及专报,对路网交通流量情况、主要道口拥堵情况、排堵保畅措施执行等情况进行综合分析研判,为调整、优化路网运行管理的相关措施提供了依据;又如上海世博会期间,路网中心每日定时通过市容环保组运行指挥中心上报高速公路及地面道路出省道口流量数据,作为世博运行综合研判的数据基础;大客流日,路网中心还以每 15 分钟一次的频率向世博交通保障组提供进入上海的旅游大巴数量,为世博园区采取各项措施应对客流高峰以及组织世博周边交通提供了重要的决策参考;与此同时,路网中心还坚持每日定时向交通部路网中心上报上海公路网运行的相关信息,便于交通部及时掌握上海世博交通的运行情况。

路网中心积极推动与相邻路网的信息互通与管理联动,建立了与江苏、浙江两省的信息互通机制,通过信息报送平台共享各类路网运行信息,实现路网间联动管理。上海世博会期间,路网中心与长三角联动机制得到了有效利用,取得了较好的效果。

路网中心通过"12122"热线电话、上海公路网站公众出行信息服务栏、高速公路服务区信息服务系统、高速公路可变信息标志、广播电视以及官方微博"路线·途"及时发布路况信息,不断提高公众出行信息服务水平。

五、信息资源整合与应用

(一) 上海公路网站

2003 年 4 月,市公路处建立上海公路网站。2007 年网站改版,基本内容有:信息公开、电子政务和公众出行。公众出行栏目包括:地图浏览、最佳路径选择、阻断信息、路况视频、气象信息、规费征收信息查询、路政审批查询等。世博期间,开辟了世博专栏,提供 P+R 查询。

提供最佳路径选择

提供旅游景点查询

提供气象信息服务

交通实况查询

（二）高速公路服务区信息服务系统

2007 年，上海公路开展了长三角高速公路运行信息互通项目，以沪杭高速公路枫泾服务区为试点，开发了服务区信息服务系统。它以文字加图形可变信息板、室内显示屏和互动式触摸屏查询终端等多种形式为跨省出行者提供长三角区域的路况查询、地图查询、路径规划等公众出行信息服务。

（三）"12122"公路服务热线

2009 年 9 月，上海公路服务热线"12122"建成并投入运行。它统一了公路服务电话，整合了公路服务资源，建立了信息联动机制，发挥了公路咨询、投诉受理、公路救援、行业监管功能。截至 2010 年，热线累计接听电话 38 万余次，日均话务量达700 余次，公众满意度 90% 以上。"12122"公路服务热线已成为上海公路行业为公众提供信息服务的重要载体和便捷渠道。

（四）官方微博@路线·途

以路网中心为运转平台，开通了以路况信息直播为主的官方微博@路线·途，发布公路运行实况信息、突发事件、重大活动以及公路科普知识。

第五节　电子不停车收费系统

电子不停车收费，简称"ETC"，指在车辆上安装车载设备（OBU），并使用国标双界面 CPU 卡，当车辆经过高速公路入口车道时，不停车通过并自动记录入口信息，出口时不停车通过实现自动扣款。其比较人工半自动收费，通行能力提升 3 至 5 倍，是目前世界上最先进的收费系统。

2002 年，上海高速公路网实现了联网收费。随着车辆每年以 20% 的增长速度，拥堵状况日趋严重。2005 年，市市政局颁布《上海市高速公路网电子不停车收费（ETC）车道布设技术要求》。2006 年，相继制定了《上海市高速公路 ETC 系统建设发展纲要》《上海市高速公路电子收费系统技术框架》《上海市高速公路联网收费系统暂行技术要求（ETC 系统）》《上海市高速公路 ETC 系统专用短程通讯协议（DSRC）应用层接口技术标准》，并完成了测试工作。同年 12 月 28 日，在沪嘉等部分高速公路收费站开通了 9 根试验车道，采用 MTC（人工收费）和 ETC 的混合方式，实现了双片式 OBU 的实际运用，并支持实时扣款和后台账户结算。为方便一卡通用户，市域 ETC 系统兼容公共交通卡，标志着完成 ETC 建设第一阶段，即部分高速公路开通试验车道阶段。

2007 年 1 月 25 日，交通部在京召开京津冀和长三角区域高速公路联网电子不停车收费联席会议，明确长三角三省一市实施 ETC 联网示范工程。同月，三省一市成立了 ETC 长三角工作小组，上海起草了《长三角地区 ETC 联网收费应用技术要求》。同年 3 月 29 日，国家标准化管理委员会批准颁布了新一批智能运输系统 GB/T20839-2007 等 6 个国家标准，放弃原《电子收费—基于专用短程通信的应用接口系列标准》的 DSRC 被动式标准，采用了 DSRC 主动式标准，标志着 ETC 建设进入第二阶段即被动式标准升级为主动式标准阶段。3 月，建立了"长三角区域联网 ETC 示范工程"省市联席会议制度。4 月，交通部发布《关于开展京津冀和长三角区域高速公路联网不停车收费示范工程建设的通知》，明确了各阶段时间节点，即 2007 年 4 月至 8 月为方案研究设计阶段；同年 9 月至 2008 年 9 月为示范工程实施阶段；2008 年 10 月至 11 月为示范工程总结、运行、推广阶段。2007 年 9 月 18 日，交通部复函批准《长三角区域（苏、浙、沪、皖）高速公路联网电子不停车收费实施方案》。

2007 年 10 月，交通部颁布《收费公路联网收费技术要求》，明确了省间互联的应用、管理标准和要求。同月，市公路处成立市 ETC 领导小组和工作小组，开始实施一期工程建设。该工程分步实施：首先进入技术准备阶段，编制完成 ETC 系统实施方案、市域范围内高速公路 ETC 应用技术规范、长三角区域 ETC 应用技术规范、系统验证测试方案；接着进入验证测试阶段，构建完成基于交通部统一密钥体系下的测试密钥的发行，包括各类卡（公务卡、储值卡、记账卡、车道 PSAM 卡等）的发行，ETC 专用车道、混合车道的应用程序调试,结算中心应用程序调试,省际互联互通测试,在沪青平高速公路试验车道完成江苏与上海两省市 OBU(中央处理器)、CPU 卡(含有中央处理单元的 IC 卡)在正常交易流程下的测试并互通,完成了长三角区域结算中心之间的互联互通。

2008 年 3 月,交通部组织编制 25 个技术规范,内容涵盖密钥管理、CPU、ESAM 卡(嵌入式安全控制模块)数据格式、车道机与 RSU 接口规范及车道标志标线等,框定了长三角 ETC 联网不停车收费的技术框架。这标志着 ETC 建设进入第三阶段即长三角 ETC 联网阶段。

同年,市公路处编制《上海高速公路 ETC 系统工程建设应用标准》,明确上海高速公路 ETC 系统的构成框架、系统功能与应用流程等。

同年 9 月,市市政局发布《关于印发上海市高速公路电子不停车收费系统一期工程建设实施意见的通知》,要求高速公路各项目公司推进工程建设,并对车道建设规模、各路段投资、工程进度、内容等提出了具体要求。

同年 10 月,市发改委下发《关于上海市高速公路电子不停车收费一期工程可行性研究报告的批复》,正式同意实施 ETC 一期工程。该工程总投资为 1.13 亿元,由市财政局、高速公路项目公司、市公共交通卡公司分别承担。一期工程是在已建成的联网收费系统的基础上,增加 ETC 专用车道或 ETC/MTC 混合车道、ETC 清分结算系统以及 ETC 客服等系统。同年 11 月,市公路处组织完成一期工程招投标,确定路边设备(RSU)即电子标签读写器、清分中心和监管系统、车载单元(OBU)的产品供应商以及工程监理单位。一期工程涉及 30 个收费站共 80 根车道,其中,专用 ETC 车道 16 根、混合车道 64 根,整个高速公路网 ETC 车道断面覆盖率达到 30% 以上。一期 ETC 车道改建布局主要以省市间射线高速公路为主,例如嘉浏高速公路朱桥收费站、沪宁高速公路江桥收费站、沪青平高速公路徐泾收费站、沪杭高速公路枫泾收费站等车流量较大的收费站出口均一次性布设 3 根 ETC 车道。

高速公路 ETC 专用车道

根据市建交委授权,上海公共交通卡股份有限公司负责上海高速公路电子不停车收费系统(ETC)的客户服务工作。同年12月20日,公司筹建的上海高速公路电子收费客户服务中心正式成立并对外营业,负责高速公路电子收费专用卡——"沪通卡"的发行和车载单元(OBU)的发行及安装工作。根据长三角区域及上海市高速公路清分原则,通过招标方式确定了负责"沪通卡"账户资金、跨省市资金结算服务的合作银行为工商银行上海市分行。同时,市市政局发布了《上海市高速公路电子不停车收费(ETC)管理暂行规定》,以规范本市 ETC 规划、建设、运营和管理、通行费结算等有关事宜。

同年12月31日,上海市高速公路电子不停车收费系统正式开通运行。同时,江苏省、上海市举行了跨省高速公路电子不停车收费试联网开通仪式,在沪青平高速公路汾湖收费站实施联合开通,在全国率先实现了省市间的高速公路 ETC 联网收费。

沪、苏高速公路 ETC 开通仪式

2009 年,市公路处组织对高速公路 ETC 车道进行改造,将主线 18 根 ETC-MTC 混合车道改为 ETC 专用车道,于 5 月 31 日开通,均采用岛前方式,具体包括车道搬迁、岛头延长以及标志标线设置等。

同年11月28日,安徽省实现了与江苏省、上海市高速公路电子不停车收费联网对接。

同年,市建交委要求公交卡公司组织 ETC 销售优惠活动,并通过各种渠道的宣传报道,加快用户发展力度,至同年年底,共发展用户 3.5 万户。

2010 年年初,市建交委、国资委、财政局、机关事务局联合发出《关于本市各级党政机关、全额拨款事业单位公务车安装使用电子不停车收费车载装置支付车辆通行费的通知》,要求全市各级党政机关、全额拨款事业单位公务车于 2 月底前全部安装 ETC 设备,并于 3 月 1 日起,一律不再报销公务车辆在本市市域范围内的高速公路现金缴费通行费票据,此举大大加速了上海市 ETC 用户的发展速度。同年 5 月,全市高速公路网实施三年内 ETC 车辆通行费 95 折优惠,优惠的经费由市财政承担 70%、项目公司承担 30%。此后,市公路处又组织了"第 8 万用户优惠活动"、"高速公路网第 2 000 万次用户优惠活动"等多项宣传报道,提升了 ETC 的知晓度。

ETC 第 8 万名用户获赠大礼包

2009 年 7 月 28 日,上海市、江苏省、安徽省和江西省举行三省一市高速公路电子不停车收费系统联网签字仪式,标志着长三角部分区域交通无缝对接和一体化进程又向前推进一步。至此,长三角四省一市尚余浙江省有待联网开通。至 2010 年年底,整个高速公路路网日均 ETC 流量已超过 6 万辆,占高速公路路网流量的 10% 左右。至 2010 年年底,随着沪陕高速(上海段)等多条高速公路的新建开通,上海市

沪苏皖高速公路 ETC 联网开通仪式

ETC 车道总数达到 118 根,分布在全市高速公路网的 20 个主线收费站(35 个主线收费断面)和 82 个匝道收费站(195 个匝道收费断面),主线收费站基本实现全覆盖。京沪、沪渝、沪嘉高速公路实现收费断面 ETC 车道全覆盖。截至 2010 年年底,ETC 用户达 10.5 万户。上海公共交通卡公司建成 1 个客户服务中心(直营网点)和 17 个特约服务网点以及 108 个工行充值网点。

ETC 车道的推广应用,减少了由于减速等待缴费带来的燃油消耗。同时,MTC 半自动收费系统车道本身的拥堵情况得到缓解。该收费系统高峰拥堵时间和一般拥堵时间都相应减少,车辆通过收费口的排队时间明显减少。据测算,截至 2010 年年底,上海市高速公路电子不停车收费系统所降低的总油耗折算成标准煤约 2 000 吨,在节能效益方面取得了初步成效。使用 MTC(人工收费)的车道每小时通行能力最多 200 辆,而使用 ETC 不停车收费的车道每小时通行能力达到 900 辆,通行能力提高 4 倍:使用 ETC 系统和 MTC 系统车辆在通过收费站前后 300 米有效区域间产生的单车油耗测算和对比结果显示,ETC 单车油耗每次减少 0.024 升,比 MTC 车辆节约 50%。ETC 通过车辆较 MTC 通过车辆尾气减排比较,其中二氧化碳排放减少 48.9%。

上海高速公路电子不停车收费系统还存在一些问题与不足。如设立服务网点中仅有 1 个直属网点,其他均为代理网点。代理网点的服务费增加了 ETC 设备的发行成本。

随着 ETC 用户日益增多,客户投诉反映部分 ETC 道口拥堵,用户很难进入专用车道;另外,未与浙江实现互通。

第六节　公路行业网格化管理

2007 年,市公路处研究形成了上海公路行业网格化管理实施方案,其总体目标是通过"上海城市网格化管理平台——市政专业管理系统"中的"公路行业子平台"的建设,实现"管理职责清晰、管理对象明确、管理流程再造和管理手段先进"的公路行业现代化管理目标。公路专业网格化严格按照"督办分离"的原则,把监督、管理和作业职能分开,形成督办、指挥、处置、作业四级管理体制,各司其职,相互制约。网格化管理实施范围将覆盖全行业,包括高速公路、市管公路和区(县)管公路。管理体系主要由网格化管理二级平台、三级平台,以及作业层和巡视人员组成。其中,高速公路网格化管理由于管理体制的特殊性,增加项目公司四级平台。公路专业网格化充分实现数字化管理,通过管理对象、基础管理、信息采集、信息传递、事件处置、事后评价等数字化手段,努力达到公路行业管理规范高效。

由于公路网涵盖地域广,管理对象复杂,本着"典型示范,有序推进"的原则,网格化管理实施分期开展。第一期试点工程于 2008 年年底完成,内容包括建设市公路处二级平台,以及市管公路管理署、高速公路管理署、崇明公路管理署、金山公路管理署三级平台,并在 A12 高速公路、318 国道,以及崇明县的港东路、金山区的松卫南路初步实现网格化管理模式。

　　2006年5月,宝山区公路署投入120万元,研发并运行网格化管理工作系统,逐步建立"发现问题及时,处置工作有效,公路作业规范,社会各界参与,监督协调有力"的公路网格化管理工作机制。该系统于12月20日正式投入运行。培训建立了15人的巡视员队伍,建立了指挥中心和公路署设施、路政、建管三个处置小组,对署管辖范围内的119条277公里的公路和206座桥梁进行设施运行、路政管理、工程文明施工监管等多方面全覆盖巡视。2009年,调整完善了流程,加强了部门之间的配合,从而使公路管理中的养护、管理、监督等环节形成有机衔接。

第七章　公路规费征稽

　　2001 年至 2010 年是公路规费征收工作经历的极其不平凡的十年。自国务院 2000 年下发《国务院批转财政部，国家计委等部门〈交通和车辆税费改革实施方案〉的通知》始，公路规费征稽工作踏上了十年改革路。2001 年 1 月 1 日停止征收车购费，开征了车购税。2009 年 1 月 1 日停止征收养路费，开征燃油税。2012 年 1 月 1 日取消征收贷款道路建设车辆通行费。征稽机构也随之变化，原来由上海市车辆购置附加费征收管理办公室、上海市公路养路费征收管理办公室、上海市贷款道路建设车辆通行费征收管理办公室三块牌子组成的一个管理机构（以下统称"市征收办"），在 2010 年时仅有上海市公路养路费征收管理办公室和上海市贷款道路建设车辆通行费征收管理办公室两块牌子。征收队伍也发生了变化。2001 年年初征收人员共 189 人，2005 年与 2009 年分别两次有 45 人与 63 人转到税务部门工作，至 2010 年年底时，经过划转、新招、退休等变化，市征收办剩有 108 人，承担着贷款道路建设车辆通行费征收管理工作和养路费的收尾工作。

　　市征收办十年经历了两个阶段，2001 年车购费改为车购税，2008 年年底养路费改燃油税，这一阶段处于改革与稳定并举之中，征收与转岗同时进行。转岗与留下的职工能以大局为重，思想不乱，工作照常，展示了征收办队伍之优良素质。这期间共代征车购税 82.51 亿元（2001 年至 2004 年仅四年时间），征收养路费 220.67 亿元，征收贷款道路建设车辆通行费 284.15 亿元。征收排污费、监护费、沪太路塘桥过桥费等 1.88 亿元，总共征收 589.42 亿元，与 20 世纪 90 年代相比，征收额整整超出了 300 多亿元。

　　十年中，征收管理办公室先后获得了"上海市劳模集体"、"全国创建文明行业工作先进单位"、"全国青年文明号"、"全国五一劳动奖状"、两次获得"上海市工人先锋号"，获得"上海市文明单位"等几十项荣誉称号。

第一节　费税改革

一、车辆购置附加费改车购税

　　1979 年交通部发文规定，北京、天津、上海三个直辖市将每年公路养路费征收额的 30% 上交中央，东部地区的省份将公路养路费征收额的 10% 上交中央，以解决中央统筹经费支持大西北公路建设。然而，在具体实践中，这项工作未得到落实。根据此种状况,1985 年 4 月 2 日,国务院颁发《关于发布〈车辆购置附加费征收办法〉的通知》,通知决定设置车辆购置附加费,作为专门用于公路建设的一项专用资金,用以补贴与加快全国公路建设,支持大西北公路发展。通知明确了缴费人和征收范围、免征范围、征收管理部门、征收费率、缴费凭证、免征手续、代征管理等内容。自 1985 年 5 月 1 日开征车辆购置附加费以来,为城乡道路桥梁建设和公路的发展作出了积极贡献。车辆购置附加费由交通部门下属车辆购置附加费征收机构负责征收,逐级上交国库,未列入税收项目,为税收之外的收费项目,由交通部门征收并使用,这一体制形成了税费两条线的模式,削弱了政府的宏观调控能力。于是"费改税"的问题提上议事日程。

2000 年 10 月 22 日,国务院下发了《国务院批转财政部,国家计委等部门〈关于交通和车辆税费改革实施方案〉的通知》,通知决定开征车辆购置税和燃油税,合理筹集公路、城市道路、水路维护和建设资金,促进国民经济持续、快速、健康发展。

2000 年 10 月 22 日,国务院发布了《中华人民共和国车辆购置税暂行条例》,规定从 2001 年 1 月 1 日起开征车辆购置税,同时停止征收车辆购置附加费。

车辆购置税开征后,为使整体改税工作平稳过渡,顺利推进人、财、物的移交,保持正常征税工作的落实,交通部和国家税务总局决定由原车购费征收机构代征车购税,称之为代征阶段。市车辆购置附加费征收管理办公室作为代征上海车购税的具体实施单位,确保费税改革与日常征管工作不断不乱,有序推进。从征收车购费到代征车购税,不同之处主要表现在:征收主体不同,由交通部改国税局;收款凭证不同,由车购费收据改车购税完税凭证;客体性质不同,由政府建设行政收费变国家建设强制纳税。其他的如征稽流程、服务方式、管理措施等日常事务没有变化。车辆购置税代征工作延续到 2004 年年底,国家税务总局与交通部通知明确自 2005 年 1 月 1 日起正式移交各省市税务局。上海税务部门与市市政局商定,设定半年过渡期,原在车购费征收岗位上但不属于划转至税务部门的征收人员再协助国税局工作半年,以期过渡时期工作的平稳移交。代征车购税的 4 年中,市征收办累计代征 82.51 亿元,确保了税费改革的顺利过渡。

车购税费改革涉及的人员、财产等的划转安置。2002 年 1 月 4 日,国务院办公厅转发了中央编办等部门《关于车辆购置税费改革人员划转分流安置意见的通知》。该"通知"确定了人员划转原则、包括人员基数的核定、干部与职工划转的标准和比例,离退休人员安置等等。据此,市市政局、公路处、征收办召开划转、分流安置动员会议,开始了分流安置移交工作。

2004 年 11 月,市市政局成立了停止代征车辆购置税收尾工作领导小组,市公路处成立了工作小组,负责移交工作。具体移交的范围为业务档案、业务票据、代征税款、印章、代征期间税款的追缴、资产、人事档案、余留人员安置等。

市征收办在人员划转分流上,采取了自愿报名、资格认定、组织审定的办法,确定了 46 人参加全国统一组织的车购税费改革人员划转录用公务员考试。2002 年 10 月 20 日考试报名,同年 12 月 26 日公示考试名单。2004 年 12 月 24 日召开了车购税费改革划转移交工作会议,确定了划转方式和工作原则。划转人员的核定以交通部1999年4月下发车辆购置费征稽人员冻结令时的在册人数为准,干部按80%比例录用,工人按20%比例录用;考试录用工作由国家税务总局会同人事部统一进行。离退休人员划转,即以从车购费稽征工作岗位上离退休的人员全部划转税务局;其余人员分流安置为,征收办分流安置39人,其中借用的15人退回原单位,外聘劳务9人,自有职工15人;郊区30人全部由市、区(县)两级征收部门安排到养路费、通行费征收岗位。

2005年1月1日起,45名车购费征收人员和相关业务资料、财产(包括690万元的固定资产)分别划转给国税局下属的普陀、南汇、嘉定三区的国税部门。

至此上海车购税费改革的划转工作在全国率先完成。

二、公路养路费改燃油税

公路养路费是国家按照"以路养路、专款专用"的原则,向有车单位和个人征收的专用于普通公路养护、修理、技术改造、改善和管理的专项行政事业性收费。养路费征收实行按车辆类型、吨位计征,以月为基本缴费单位。

鉴于养路费征收在客观上存在着诸多不足:养路费征收与车辆使用公路里程的多少没有关系,没有体现"多用多缴,少用少缴"的公平原则;养路费征收与用油多少相脱离,不利于起到节约能源,降低污染、保护环境的客观效果;在汽车业迅猛发展中,交通拥堵日益严重,改变人们出行理念,减少交通拥堵,成为政府与社会的共识;抑制公路设施的过度消费,也是保护公路,提高资源利用率,延长公路寿命的有效办法。上述情况奠定了养路费税费改革的必然趋势。

1994年,财政部正式提出了开征燃油税的动议。

1997年7月,第八届全国人大常委会第二十六次会议通过《中华人民共和国公路法》。《公路法》第36条规定:"公路养路费用采取征收燃油附加费的办法。具体实施办法和步骤由国务院规定。"

2000年的九届全国人大三次会议上,时任财政部部长项怀诚在有关报告中指出:"燃油税、车辆购置实施方案等各项准备工作已基本就绪,待条件适合时正式实施。"次年,他再次表示将"择机出台燃油税"。

2005年1月,时任国税局局长的谢旭人表示,"燃油税改革方案已有初步意见,但需要一个合适的时机推出"。

2008年12月18日,国务院颁布《关于实施成品油价格和税费改革的通知》,其中规定:"取消公路养路费等六项收费,逐步取消政府还贷二级公路收费,提高成品油消费税单位税额。"

2009年1月,取消公路养路费,燃油税正式实施。

燃油税费改革过程中,市建交委、市公路处、市征收办和各区(县)公路管理部门在人员安置方面开展调研,研究安置方案。根据中央文件精神,全市共有63名职工经考试合格后转入税务部门,其余人员由各级公路管理部门安置。

第二节 规费征收

一、车辆购置税代征

2001年1月1日,《中华人民共和国车辆购置税暂行条例》正式实施。据此,征收主体由交通管理部门移交给国家税务部门,资金也由税务部门缴入中央。上海市在进行这项改革时,采取了委托原来公路征稽部门代征的方式过渡,最后全部移交税务征收。过渡办法确保了征收业务的有序交接,也保证了人员平稳安置。

（一）代征机构

按交通部和国家税务总局要求,在车辆购置税征收工作整体移交前,车辆购置税暂由原征收机构所属的市征收办负责代征。上海代征机构的主管部门是市市政局,管理机构是市公路处,市征收办是代征的业务单位。为便利纳税人就近纳税,征收办设置了5个代征点:西区、大柏树考验场、莘庄考验场、浦东考验场、安亭二手车交易市场。

（二）代征管理

车辆购置税开征后,由市征收办继续代征车购税。车购税以国家税务局名义征收,使用国家税务局的发票与印章,建立车购税档案、设立银行专项账户等。代征中涉及的税收政策等业务问题,则由税务部门负责解释和处理;代征经费由财政按照核定的预算拨付给市征收办;实行收支分开,独立核算。其他工作程序均按原来的模式操作。代征工作延续到2004年年底,2005年1月1日起正式移交市税务局。由税务局负责具体征收业务。

车购税四年代征金额表(单位:亿元)

年　　度	代征金额	递增率
2001	13.65	
2002	17.07	25%
2003	24.14	41.43%
2004	27.68	14.69%
		27.04%
合　　计	82.54	

二、公路养路费征收

（一）机构和站点变化

市征收办的机构内设8个管理科室和5个直属征稽站,外设10个郊区征稽站。

2003年起根据业务需要作了调整:征稽站改为征稽所。当年10月,为缓解市区征收站点不足,在徐汇区设立了养路费第二征稽所。南区、西区、北区、东区养路费征稽站分别更名为养路费第一、第三、第四、第五征稽所。

2005年10月,原宝山区横沙、长兴二岛划归崇明县管辖。成立崇明公路养路费征稽所吴淞站,隶属于崇明县公路署。

2007年6月,为方便金山石化城区车主缴费,石化城区成立了养路费征收站,隶属于金山区公路署。

2008年10月,为适应网络技术发展,方便市民缴费,成立了网上征稽所,负责全市养路费、贷款道路通行费征收。

2009年1月,随着成品油税费改革,养路费取消,撤销崇明公路养路费征稽所吴淞站,业务并入崇明县征稽所。

2010年9月,南汇区划归浦东新区,其所属的征稽所撤并到浦东新区征稽所。

(二)征收政策法规和规范性文件

1. 政策法规。1993年5月16日,市政府发布第34号令,规定自1993年6月1日起施行《上海市公路养路费征收管理办法》。办法明确了养路费的征稽机构,详细规定了养路费征收与减免、征收标准与征收办法、票证管理,以及稽查与处罚方法等。

1997年12月19日,市政府发布第54号令,对34号令《上海市公路养路费征收管理办法》中的养路费征收与减免、征收标准与征收办法、票证管理,以及稽查与处罚方法等作了第一次修订。

2002年4月1日,市政府发布第119号令,对《上海市公路养路费征收管理办法》予以第二次修改,其修订的主要内容为将原详细规定具体征收标准的条款予以删除,明确了"养路费征收标准,由市价格管理部门会同市财政管理部门、市市政局提出,报市政府批准后实施。"

2006年12月22日,国务院办公厅发布了103号文,《关于在燃油税正式实施前切实加强和规范公路养路费征收管理工作的通知》,要求在燃油税实施前,继续做好公路养路费的征收管理工作,包括完善征收管理政策,建立规范有序的征收秩序;加大征收管理力度,确保及时足额征收;改进征收方式,提高服务水平。次年3月12日,交通部根据国办通知下发了《关于进一步规范公路养路费征收管理工作的通知》。上述文件进一步统一了全国公路养路费征收规定,完善了征管制度。

2008年12月18日,国务院下发了《关于实施成品油价格和税费改革的通知》。"通知"指出,近期国际市场油价持续回落,及时把握当前有利时机,推进成品油价格和税费改革,对规范政府收费行为,公平社会负担,促进节能减排和结构调整,依法筹措交通基础设施维护和建设资金,促进交通事业稳定健康发展,都具有重大而深远的意义。

2. 对部分车辆计征标准的调整。2001年6月,市政府办公厅下发了《关于转发〈市交通局关于开展市公共客运市场专项治理工作意见〉的通知》,市市政局与交通局对区域性出租汽车营收问题进行专题研究,对区域性出租营运小客车确定收费标准:桑塔纳暂按3200元/月,奥拓、夏利暂按2800元/月营收基数的10%计征养路费。(区域性出租营运客车是指只能在规定区域范围内行驶营运的出租客车,一般为市区以外的郊县区域。)

2002年,为了进一步促进全市出租营运车市场公平,同时,兼顾社会效益,市交通局与市政局结合市地税局《关于本市区域性出租汽车营业税征收问题的通知》精神,对全市出租车养路费征收标准作了调整:桑塔纳按 4 500 元／月,奥拓、夏利按 4 000 元／月营收基数的 10% 计征养路费。

2002 年,公安车管部门对挂车、牵引车牌照核发规定作了调整,对挂车实行"头挂分离"("头"即牵引车,"挂"即无动力装置的载挂车)。全市调整了牵引车及挂车的计征吨位和征收标准:牵引车按空车质量的 50% 计征,190 元／月·吨;挂车按核定载质量计征,110 元／月·吨。

3. 征稽管理。市征收办围绕"应征不漏、应免不征"的工作原则,一是对内不断加强制度建设,进一步细化征收对象、减免范围、计费标准,全面规范征收操作流程和各项征管业务审核、审批权限,建立统一规范的票证(据)管理制度,促进规费征稽管理更加趋于规范化。2000 年,经与市公安局车辆管理所协商,明确了"在用车辆参加定期检验时,须出示有效的养路费缴纳凭证",就此形成了公安协查养路费的工作机制,初步解决了车购税取消后养路费征收源头把关的问题。二是对外履行为民服务的宗旨,便民利民。2003 年,全市启用新的征收系统,大幅调整了原有的养路费征收管理规程,先后制定了一系列文件,打破了原有属地征收的限制,运用科技手段实现了全市跨区域征收。

2005 年,市财政《上海市市级行政事业性收费收入收缴管理暂行办法》要求,全市养路费征收一并纳入非税收入管理,实行"收缴分离"和"收支两条线"的管理模式。

4. 征收金额

2001 年至 2008 年公路养路费征收汇总表

年　份	征收金额(单位:亿元)	年　份	征收金额(单位:亿元)
2001	19.7	2006	31.17
2002	21.38	2007	33.09
2003	24.32	2008	35.15
2004	26.76	合　计	220.67
2005	29.1		

三、贷款道路建设车辆通行费征收

(一) 征收机构和征收站点

1. 征收机构。市市政局是上海市贷款道路建设车辆通行费征收的主管机构(2009 年 1 月 30 日职能并至上海市城乡建设和交通委员会)。市公路处负责通行费征收的行政主管,市贷款道路车辆通行费征收管理办公室(即"市征收办")具体负责通行费征收工作。

2. 征收站点设置和变化。2002 年 6 月,经市政府同意,增设了嘉定朱桥征稽站,2003 年 3 月增设了金山吕青征稽站,2004 年 7 月增设青浦蒸俞征稽站。2006 年 6 月,因区域道路改建,市征收办将原南墨玉路征稽站迁移至和静路,改为和静路征稽站。2007 年 5 月,由于金山万枫地区乡村道路的扩建,将原来万枫间歇式征稽站改建为固定式征稽站。至 2010 年年底,全市有金山、青浦、曹安、嘉定和宝山共 5 个道口通行费征稽所,下辖 23 个道口征稽站点;委托代征贷款道路车辆通行费的高速公路共有 15 条,收费站点 98 个。

（二）征收管理

1. 法规依据。2001 年,市政府发布修订后的《上海市贷款道路建设车辆通行费征收管理办法》,其中第 12 条规定,通行费征收标准,由市价格管理部门会同市财政管理部门、市市政局提出,并报市政府批准后实施。

2. 征收标准。2001 年 1 月 1 日至 2008 年 12 月 31 日,通行费征收标准一直按照 2000 年 4 月市政府的通知要求,依据《上海市贷款道路建设车辆通行费征收管理办法》执行。

2009 年 1 月 1 日,公路养路费取消后,市贷款道路建设车辆通行费仍保留征收。市发改委、财政局、建交委联合发布《关于本市征收贷款道路建设车辆通行费有关事项的通知》,重申了本市通行费征收标准,并对本市沪 C 牌照车辆予以减半征收,具体如下:

贷款道路建设车辆通行费按费额标准征收表

序号	类　别	计量方法	计费单位	收费标准（单位:元）	备　注
1	客　车	核定载客人数 10 人以下（含 10 人,不包括驾驶员）,按辆计征	每辆每月	150	
		核定载客人数 10 人以上（不包括驾驶员）,每 10 人折合一吨	每吨每月		
2	单、双层卧铺大客车	按座位数计征,每个床位按两个座位计算,每 10 个座位（不包括驾驶员）折合一吨	每吨每月	150	
3	载货类汽车	按核定载质量计征,超过 10 吨不足 20 吨的部分折半计征,超过 20 吨的部分按四分之一计征	每吨每月	135	
4	汽车拖带的挂车	按核定载质量计征,超过 20 吨的部分折半计征	每吨每月	38.5	指无动力需被牵引的载货类车辆
5	半挂牵引车	按整车整备质量折半计征	每吨每月	135	
6	小型车牌照的多排座载货车	按核定载客人数（不包括驾驶员,每 10 人折合一吨）与核定载质量相加后计征	每吨每月	135	

（续表）

序号	类　　别	计量方法	计费单位	收费标准（单位:元）	备　注
7	未核定载客人数和载质量的车辆以及各类设有固定装置的专项作业车、厢式、罐式等车辆	按整车总质量折半计征	每吨每月	135	
8	二轮摩托车、三轮摩托车	按辆计征	每辆每月	15	一年一次缴清
9	X牌照个体营运货车	按同类型车辆计量方法计征	每吨每月	66.5	
10	出租营运小客车	按辆计征	每辆每月	200	
11	个体出租营运小客车	按辆计征	每辆每月	100	
12	菜篮子工程专用车	按同类型车辆计量方法计征	每吨每月	67.5	
13	教　练　车	按同类型车辆计量方法计征		减半征收	
14	领有临时牌照的车辆	按外省市进入本市的同类车辆标准一次计征	每辆每次	见外省市车辆收费标准	
15	沪C牌照车辆	按同类型且相同使用性质车辆计量方法计征		减半征收	

注:1. 核定载质量是指车辆管理部门对车辆在干硬路面上行驶所审核允许的最大载货质量;

2. 整车整备质量是指汽车按出厂技术条件装备完整(如备胎、工具等安装齐备),各种油水添满后的重量,亦即我们以前惯称的"空车重量"。

3. 整车总质量是指车辆管理部门核定的能保证车辆安全驻车的最大质量,一般为整车整备质量与核定载质量之和。

按费率标准征收表

序号	类　　别	计费单位	收费标准	备　　注
1	交通部门所属公路运输企业的车辆	营运收入总额	5%	改制后环卫作业单位营运车辆按照费额标准征收
2	环卫部门的对外承包运输业务的营运车辆		5%	
3	环卫部门对外承包运输业务运送工业废弃物的营运车辆		2.5%	
4	公交企业的营运车辆		1.25%	

2010年,根据市建交委、发改委及财政局《关于本市贷款道路建设车辆通行费有关调整事项的通知》,本市出租汽车通行费予以调整,普通出租汽车(小客车)从200元/车、月调整为150元/月,个体工商户和区域性出租汽车(小客车)从100元/车、月减至75元/月。其余车辆征收标准维持原来标准。

3. 征收管理模式。本市通行费征收管理主要由两部分组成:一是本市牌照车辆及常驻本市的外省市牌照车辆,采用本市养路费的征管模式,与养路费一并征收管理;二是外省市道口入境车辆,采取道口收费方式,入境一次,收费一次。

（1）行业管理

自 2002 年起,市征收办每半年对各道口征稽站进行一次行业检查考核。考核由各归口职能部门组成综合考评组,从征收业务到财务管理,从综合治理到交通安全,从政务公开到环境整洁,从礼仪服务到便民措施等全方位的综合考评。交通部曾于2005 年和 2010 年两次组织全国干线公路养护管理检查,也包括公路规费检查内容。

（2）收费管理

2002 年 11 月起,在全市各征稽站点全面推广"道口计算机收费监控管理系统",实现了计算机收费和各站点收费数据的连接。

2004 年 9 月,曹安路征稽站实现了与征收办 e1 专线联网实时上传监控图像和征收数据。

2005 年 1 月,市征收办编制完成了《上海市贷款道路建设车辆通行费收费监控管理系统运行管理手册》。手册内容分为技术篇、操作篇、维护篇和管理篇。《手册》规范细化了各项操作管理要素。

（3）票据管理

各通行费征稽管理所根据市征收办《通行费票证管理办法》和《关于认真贯彻上海市贷款道路建设车辆通行费(道口)月票发售管理规定的通知》,要求做好各类票据报表,市征收办进行汇总,制作月报、年报。

通行费解缴管理模式分两个阶段:第一个阶段为 2001 年至 2005 年,实行"收支两条线"的管理模式,即由市征收办将每月通行费收入于次月初全额解缴市财政局设立的预算外资金财政专户;第二个阶段为 2005 年至 2011 年,实行"收缴分离"的管理模式,即各征收站点每日将征收金额以集中汇缴的方式上传至市财政局规定的银行入库专存。

通行费票据由通行费征稽所(代征单位)集中统一保管,经市公路处审计部门审核批准后,由市征收办进行统一核销。市征收办在核实票据使用量和结存量无误后,核对发出票证的票面金额与财务收入的实际金额,与上传财政的入库数金额两者相符合。向市公路处上报通行费核销报告,经市公路处审核后,统一销毁。

（4）征收金额

2001 年至 2011 年通行费征收汇总表(单位:亿元)

序号	年　　份	道　　口	市　　区	征收金额
1	2001	3.94	13.58	17.52
2	2002	4.7	14.99	19.69
3	2003	5.31	17.06	22.37
4	2004	6.12	19.96	26.08
5	2005	6.6	22.19	28.79
6	2006	7.29	24.85	32.14

（续表）

序号	年　　份	道　　口	市　　区	征收金额
7	2007	7.78	26.55	34.32
8	2008	7.24	28.46	35.70
9	2009	7.39	25.62	33.01
10	2010	8.56	25.97	34.53
11	2011	6.07	21.11	27.18
合计		70.97	240.36	311.33

（5）环保标识发放

为改善本市中心城区大气环境质量,根据《上海市人民政府关于对高污染车辆实施限制通行措施的通告》,对达到国家第一阶段机动车排放标准的车辆核发环保标识。市征收办受市环保部门的委托,于 2005 年 12 月起对外省市牌照车辆分类发放环保标识,对在沪逗留 7 天以内的临时过境车辆,在各道口(含高速公路收费站)发放注明有效期限不超过 7 天的过境凭证。来沪超过 7 天以及长期在沪的外省市牌照车辆,由车辆使用人提供相关证件到市内各征稽所办理并申领环保标识。这项工作到 2009 年 12 月底结束。

4. 取消征收。2011 年年底,经市政府批准,本市通行费 2012 年 1 月 1 日起停止征收。

市城乡建设和交通委员会于 2012 年 1 月 21 日发布"关于本市贷款道路建设车辆通行费退费相关事宜的通告",对 2011 年已经预缴 2012 年通行费的车主予以办理退费手续。截至 2012 年 1 月 10 日,本市共需退费 51.8 万车次,金额约 4 亿元。退费分两个阶段,2 月 1 日至 4 月 20 日为第一阶段,车主可通过挂号信或者自行前往本市各征稽所办理退费;5 月 1 日至 2013 年年底,为第二阶段,市征收办保留第三征稽所受理退费手续。

2012 年 5 月,市征收办下发《关于贷款道路建设车辆通行费征收收尾工作若干意见的通知》,要求从征收、财务、法规、资产等方面完成收尾工作。经过验收、审计达标后的征收所站予以撤销。

第三节　执法与管理

一、法理依据

十年间公路法治建设逐步完善,立法与执法要求并重;各地公路规费拖欠漏逃现象比较严重,影响和增加了本市征收工作的难度。

（一）通行费征收法规

1993 年 3 月 3 日,市政府下发《上海市人民政府办公厅关于同意市建委等五部门开征上海市贷款道路建设车辆通行费请示的通知》;1999 年 2 月 8 日,市政府下发《上海市人民政府关于市市政工程管理局等五部门制定的上海市贷款道路建设车辆通行费征收管理办法的批复》;2000年4月27日,市政府下发《上海市人民政府关于印发〈上海市贷款道路建设车辆通行费征收管理办法〉通知》;经过8年的实施,上述规定的法律地位和部分条款已经不适应实际征收的要求。

2001年6月27日,市政府修订了《上海市贷款道路建设车辆通行费征收管理办法》,并于同年9月1日起施行。修订后的管理办法主要规定了3条:一是确立了市公路处为通行费行政处罚的主体资格;二是明确市公路处和市征收办有权对漏缴通行费的车辆行使行政执法权,如采取征收、等价担保、拍卖等行政措施;三是规定了对本市车辆、外省市车辆各类逃费行为的具体处罚幅度。修订后的管理办法维护了通行费征收秩序,确保了通行费顺利征收。

根据修订后的管理办法,市市政局下发了《上海市贷款道路建设车辆通行费征收管理行政检查和行政处罚实施细则》,进一步细化了管理办法。细则一是明确了以市公路处名义进行行政检查和行政处罚,使检查与处罚主体统一;二是明确外省市车辆漏缴通行费的处理标准;三是对等价担保物作了详细列举,便于现场执法认定;四是界定了从事经营活动的车辆和从事非经营性活动的车辆辨别标准;五是明确"拒缴通行费行为"和"抗缴通行费行为"之定义;六是调整漏缴通行费处罚标准;七是明确"假冒本市牌照偷逃规费"的处理方式,使对假冒本市牌照偷逃规费的处理有章可循。

管理办法与实施细则的颁布,为通行费的征收管理奠定了基础。2004年9月1日,市市政局发布《关于加强本市贷款道路建设车辆通行费征收管理的通告》。各级公路管理部门和各通行费征稽所(站)迅速开展宣传,开展专项活动。电台、电视台、报纸都作了宣传报导,通行费征收额迅速上升。

为了巩固整治成果,对征收管理办法规定不明确的部分作出解释,市政府于2004年11月3日发布了《关于〈上海市贷款道路建设车辆通行费征收管理办法〉第22条和第23条适用问题的解释的通知》,规定外省市车辆驻本市满1个自然月以上,发生漏缴、拒缴或者抗缴等行为的,可以按照上述办法对本市车辆处罚的规定进行处理。该通知对以后收费道口打击逃费行为提供了行政许可依据。

(二)养路费征收法规

养路费征收较长时期沿用1993年制定的《上海市公路养路费管理办法》。进入2000年后,有些条款已经不适应实际情况。2002年4月1日,市政府修订了《上海市公路养路费征收管理办法》。

自1998年实施的《公路法》规定国家采用依法征税的办法筹集公路养护资金开始,舆论对养路费存废之争一直没有停止过。2006年8月,河南发生了天价养路费处罚案,全国继而发生了多起车主、律师状告养路费征收部门的诉讼案件,全国养路费征稽系统面临着巨大压力。2006年12月22日,国务院办公厅发布了《关于在燃油税正式实施前切实加强和规范公路养路费征收管理工作的通知》,平息该类诉讼案在全国蔓延趋势。市征收管理部门根据《通知》精神,修改了养路费征收管理办法的实施细则,为维护法规严肃性,为征稽执法提供了法制依据和可操作性。

2008年12月18日,国务院下发通知,成品油税费改革自2009年1月1日起实施,12月22日财政部等五个部门联合下发通知,取消公路养路费等六项收费。本市除催缴拖欠的养路费和拍卖余留车辆外,其他养路费征收的执法行为即时终止。

二、队伍建设和管理

（一）重视制度建设

为了规范规费征收执法行为,2002年2月市征收办制定和完善了《上海市公路规费行政处罚简易程序操作规定》、《上海市公路规费行政处罚一般程序操作细则》、《上海市公路规费欠费、担保车辆及物品拍卖操作细则》、《〈交通行政执法证〉管理制度》等行业执法内部管理规定。

2005年3月1日,市市政局制定《上海市公路规费稽查管理细则》,设定了稽查人员的条件和管理制度,提高了队伍管理的标准。

2006年,市征收办在本市市政行业首创细分处罚标准,制定了《公路规费行政处罚幅度细分参考标准》,将行政处罚幅度进行细分,平衡了各区执法畸重畸轻的现象,约束了执法人员的自由裁量权。同年,举办了全市"公路规费执法知识竞赛",解剖实际案例,提高全体执法人员的业务能力和执法水平。市征收办还多次根据需要编制"征稽执法参考"资料,指导各区(县)征收执法工作。

2009年,市征收办对近几年的规章制度进行梳理,汇编已发布的规范性文件,对内部的规章制度也进行了修改编撰。

（二）建立执法网络

2002年起建立了以市公路处为执法主体,市征收办为执法单位,各区(县)征收站、各稽查中队为基点的行政执法管理网络。同时推行行政执法专管员制度,各区(县)征收站、各稽查中队设立行政处罚一般程序、违章处理和拍卖专管员相关制度,使征收执法更趋规范化。

从2001年到2008年,市征收办会同各区(县)稽查中队每年开展专项整治活动,并不定期地协同配合陆上交通运输管理处、公安交警大队等开展全市联合执法行动,既加强了队伍建设,也取得了较好的整治效果。

（三）文明便民服务

市征收办对征稽人员开展培训教育,对其文化水平与业务能力进行审查考核,执行持证上岗。同时开展了文明执法、文明服务、职业道德、立功竞赛活动,取得了良好效果。

1. 建立"首问责任制"与"两次办事终结制"。全市实行"首问责任制",即前来缴费的车主向征收人员提出有关车辆缴费方面问题时,首位接待的征收人员有责任给予车主准确答复。

2. 全市实行"两次办事终结制",即前来缴费的车主因手续不齐,不能一次办结的,征收员应出具"征收服务指南",告知车主应补齐的手续,以便第二次办理时能够办结。

3. 实行"全年无休"受理缴费。2002年12月起,除每月一次的计算机维护日外,全市各征稽所在节假日安排值班人员受理缴费业务,实行"全年无休"工作制度。

4. 实行全市联网跨区域缴费。2003 年 12 月起,实行养路费、通行费全市联网跨区域缴费,方便车主就近缴费。

5. 语音咨询电话。2004 年 6 月,开通全年 24 小时公路规费语音咨询电话,向车主提供包括缴费业务在内的各种公路规费咨询服务。

6. 邮政快递办理缴费。2005 年 11 月,试行邮政快递代缴业务,接收集中汇缴,通过快递将养路费、通行费缴讫凭证送达车主住所,车主可通过此项业务足不出户办理缴费手续。

7. 增加 POS 机刷卡缴费。2006 年 7 月,在全市各征稽所增加 POS 机刷卡缴费业务。

8. 缴费高峰时期延长工作时间。每年年初、年末缴费高峰时期,全市各征稽所视情况延长工作时间,尽力为所有前来缴费的车主办结缴费手续。

9. 设立银行代扣代缴。2006 年,与民生银行合作开发银行代扣代缴公路规费业务,后扩大到浦发、工商、华夏等银行。

10. 实行网上缴费。2007 年 11 月,与付费通合作开通了上海市公路规费网上征收系统,车主可在网上缴纳公路养路费、贷款道路通行费及无人看守铁路道口监护费。这为网上缴纳公路规费全国之先。

11. 发放年底缴费通知书。每年年底缴费高峰来临前,对所有入籍车辆发放缴费通知书,预先告知其办理缴费手续的时间及地点,尽量错开缴费时段。

12. 公布缴费信息。各征收大厅公布公路养路费、通行费缴费政策、缴费标准、缴费手续、办理材料,以及各征收所联系电话等。

13. 发放新上牌照车辆缴费告知单。对在车管所上牌后未办理缴费手续的车辆发放缴费告知单,将公路规费征收政策告知车主,使其了解缴费义务。

14. 实行排队叫号系统。缴费大厅设置缴费叫号系统,维持缴费秩序,提高办事效率。

15. 提供免费茶水、报刊杂志、老花眼镜等。

市通征办组织窗口文明服务日活动

规费征稽检查

道口收费模式与市区征稽所的收费模式不同,所以在便民服务方式上,有相同的内容,如"首问负责制""两次终结制""全年无休日"等,也有不同的地方,其便民措施主要有:提供饮用水;配备牵引绳、多功能工具箱等应急物资;提供交通指路图;提供相关咨询服务;对车主遇到的意外困难给予例外服务;设立政务公开栏,公开收费的政策依据与收费标准;设立举报箱,公布咨询、投诉、举报等各类电话,接受社会监督;收费唱票;收款出票18秒完成等。

三、课题研究

2006年,征收办针对工作中出现的新情况、新问题,组织有关专家和专业人员,开展了多项课题研究,先后完成了"2007—2009年上海公路规费征稽所(站)设置规划"、"养路费征收远程规划视频监控系统技术方案"、"上海市公路规费便民利民服务"、"上海市轻便摩托车养路费征收工作"、"关于适用〈上海市贷款道路建设车辆通行费征收管理办法〉的若干规定"、"关于适用〈上海市公路养路费征收管理办法〉的若干规定"、"企事业单位公路规费缴费诚信调研报告"和"上海市公路规费行政处罚快速处理方案及制度研究课题调研报告"等八项课题。这些课题内容全面,针对性强,对进一步提升和完善征收管理工作具有指导意义,其中一些课题的研究成果已逐步运用到实际工作中,为加强公路规费征收管理能力与提升服务水平起到了积极的作用。如"上海市公路规费便民利民服务研究"课题根据广大车主的缴费需求,研究制定切实可行的便民利民措施,运用网络科技等手段,拓展公路规费征收的便捷渠道,推行非传统的便民征收方式,节约了资源,降低了行政支出。又如"养路费征收远程视频监控系统技术方案"课题研究,提出了建立一个统一集中式的综合监控中心,包括视频监控系统、视频会议系统、视频传输系统。它汇集全市所有公路规费征稽所、道口通行费征稽站的实时征收数据、车辆牌照数据和征收点的实时监控图像,以及其他业务管理信息,实现全市各征稽所与征收办总部联网,实现信息共享和各类业务的综合管理。综合监控中心对系统内所属各站点实施运程监控、标准化管理、交互式业务处理、突发事件应急处置、集中决策等。建立该系统，将使征收办在缴费高峰时期，通过视频监控系统及时掌握各征稽所的缴费流量情况，通过动态信息发布和预约服务实现缴费高峰时的动态分流，减少车主的等候时间。远程视频监控系统能使征收办业务管理部门及时了解各征稽所的实际征收情况，帮助管理部门根据征收进度合理调配资源，从而减少征收的建设投资和运营成本。通过远程视频监控系统，加强对各征稽所业务受理情况的监督管理，规范养路费征收操作，保障养路费征收平稳、安全运行。

四、稽查管理

（一）联合执法，专项整治

为了保障公路规费及时足额征收，市征收办积极与公安车辆管理部门合作，即公安车辆管理部门在机动车年检时，协助查验养路费凭证，明示欠费车辆一律不得验车。各区（县）稽查中队会同交警、陆上交通管理部门开展长期的联合执法、综合执法，大大增强了公路规费执法的效果。市征收办还与法院、检察院、工商、税务等部门协作，使追缴欠费、行政处罚等方面工作得到充分保障。

2003年由市公路处和交巡警总队、陆上运输管理处联合发文，对违章车辆进行一周两次的联合整治，在第三、四季度的连续整治中，每次稽查大队集中派出8至10名执法队员，合计出动409人次，查扣违章车辆533辆，责令补缴规费8.12万元。

通行费收费道口地处省市边界，不法分子利用容易流窜的地域，夜间从事教唆或强制外省市驾驶员冲卡、冒用凭证和套用牌照进入道口逃缴通行费，从中向驾驶员非法收费。市征收办组织全市公路规费稽查队伍开展专项整治工作，全年组织76次，967人次，查处冲卡车辆385辆。由于不法分子流窜作案，单靠征稽部门难以遏制逃费现象，2003年11月，市征收办与路政部门、嘉定区交警联合行动，对安亭收费站周边的摩托车带路和集体冲卡违法分子重拳出击，维护了道口征收秩序。

此后，不法分子将逃费地点转移到高速公路收费口，特别是沪宁高速公路安亭收费口。2006年，市征收办定期与高速公路交警大队召开联席会议，建立执法合作机制，签订代查协议，开展整治行动，使高速公路逃费现象得到有效遏制。征收办还联合市公安局、市城交局等单位开展各类执法行动，建立部门间联合整治的常态模式。

2007年3月起，沪嘉高速公路多处收费口发生不法分子套用上海牌照、假冒通行费缴讫凭证，逃缴贷款道路通行费案情。有的不法分子甚至组织车辆冲卡。为此，市征收办开展了专项整治活动，查获假冒通行费缴讫凭证、套牌逃费车辆168辆。

虹口区紫荆花园有多辆外地来沪车辆长期逃费。同年，市征收办与交警联合开展专项整治，出动50余人次，扣车18辆，打击恶意偷逃现象。

同年上半年，青浦征稽所稽查中队加强联合执法力度，根据青浦区委、区政府"建设平安青浦，整治非法营运"的精神，联合区城市交通行政执法大队，开展四次专项整治行动，2月中旬的"青天一号"行动更是一次重拳出击，共查扣未缴费车辆20

余辆。

积极开展治理和纠正车辆外挂行为。2007年,根据交通部文件精神,进一步明确了外挂车辆的认定标准,通过多渠道、多形式、多层次地开展广泛宣传活动,动员和督促外挂车主动按时纠正,有效打击逃漏缴公路规费的不法行为,进一步规范了征收秩序。

所谓"外挂车辆",指车辆悬挂外省市牌照并缴纳公路养路费等国家税费,但车辆所有人的户籍或工商登记在上海市,且主要在上海市辖区内行驶或长期从事运营的载货类机动车。对此类车辆,根据市建交委、市发改委、市市政局、市公安局、市财政局、市税务局、市工商局和市城交局联合发布的《关于在全市开展车辆外挂治理工作的实施方案》的有关要求予以治理,经过2007年10月至2008年3月为期半年的治理,共有393辆外挂车辆在上海市缴纳了养路费、通行费,合计163.5万元。其中自行申报的有63辆,征收养路费、通行费19.45万元;通过执法被排查出的有330辆,征收养路费、通行费144.05万元。

2008年8月,市城市交通管理局、市市政局共同发布《外省市驻沪道路货物运输备案管理规定》的通知,规定驻沪道路货物运输期间车辆应当交付本市贷款道路建设车辆通行费缴费凭证。

(二)执法形式多样

2003年前,稽查执法一般采取一般程序行政处罚和上路稽查,两者相对独立。上门调查按照一般程序处罚,上路稽查欠费车辆按照简易程序处罚。2003年后,征收办在稽查中,采取集中整治与区域稽查相结合、日常稽查与针对性查处相结合、单独稽查与相关行政机关联合执法相结合。

1. 上门执法。成都军区后勤部工程建设管理局拖欠规费75万,经多次协调无果,市征收办扣压欠费单位总经理车辆,然后派人上门宣传国家政策。该单位接受教育后,一次缴纳了16万元欠费,并签订了余款缴款协议。

2001—2010年稽查、查处情况汇总表

年　份	暂扣车辆(辆)	处罚案件数	拍卖车辆数(辆)
2001	3 078		
2002	1 891	79	165
2003	3 255	427	572
2004	4 896	576	335
2005	5 774	1 401	287
2006	5 101	1 721	216
2007	3 880	1 599	151
2008	3 099	1 134	214
2009			271
2010			461

2. 借助科技手段稽查。2004 年市征收办开始借助科技手段稽查。稽查人员携带掌上电脑,上路直接查询过往车辆缴费信息,方便在夜间稽查使用。2006 年试行移动稽查系统,在距离行驶车辆 20 米至 30 米处,对时速在 60 至 70 公里正常行驶的车辆牌照进行识别,并自动数据分析,直接提示稽查人员被检查车辆的缴费情况。同时,通过移动短信平台,用短信形式对车主提示缴费。

3. 一般程序处罚结合暂扣车辆相结合。2003 年后,充分运用法规赋予的权利,对上路稽查到的欠费车辆,情节严重的,按照一般程序行政处罚,并暂扣车辆,直到清欠为止,稽查效果较好。

4. 推广好做法。浦东新区征稽所采用先电话、信件告知,后上门催缴与上路稽查相结合的方式,取得良好效果,市征收办在全市推广其做法。

第四节　信息化管理

一、养路费、通行费全市联网征收

作为公路规费的征稽部门,早在 20 世纪 90 年代就通过计算机辅助人工登记台账,通过单机版程序记录本区域车辆信息及缴费记录,同时再用人工记录备份。由于业务的发展和原有系统的局限,难以实现跨区缴费、实时查询、综合分析等重要管理手段。2000 年,"养路费、通行费征收管理信息系统"正式申报立项,经过 2001 年政府采购招标以及 2002 年的全面建设开发,系统于 2003 年 3 月正式上线并在全市各区县全面推广,同年 12 月 25 日,通过了市科委和市建设委员会专家技术鉴定,系统实现了"车辆按区域登记,规费跨区域征收,账务按区属清分"的建设目标,为以后 10 年的公路规费征收管理提供了较为完美的基础平台。

系统在使用过程中,根据业务需求逐步增加了"违章处理"、"外地车辆征收"子系统。2005 年 6 月,公路规费征稽部门又开发建设"掌上无线稽查系统"。为稽查工作提供了先进的技术手段。2005 年年底,因市财政要求加强非税收入的控制,征收办根据要求开发了相关接口,将每天收费数据上传市财政网站,并以此为契机在征收方式中加入了 POS 机刷卡方式。

2006 年 9 月 20 日,通行费征收系统中心主机及存储设备扩容项目正式开工,建成后完全解决了近 5 年来由于车辆高速增长造成主机及存储处理速度慢而导致的系统不稳定及死机情况频发的状况,使系统稳定性和安全性得到了显著提高。2010 年,启动了电信专线扩容改造项目,重新建设一个互联的主干光纤网络,与原有电信网络形成互补,并采取负载均衡的形式,提高网络可靠性,保证专线畅通。

2007 年 12 月 9 日,"公路规费网上缴费"正式投入运行。这从根本上解决车主往返奔波、排队停车等一系列问题,同时也提高了征收效率。该系统借用了"付费通"支付平台,降低了开发和运行成本。建成当年就完成了近 3 万笔缴费业务,征收额高达 9 000 多万元,其业务量相当于市区的一个征稽所。截至 2011 年,全市约有 54 万车次通过网上缴费,使征收服务水平得到提升。

公路规费征收网上缴费

二、车辆档案管理信息化

车辆档案是指征收规费的车辆变动信息。征收办设有专职人员负责车辆变动信息的查询与复核,并为各征收所提供区域内车辆的各类异动变化状况和查询业务服务。车辆档案管理主要依靠征收办在公安车管所设立站点,由专门人员负责从公安车辆档案摘录新上牌照车辆信息、车辆变动信息,一星期后再送到征收办总部车档科,由车辆档案管理人员再次登记抄写到档案簿中。这种工作模式不仅投入大量人力,而且还需占用大量时间和重复抄写劳动,工作效率较低。征收办对车辆档案管理实现信息化,减轻了劳动强度,降低了劳动成本,是档案管理工作的一次大飞跃。

1997 年,征收办启用了"上海公路车辆档案管理信息系统"。它由档案管理、查询操作、统计报表处理、系统维护和系统帮助等子系统组成,对全市 50 余万辆各类机动车、每年 6 万辆车次变更信息和 6 万余辆车次新增信息实施管理。

2001 年后,上海机动车数量大幅增加。2002 年 10 月上海四轮机动车已达 130余万辆,这年车辆变动量已达 30 余万辆。原系统处理速度无法适应。2002 年,征收办对如何进行车辆档案管理信息系统建设开展了研究。2003 年 1 月,完成了项目招投标。同年 6 月,征收办的车辆档案管理系统正式升级,全市各区(县)征收所均能直接通过系统查询车辆状态及变动情况。2004 年 10 月,将公安车辆档案数据引入新版通行费管理信息系统中,有效提升了征收工作效率。

经过 4 年运行,2007 年始,又将用户界面做了全面升级改造。公安部发布修订后的《机动车登记规定》自 2008 年 10 月 1 日起施行。根据规定,办理机动车转移登记或者注销登记后,原机动车所有人申请办理新购机动车注册登记时,可以向车辆管理所申请使用原机动车号牌号码,亦即保留车牌号。于是在车辆档案系统中增加了车辆历史变动情况模块,查询车辆历史信息。

2000—2010 年上海机动车统计表(单位:万辆)

年份	客 车	货 车	摩托车	轻便摩托车	其 他	合 计
2000	31.31	13.63	15.71	42.87	0.97	104.49
2001	38.27	15.42	12.21	51.49	1.02	118.40
2002	42.92	15.21	12.58	63.01	2.26	135.98
2003	51.22	16.76	10.87	83.82	2.72	165.40
2004	65.18	20.26	11.00	103.03	2.77	202.24
2005	76.29	20.83	9.84	110.77	3.20	220.93
2006	86.87	22.03	9.30	114.47	3.65	236.32
2007	99.94	23.52	9.27	117.80	4.31	254.84
2008	111.25	23.14	7.59	96.40	4.69	243.06
2009	126.07	24.07	7.43	94.29	5.03	256.88
2010	145.06	26.05	7.20	85.42	5.68	269.42

注:2008 年,公安部门对上海机动车辆进行清理,强制注销约 24 万辆,其中90%以上为轻便摩托车。

附录一

上海公路大事记
（2001—2010 年）

2001 年

1 月 1 日，《中华人民共和国车辆购置税暂行条例》正式实施。

同日，上海停止征收车辆购置附加费，开征车辆购置税。

同日，沪青平高速公路同三立交匝道工程开工，2002 年 11 月 22 日竣工。

1 月 6 日，松江砖莘公路沪杭高速公路跨线桥采用顶推转体施工工艺转体到位成功。

1 月 16 日，嘉定翔江公路（沪宜公路至博园路）工程竣工，全长 5.55 公里。

同月，交通部办公厅印发《关于 2000 年度全国干线公路养护与管理工作检查情况的通报》，上海公路养护与管理工作总评分排列全国第一名。

1 月 20 日，沪青平高速公路同三立交工程开工。2002 年 10 月 30 日竣工。

2 月，宝钱公路（沪太公路至钱蓬公路）工程开工。同年 12 月 28 日建成通车，全长 23.98 公里。

同月，杨高路至浦建路立交工程开工。2003 年 7 月竣工，总长 264 米。

3 月 5 日，东大公路一期（滨海森林公园至上海绕城高速）工程开工。2002 年 1 月 10 日竣工，全长 12.02 公里。

3 月 15 日，上海市地方标准《高速公路监控、通讯、收费、供电、照明工程质量检验评定标准》（DB31/T257-2001）发布。

同月，松江辰花路（沪松公路至佘天昆公路）工程开工。2008 年 1 月竣工，全长 11.61 公里。

同月，浦星公路（奉贤段）工程开工。2002 年 9 月建成通车，全长 19.1 公里。

4 月 8 日，外环线二期浦东段（外环隧道至徐浦大桥）工程开工。次年 10 月 26 日建成通车，全长 31.1 公里。

同月，朱枫公路二期（练新路至老松蒸公路）改建工程开工。同年 12 月竣工，全长 3.41 公里。

同月，沪青平高速公路东段（沪青平外环立交至中春路）建成通车，全长 4.2 公里。

同月，上海绕城高速公路（同三段）大港立交工程开工。2002 年 12 月 27 日竣工。

5 月 10 日，嘉定嘉安公路（沪宜公路至墨玉北路）工程开工。次年 1 月 10 日竣工，全长 8.79 公里。

6 月 27 日，市政府发布《上海市贷款道路建设车辆通行费征收管理办法

（修正）》。

同月，闵行华宁路（剑川路至申富路松江区界）新、改建工程开工。2004 年 6 月竣工，全长 6.84 公里。

7 月 28 日，宝山江杨北路（宝杨路至富锦路）拓宽改建工程竣工，全长 2.8 公里。

8 月，闵行双柏路（莲花路至龙吴路）工程开工。次年 1 月竣工，全长 3.54 公里。

9 月 15 日，陈海公路东段（陈草公路至堡镇北路）改建工程开工。次年 12 月 15 日竣工，全长 17.11 公里。

9 月 24 日，外环高速蕰川路立交建成通车，立交桥东西长 2 公里，南北长 1.8 公里。

10 月 11 日，《公路沥青路面养护技术规范》（JTJ073.2-2001）发布。

11 月 12、13 日，交通部组织华东区专家组对上海市高速公路养护管理工作进行检查。

12 月 7 日，上海绕城高速公路北环段（郊区环线西段至同济路高架）工程开工。2004 年 12 月 31 日建成通车，全长 38.78 公里。

12 月 20 日，外环高速公路（二期）浦西段（沪嘉高速以北 0.2 公里界河桥至外环隧道）建成通车，全长 18.03 公里。

同日，嘉浏高速公路二期（嘉西立交至新浏河大桥北桥台）建成通车，全长 10.34 公里。

同月，《上海市城乡公路网规划》编制完成，规划期至 2020 年。

同月，浦东远东大道被命名为上海市第一条"文明样板路"。

12 月 26 日，上海市被评为全国首批公路无"三乱"省市。

2002 年

1 月，交通部下发《2001 年度全国高速公路养护管理工作检查情况的通知》，上海高速公路养护管理位列直辖市第 1 名，全国第 10 名。

同月，奉贤扶港路（西闸公路至大叶公路）改建工程开工。同年 11 月竣工，全长 2.7 公里。

3 月，沪芦高速公路北段（外环线环东二大道立交桥至南果公路）工程开工。2004 年 12 月建成通车，全长 34.72 公里。

4 月 8 日，东海大桥工程开工。2005 年 12 月 10 日建成通车，全长 32.5 公里。

同日，浦东申江路（高科路交叉口至龙东大道）工程开工。次年 12 月 23 日竣工，全长 2.2 公里。

6 月，市市政设施养护维修网上交易中心正式挂牌成立。

7 月 20 日，松江文翔路（油墩港桥至平泾路）工程开工。次年 1 月 20 日建成通车，全长 4.91 公里。

7 月 23 日，南奉公路拓宽改建工程（金海路至南奉公路改线段）开工。2004 年 5 月 30 日竣工，全长 17.9 公里。

7 月 26 日，松卫北路（太平桥至北松公路）工程开工。2004 年 6 月 30 日竣工，全长 3.74 公里。

8 月,松卫南路首期(原名新松金公路)工程开工。次年 3 月竣工,全长 7.4 公里。

10 月 15 日,市市政局颁布《上海市乡(镇)公路管理暂行规定》。

12 月 15 日,陈海公路东段(陈草公路至堡镇北路)改建工程竣工,全长 17.11 公里。

12 月 18 日,沪青平高速公路中段(朱枫立交至中春路高架)工程竣工,全长 27.96 公里。

同日,上海市高速公路实现联网收费。

12 月 19 日,上海市高速公路交通监控中心、联网收费结算中心和应急指挥中心建成开通。

12 月 26 日,新卫高速公路(新农镇至金山卫镇)工程开工。2005 年 12 月建成通车,全长 21.35 公里。

同日,上海绕城高速公路南环段(新农立交至莘奉金高速)工程开工。2005 年 12 月建成通车,全长 28.12 公里。

12 月 27 日,沪金高速公路(莘庄立交至山阳立交)建成通车,全长 56.43 公里。

同日,上海绕城高速公路同三段(嘉定安亭镇至金山新农镇)建成通车,全长 46.33 公里。

同月,亭枫高速公路(沪杭高速枫泾立交至新农立交)工程开工。2005 年 12 月建成通车,全长 12.32 公里。2006 年 7 月 28 日亭枫高速公路改线段(新农立交至江苏省界)建成通车,全长 7.65 公里。

12 月 31 日市市政局颁布《上海市公路桥梁养护管理暂行规定》。

2003 年

1 月 27 日,《高等级道路桥头引道沉降处理辅助决策研究》获得"上海市科学技术进步奖三等奖"。

2 月,浦东环南一大道被命名为"上海市文明样板路"。

同月,上海绕城高速公路东南环段(沪金高速至南汇区与浦东新区交界处)工程开工。2005 年 12 月建成通车,全长 50.70 公里。

3 月,松卫南路首期(原名新松金公路)工程竣工,长 7.4 公里。

同月,"公路养路费、通行费征收管理信息系统"建成投入运行。

同月,崇明港东公路被命名为"上海市文明样板路"。

4 月 23 日,嘉金高速公路一期(嘉定至北青公路)工程开工。次年 9 月 4 日竣工,全长 12 公里。

同月,松卫南路二期即北段(朱吕公路至亭枫公路)工程开工。同年年底竣工,全长 6.6 公里。

4 月 24 日,上海公路网站正式开通。

5 月,沪芦高速公路南段(南芦公路沪芦高速主线跨线桥至东海大桥)工程开工。2005年12月建成通车,全长7.59公里。

6月6日,崇明利民路延伸段(利民路三双公路交叉口至陈海公路)工程开工。同年11月20日竣工,全长2.36公里。

6月10日,南亭公路(南桥路至叶庄公路)拓宽改建工程开工。2005年3月25日竣工,全长9.7公里。

6月21日,采用沉管法施工的外环隧道(浦东三岔港至浦西吴淞公园附近)建成通车,全长2.88公里,其中隧道段长1.88公里。

7月,闵行纪鹤路(西界河至纪翟路)工程开工。2005年10月竣工,全长2.6公里。

同月,青浦漕盈路(沪青平公路至盈港路)工程开工。次年12月竣工,全长4.46公里。

同月,金山金石公路(亭枫公路至金山大道)工程开工。次年5月竣工,全长20.75公里。

9月25日,嘉浏高速公路(上海绕城高速北环段立交至市界浏河大桥)拓宽改建工程开工。次年9月26日竣工,全长12.21公里。

同月,朱枫公路三期(沪青平高速立交至东方红大桥北桥头)拓宽改建工程开工。次年10月竣工,全长3.96公里。

10月10日,市十二届人大常委会七次会议公布《关于修改〈上海市公路管理条例〉的决定》。

11月1日,蕴川公路(水产路至石太路)改建工程开工。2005年12月25日竣工,全长10.9公里。

同月,青浦胜利路(赵屯白石公路至青浦工业园区新桥路)改建工程开工。次年12月竣工,全长4.85公里。

同月,沪青平高速公路西段(朱枫公路立交至江苏省界)工程开工。2007年12月建成通车,全长16.65公里。即时沪青平高速公路全线建成通车,全长27.96公里。

同月,浦东迎宾大道被命名为"上海市文明样板路"。

12月31日,嘉金高速公路二期(北青公路至莘奉金高速)工程开工。2007年2月19日建成通车,全长53公里。

2004年

2月11日,沪松公路松江段(洞泾长远泾桥至太平桥)开工。次年1月5日竣工,全长15.79公里。

同月,松江嘉松南路被命名为"上海市文明样板路"。

同月,南汇人民西路延伸段(南六公路至听潮路)工程开工。同年12月底竣工,全长2.61公里。

4月16日,松江区公路署蒋才根被评为2001—2003年度"上海市劳动模范"。

同月,奉贤南海公路(新林路至海思路)改建工程开工。2008年12月竣工,全长5.01公里。

同月,宝山潘泾路(石太路至新川沙路)拓宽改建工程开工。2006 年 6 月竣工,全长 4.7 公里。

6 月 30 日,沪松公路(松江段)延伸段即松卫北路(太平桥至北松公路)建成通车,全长 3.74 公里。

6 月 11 日,《公路养护安全作业规程》(JTG H30-2004)发布。

同月,上海绕城高速公路东环段(南汇区界河至长江隧桥)工程开工。2009 年 10 月 30 日建成通车,全长 24.6 公里。标志着全长 190 公里的上海绕城高速公路全线贯通。

同月,宝山江杨北路(富锦路至蕰川路)拓宽改建工程开工。次年 6 月 13 日竣工,全长 3.4 公里。

同月,川南奉公路奉贤段(洪庙至浦星公路)新、改建工程开工。同年 12 月竣工,全长 12.54 公里。

9 月 1 日,陈海公路中段(港沿公路至中双港)改建工程开工。次年 12 月竣工,全长 29.13 公里。

同月,奉贤平庄西路(平庄东路至浦卫公路)工程开工。2010 年 6 月竣工,全长 13.47 公里。

12 月 28 日,上海长江隧桥(浦东新区五号沟至崇明县陈家镇)工程开工。2009 年 10 月 31 日建成通车,全长 25.5 公里。

同月,奉贤团青公路(南奉公路至于庄)工程开工。2007 年 6 月竣工,全长 18.77 公里。

同月,宝山江杨北路(蕰藻浜桥至富锦路)被命名为"上海市文明样板路"。

同月,外环高速公路(环东大道)被命名为"上海市文明样板路"。

2005 年

1 月 1 日,车辆购置税代征工作正式移交,相关人员、财产划转普陀、南汇、嘉定区国税部门。

2 月 16 日,上海茂盛企业发展有限公司召开股东大会通过股权变更决议,国资公司上海公路建设总公司被引入。上海绕城高速公路(南环段)被市政府收回收费经营权。

3 月 1 日,上海市公路路政管理大队更名为上海市公路路政管理总队,区(县)路政管理中队更名为路政管理大队。

同月,青浦赵重公路(318 国道至纪白公路)改建工程开工。次年 12 月竣工,全长 11.17 公里。

同月,青浦白石路西段(昆山市石浦收费站至赵青公路)改建工程开工。次年 1 月竣工,全长 2.1 公里。

同月,宝山区公路路政管理大队月浦分队率先成立,全市公路路政管理三级网络建设开始启动。

4 月 1 日,金山海虹路(金山大道至刘建路)工程开工。次年 4 月 6 日竣工,全长

4.7 公里。

同月,浦东环东大道被命名为"上海市文明样板路"。

同月,东大公路二期(上海绕城高速至区界)工程开工。次年 9 月竣工,全长 7.93 公里。

同月,闵行元江路东段(沪闵路至龙吴路)工程开工。同年 10 月竣工,全长 4.9 公里。

4 月 18 日,浦东五洲大道(浦东北路至外环线)工程开工。次年 12 月 31 日竣工,全长 7 公里。

5 月 1 日,宝山区长兴、横沙两岛行政隶属划转至崇明县,公路设施一并划转。

6 月 1 日,南汇南团公路(沪南公路摇荡湾桥至宣黄公路)工程开工。次年 3 月 31 日竣工,全长 2.05 公里。

同月,青浦纪鹤路(同三国道跨线桥至嘉松公路)改建工程开工。2007 年 12 月竣工,全长 6.01 公里。

同月,金山金廊公路(亭枫公路至廊下镇)拓宽改建工程开工。次年 4 月竣工,全长 11.75 公里。

7 月 30 日,南汇宣黄公路(南宣公路至川南奉公路)工程开工。次年 7 月 27 日竣工,全长 7.18 公里。

同日,市公路处设高速公路路政管理大队。

9 月 1 日,闵浦大桥工程开工。2009 年 12 月 31 日建成通车,全长 4 公里。地方道路于 2010 年 4 月 20 日建成通车。

9 月 14 日,上海市工程建设规范《公路工程施工质量验收规范》(DGJ08-119-2005)发布。

同月,崇明三华公路(绿化镇南侧新建公路至仓房港东侧陈海公路)工程开工。2006 年 9 月竣工,全长 4.99 公里。

10 月 28 日至 11 月 2 日,交通部组织对上海市干线公路养护与管理检查。

同月,浦卫公路(亭卫公路与金山大道交叉口至庄胡公路)工程开工。次年 12 月竣工,全长 10.22 公里。

2005 年,《公路改造路基路面关键技术研究》获得"上海市科学技术进步奖二等奖"。

2005 年,《城市出入口和高速公路交通信息化研究与应用》获得"上海市科学技术进步奖三等奖"。

2006 年

1 月 17 日,浦东锦绣路被命名为"上海市文明样板路"。

同月,浦东新区乡镇公路养护管理职能移交给浦东新区公路署。

2 月,闵行剑川路改建工程(华宁路至虹梅南路)开工。次年 5 月竣工,全长 6.56 公里。

3 月 9 日,南汇康新公路(周邓公路至沪南公路)开工。2008 年 1 月 24 日竣工,全长 10.43 公里。

4 月 20 日,交通部发布《关于"十五"全国干线公路养护管理工作检查情况的通报》,上海市干线公路养护管理工作获直辖市第二名和高速公路第二名。

5 月 8 日,崇明北沿公路(三双公路中心线至解放河桥)改建工程开工。同年 9 月 20 日竣工,全长 4 公里。

5 月 10 日,嘉定塔新路(澄浏中路至浏翔公路)工程开工。同年 12 月 20 日竣工,全长 2.07 公里。

7 月 10 日,蕰川公路(石太路至沪太路)新改建工程开工。次年 12 月 31 日竣工,全长 10.33 公里。

7 月 27 日,嘉定胜辛南路(宝安公路至蓝裕路)工程开工。2008 年 1 月 18 日竣工,全长 2.21 公里。

7 月 31 日,金山朱平公路(朱泾镇至景邱公路)工程开工。2008 年 1 月 11 日竣工,全长 10.37 公里。

8 月 8 日,市政府办公厅转发市市政局《关于市政道路设施迎世博三年整治行动计划实施意见的通知》。

10 月 28 日,沪宁高速公路上海段(同三国道跨线桥至江桥收费站)拓宽改建工程开工。2008 年 12 月竣工,全长 21.5 公里。

同月,上海外环线、沪青平高速、延安高架西段联动诱导试点工程建成投入运行。

同月,《虹桥综合交通枢纽外围配套道路工程规划》编制完成。

同月,宝山富锦路(蕰川路至沪太路)被命名为"上海市文明样板路"。

同月,浦东新区公路署在合庆、高行两镇试点乡村公路标准化样板路 24 条共计 26 公里。

12 月 28 日,浦东杨高路(金海路至环东一大道)改建工程开工。次年 12 月 18 日竣工,全长 10.56 公里。

2007 年

1 月 1 日,沪太公路(外环高速至江苏省界)拓宽改建工程开工。2009 年 11 月竣工,全长 20.92 公里。

同月,上海实业集团接管沪杭高速公路(上海段),上海城市建设投资开发总公司接管嘉金高速公路,由经营性高速公路转为政府还贷高速公路。

3 月 15 日,长三角三省一市高速公路联席会议在上海召开,建立了"长三角区域联网 ETC 示范工程"省市联席会议制度。

同月,松江沈砖公路(松江段)、浦东申江路被评为"上海市文明样板路"。

3 月 30 日,外环线(一期)浦西段降噪工程全线施工。同年 9 月 30 日竣工,全长 11.88 公里。

4 月 11 日,川南奉公路浦东段(拱极路至闻居路)新、改建工程开工。2009 年 1 月 19 日竣工,全长 8.67 公里。

7月4日,市政府印发《关于印发〈上海市农村(郊区)公路管理养护体制改革实施方案〉的通知》。

同月,闵浦二桥工程开工。2010年5月21日闵浦二桥上层公路及地面道路建成通车。全长5.8公里。

9月18日,交通部批准《长三角区域(苏、浙、沪、皖)高速公路联网电子不停车收费实施方案》。

9月28日,申嘉湖高速公路上海段(浦东机场南进场路至浙江省界)工程开工。南进场路段和出省段分别于2008年3月26日和2009年3月1日建成通车。2009年12月31日全线建成通车,全长83.5公里。

同日,沪常高速公路上海段(上海绕城高速同三段至省境淀山湖收费站)工程开工。2010年3月13日建成通车,全长7.81公里。

同月,曹安公路(江苏省交界兆丰路至万镇路)拓宽改建工程开工。2010年12月竣工,全长22.2公里。

同月,市政府原则通过由市公路处研究制定的《上海市高速公路命名和编号调整工作实施方案》。

11月16日,市市政局颁布《上海市乡(镇)村公路管理规定》,同年12月1日起施行,《上海市乡(镇)公路管理暂行规定》同时废止。

11月28日,中华人民共和国行业标准《公路技术状况评定标准》(JTG H20-2007)发布。

12月9日,"公路规费网上缴费"正式投入运行。

同月,市公路处编制完成《上海市干线公路网规划修编》。

同月,浦东罗山路延长线被命名为"上海市文明样板路"。

12月14日,市市政局颁布《关于贯彻〈上海市农村(郊区)公路管理养护体制改革实施方案〉的若干意见》。

2007年,《公路沥青路面预防性养护技术》获得"上海市科学技术进步奖三等奖"。

2008年

1月,松江沈砖公路(沪松公路至嘉松南路)改建工程开工。同年12月竣工,全长3.25公里。

同月,奉贤平庄东路(新杨公路至沿钱公路)工程开工。次年8月竣工,全长19.6公里。

同月,闵行万芳路(沈杜路至周蒲塘)工程开工。次年6月竣工,全长3.09公里。

3月,崇明向化公路被命名为"上海市文明样板路"。

同月,虹桥枢纽外围配套道路崧泽高架工程开工。2010年3月15日建成通车,全长3.9公里。

5月,市迎世博城市管理指挥部颁布《上海市迎世博加强市容环境建设600天行动计划纲要》。

同月,桥梁超载动态监控系统首次应用于松江泖港大桥。

7月31日,市公路处召开"上海公路迎世博加强市容环境建设和管理600天行动责任书签约大会"。

8月1日,崇启通道工程开工,副市长沈峻出席。

8月28日,虹桥综合交通枢纽外围配套道路嘉闵高架(北翟高架至联明路)工程开工。2010年3月9日竣工,全长9.53公里。

同月,市市政局作出《关于收回上海沪青平高速公路建设发展有限司沪青平高速公路收费经营权的决定》。

9月2日,松浦三桥工程开工。2010年6月30日建成通车,全长1.65公里。

9月28日,虹桥枢纽外围配套道路北翟路(嘉闵高架至外环线)工程开工。2010年3月13日建成通车,全长4.34公里。

10月12日,市市政局印发《上海市公路整治暂行规范》。

12月18日,国务院颁布《关于实施成品油价格和税费改革的通知》,取消养路费。

12月20日,上海公共交通卡公司开通ETC客户服务中心。

12月25日,沪杭高速公路上海段(松江立交东侧至莘庄立交西侧主线收费口)拓宽改建工程开工。次年12月31日主线收费站竣工通车。2010年3月附属工程完工。全长18.07公里。

12月30日,林海公路(杨高南路至奉贤滨海)工程开工。2011年6月30日建成通车。全长28公里。

同月,"长三角区域高速公路交通信息互通项目"完成并投入运行,实现跨省市高速公路网运行信息互通和联动诱导。

同月,国家发改委下发《财政部关于印发中央对地方成品油价格和税费改革的通知》。

同月,宝山罗北路(沪太路至北蕰川路)工程开工。2010年1月竣工,全长6.1公里。

同月,《上海市省界连接道路规划》编制完成。

同月,浦东杨高路(港城路至芳甸路)被命名为"上海市文明样板路"。

同月,市政府办公厅将浦东新区公路署节水型养护经验在全市进行推广。

12月31日,上海市高速公路电子不停车收费系统正式开通运行,并在沪青平高速公路汾湖收费站开通与江苏不停车收费试联网。

同年,《公路技术状况评定标准》获得"中国公路学会科学技术奖二等奖"。

同年,《上海长江大桥通航孔布置关键技术》获得"上海市科学技术进步奖三等奖"。

2009 年

1月1日,全国正式实施成品油价格和税费改革,取消公路养路费等六项收费,开征燃油税。

同月,市市政局撤销,其职能归并市城乡建设和交通委员会,并将原市城乡建设和管理委员会改组为上海市城乡建设和交通委员会。

1月12日,市政府办公厅颁布《上海市人民政府办公厅转发市建设交通委关于加强本市高速公路管理意见的通知》。

5月5日,松卫北路(北松公路至叶新公路)工程开工。次年6月30日竣工,全长6.87公里。

5月8日,沪松公路(闵行段)即漕宝路(嘉闵高架至外环线)地面道路拓宽改建工程开工。次年3月16日竣工,全长3.7公里。

同月,南汇区公路署划入浦东新区公路署。

5月11日,市城乡建设和交通委颁布《关于贯彻落实〈上海市人民政府办公厅转发市建设交通委关于加强本市高速公路管理意见的通知〉的通知》。

9月,上海公路服务热线"12122"开通投入运行。

11月28日,上海市高速公路与安徽省高速公路实现ETC联网。

同月,上海实业集团收购申渝高速公路建设发展有限公司股权。

同月,市城乡建设和交通委印发《上海市高速公路命名编号调整及相关标志更换实施意见》。

12月8日,上海市工程建设规范《农村公路建设与养护技术规范》(DGJ08-2067-2010)发布。

12月17日,市公路路政管理总队高速公路东区路政管理大队成立。

12月29日,市城乡建设和交通委、发改委、财政局联合下发《关于调整本市公路养护管理经费分配机制的实施意见》。

同月,《上海市骨干道路网规划深化研究》编制完成。

同月,浦东五洲大道被命名为"上海市文明样板路"。

同月,市公路处被授予"上海市五一劳动奖状"。

2004—2009年,东海大桥工程先后荣获"国家科学技术进步奖一等奖"、"全国十大建设科技成就奖"、"中国建筑工程鲁班奖"、"上海市科学技术进步奖一等奖"、"上海市建设工程白玉兰奖"。

2009年,上海长江隧桥工程先后荣获"上海市科技进步奖一等奖"、"上海市建设工程白玉兰奖"。

2009年,《电子不停车收费标准体系及成套检测技术》获得"中国公路学会特等奖"。

2009年,《高速公路运营服务质量指标体系研究》获得中国公路学会科学技术奖三等奖。

2010年

1月,市城乡建设和交通委下发《关于同意本市高速公路收费站及服务区统一更名及命名的批复》。

2月,完成上海市国家高速公路命名编号调整及标志更换工程。

3月,完成上海市省级高速公路命名编号调整及标志更换工程。

6月11日,市城乡建设和交通委印发《上海市公路养护管理规定》。

6月25日,市城乡建设和交通委、财政局联合下发《上海市公路养护管理经费使用管理办法(试行)》。

6月28日,市公路处召开上海公路行业世博保障工作推进会。

同日,市公路路政管理总队高速公路北区路政管理大队成立。同时撤销沪宁、沪青平、沪嘉、嘉金、同三、北环等高速公路路政管理中队。

7月7日,上海市地方标准《公路路面养护技术规范》(DB31/T489-2010)发布。

7月28日,上海市、江苏省、安徽省和江西省举行三省一市高速公路电子不停车收费系统联网签字仪式。

7月29日,市城乡建设和交通委颁布《上海市公路桥梁养护管理暂行规定》。

8月17日,上海召开公路工作会议,迎接全国公路养护管理大检查。

9月,宝安公路宝山段(蕰川路至嘉定区界)拓宽改建工程开工。2012年12月竣工,全长9.6公里。

10月25日,市城乡建设和交通委印发《上海市公路设施管理综合评价体系》。

10月,市公路处被授予"上海市五一劳动奖状"。

12月1日,市建交委颁布《上海市收费高速公路运行管理规定(试行)》。

同月,《长三角高速公路运行信息互通技术研究和工程示范项目》获得"中国公路学会科技进步三等奖"。

同月,市公路路政总队高速公路路政管理北片区成立。

同月,上海公路网管理中心声讯服务电话"12122"被评选为"上海市2010年最获社会公众好评的窗口行业十大服务举措"。

同月,各区(县)基本完成农村公路体制改革,全市121个乡镇成立农村公路管理机构。

同月,浦东杨高路(芳甸路至S20)、南芦公路(沪南公路至芦潮港码头)被命名为"上海市文明样板路"。

附录二

上海市公路管理机构沿革
（2001—2010 年）

一、市公路处科室变动情况

2002 年 2 月 1 日，市公路处建设监管办调整为建设管理科。

同日，市公路处规划计划室调整为规划计划科。

同日，市公路处政策法规室调整为法规科。

同日，市公路处科技教育科调整为信息管理科，教育职能并入组织人事科。

同日，市公路处路政综合科调整为路政管理科。

同日，市公路处设施管理科调整为养护管理科，以公路设施行业管理为主。

同日，市公路处收费运行科调整为规费管理科，以规费征收管理为主。

同日，市公路处审计科调整为审计监察室。

同日，市公路处组织科调整为组织人事科。

同日，市公路处材料设备科并入信息管理科。

同日，市公路处质监科并入养护科等部门。

同日，市公路处安全劳资科分别并入组织人事科、行办。

同日，市公路处宣传科并入党办。

同日，市公路处保卫科并入党办。

2007 年 12 月，市公路处成立桥梁管理科。

二、市公路行业管理机构、领导成员变动情况

2001 年，浦东新区城市管理监察大队十六分队即公路路政专业分队成立。

2002 年 6 月，增设嘉定朱桥贷款道路建设车辆通行费征稽站。

2003 年 3 月，增设金山吕青贷款道路建设车辆通行费征稽站。

同年 10 月，征收办于徐汇区设立养路费第二征稽所。南区、西区、北区、东区养路费征稽站分别更名为养路费第一、第三、第四、第五征稽所。

同年，上海市公路路政管理大队沪宁高速公路路政中队、沪嘉高速公路路政中队、沪杭高速公路路政中队、市管公路第一中队、市管公路第二中队、机动中队成立。同时撤销原上海市公路路政管理大队高速公路路政中队和市管公路路政中队。

2004 年 7 月，增设青浦蒸俞贷款道路建设车辆通行费征稽站。

2005 年 3 月，上海市公路路政管理大队更名为上海市公路路政管理总队。各区（县）公路路政管理中队也相应更名为公路路政管理大队。

同年，市管公路设市管公路路政管理大队，和市管公路管理署两块牌子一套班子，下设各路政管理中队。

同年,高速公路设高速公路路政管理大队,和高速公路管理署两块牌子一套班子,下设各高速公路路政管理中队。

同年 10 月,原宝山区横沙、长兴二岛划归崇明县管辖。成立崇明公路养路费征稽所吴淞站,隶属于崇明县公路署。

2006 年 6 月,因区域道路改建,征收办将原南墨玉路征稽站迁移至和静路,改为和静征稽站。

2007 年 5 月,由于金山万枫地区乡村道路的扩建,将原来万枫间歇式征稽站改建为固定式征稽站。

同年 6 月,金山石化城区成立养路费征收站,隶属于金山区公路署。

2009 年 1 月,撤销崇明公路养路费征稽所吴淞站,业务并入崇明县征稽所。

同年,浦东公路路政(渣土)稽查大队成立。

同年,高速公路管理路政东片区成立。

2010 年 9 月,南汇区公路管理署划归浦东新区公路管理署,其所属的征稽所撤并到浦东新区征稽所。

同年 12 月,全市共成立 74 个乡镇公路路政管理站。其中嘉定区 1 支乡镇路政中队,青浦区 9 支乡镇路政中队,松江区 13 支乡镇路政中队,崇明县 6 支乡镇路政中队,闵行区 1 支乡镇路政中队(与区公路署合署办公),浦东新区 26 支乡镇路政中队,以上大队属于直管式。宝山区 4 支乡镇路政中队,奉贤区 13 支乡镇路政中队,金山区 1 支乡镇路政中队(与区公路署合署办公),以上三个大队属于派驻式(即以公路署名义直接执法)。

同年,高速公路管理路政北片区成立。

三、市公路处及区(县)公路署党政领导任职情况

市公路处党委书记:

王来娣(2001 年 1 月—2002 年 4 月)

徐明德(2002 年 4 月—2010 年 4 月)

张敏毅(2010 年 4 月—2010 年 12 月)

市公路处党委副书记:

华恂(2002 年 4 月—2010 年 12 月)

严炯浩(2007 年 8 月—2010 年 12 月)

市公路处纪委书记:

华恂(2001 年 1 月—2005 年 10 月、2007 年 8 月—2010 年 12 月)

严炯浩(2005 年 10 月—2007 年 8 月)

市公路处处长:

徐明德(2001 年 1 月—2007 年 8 月)

严炯浩(2008 年 3 月—2010 年 12 月)

市公路处副处长:

张奎鸿(2001 年 1 月—2002 年 4 月)

徐飞龙（2001 年 1 月—2004 年 4 月）

华恂（2001 年 1 月—2002 年 4 月）

朱建东（2001 年 1 月—2007 年 8 月）

罗茂堂（2002 年 5 月—2010 年 12 月）

梁　丰（2005 年 8 月—2010 年 12 月）

刘钧伟（2005 年 10 月—2010 年 12 月）

严炯浩（2007 年 8 月—2008 年 3 月）

李清明（2008 年 2 月—2010 年 12 月）

闵行区公路署党支部书记：

金国兴（2001 年 1 月—2010 年 12 月）

闵行区公路署署长：

金国兴（2001 年 1 月—2010 年 12 月）

浦东新区公路署党委书记：

孟坤荣（2001 年 1 月—2003 年 6 月）

罗发连（2003 年 6 月—2010 年 12 月）

浦东新区公路署署长：

李德明（2001 年 1 月—2010 年 7 月）

徐军（2010 年 7 月—2010 年 12 月副署长、主持工作）

南汇区公路署党支部书记：

陈万昌（2001 年 1 月—2007 年 7 月）

沈　敏（2007 年 7 月—2008 年 11 月主持工作）

周　雁（2008 年 11 月—2010 年 4 月）

南汇区公路署署长：

陈万昌（2001 年 1 月—2007 年 7 月）

沈　敏（2007 年 7 月—2008 年 11 月副署长、主持工作）

潘卫祖（2008 年 11 月—2010 年 4 月）

奉贤区公路署党总支书记：

程丛桂（2001 年 1 月—2004 年 12 月）

郭国华（2004 年 12 月—2007 年 10 月）

焦家林（2007 年 10 月—2009 年 12 月）

于光新（2010 年 1 月—2010 年 12 月）

奉贤区公路署署长：

张永飞（2001 年 1 月—2004 年 4 月）

焦家林（2004 年 4 月—2007 年 10 月）

胡　怀（2007 年 10 月—2010 年 12 月）

金山区公路署党支部书记：

冯仑（2001 年 4 月—2010 年 12 月）

金山区公路署署长：

郭跃(2001 年 1 月—2007 年 1 月)

胡国强(2007 年 2 月—2010 年 12 月)

松江区公路(市政)署党支部书记：

贾文南(2001 年 1 月—2004 年 9 月)

蒋才根(2004 年 9 月—2005 年 7 月)

蒋炳良(2005 年 7 月—2010 年 12 月)

松江区公路(市政)署署长：

蒋才根(2001 年 1 月—2005 年 7 月)

金峰(2006 年 3 月—2010 年 12 月)

青浦区公路(市政)署党支部书记：

陆胜弟(2001 年 1 月—2010 年 12 月)

青浦区公路(市政)署署长：

陆胜弟(2001 年 1 月—2010 年 12 月)

嘉定区公路署党支部书记：

吴毓彪(2001 年 1 月—2005 年 3 月)

孙伯化(2005 年 3 月—2007 年 3 月主持工作)

王耀明(2007 年 3 月—2010 年 12 月)

嘉定区公路署署长：

徐自力(2001 年 1 月—2010 年 12 月)

宝山区公路署党支部书记：

许生(2001 年 1 月—2005 年 10 月)

褚莉莉(2005 年 10 月—2010 年 12 月)

宝山区公路署署长：

许生(2001 年 1 月—2005 年 10 月)

褚莉莉(2005 年 10 月—2010 年 12 月)

崇明县公路署党支部书记：

鲁栋梁(2001 年 1 月—2010 年 12 月)

崇明县公路署署长：

鲁栋梁(2001 年 1 月—2010 年 12 月)

附录三

2000 年与 2010 年上海市公路综合指标对比表

内　　　容		2000 年	2010 年
全市行政区面积(平方公里)		6 340.50	6 340.50
全市公路里程(公里)		5 894.05	11 973.99
全市公路密度(公里/百平方公里)		92.96	188.85
全市公路车行道面积(万平方米)		5 671.32	13 819.37
全市公路里程中 技术等级(公里)	高速公路	97.93	775.18
	一　　级	389.89	334.90
	二　　级	980.06	3 065.10
	三　　级	1 659.02	2 602.27
	四　　级	2 173.05	5 196.54
	等外公路	594.10	0
全市公路里程中 行政等级(公里)	国　　道	266.92	612.90
	省　　道	704.95	973.50
	县　　道	1 807.36	2 456.43
	乡　　道	3 046.43	6 829.40
	专用公路	68.39	(村道)1 101.77
全市公路里程中 路面里程(公里)	高级路面	3 614.58	11 882.77
	(其中水泥路面)	1 711.40	7 138.13
	次高级路面	1 222.44	49.77
	中级路面	1 057.03	41.45
全市干线公路里程(公里)		971.87	1 586.40
全市公路绿化里程(公里)		3 384.37	7 672.05
全市养护公路里程(公里)		2 784.83	11 973.99
其中干线养护里程(公里)		971.87	1 586.40
全市已实施公路 GBM 里程(公里)		1 037.00	3 596.39
全市已实施文明样板路里程(公里)		23.00	583.66

（续表）

内　　容		2000 年	2010 年
全市公路桥梁 （座/延米）	合　　计	5 143/203 442	9 776/565 381
	其中:互通式立交	38/29 902	89/72 008
	特　大　桥	36/36 038	61/134 275
	大　　桥	173/30 298	526/189 623
	中　　桥	2 323/87 728	2 565/112 092
	小　　桥	2 611/49 378	6 624/129 391
	危　　桥	289/6 287	102/3 526
市管公路里程(公里)		520.48	381.12
市管公路里程中 技术等级(公里)	高速公路	50.26	70.77
	一　　级	244.29	185.00
	二　　级	203.93	125.35
	三　　级	22.00	0

附录四

2001—2010 年上海市行政区面积、人口及公路密度表

年　份	公路里程（公里）	行政区面积（平方公里）	人口（万人）	公　路　密　度	
				（公里/百平方公里）	（公里/万人）
2001 年	6 078.74	6 340.5	1 322	95.87	4.60
2002 年	6 286.59	6 340.5	1 327	99.15	4.74
2003 年	6 484.44	6 340.5	1 334	102.27	4.86
2004 年	7 804.61	6 340.5	1 342	123.09	5.82
2005 年	8 110.30	6 340.5	1 352	127.91	6.00
2006 年	10 391.89	6 340.5	1 778	163.90	5.84
2007 年	11 162.59	6 340.5	1 815	176.05	6.15
2008 年	11 496.74	6 340.5	1 858	181.32	6.19
2009 年	11 671.45	6 340.5	1 888	184.08	6.18
2010 年	11 973.99	6 340.5	1 921	188.85	6.23
注：人口按照市统计局公布的常住人口计算。					

附录五

2001—2010 年上海市公路行政等级及养护里程汇总表

年份	公路总里程（公里）								养护公路里程（公里）							
	合计	国道	国家高速公路	省道	县道	乡道	专用公路	村道	合计	国道	国家高速公路	省道	县道	乡道	专用公路	村道
2001年	6 078.74	268.68	95.68	733.34	1 907.13	3 101.20	68.39		2 914.75	268.68	95.68	733.34	1 907.13		5.60	
2002年	6 286.59	313.45	142.01	826.72	1 954.65	3 123.38	68.39		3 090.67	313.45	142.01	816.97	1 954.65		5.60	
2003年	6 484.44	310.95	142.01	898.18	1 942.26	3 264.66	68.39		3 139.26	310.95	142.01	880.45	1 942.26		5.60	
2004年	7 804.61	315.81	146.86	994.63	1 992.51	4 391.21	110.45		3 293.09	315.81	146.86	984.79	1 980.83		11.66	
2005年	8 110.30	315.97	147.02	1 036.09	2 051.25	4 638.35	68.65		3 413.63	315.97	147.02	1 032.35	2 051.25		14.07	
2006年	10 391.89	315.97	147.02	1 061.30	2 185.54	5 756.56		1 072.52	3 527.25	315.97	147.02	1 061.30	2 149.98			
2007年	11 162.59	315.97	147.02	1 132.76	2 233.44	6 378.35		1 102.07	3 647.13	315.97	147.02	1 122.53	2 208.63			
2008年	11 496.74	563.47	395.84	897.04	2 272.17	6 722.55		1 041.52	11 496.74	563.47	395.84	897.04	2 272.17	6 722.55		1 041.52
2009年	11 671.45	613.84	446.21	964.59	2 340.50	6 769.88		982.65	11 671.45	613.84	446.21	964.59	2 340.50	6 769.88		982.65
2010年	11 973.99	612.90	446.21	973.50	2 456.43	6 829.40		1 101.77	11 973.99	612.90	446.21	973.50	2 456.43	6 829.40		1 101.77

注：国家高速公路列入国道，2005 年之前为国道主干线；专用公路在 2006 年以后根据交通部的统计口径并入乡村道的统计。2007 年之前部分省道、县道的养护里程少于总里程，是因为新建的年底竣工通车项目列入当年公路总里程，但不计入当年养护里程。根据上海市人民政府《上海市农村（郊区）公路管理养护体制改革实施方案》关于"有路必养"的要求，2008 年起对全部公路实施养护。

附录六

2001—2010年上海市公路设施量汇总表

年　份	实际里程（公里）	等级公路里程（公里）								等外公路	GBM里程（公里）	文明样板路（公里）	可绿化里程（公里）	绿　化		
		高速公路				一级	二级	三级	四级					里程（公里）	乔木（百株）	绿地（万平方米）
		小计	四车道	六车道	八车道											
2001年	6 078.74	110.44	107.56	2.88		413.62	1 138.65	2 014.93	1 908.10	493.00	1 418.15	94.28	5 569.13	5 569.13	36 400.3	1 716.29
2002年	6 286.59	240.23	221.23	19.00		442.03	1 203.65	2 018.17	2 121.32	261.19	1 737.86	119.51	5 834.76	4 796.15	36 099.9	4 805.27
2003年	6 484.44	240.23	232.56	7.67		468.25	1 533.63	2 123.55	1 956.40	162.38	1 979.15	313.36	6 463.89	4 939.77	42 603.2	2 546.80
2004年	7 804.61	484.82	284.03	94.82	105.97	330.26	2 129.70	2 547.67	2 287.49	24.67	2 304.36	349.29	7 460.82	5 606.49	35 205.7	3 372.18
2005年	8 110.31	559.92	321.16	128.49	110.27	301.62	2 306.06	2 548.06	2 394.66		2 531.84	394.07	7 798.82	5 669.27	43 806.0	4 093.07
2006年	10 391.89	581.19	326.40	144.52	110.27	335.01	2 553.70	2 614.50	4 307.49		2 635.57	402.84	10 307.00	5 787.43	44 246.4	4 110.48
2007年	11 162.59	634.62	345.09	179.26	110.27	341.58	2 690.28	2 654.56	4 841.55		2 876.58	417.17	10 601.93	5 790.43	45 885.5	4 149.55
2008年	11 496.74	637.42	324.18	179.26	133.98	364.23	2 775.36	2 617.24	5 102.49		3 120.05	459.75	11 467.87	6 107.20	45 982.4	4 325.85
2009年	11 671.45	767.52	304.73	265.37	197.42	350.91	2 922.13	2 593.42	5 037.48		3 345.20	456.12	11 432.50	7 417.74	75 418.3	5 033.91
2010年	11 973.99	775.18	304.73	267.42	203.03	334.90	3 065.10	2 602.27	5 196.54		3 596.39	583.66	11 666.70	7 672.05	76 719.5	7 236.74

注：2004年上海市市政工程管理局决定将S20（原A20）、S1（原A1）公路列为本市高速公路里程统计。

附录七

2001—2010 年上海市公路路面结构汇总表

年份	车行道路面结构								慢车道路面结构				匝道路面结构			
	有铺装路面（高级）				简易铺装路面（次高级）		未铺装路面		有铺装路面（高级）				有铺装路面（高级）			
	水泥混凝土		沥青混凝土		沥青		砂 石		水泥混凝土		沥青混凝土		水泥混凝土		沥青混凝土	
	公里	万平方米	公里	万平方米	公里	万平方米	公里	万平方米	公里	万平方米	公里	万平方米	公里	万平方米	公里	万平方米
2001 年	2 507.52	2 494.75	2 008.50	2 494.00	444.15	285.32	625.61	366.66	33.93	29.88	669.81	570.19	0.82	1.40	50.78	75.55
2002 年	2 886.41	2 745.57	2 232.14	2 951.80	466.08	294.58	701.96	340.10	46.42	43.03	727.31	633.34	1.04	4.76	105.52	123.35
2003 年	3 191.00	3 051.81	2 416.52	3 219.99	364.54	228.00	512.38	268.48	37.20	82.19	240.35	624.79	1.04	6.05	105.52	123.35
2004 年	4 458.78	4 626.66	2 924.01	4 904.56	259.90	164.68	161.91	85.89	71.78	53.84	777.41	685.02	1.04	6.05	105.52	123.35
2005 年	4 605.61	4 407.68	3 173.80	4 618.90	255.77	170.58	75.13	33.85	74.39	58.10	850.02	743.14	2.06	10.08	127.85	184.43
2006 年	6 569.62	5 045.43	3 496.21	4 954.35	142.73	89.80	183.33	80.95	478.80	314.86	713.27	473.24	2.53	1.87	179.02	185.81
2007 年	7 141.88	5 334.34	3 744.36	5 607.88	134.10	83.71	142.26	61.82	149.67	99.81	1 256.44	776.75	1.77	2.22	256.38	266.46
2008 年	7 204.27	5 110.12	4 013.42	6 142.01	90.74	53.45	188.31	60.85	159.17	90.45	1 297.76	883.83	2.75	2.20	198.54	223.41
2009 年	7 102.15	4 976.41	4 446.30	6 974.66	81.56	46.45	41.45	21.82	162.30	92.01	1 403.12	949.67	2.75	2.20	2 084.58	229.50
2010 年	7 138.13	4 940.43	4 744.65	7 355.47	49.77	26.46	41.45	21.82	131.92	75.12	1 552.58	1 079.71	2.75	2.20	2 112.66	318.16

附录八

2001—2010年上海市公路桥梁汇总表

全行业	合计		国道		省道		县道		乡道		专用		村道	
	座	延米	座	延米	座	延米	座	延米	座	延米	座	延米	座	延米
2001年	5 120	213 595.49	365	24 578.30	704	61 588.84	1 579	57 862.06	2 449	68 853.03	23	713.26		
2002年	5 695	267 466.61	408	44 376.31	804	90 025.69	1 621	61 417.86	2 836	70 864.49	26	782.26		
2003年	5 883	285 212.67	406	42 755.65	876	94 480.91	1 608	71 148.98	2 968	76 067.47	25	759.66		
2004年	6 048	314 886.34	415	43 218.98	975	119 940.80	1 648	75 075.86	2 981	75 791.04	29	859.66		
2005年	6 355	335 759.41	416	43 856.55	1 052	128 594.84	1 706	81 358.90	3 170	81 667.66	11	281.46		
2006年	8 482	393 664.72	416	43 856.55	1 101	138 357.16	1 787	81 248.40	4 578	115 099.86			600	15 102.75
2007年	8 931	429 892.44	417	43 947.14	1 195	159 997.86	1 844	90 005.63	4 815	122 401.52			660	13 540.29
2008年	9 309	449 128.19	744	109 224.59	874	102 940.54	1 881	95 847.16	5 174	127 990.21			636	13 125.29
2009年	9 493	534 232.31	761	126 051.27	939	164 273.29	1 955	100 976.05	5 231	130 302.71			607	12 628.99
2010年	9 776	565 380.90	744	134 591.59	960	167 645.59	2 089	110 450.96	5 275	137 405.37			708	15 287.39

附录九

2001—2010年上海市公路桥梁、渡口设施量汇总表

年份	合计		桥梁路径分类								其中:		其中:危桥		涵洞	通道(道)			高架桥长度	分离式立交(处)			机动渡口
	座	延米	特大桥座	延米	大桥座	延米	中桥座	延米	小桥座	延米	互通式立交(座)	延米	座	延米	道	人行通道	汽车通道	拖拉机通道	米	公路与公路	上跨铁路	下跨铁路	处
2001年	5 120	207 366.00	43	38 285.93	160	32 196.71	1 612	67 577.88	3 305	69 305.49	39	25 558.19	264	6 120.10	939	44	18	15	10 069.70	64	9	4	7
2002年	5 695	267 466.61	77	73 061.73	202	45 141.10	1 742	72 891.72	3 674	76 372.06	57	48 892.00	247	5 670.45	1 104	166	76	50	23 739.00	90	11	5	7
2003年	5 883	285 212.67	82	84 108.33	216	46 695.12	1 826	76 949.34	3 759	77 459.88	59	52 028.12	179	4 394.15	1 273	166	76	50	13 637.20	97	11	5	6
2004年	6 048	314 886.34	26	42 404.43	287	112 318.82	1 852	80 368.82	3 883	79 794.27	60	52 597.69	218	4 738.00	860	3	0	0	1 119.92	18	6	5	6
2005年	6 355	335 759.41	26	41 801.10	336	126 228.09	1 954	84 822.88	4 039	82 907.40	64	49 046.21	288	8 008.30	1 453	180	98	50	16 481.81	105	12	6	
2006年	8 482	393 665.00	27	45 050.00	390	133 918.00	2 288	98 972.60	5 777	115 724.00	63	46 955.00	1 234	27 549.00	1 471	180	96	50	11 093.60	105	12	6	
2007年	3 427	290 826.56	33	55 918.08	324	135 105.44	1 279	59 066.96	1 791	40 736.08	64	51 935.44	4	2 276.40	662	23			7 601.00	161	12	10	
2008年	9 309	449 128.19	34	59 994.68	446	160 201.51	2 327	102 253.20	6 502	126 678.76	72	55 772.51	711	16 503.74	727	21	16		46 284.60	214	12	10	
2009年	9 493	534 232.31	57	122 940.65	478	176 137.76	2 454	107 788.16	6 504	127 365.74	84	70 538.42	248	7 348.98	765	24	18		166 141.20	221	12	9	
2010年	9 776	565 380.90	61	134 275.00	526	189 623.10	2 565	112 092.20	6 624	129 391.00	89	72 008.00	102	3 526.33	2 649	20	11	2	75 301.40	51	4	4	

附录十

2001—2010 年上海市干线公路汇总表

年份	实际里程（公里）	等级公路里程（公里）									GBM里程（公里）	文明样板路（公里）	可绿化里程（公里）	绿 化			养护里程（公里）
		高速公路			一级	二级	三级	四级						里程（公里）	乔木（株）	绿地（万平方米）	
		四车道	六车道	八车道													
2001 年	666.11	327.21				310.79	28.11	0			607.53	165.08	666.41	486.46	516 234	846.90	1 002.02
2002 年	1 140.17	221.23	19.00		392.47	429.50	70.43	0			957.41	119.51	1 139.17	1 134.44	1 632 184	2 655.58	1 130.42
2003 年	1 209.13	323.56	7.67		367.57	512.90	88.43	0			1 036.59	272.73	1 185.38	782.90	1 230 233	1 160.30	1 191.40
2004 年	1 310.44	284.03	200.79		216.99	537.17	71.45	0			1 197.12	323.75	1 273.87	1 268.77	1 282 588	2 050.76	1 300.60
2005 年	1 352.05	321.16	234.46	4.30	180.45	540.24	71.45	0			1 240.90	327.77	1 339.30	1 330.91	2 279 598	38 971.29	1 352.05
2006 年	1 377.27	326.40	250.49	4.30	211.43	517.47	67.18	0			1 270.71	327.77	1 339.20	1 331.66	2 175 818	2 732.02	1 377.27
2007 年	1 448.73	345.09	285.23	4.30	217.71	533.61	62.79	0			1 369.13	327.77	1 434.00	1 432.14	2 146 982	2 754.79	1 438.50
2008 年	1 460.51	324.18	179.26	133.98	241.61	532.90	48.57	0			1 415.27	326.46	1 455.62	1 452.29	2 328 304	2 798.65	1 460.51
2009 年	1 578.43	304.73	265.37	197.42	230.22	543.36	37.33	0			1 532.24	340.04	1 527.87	1 510.94	4 610 713	2 879.90	1 578.43
2010 年	1 586.40	775.18	267.42	203.03	211.38	563.28	36.56	0			1 530.97	435.83	1 514.86	1 514.86	36 378	3 794.00	1 586.40

附录十一

2001—2010年上海市公路养护、建设完成情况表

年份	合计（万元）	公路养护维修费（万元）															公路新改建（万元）		道口建设费、600天行动（万元）
		小修工程							绿化	中修	大修	道班房	改善	抢修	生产房屋	其他	区县新改建	市管新改建	
		小计	日常养护			GBM	征管费用	整治其他											
			一类	二类	小修														
2001年	827 724	42 121	24 185	11 093	1 511	2 083	2 036	1 213	7 302	17 919	9 950	0	108	1 332	0	909	345 193	402 571	319
2002年	1 125 578	44 623	26 460	10 337	2 308	1 856	2 457	1 205	4 384	16 010	13 437	65	1 120	844	351	0	487 104	543 710	279
2003年	1 222 349	54 277	29 056	7 619	2 905	2 023	11 187	2 297	5 445	21 081	10 167	59	2 919	1 079	342	0	545 303	573 556	439
2004年	1 156 269	55 290	36 983	5 096	2 531	1 480	7 199	2 001	7 375	32 912	1 518	62	1 744	3 203	0	4 579	333 662	708 479	99
2005年	1 275 850	72 016	41 686	7 039	3 430	1 550	11 026	7 285	7 325	19 098	17 783	0	3 687	2 728	0	1 986	354 919	795 974	334
2006年	1 347 524	74 028	43 766	6 605	5 430	1 219	11 436	5 572	4 251	24 596	12 373	0	424	1 796	491	0	491 572	737 993	0
2007年	1 521 691	96 416	52 995	7 327	1 661	314	14 566	19 553	5 194	32 785	22 781	23	0	2 421	3 126	0	335 795	1 023 150	0
2008年	2 204 631	98 148	52 736	7 796	3 770	150	17 005	16 691	4 814	47 550	28 556	110	0	1 333	0	11 928	414 887	1 581 785	15 520
2009年	2 780 740	130 613	74 874	10 138	3 601	6 101	19 142	16 757	6 868	5 462	55 171	0	0	3 041	0	140	471 284	2 033 317	74 844
2010年	1 914 080	151 498	78 650	15 211	6 713	17 289	29 662	3 973	6 051	27 942	76 779	462	5 470	5 721	0	27 030	291 352	1 307 622	14 153

附录十二

2001—2010 年上海市公路行业省（市）、部级荣誉集体与个人汇总表

年度	文明单位	优秀公司（优秀单位）	集 体 荣 誉	个 人 荣 誉
2001 年	市公路处、松江区公路署	市公路处、浦东新区公路署	浦东新区公路署养护一、二所被评为"市优秀集体"，养护一所养护科被评为"上海市红旗班组"	
2002 年	市公路处、松江区公路署	市公路处、浦东新区公路署	松江区养路费征收站荣获"市共青团号"，浦东新区公路署养护一所养护科被评为"市红旗班组"	蒋才根被评为"市劳动模范"，李德明被评为"市建设功臣"
2003 年	市公路处、浦东新区公路署、松江、闵行区公路署	市公路处、闵行区公路署	浦东新区公路署绿化 QC 小组荣获"国家级优秀 QC 小组奖"，浦东新区公路署养护一、二所被评为"市优秀集体"	蒋才根被评为"市劳动模范"，李桥林被评为"市建设功臣"
2004 年	市公路处、浦东新区、松江、闵行区公路署、上海长江隧桥公司	市公路处	浦东新区公路署养护一所被评为"市优秀集体"，市公路处路政管理科被评为"市红旗文明窗口"	施祖兴被评为"全国建设系统先进工作者"，王志伟被评为"市建设功臣"
2005 年	市公路处、浦东新区、松江、闵行区公路署	市公路处、浦东新区公路署	松江区公路署公路政中队、养护管理科被评为"市优秀集体"	李哲梁被评为"公路学会百名优秀工程师"，李德明被评为"部先进工作者"，吴青峰、李志明被评为"市建设功臣"

（续表）

年度	文明单位	优秀公司（优秀单位）	集 体 荣 誉	个 人 荣 誉
2006年	市公路处、浦东新区、松江、闵行区、上海长江隧桥公司	市公路处、浦东新区公路署、上海长江隧桥公司	浦东新区公路署计财科被评为"市巾帼文明岗"	施祖兴被授予"全国五一劳动奖章"，林海椿、黄律群被评为"市建设功臣"
2007年	市公路处、浦东新区、松江、闵行区、崇明县公路署、上海长江隧桥公司	市公路处、浦东新区公路署、上海长江隧桥公司	松江区公路署被评为"全国建设系统先进集体"，浦东新区公路署被评为"全国绿化模范单位"，宝山区养路费征收站被命名为"全国巾帼文明岗"，浦东新区公路署计财科被评为"市三八红旗集体"	王维凤、于申一、何智龙被评为"市建设功臣"，金国兴被评为"市建设工程先进个人"
2008年	市公路处、浦东新区、松江、闵行区、崇明县公路署、上海长江隧桥公司	市公路处、浦东新区公路署、上海长江隧桥公司	浦东新区公路署被评为"全国社会主义精神文明建设先进单位"，市公路处市管署、高速署、松江区公路署农村公路管理科、架空办、上海护杭路桥实业有限公司丰庄收费站二班，被评为"市优秀集体"	戴敬伟荣获"市五一劳动奖章"，严炯浩、鲁栋梁、胡怀被评为"市建设功臣"
2008年			市征收办第三征稽所被授予"市工人先锋号"	
2009年	浦东新区、松江、闵行区、崇明县公路署、上海长江隧桥公司	市公路处、浦东新区公路署、上海长江隧桥公司	浦东新区公路署被评为"全国社会主义精神文明建设先进单位"。市公路处养护一所被授予"市五一劳动奖状"，浦东新区公路署养护科被评为"市劳模集体"，市2007—2009年度"市危桥办公室、市公路处养护一所、奉贤区公路署乡村公路管理科、金山区公路管理科、松江区公路署农村公路政府科、养护所养护科、规划计划科、南汇区公路署、设施科、养护科、市工人先锋号，市公路处政路管理总队、通征征总征所被授予"市工人先锋号"，中队被命名为"上海绕城高速东南环路政中队被命名为"市青年文明号"，市公路处团委被评为"市五四红旗团委"	罗法连被评为"全国公路系统优秀思想政治工作者"、林海椿被评为"全国巾帼建设标兵"、王维凤被评为"金峰被评为"全国交通运输系统先进工作者"、金峰被评为"全国公路系统优秀政治思想工作者"、贺明、周晨被授予"市青年文明号"

（续表）

年度	文明单位	优秀公司（优秀单位）	集 体 荣 誉	个 人 荣 誉
2010年	浦东新区、松江、闵行区、崇明县公路署，上海长江隧桥公司	市公路处、浦东新区公路署、上海长江隧桥公司	浦东新区公路署养护一所养护科、上海高速公路联网收费结算中心被命名为"全国巾帼文明岗"，市公路处被授予"市五一劳动奖状"，上海路桥发展有限公司被命名为"交通运输行业文明示范窗口"，浦东新区公路署通行费征稽所，上海沪宁实业有限责任公司安亭收费站、上海沪杭路桥实业有限公司新桥收费站、崇明区公路署、青浦外青松公路南段被命名为"市工人先锋号"，奉贤区公路署监管科被命名为"市工人先锋号"，青浦区公路署建设管理科、市公路处、南祝公路改建工程指挥部、上海南汇集建设公司工程部被评为"市优秀集体"，浦东新区公路署路政稽查科被评为"交通部交通运输依法行政先进集体"，金山区建交委高速公路建设指挥部被评为"交通部交通运输依法行政先进集体"。	李飞成被评为"交通部交通运输文明执法标兵"，唐天华被评为"市建设功臣"

图书在版编目(CIP)数据

上海公路史. 第4册/上海市路政局编. —上海：
上海人民出版社,2016
ISBN 978-7-208-13503-1

Ⅰ.①上… Ⅱ.①上… Ⅲ.①公路运输-交通运输史
-上海市-2001～2010 Ⅳ.①F542.821

中国版本图书馆 CIP 数据核字(2015)第 299406 号

责任编辑 赵蔚华
封面设计 张志全

上海公路史（第四册）

上海市路政局 编

世 纪 出 版 集 团

上海人民出版社出版

(200001 上海福建中路 193 号 www.ewen.co)

世纪出版集团发行中心发行 浙江新华数码印务有限公司印刷
开本 720×1000 1/16 印张 19 插页 11 字数 395,000
2016 年 5 月第 1 版 2016 年 5 月第 1 次印刷
ISBN 978-7-208-13503-1/K·2470

定价 78.00 元